21世纪新闻传播学系列教材

广告美学：原理与案例

祁聿民 苏扬 李青 著

中国人民大学出版社
·北京·

图 0—1　奔驰 SLK 汽车“刹车痕”平面广告

图 0—3　英特尔（Intel）奔腾 III 处理器“蓝人篇”电视广告

图 0—4　百事可乐“森林篇”电视广告

图 0—5　碧浪洗衣粉“镶铐篇”平面广告

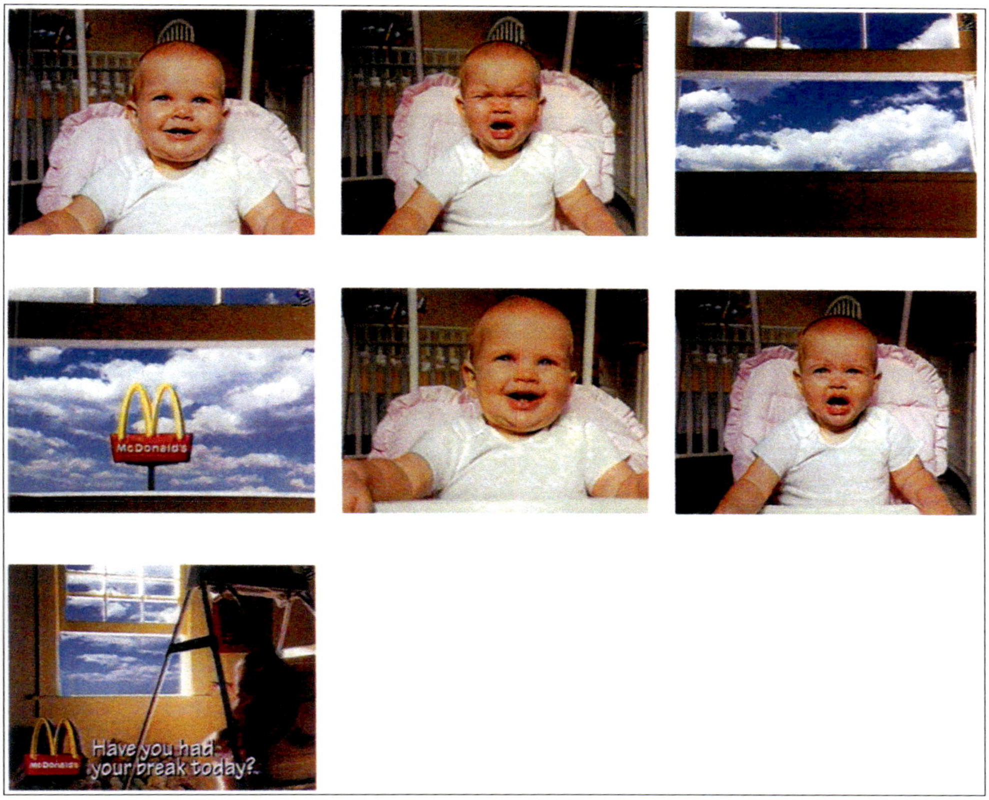

图 0—7　麦当劳“婴儿篇”电视广告

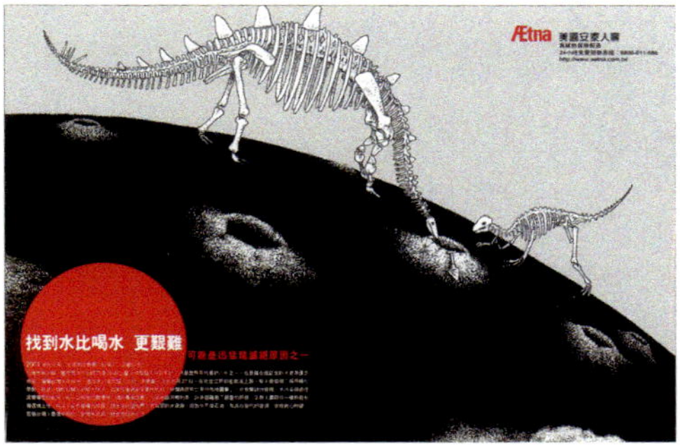

0—9—1 “恐龙篇”

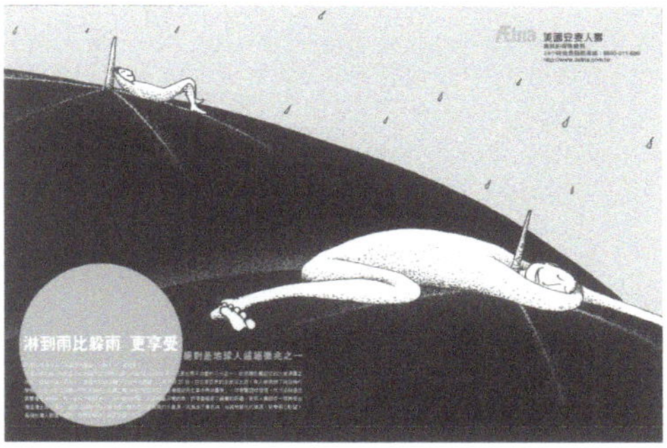

0—9—2 “雨伞篇”

图 0—9　“安泰人寿——珍惜水资源”系列平面广告

图 0—10　中国铁通话费打折平面广告

图 0—11　百威啤酒“鼠标与蚂蚁篇”电视广告

图 2—2　Stella Artois 啤酒“刮痕篇”平面广告

图 2—3　澳大利亚黄页电话簿公司户外广告

图 2—4　巴黎（Perrier）水“婚外情缘篇”电视广告

图 2—5　立邦漆“屁股篇”平面广告

图 2—6　**Moca** 布丁平面广告

图 2—7　麦斯威尔咖啡中秋促销平面广告

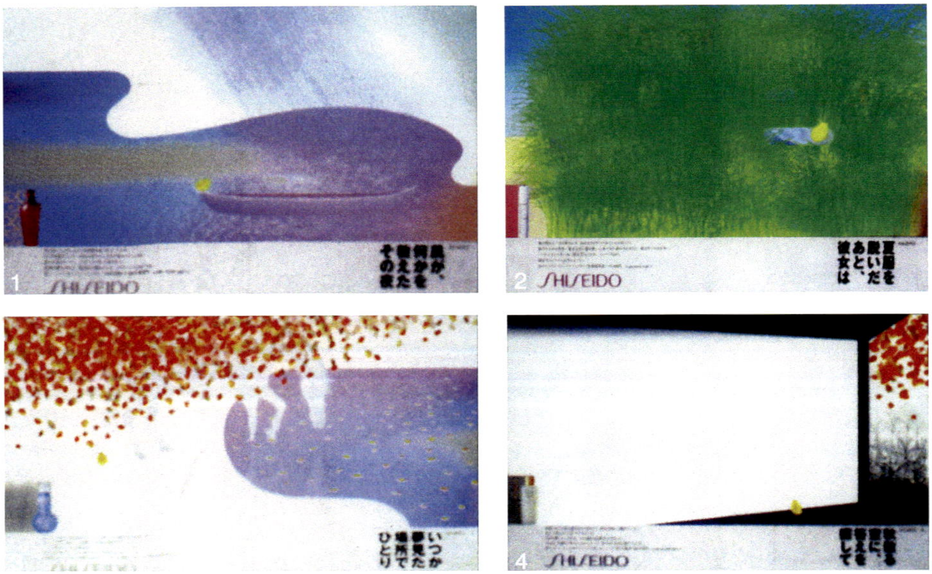

图 2—8　资生堂“全体化妆品”系列平面广告

图 2—11　三得利天然水平面广告

图 2—12　福特汽车“全球颂歌篇”电视广告

图 2—13　橄榄油“树篇”平面广告

图 3—2　日本新潮织物平面广告

图 3—3　“MTV”平面广告

图 3—4　马爹利（Martell）酒平面广告

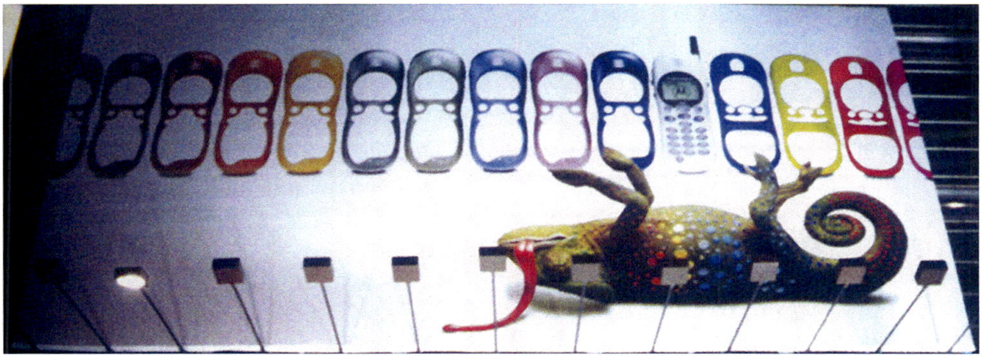

图 3—5　摩托罗拉手机户外广告

图 3—6　立邦漆“草原篇”电视广告

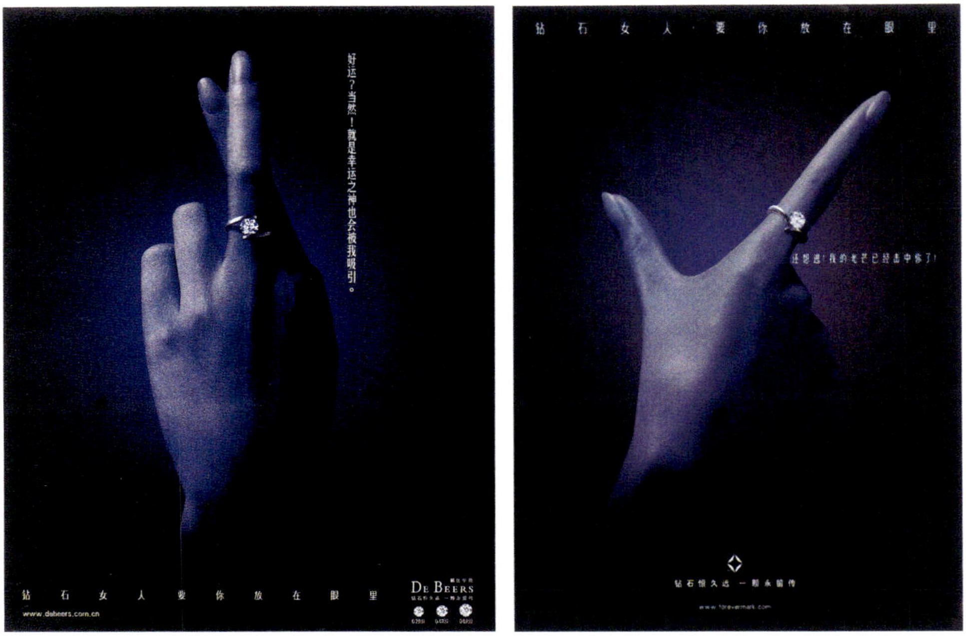

图 3—7　戴比尔斯（De Beers）钻石平面广告

图 3—8　英国 PLC 超级药店人体清新剂平面广告

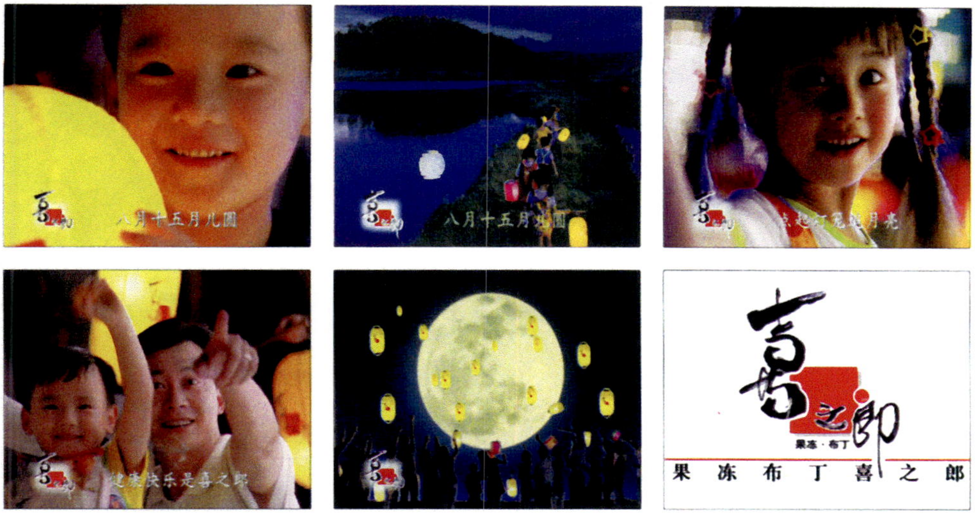

图 3—9—1　“中秋篇”

图 3—9—2 “山楂篇”

图 3—9—3 “水晶之恋篇”

图 3—9 喜之郎果冻电视广告

图 3—10　国际金融服务集团（UBS）系列平面广告

图 3—11—1 “绝对巴黎”

图 3—11—2 “绝对维也纳”

图 3—11—3 “绝对那不勒斯”

图 3—11 绝对伏特加酒系列平面广告

图 3—12　樱桃可乐（Cherry Coke）饮料平面广告

图 3—14　费瑞曼（Ferryman）珠宝平面广告

图 3—15　耐克(Nike)霓虹灯广告

图 3—17　阳光卫视广告柱

图 3—24　美国工人抚恤基金会户外广告

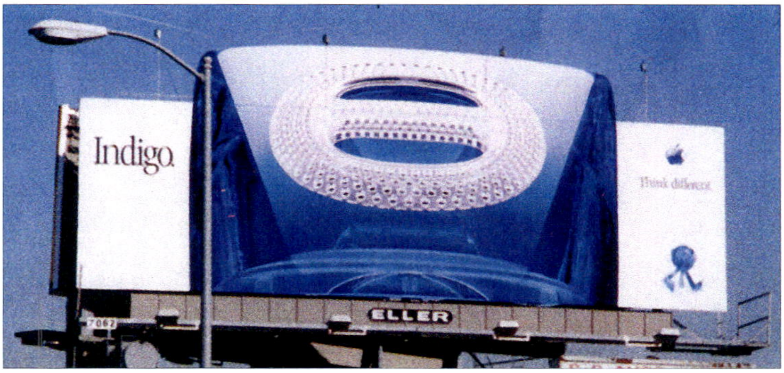

图 3—25　苹果电脑 IMAC 产品户外广告

图 4—1　泰国大米平面广告

图 4—2　南非神奇胸罩平面广告

图 4—4　梯莫肯（Timken）公司“咬子弹”平面广告

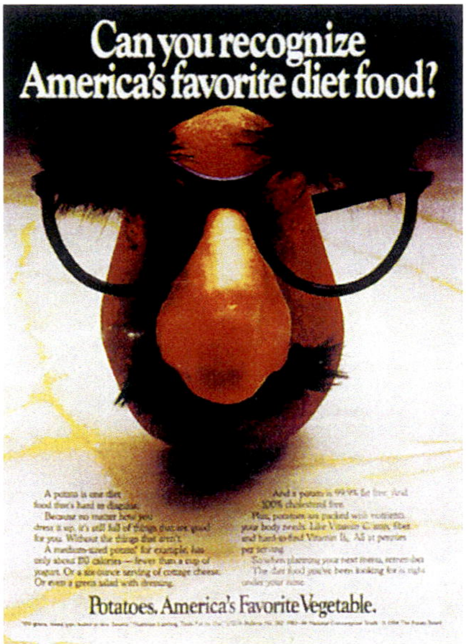

图 4—5　美国土豆平面广告

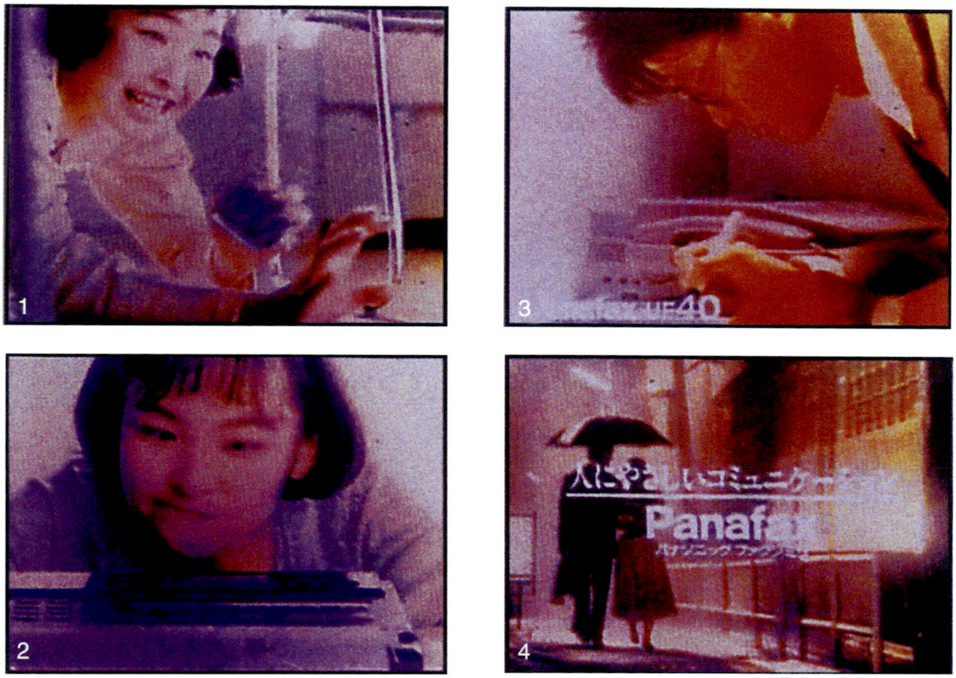

图 4—6　松下传真机电视广告

图 4—7　TORO 灌溉设备公司平面广告

图 4—8　女长袜平面广告

图 4—10　日清食品（杯面）“原始人篇”电视广告

图 5—2—1 “家庭主妇”

图 5—2—2 “美食家”

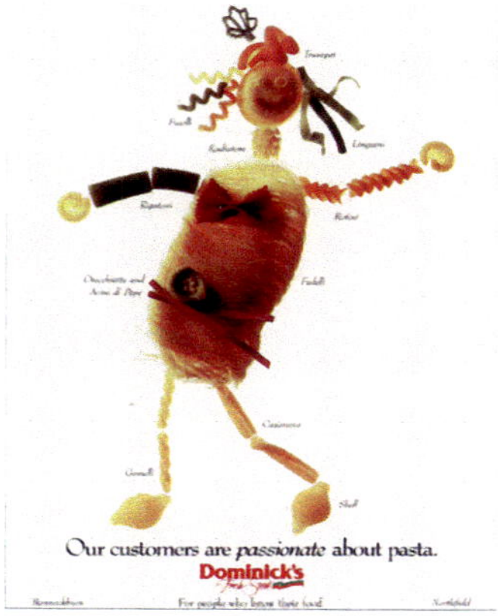

图 5—2—3 “少女”

图 5—2 Dominick’s 精选食品公司平面广告

图 5—4—1 “瀑布”

图 5—4—2 “冰河”

图 5—4—3 “海浪”

图 5—4 可口可乐“清凉篇”户外广告

图 5—5　百事瘦身可乐平面广告

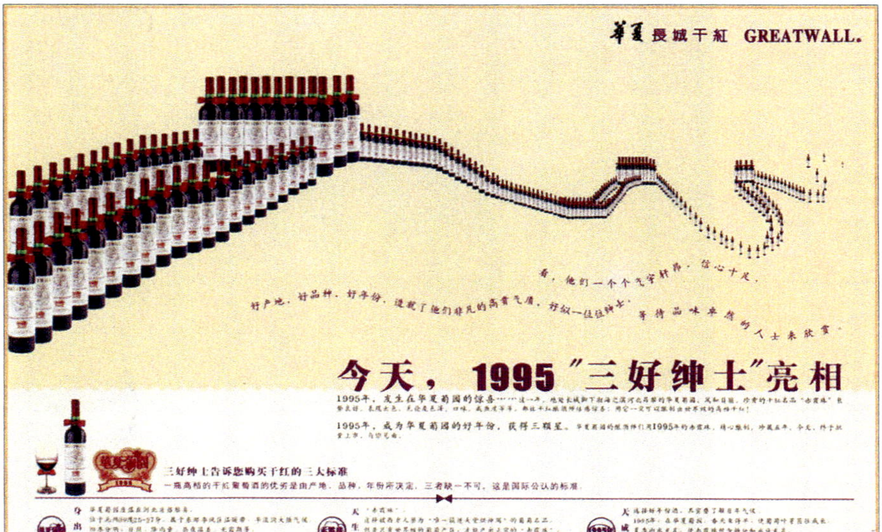

图 5—22　长城干红葡萄酒平面广告

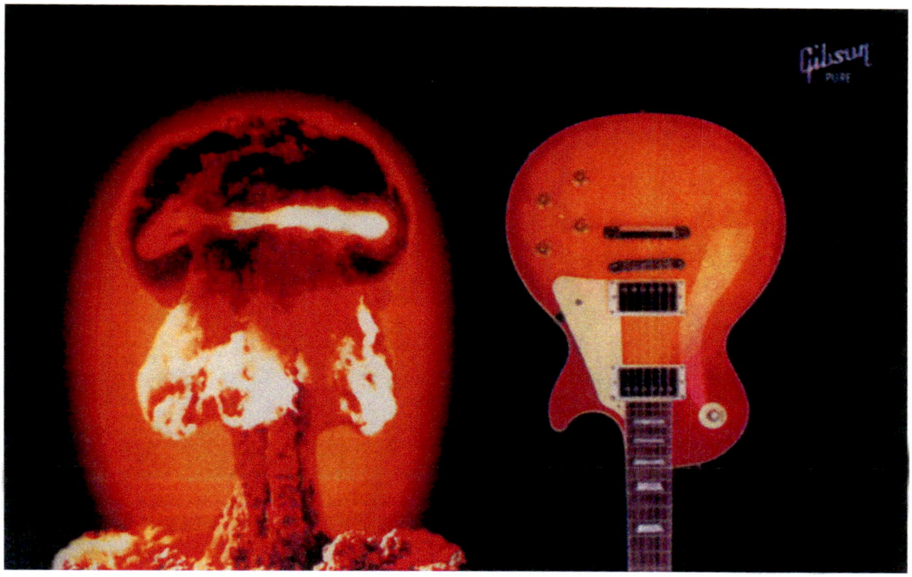

图 5—23　吉布森（Gibson）吉他平面广告

图 5—24　大众汽车户外广告

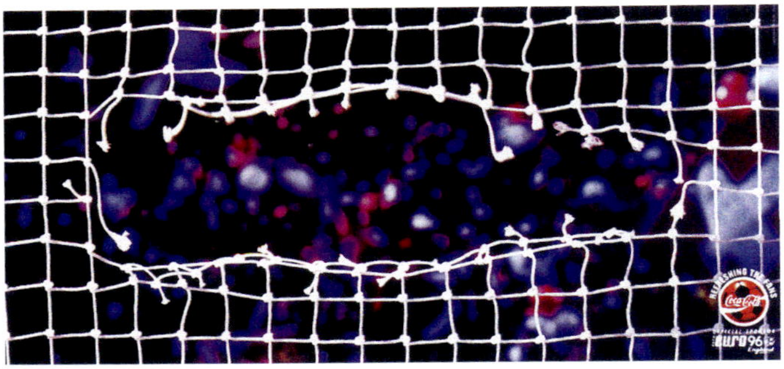

图 5—26—1

图 5—26—2

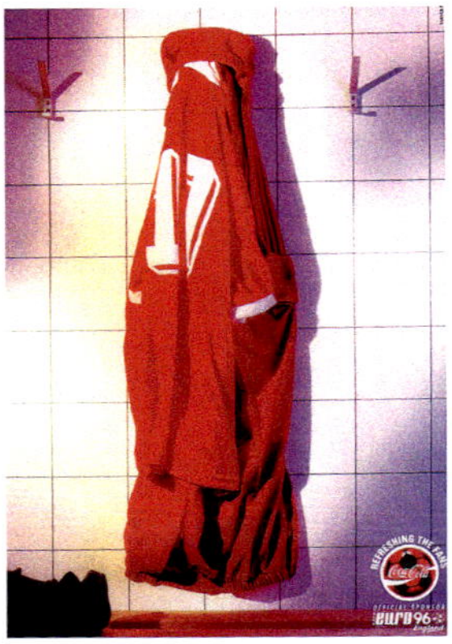

图 5—26—3

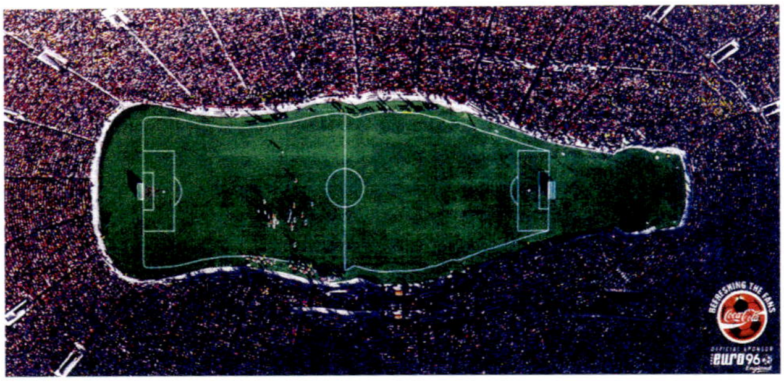

图 5—26—4

图 5—26—5

图 5—26　可口可乐“足球篇”户外广告

图 5—27　麦当劳车体广告

图 5—32　MANDARINA & DUCK 手提包平面广告

图 5—34　大众“新款甲壳虫”户外广告

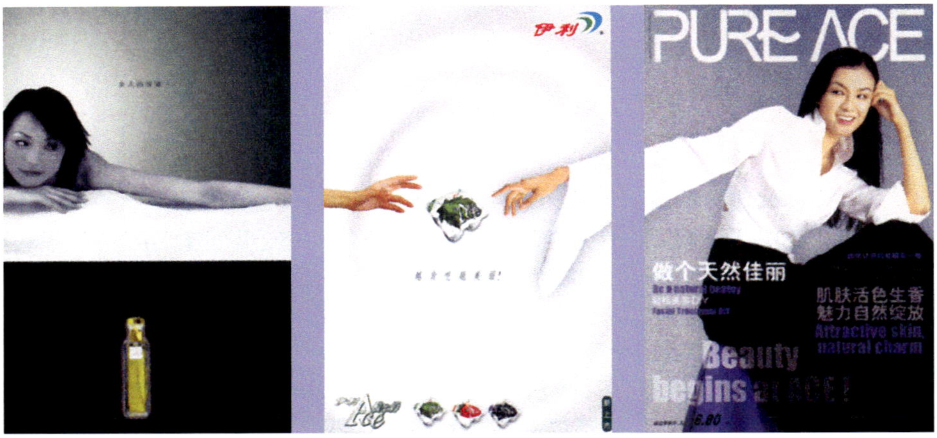

图 5—35　伊利 PURE ACE 酸奶平面广告

图 5—36　约翰·韦斯特（John West）吞拿鱼罐头平面广告

图 6—3　马丁尼酒平面广告

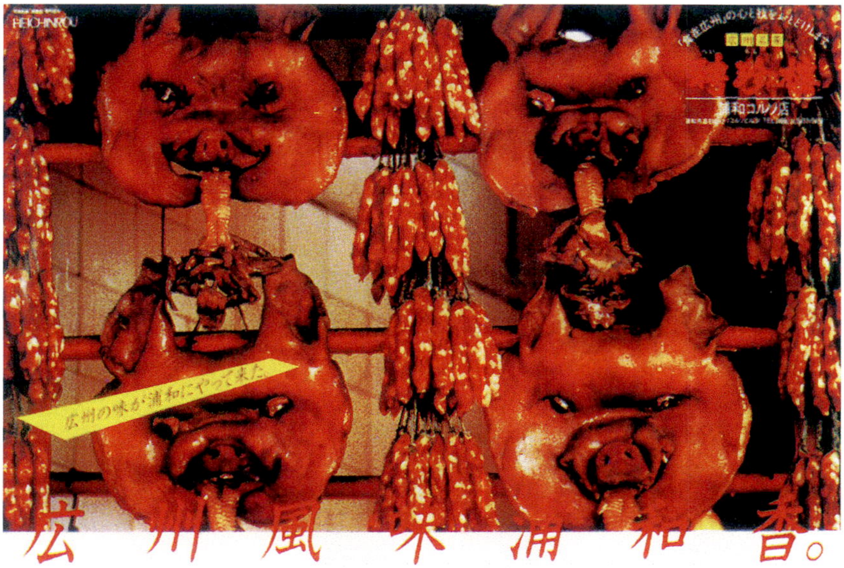

图 6—4　浦和餐馆平面广告

图 6—5　西洋瓷器电视广告

图 6—10　美酒平面广告

图 6—12　洗衣机平面广告

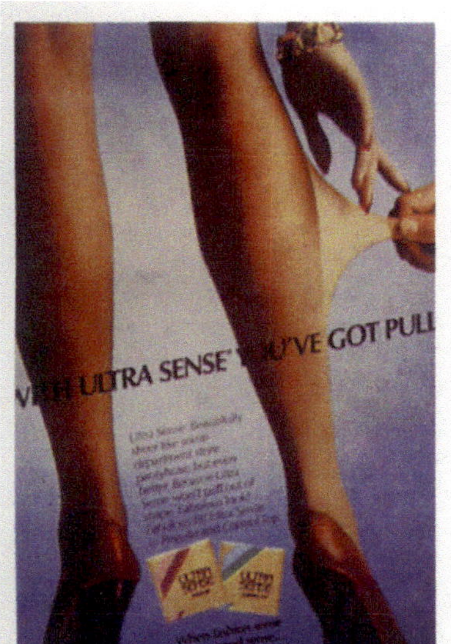

图 6—14　女丝袜平面广告

图 6—17　百事可乐平面广告

图 6—16　派克钢笔系列平面广告

图 6—18 百威啤酒系列平面广告

图 6—22 防水靴平面广告

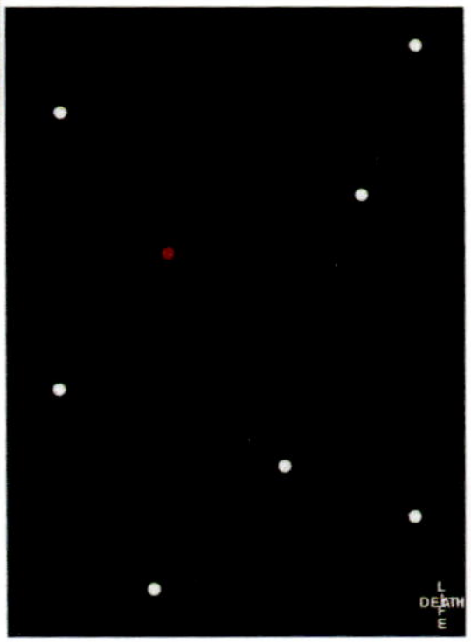

图 6—25 《设计展览》招贴

图 6—26 《环境保护》招贴

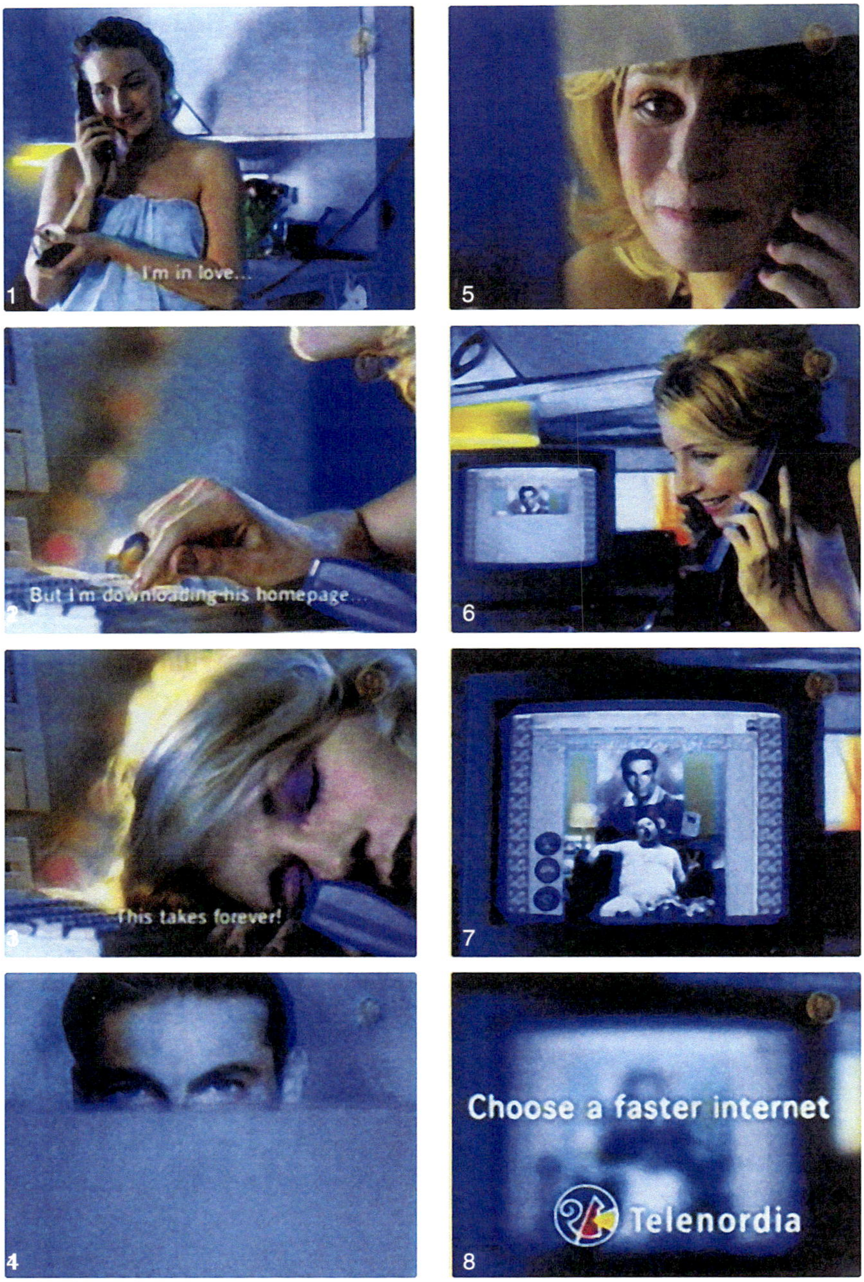

图 6—28　因特网服务站电视广告

图 6—32 ROLO 糖电视广告

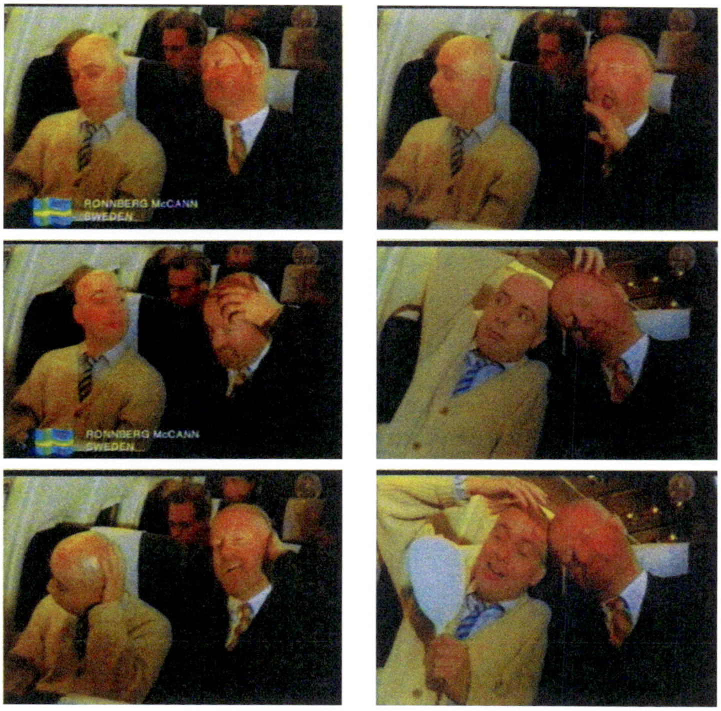

图 6—33 生发剂电视广告

图 6—34　海洋餐馆平面广告

图 6—35　日本啤酒平面广告

图 6—36　雷诺汽车平面广告

图 **6—37** 《妇女》周刊平面广告

图 **6—39** 化妆品平面广告

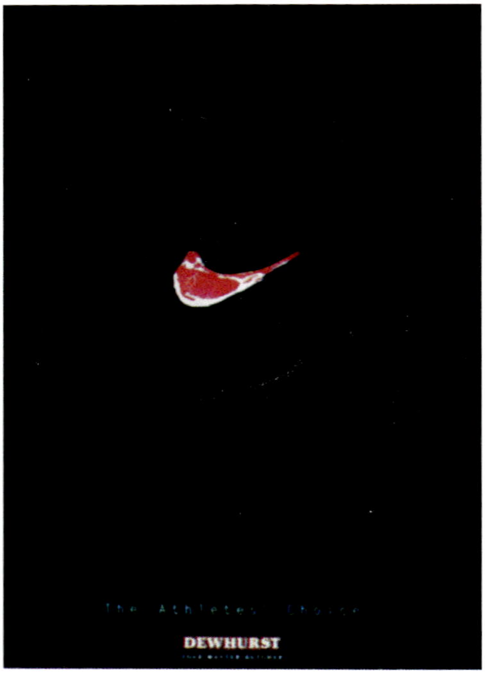

图 **6—40** 英国独立肉店联合会平面广告

图 6—42　伊芙香水平面广告

图 6—43　NM 商店平面广告

图 6—45 耐克运动鞋电视广告

图 6—46　太太口服液电视广告

图 6—47 日本环保平面广告

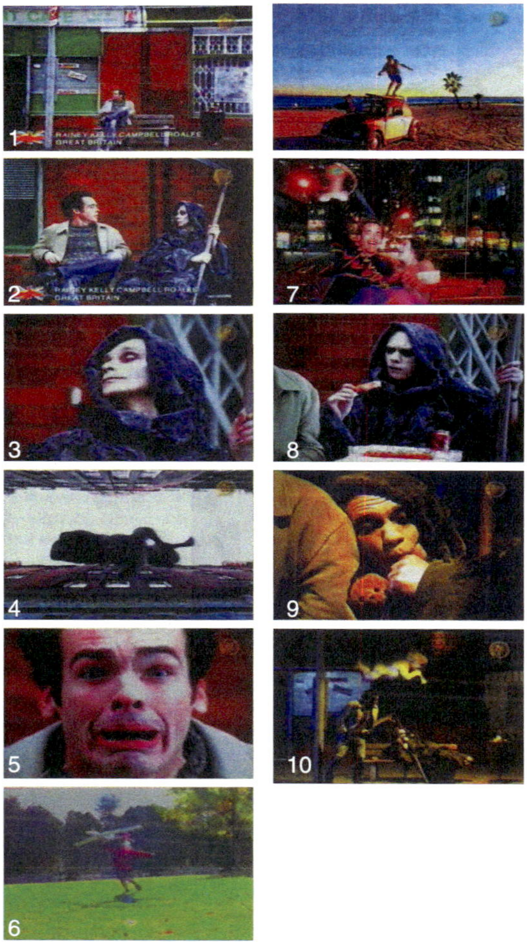

图 6—48 维尔京航空公司电视广告

图 6—49 吉纳·佩特森比萨饼系列平面广告

图 7—2　美能达照相机电视广告

图 7—3　丹波牌长袜平面广告

图 7—4　哈根达斯冰淇淋平面广告

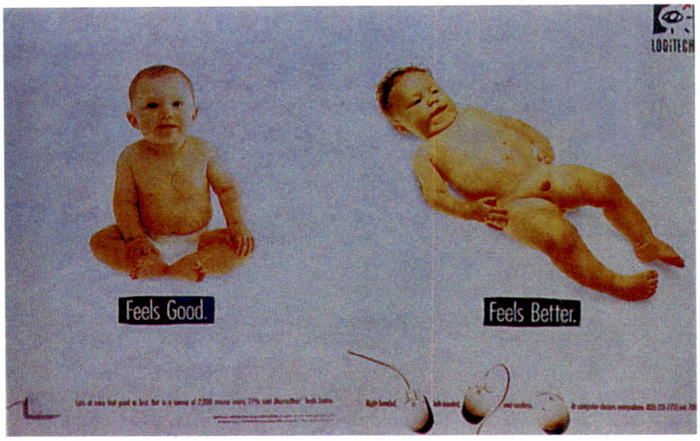

图 7—9 **LOGITECH** 公司鼠标人平面广告

图 7—11 资生堂香水平面广告

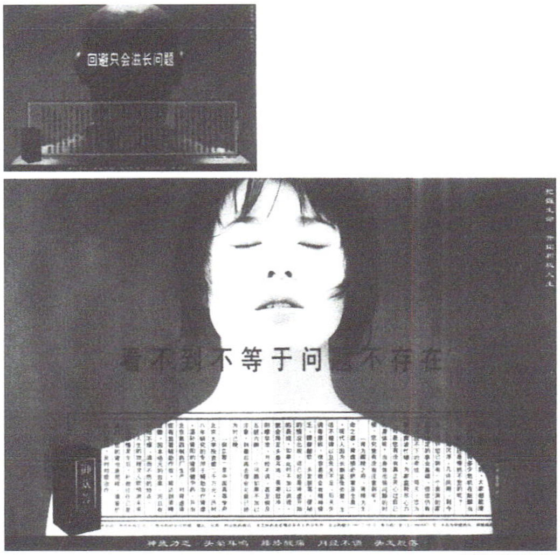

图 7—13 御苁蓉补肾口服液平面广告

图 7—15 日产牌 **FF** 最新型汽车平面广告

图 7—16 新加坡航空公司平面广告

图 7—17 吐拔（TUBORG）啤酒平面广告

图 7—18 日本万胜电脑软盘平面广告

图 **7—22**　日本三得利酒路牌广告

图 **7—23**　日本横滨轮胎电视广告

总 序

20世纪以来的100年，是世界新闻传播事业飞速发展的100年。这100年来，随着科学技术的不断发展，继报纸、期刊、通讯社之后，广播、电视和互联网络相继问世，新闻传播的媒介日趋多元化，新闻传播的手段日趋现代化，“地球村”变得越来越小，新闻传播事业对世界政治、经济和文化的影响则变得越来越大。

这100年，也是中国新闻事业飞速发展的100年。其中最后的20年，即改革开放以来的20年，发展得尤为迅猛。综合有关部门发表的统计数字，截至20世纪的最后一年，全国已有公开发行的报纸2 100多种，通讯社2家，广播电台1 200多座，有线和无线电视台3 000多座。其中，报纸年出版总数达到195亿份，广播人口覆盖率达到88.2%，电视人口覆盖率达到89%，电视受众超过9亿。与此同时，全国各类新闻从业人员的总数也已超过55万人。这样大的发展规模，这样快的发展速度，在世界和中国新闻事业史上都是空前的。回顾既往，盱衡未来，新闻传播事业在21世纪还将会保持着旺盛的发展势头。新闻传播，作为上层建筑、意识形态的一个重要组成部分，在全面准确地宣传党的基本理论、基本路线和基本方针以及各项决策，反映人民群众的伟大业绩和精神风貌，以及推动改革开放和社会主义现代化建设等方面，必将继续发挥着重要的导向作用。

与新闻传播事业的发展相配合，这100年来，为中国的新闻战线培养和输送人才的中国新闻教育，也有了相应的发展。中国的新闻教育起始于20世纪初叶，有80多年的历史。新中国成立前的30年，虽然先后在个别院校中设立了新闻系或新闻专科，但规模都不大，设备也不够完善，在校学生的人数，最多的时候不超过400人，30年间累计培养出来的毕业生人数还不到3 000人。新中国建立后，为了为新中国的新闻事业培养人才，新闻教育继续有所发展，但到60年代中期为止，全国的新闻教育机构也还只有14家。当时全国共有343家报社、78座广播电台和13家电视台，新闻系和新闻专业的学生统招统分，勉强能够满足中央和省市以上新闻单位人才方面的需求。"文化大革命"爆发后，这一发展被迫中断。中国的新闻教育得以重振旗鼓并得到空前迅猛的发展，主要还是改革开放以来20多年间的事情。这20多年来，中国新闻教育的发展和中国新闻事业的发展完全同步。截至1999年，全国设有新闻学类院、系、专业的高校已由改革开放之初的两三所增加到60所以上，专业点已超过100个。专业教育体系已从单一的本科教育，发展到博士生、硕士生、本科生、大专生、成人教育等多层次的格局。改革开放之初，全国在校的新闻系科学生总共只有500来人，现在仅本科生就有6 000多人，加上大专生和研究生接近10 000人。20年间累计向新闻单位输送毕业生超过30 000人。办学层次、办学规模、办学水平都有了很大的提高。在21世纪，随着新闻传播事业的加速发展，随着新闻战线人才需求的不断增加，中国的新闻教育肯定还将会有更大幅度的发展。

一般说来，新闻教育质量的高低，起决定作用的，主要是两个因素：一个是师资，一个是教材。两者之间，教材的作用更大。这是因为，师资的多少和良窳，往往受办学主客观条件的限制，而教材一旦完成，就可以直接嘉惠于学子，风行四海，无远弗届。进一步说，一部好的教材，不仅可以满足教学的需要，培养出一大批人才，而且还可以同时拥有很高的学术含量，推动新闻学研究的发展。1919年出版的徐宝璜的《新闻学》，1927年出版的戈公振的《中国报学史》，就是这方面的很好的例子。两书都是作者在高等学校从事新闻学和新闻史教学时作为教材编写出来的，出版之后，立即引起世人的关注和推崇，几十年来一再重版，历久不衰，至今仍然是公认的新闻学和新闻史方面的传世之作。正因为这样，新闻教育的前辈们历来十分重视教材的建设。新中国成立初期的十来年，坊间出版的新闻学方面的书籍，绝大部分都是教材。改革开放以后，新闻学研究空前繁荣，新闻学方面的书籍大量问世，但教材仍然在其中占了很大的比重。这些教材，覆盖了新闻学的方方面面，经过出版家和众多作者们的长期努力，门类和品种基本配套齐全，曾经为同时期的新闻教学做出过重要的贡献。但是，随着时间的推移和新闻工作实际的飞速发展，这些教材的体例日显陈旧，观点和内容也亟待调整和更新。一些属于学科前沿和科技含量较高的新开课程的教材尚付阙如，使现有的教材出现了不少缺口。步入21世纪，集聚力量，重新编写出一套体系完整的、能够为新世纪的新闻教育和新闻人才培养服务的新闻传播学的系列教材，已经成为人们的共识。

呈现在读者面前的就是这样的一套系列教材，她将涵盖新闻学、传播学两个学科和新闻学、广播电视、广告三个专业。负责编写工作的，是中国人民大学、复旦大学、北京广播学院等校长期从事新闻传播学方面教学与研究工作的教授、副教授，其中有相当大的一部分人都是相关学科的学术带头人，堪称一时之选。收入系列的教材中有国家级重点教材，有部级重点教材，其他也都是经过严格筛选的精品，所以，这套系列教材的质量是有保证的，她的权威性也将会得到社会的认同。

21世纪是一个高度信息化的时代，是信息经济和知识经济占主导地位的时代。信息经济和知识经济有两大支柱，一是以高新科技为代表的传播技术产业，二是从事新闻和信息产品生产的媒体产业。新闻传播学作为将这两大领域有机联结的桥梁，在今后的国家建设和社会发展中必将发挥越来越重要的作用。中国人民大学出版社经过精心策划，隆重推出这套系列教材，是具有高度的前瞻性和战略眼光的。在这里，我谨代表编委会和全体作者向中国人民大学出版社表示由衷的感谢。

21世纪，中国的新闻传播事业和新闻教育事业都将有一个大的发展。这批系列教材的问世，将会为新闻传播事业和新闻教育事业的发展和繁荣、为新世纪新闻传播人才的培养做出她应有的贡献。这是出版者和全体作者共同的一点希望。是为序。

方汉奇

于中国人民大学

目 录

前言

一位朋友从欧洲发来电子邮件说有艺术品要我欣赏,打开一看,原来是几则广告。邻居有一对不懂英语却常去美国探亲的老夫妇向人们介绍说,在美国打发时间的最好办法是看电视广告,很有趣儿。广告成为人们日常生活的"艺术调味品",在西方发达国家早已成为司空见惯的事实,广告光盘和世界广告作品获奖集也像其他艺术品一样被人们欣赏。

当然,从本质上来讲广告应该属于科学,因为它有着直接的功利目的并必须遵守科学规律。在企业家和广告人的眼里,广告完全是一种营销工具;在当前世界经济一体化的全球竞争时代,广告更是创造品牌的有力武器。然而,这个工具和武器之所以锐利,其秘密在于它会给目标受众以无法抗拒的艺术魅力,让受众在受到艺术感染时认同广告的利益诉求。因此,举凡优秀的广告人都会付出极大的创作热情和才能来"生产"这种在市场上闪烁的璀璨明珠。

从艺术分类来看,广告与一般纯粹艺术有着明显区别,属于实用艺术,但仍然受艺术规律的制约,而且受更特殊的艺术规律的制约。艺术规律升华为理论就是各类艺术理论和美学理论,用于指导实际的艺术创作。一般纯粹艺术的这种理论已经很成熟了,例如文学艺术的文艺理论、绘画的画论等,进而上升到美学层面称为艺术美学。我国的实用艺术理论起步比较晚。虽说对于日常实用美学的研究起始将近半个世纪了，但真正的大发展出现在改革开放以后。市场经济体制的确立为实用美学的勃兴提供了前所未有的舞台，技术美学、商品美学、设计美学、环境美学、服装美学、烹饪美学等等实用美学理论适应时代需要，犹如雨后春笋般纷纷出现并迅速成熟起来，指导着各类实用艺术领域的艺术创作，繁荣我国的市场经济，提高人们的生活质量。

广告作为销售信息的传播者，商品品牌的“发射器”，是市场经济中格外引人注目的弄潮儿。从20世纪80年代伊始到现在，我国广告年营业额从几乎为零上升到近900亿元，平均年增长率为30%以上，是世界上广告业发展最快的国家之一。现在，我国的广告通过各种媒体已经渗透到人们生活的方方面面。但是，我国的广告在人们心目中是不是艺术品而被大众倾慕呢？广告的市场效果怎样呢？应该说，我国广告业在不断地进步，尤其近年来成绩喜人，但各种问题也还不同程度地存在着。我们的多数广告不是令人赏心悦目的艺术品，而是一味告知，或者声嘶力竭地叫卖，深为人们厌烦，这种广告的效果可想而知，能够推出名牌并与名牌并驾齐驱的广告更是凤毛麟角。这些问题产生的原因很多，诸如广告人耽于急功近利，惟广告主的马首是瞻，重告知而轻创意；广告理论研究领域多年来重调研轻创作等等。即是创作研究，也是重操作技巧而轻结构性的深层理论探讨，但是，恰恰是这种有建树的艺术理论对广告创作具有指导意义。

广告艺术理论研究在我国是一个极其薄弱的环节。首先，广告绝不同于一切其他艺术品和审美对象，其创作不应只符合一般美学规律。广告的艺术性的基础和出发点是科学，它必须以市场营销和商品学等经济科学为前提，必须符合受众的消费心理和文化心理，必须符合不同媒体的特征和传播学的原理等等。在如此繁多而严格的限制下进行广告艺术创作，其艰难可想而知。研究这种创作的特殊性，寻找可资参考或依循的理论和规律是非常重要的。但目前我国这方面的研究尚处于筚路蓝缕中，对广告创作的指导作用微乎其微，这间接导致了绝大多数广告作品表现的告知化和创意平庸化。其次，从现有广告专业理论体系结构来看，艺术和美学理论研究几乎是个空白。我们的广告专业系列丛书可谓层出不穷，但是很少看到哪一套丛书中有广告美学，然而在实际的广告专业教学中，却有不少学校开了这门课程。广告美学研究的必要性和现实的不成熟性构成了尖锐的矛盾，成为摆在我们面前需要尽快解决的问题。

祁聿民教授多年来从事广告学专业的教学和研究，深感广告美学教学与研究的重要，遂以实践美学的基本理论为主要立论骨架，在考察大量广告作品和受众广告审美心理的基础上，写成讲义，并结合广告市场变化，参阅大量文献，反复增删，逐步形成了较为系统的广告美学理论知识体系。为了抛砖引玉，早日使这门学科成熟并臻完善，祁聿民与苏扬、李青一起在广告美学教学讲义体系和基本内容的基础上，撰写出了这本《广告美学：原理与案例》，奉献给广大读者。由于本书带有探索性质，缺点错误一定不少，切盼得到专家和广大读者的批评指正。

本书由祁聿民负责策划、审稿、定稿，撰写绪论、第二章、第七章；苏扬撰写第三章、第五章、第八章；李青撰写第一章、第四章、第六章。

中国人民大学出版社对本书的出版给予了大力支持和帮助，做了很多工作，谨表由衷的谢意。

本书在写作中参考了许多相关文献资料，在此对其作者深致谢忱！

作者

2003 年 10 月

绪　论

广告是推动企业品牌这个“飞船”上天的“火箭”。但凡著名的世界大品牌几乎都有一个闻名于世的广告与之并驾齐驱。我国广告业在改革开放以来有很大发展，但广告作品的艺术表现力长期滞后，我们几乎与世界广告大赛无缘。原因何在？主要是我们的广告缺乏创意，缺乏艺术表现力和感染力，基本还徘徊在告知式、叫卖式，没有市场竞争力。

广告业作为一个庞大而有力的知识产业，是经济发展的一种驱动力，广告培养了大众的购物欲望并促成大众的购买行为；另一方面，广告也是消费流行文化的一个构成要素，重塑着人们的消费习惯、观念，引导着时尚潮流，并与电视、音乐等艺术和其他实用艺术一起共同构成消费审美文化的世界。这种世界的创造更是现代市场经济社会所必须，而且会越来越为人们所重视。我国加入 WTO 后形势更加严峻，我们必须与狼共舞，我们必须参与世界广告市场的激烈竞争。因此，提高我国广告创意思维水平和艺术表现力迫在眉睫。

为了更科学、更准确地向广大广告业界人士展示广告艺术的表现特征和方法，我们很有必要从艺术哲学理论高度即从美学角度来研究和把握现代广告艺术的审美规律、审美心理及其实际操作，这就要求尽快研究建立广告美学。广告美学旨在从美学理论和市场需求心理结合上，并从具体作品出发来分析和把握、提高广告艺术水平，为广告创意思维和艺术表现构筑一个新平台，它对我国广告参与世界广告竞争意义颇大。

一、什么是广告美学

（一）广告过程是一个审美消费过程

美国广告大师大卫·奥格威（David Ogilvy）认为：广告不应该被视为一种艺术形式的表现，广告惟一的功能就是“销售”，而不是娱乐大众，也不是运用你的原创力或美学天赋使人们留下深刻的印象。但在笔者看来，这并不尽然。原因很简单：广告既是科学，也是艺术。

1. 广告过程伴随着艺术创作和消费行为

从目的性和实质来讲，广告确实是一种商业经济行为，它依靠并运用一定的客观规律来达到特定的商业目的；但这一过程乃至结果的实现又必须借助于一定的艺术手法加以表达。一方面，就广告形象本身来说，它已然是一种艺术的加工，虽源于生活，却高于生活；另一方面，任意一则广告从创意到制作到消费过程都伴随着艺术的创作及欣赏行为：创意是构思艺术创作的形式之一，制作是工艺艺术创作的一分子，消费则是对艺术的感受、理解的审美过程和物质享受过程的双重合一。

20 世纪 50 年代，美国著名广告大师伯恩巴克（Bernbach）和设计大师保罗·兰德（Paul Rand）曾创作出一则形象与观点相结合的、具有很高商业和审美价值的经典广告作品，即奥尔巴克（Ohrbach's）商场的形象广告。其脍炙人口的广告语“我终于发现了琼的秘密（I found out about Joan）”是构思艺术创作的典范，它运用双关、含蓄手法造就了一个悬念性的文字游戏。构图中，戴着帽子、叼着雪茄的“猫女士”的诙谐形象充分体现出一种工艺艺术创作之美，它为双关等语言的运用增添了艺术魅力，使受众在注意和认知广告的同时，获得一种从含蓄中妙悟的审美感受。这则富于想象力的广告，最终成功地把奥尔巴克商场的形象由一个便宜的时装店提升为价廉物美的购物天堂。除此以外，凯兹（KEDS）童鞋广告所体现出的柔婉、人伦之美，万宝路的“西部牛仔”形象体现出的阳刚美，麦当劳广告体现出的童稚美等都充分说明了广告过程是一种美的创造、形成和感受的过程，是美的价值创造及其实现的过程。

2. 广告过程是一个艺术史的创造过程

创造是人的本质力量的对象化，是人的创造性的物质或精神体现。在新出版的目前最权威的《广告学》（美国威廉·阿伦斯著）一书的封面上，你可以看到一句富有真知灼识的话——通过广告你可以发现一个国家的理想。

一切艺术形式，无论是绘画、雕刻、音乐、歌曲，还是诗歌、摄影、影像等乃至上述诸多形式的综合体——广告，都是一个国家、一个民族、一个时代甚至整个世界理想的回声、影子和擦痕。例如希腊的建筑艺术，从多利亚式、爱奥尼亚式和科林斯式的廊柱上，我们可以见到一个伟大文明的晨昏晓暮。再如唐朝的诗坛骊歌，从初唐的投笔从戎、雄关漫道的边塞诗，到盛唐的文治武功、国富民强的全盛巅峰，再到晚唐的靡靡委顿、无可救药的伤感没落中，我们可以听到一个伟大时代的节律脉动。

到了当代，广告作为一种传播更广、质形更通俗的大众文化，在消费者需求的驱动下，在物质主义盛行的世界里扮演着“牧师”的角色，甚至可以这样认为，一切的广告史都是人类的文明史和艺术史。翻开《中国广告二十年猛进史》[①]，从20世纪80年代的“味道好极了”到现在的“科技以人为本”，广告反映出了文明的进程、时代的进步、流行的趋势、审美的意识，正如最精美的钻石的切割面一样折射出了美的光辉和时尚。

3. 广告过程是一个对艺术的感受、认知和理解的过程

广告是美的创造性的反映形态，作为审美对象，它一方面反映或渗透着一定时代的审美观念、审美趣味、审美理想，同时它也凝聚着广告人构思的心血和独创性的精神劳动。从这种意义上说，它是广告人审美心理结构的物质化表现。

另一方面，广告又是具有一定审美能力、审美意识的人们的欣赏对象，是物质美、精神美的能动反映，是一种社会意识形态。它通过大众对广告的认知、感受和理解的过程，向社会传播着某种美学观念：道德观、价值观、幸福观、消费观等，从而潜移默化地影响着人们的价值观念和生活方式。

美国总统柯立芝曾认为，广告是商业界的“牧师”。广告既是一种鼓舞和推进崇高商业世界的强大动力，更是有助于拯救人类及其更新换代的一大要素。由此可见，广告的目的不仅仅是推销商品，同时也传递着某些艺术价值，承担着一定的社会责任，使人们在对广告的认知中得到美的熏陶，提升自身的审美意识和对艺术的妙悟能力。

4. 广告美学是日趋成熟的现代广告市场竞争的理论武器之一

中国广告业从1979年恢复到现在，经历了20世纪80年代的发展和90年代的快速成长，于21世纪已开始迈向成熟阶段。

中国广告业的高速发展始终伴随着激烈的竞争，主要表现在广告专业知识、人才、技术等方面，这种竞争在中国加入WTO后变得更加激烈。面对这一局

① IAI国际广告研究所：《中国广告二十年猛进史》，载《国际广告》，1999（8）。

面，中国广告业除了从实务方面完善机制、提升广告公司自身的核心竞争力外，构筑和完善理论也不失为应对竞争的一剂良方。

在中国广告业二十几年的发展中，本土广告人更多的是借鉴国外的广告理论，缺乏自己的创见。中国的广告市场有属于自身的特点，所处的文化背景和市场环境有独特之处，消费者的审美观念自然也与众不同。因此我们应该从研究中国消费者审美心理出发，结合本土广告人多年的实践经验，总结出一套系统的符合中国人思维方式的广告美学理论，并以此来指导我国的广告创作，使之成为本土广告公司应对激烈市场竞争的理论武器之一。

（二）广告美学的定义与性质

广告过程是一个审美消费过程，也是一种美的创造、形成和感受的过程，还是美的价值创造及实现的过程。那么，广告美学的定义及内涵究竟是什么呢？在本书中，我们作如下定义：所谓广告美学，是指研究广告艺术表现的美学规律和广告审美心理特征的应用美学学科。我们将在这一概念的统领下阐明广告的美学特征和审美规律，并以此来指导广告艺术创作和艺术消费等实务。

广告美学是多学科交叉的新兴边缘学科。其多学科交叉的特点，与美学的多学科性质和广告观念的多元化有关。当代美学呈现出开放性的新趋势，出现了多种交叉性美学分支，如文艺美学、科技美学、商品美学、环境美学等，广告美学则是广告学与美学的交叉学科，是应用美学的一个分支。

二、广告艺术创作亟待理论指导

（一）广告美学研究对象的普遍存在

所有抽象的理论均来自于具象的事实，物质基础决定上层建筑，这是众所周知、毋庸置疑的普遍规律。如果缺乏具有普遍性的研究对象，那么一项科学研究的成果便会有偏颇，这对广告理论来说亦然。

1. 时代背景

21 世纪是一个新的时代，一个急剧变化的时代。美国评论家弗雷德里克（Frederick）认为，我们生活在一个不断发展的时代，这个时代是可以用各种说法来概括的一个新的社会——后工业社会、跨国资本主义、消费社会、信息社会等等，新的消费模式、有计划的人为的商品废弃、服装时尚日益加快变换节奏，广告无孔不入，电视和其他传播媒体在社会中前所未有的普及。

除此以外，在这个时代中，经济、文化一体化将会成为社会发展的大趋势，经济需求的增长有着明显的文化导向，文化正以其诱人的魅力影响着社会生活的方方面面。而广告作为一种社会现象，自然也会受到文化的影响和制约，也会具备一定的文化内涵和艺术内涵。因此，这一时代背景为广告艺术理论的孕育提供了“水分和沃土”。

2. 社会的发展和变化

现代社会不断发展，社会意识形态不断变化，文化的内涵和形态也在不断革新，这些变化虽大多是平缓的，但却是持续不断的。广告作为反映这些变化的物质形态之一，其观念、创意思维模式、艺术表现形式也自然而然地会发生一些潜移默化的改变。如果不随时加以关注和研究，并提升为理论，那么我们就会感到茫然，就做不到与时俱进。到那时，我们本土的广告水平与国际水平相比将会是判若云泥。

3. 审美需求的提升

由于信息技术革命所带来的社会意识形态的变革以及物质的极大丰富，人们的审美观念也发生了变化，不再局限于对产品耐用、便宜等物理属性的关注，而是更多地聚焦于返朴归真、个性化、时尚化等精神方面的享受。在这种情况下，社会大众已从过去审美活动的被动地位解放出来，成为审美活动的主体，拥有更大的自主选择的空间。

相应地，广告作为一种审美活动也发生了根本性的变化，更趋近于个性化、多元化、人文化、互动化等。人们选择广告中的商品，在很大程度上是为了彰显个性，满足自我尊重和实现的深层次需要。这些变化使得传统的广告艺术理论的作用开始“褪色”，于是新的广告艺术理论的构筑就被提上了议事日程。

4. 广告美学研究对象的普遍存在

中国广告经过了二十几年的发展，已逐渐步入成熟阶段。这其中有成功，有失败，有欢笑，有泪水——既有戛纳广告节几次败北的惨痛经历，也有莫比广告节的载誉而归；既有广西电视台“山、水、海篇”电视广告的飘逸灵动，也有充斥媒体的广告垃圾。

总之，走过二十几年的风雨历程，中国累积的广告作品已然为数不少，可谓“良莠不齐”，正反美丑兼具，所有这些都为我们的美学研究提供了广泛的内容和基础。通过对它们进行分析研究，总结出顺应时代潮流的美学法则、审美规律，必然会促成广告审美新思维的产生。同时，在现代广告的研究领域中，广告作为一门学科已形成一套科学体系，涵盖广告概论、广告策划、广告媒体、广告设计等等方面的内容，但是在这个百花园中，还有一株花蕾硕大仍未怒放的初苞，这便是广告美学。故此广告美学的理论研究十分必要。

（二）国内市场竞争的加剧

1. 品牌竞争的加剧

中国于20世纪70年代末恢复广告经营以来，广告市场发生了深刻的变化。从品牌竞争的角度看，基本上可以概括为三个阶段：20世纪80年代杂牌与杂牌的混战、90年代名牌对杂牌的淘汰战、21世纪初名牌与名牌的遭遇战。这种广告环境既为广告公司提供了规范化的发展空间，也预示着广告业内激烈竞争的又一轮上演。

2. 4C和IMC时代的到来

市场营销在经历了以生产、产品、推销观念为指导的4P（Product，Price，Place，Promotion）营销时代之后，开始进入以社会、关系、定制观念为指导的4C（Cost，Consumer，Convenience，Communication）和整合营销（Integrated Marketing Communication，简称为IMC）时代。原因在于：随着市场竞争压力的日益增加和产品的高度同质化，企业的生存发展单靠产品优势已难支撑，要赢得市场，必须了解消费者。

4C的提出，从真正意义上确立了消费者在营销活动中的核心地位，同时也带来了广告理念上的一次革命，即广告是针对消费者的信息传播活动，应该一切从消费者的利益出发，一切从消费者的切实需要出发，一切从消费者的价值取向出发。随着现代化进程的加快，人们从内心深处渴望被爱、被尊重，渴望人与人之间的沟通。

广告的任务就是代替广告主与消费者进行沟通，使他们在思想上靠近广告主的产品而远离广告主竞争对手的产品。完成这一任务的关键在于广告创作，它具有智慧美的美学价值，是现代受众对广告的一种有时代特征的审美需求，它可以无条件地满足消费者的正常审美心理和趋同受众的文化心理积淀。但是要创作出能与受众沟通的广告作品，还需要理论的指导。

(三) 跨国广告公司的国际化视野与本土化操作

从1994年年底中国实质性地开放广告市场开始，一些国际知名的广告公司如奥美（O&M）、电通（Dentsu）、李奥·贝纳（LB）等，预见到中国市场的发展潜力，目前都已不同程度地进入了中国市场，并形成咄咄逼人之势。国际化是未来的主旋律，中国广告业无法逃避和国际广告业“同台竞争”的现实，与世界接轨刻不容缓。但是我国稚嫩的广告业与发达国家成熟的广告业相比，无论是在经济实力、现代科学技术的运用、经营经验的持有还是在创意水平方面，都存在着巨大的差距。

1. 超凡脱俗的广告作品

但凡世界知名的跨国广告公司都有超凡脱俗的广告作品与之并驾齐驱。例如李奥·贝纳广告公司有获’97戛纳广告节平面广告作品全场大奖的，为奔驰SLK

创作的“刹车痕”广告（图 0—1，见彩插）；DDB 广告公司的经典之作有来味牌燕麦片广告（图 0—2），英特尔（Intel）奔腾Ⅲ处理器“蓝人篇”广告（图 0—3，见彩插）。

案例 0—1

来味牌燕麦片平面广告

这是 DDB 创始人、广告大师威廉·伯恩巴克所构想并撰写的经典广告之一（图 0—2）。图中文案是“纽约正在吃光它！来味牌真正犹太裸麦”。

在谈到创作这个广告的感想时，伯恩巴克说：你一定要有创造力，但它一定要加以训练。你写出的每一件事件，印在广告上的每一件东西、每一个字、每一个图表符号、每一个阴影，都应该有助长你所要传达的信息的功效。

图 0—2　来味牌燕麦片平面广告

案例 0—2

英特尔（Intel）奔腾Ⅲ处理器“蓝人篇”电视广告

这是 DDB 广告公司为英特尔（Intel）奔腾Ⅲ处理器创作的电视广告（图 0—3，见彩插）。

广告中安排了一个刷墙的场景：第一个人用一把长刷子，从上而下刷出一条绿带；第二个人用投石器在墙上喷绘出一条绿带；第三个人则博采二人之长，将一桶油漆浇在自己身上，用投石器把自己投到墙上，伴随着身体的下滑画出了一条绿带；如此墙上就出现了三条绿带，代表着奔腾Ⅲ处理器。

这则广告的代言人一反传统高科技产品以白领人士作为广告形象代言人的常规，选择三个外形怪诞、滑稽的“蓝人”作为广告模特，使受众很容易产生品牌联想——高科技产品，同时也满足了受众的色彩认知心理，带给受众全新的视觉与心灵的冲击。

广告情节匠心独运，三个人的表演从正常的思维角度而言，无疑是荒诞的，但正因为如此才使广告获得了幽默的元素，产生无穷的魅力与巨大的吸引力，拉近了与受众的距离。

这一创意体现了美国DDB广告公司审视广告创作的三大艺术法则：关联性（Relevance）、原创性（Originality）和冲击力（Impact），而它的成功之处就在于创意者充分领会了ROI的精髓：深入到人性的深处去，侧耳倾听消费者的心声。这正是广告艺术创作的理论根基。

2. 本土化操作

本土化操作是跨国广告公司实施全球化扩张的必经之路，是其获取持续成长的基点。几乎每个跨国公司都标榜自己的创造力，因为这是广告这个行业产出质量的关键，主要体现在以下方面：策略上的创造力、整合传播的创造力、广告作品的创造力、本土语言的创造力。所有这些归根到底是为了创作出“以本土化语言与顾客沟通的精彩创意”。

奥美在中国早期获得的创意经验是：幽默风趣是一项未被开发的宝藏；新品类中的新品牌以教育消费者为主；提倡生活哲学的隐喻能被理解与接受；现代的生活形态是一种向往；恢宏壮阔的气势造成深刻的记忆。精信（Grey）则很强调广告要引导市场，引导潮流。

奥美和精信的本土化操作取得了尤为显著的成绩，比如旁氏、肯德基、百事可乐、箭牌口香糖、诺基亚等品牌的成功。李奥·贝纳也出手不凡，1998年，该公司为麦当劳创作了“血脉相通的本土温情”系列广告，包含三支电视广告片：“强强篇”（沟通基点：三代温情和望子成龙的中国传统家庭教育观）、“教育篇”（沟通基点：中国传统的家庭教育观）、“小梅篇”（沟通基点：中国传统的道德价值观）。这三支广告片，不仅表现手段本土化，而且更巧妙地传达了麦当劳经营理念的本土化，在平实中蕴含着中国传统的审美观，堪称典范。

总之，无论是从外国广告公司的国际化视野还是从其本土化操作，我们都可以看出，外国广告作品包含高艺术价值和丰富文化内涵的创造力是其成功的法宝。因此，在广告市场竞争加剧、广告大战日趋激烈，尤其是在面临与国际接轨的情势下，广告审美规律的研究就更为重要。

（四）我国的广告现实

1. 专业水准差，创意水平低下

跨国广告公司非常重视广告创意和设计的个性化、专业化、优质化，其广告作品新颖别致。本土广告公司除少数拥有雄厚的专业技术力量和先进的技术设备外，相当多的公司专业水平低下，从而直接导致我国广告创作水平低下，高水平的创意“凤毛麟角”。大多数广告作品以叫卖式、说教式见长，徒有枯燥无味的说明、空洞的口号，可谓是有告知而无创意。2000 年中国的电视媒体上演了铺天盖地的药品广告，广告代言人声嘶力竭地叫卖着“补铁”、“补钙”，达到令消费者“看之色变，闻之换台”的地步。

创意是以艺术创作为主要内容的广告活动，它以塑造广告艺术形象为主要特征，追求以最经济、最简练的艺术形式和手法为作品赋予强大的艺术感染力，并以此去震撼、冲击消费者的心灵，唤起消费者的价值感和购买欲望。如果一味地叫卖，而不讲究创意，那么这些劣质广告恐怕真会“喊了白喊”。

2. 缺乏世界级的广告大品牌

这是由于——

一方面，如上面第一点所提到的，我国目前创意水平普遍较低，戛纳广告节的几次空手而归就充分说明了这一点。中国广告作品要么停留在传达式、告知式；要么总把自己放在一个强势的位置上，致使表现太过理性、太严肃、缺乏亲和力，而不是给人一种“意料之外，情理之中”的感觉。

另一方面，缺乏与受众的心理沟通。时下电视媒体上充斥着许多大打“生活牌”、“亲情牌”的电视广告，但没有做到切实从消费者利益和需要出发，而只是口头叫喊，矫揉造作，其本质还是从广告人自己的主观意愿出发，所以广告播出后，消费者很少产生感动的心理，更不用说产生购买的冲动了。

除此以外，中国广告创作人员的思维方式过于传统，往往以顺向思维或类推式思维为主，而缺乏立体思维、逆向思维、发散式思维等，故做出来的广告难脱平庸窠臼。绝妙的创意常常来自于另类的思考、逆向的思维、灵感的闪现和出乎意料的表述，这才是广告的艺术思维。

3. 丑恶、虚假现象的大量存在

在广告中还存在着大量丑恶、虚假的东西，它们不仅污染着大众的心灵，也损害了社会效益。主要表现在以下几个方面：

（1）毫无美感的广告无力竞争。例如对于某些药品企业而言，恨不得一个30秒的电视广告每时每刻都表现出它的产品，从头到尾都诉求它的产品功能，试看2000—2002年播出的药品广告，从盖中盖、巨能钙、严迪，到补血、补锌口服液，哪个不是直推式地狂轰滥炸？虽然观众也无奈地记住了这些品牌，但又有多少人能真正产生情感认同呢？

（2）不符合广告审美特征的美学创意无力竞争。广告必须进行艺术形象的构想与创作，但却不能倾向于纯粹艺术创作，毕竟功利性才是广告审美的本质性特征。那些醉心于艺术表现和文字技巧的广告作品，包含广告主所要传达的信息甚少，即使有，也往往产生对阅听人的误导，人们的注意力集中于艺术欣赏，对广告讯息必然不感兴趣。

目前这类"喧宾夺主"的广告现象并非少见。例如新天葡萄酒广告，它的出台完全是借《花样年华》播出之势，请了剧中男女主角饰演者作为广告形象代言人，广告片拍得十分精致，情节也算得上浪漫、高雅，但是观众却大多沉浸在"唯美"的情节中，以至于根本搞不清楚是哪个品牌的葡萄酒所做的广告，真是让人哭笑不得。

（3）不符合现代消费者审美心理的广告无力竞争。其中表现最为突出的是广告审美诉求与受众心理审美需求不对位，也即缺乏沟通和互动。

广告中的艺术构思其目的就是为了创造出能与受众有效沟通的形象和意境，使广告形式与内容达到完美的统一，从而感染受众和引发共鸣。同时，广告所渲染、倡导和体现的价值观也必须与受众价值取向一致，做到"情理之中"，否则，广告与受众价值取向偏离越大，由此产生的负效果也就越大。TCL彩电曾经推出一则题为"落花篇"的电视广告，画面上是美丽的花瓣伴着强烈的音乐效果飘洒落地。这则广告单从制作和构思上看，的确有过人之处，但播出后的结果却是彩电销量的下降。经过分析，广告制作者寻得的原因如下：中国人传统审美意识中最忌讳"落地"，"落花"这个题材令人想到"流水落花春去也"的苍凉景象，因而难以激发消费者的共鸣，未能引起其心灵的认同。

（4）不符合现代广告审美观念的广告无力竞争。现代广告审美大多倾向于简单化、原创性、个性化，而不是一味的说教和克隆。广告大师乔治·路易斯（George Louis）说："趋势是一种暴政，趋势是一种陷阱。"① 如果说"人头马一开，好事自然来"和"味道好极了"是广告创作中的经典的话，那么随之而来的关于"好"的广告语只能是落入陷阱的牺牲品而已，如"大家好才是真的好"、

---

① ［美］乔治·路易斯：《蔚蓝诡计》，52页，海口，海南出版社，1996。

"还是太太好吧"、"牙好胃口就好"、"他好我也好"等等。且不论上述广告是否有抄袭之嫌，它们的"好"只是一种习惯下的趋势，掉进了同义的陷阱，被消解了个性。消费者面对这类广告时，只能是麻木不仁或调转频道。

综合上述几点看来，广告中的确存在着大量的美学问题和审美规律，广告的价值也深受审美因素的影响。故此，在现代广告学中，进行广告美学规律方面的探讨成为广告系统理论研究的一个不可或缺的组成部分，再加上与国际接轨时间紧迫，因此这一举动迫在眉睫。总之，只有从美学这样一个深层次去探讨和揭示广告创作的实质，形成系统理论，并用之指导现实，才能使中国广告再上新台阶，迈出国门，走向世界。

三、广告审美价值的功用

"广告是劝说，劝说便不是科学，而是艺术"，这种说法认为广告是艺术，还有一些说法认为广告也属于科学。但无论如何，广告的目的在于诱导人、说服人、打动人，因而它具有艺术性，具有审美功能和价值，这是毋庸置疑的。

（一）广告中审美价值的普遍存在

1. 广告专家的箴言

威廉·伯恩巴克（William Bernbach）："从本质上看，广告是劝说，劝说便不是科学，而是艺术。"① 这是他根据长期的广告创作实践而得出的结论。众所周知，他创作出了很多具有较高艺术价值的广告作品，至今仍广为流传。如奥尔巴克商店广告（我终于发现了琼的秘密）、来味牌燕麦片广告（纽约正在吃光它）等。

大卫·奥格威（David Ogilvy）："使自己的技艺深藏不露，是广告公司的职责。"② 这说明好的广告作品应该是通过运用艺术手段，使公众在感觉不出广告目的的情况下，却能受到它的感染，从而成功地把产品推销掉，这便是广告的艺术价值。他的成功广告作品有：穿哈撒威（Hathaway）衬衫的男人以及他为劳斯莱斯（Rolls-Royle）汽车创作的"在时速60英里时，汽车上的噪音只来自车上的电子钟"等等。

乔治·葛里宾（George Cribbin）："譬如说你做肥皂广告，你一定要想出某种状况来使图画创作得更使人发生兴趣。当然，这需要穷索枯肠，挖空心思地努

---

① ［美］丹·海金司：《广告写作艺术》，1页，北京，中国友谊出版公司，1991。

② 同上书，68页。

力去创作这些映像。"[1] 他曾经称赞一个优秀广告人鲁比堪（Raymond Rubicam）："与他一起工作时，你会体会到他不只是非常有想象力及在他的范围内有极了不起的天赋，而且他做事也非常非常的透彻。"他还认为："撰文人员应该像避瘟疫一样去躲避索然无味，他们的特征是在言辞上避免陈腔滥调和老生常谈。"[2] 他的经典之作主要有旅行者保险公司广告和箭牌衬衫广告等。

李奥·贝纳（Leo Burnett）：当记者问他："你是否发觉写广告文案比写报纸新闻更难?"他回答说："对，难得太多了！因为广告文案一定要非常简明而且要把各种事实传达到。怎样使广告文案多姿多彩令人发生兴趣，怎样找出关于商品能够使人们发生兴趣的魔力，以引起他们的兴趣，然后极为迅速地引导他们得出应该买那种东西的结论，实在是另外一种艺术。"[3] 他的传世之作有：万宝路的"牛仔"形象、凯洛哥玉米片的"年轻人"形象等。

2. 大量广告作品的印证

现代的广告作品形形色色，有优秀的也有拙劣的，有电视的也有网络的，有告知式的也有表现式的。但无论是何种类型的广告作品，都或多或少地运用了某些艺术手段，已经很难找出一个不具备任何审美价值的广告作品了。

案例 0—3

百事可乐"森林篇"电视广告

这是智威汤逊中乔广告有限公司为百事（中国）有限公司创作的电视广告（图 0—4，见彩插）。它可谓是展现幽默的上乘之作。

一对恋人驾车来到原始森林，当男士给女士喝的百事可乐被猩猩抢走时，男士自作聪明地用香蕉换回了可乐，正值高兴之际，却发现猩猩稳稳地坐在驾驶室里。两人赶紧用可乐将猩猩引出车外，迅速钻进车厢，关紧车门，打算离开时，却发现车钥匙在猩猩手中。此时车厢内两人的尴尬和车厢外猩猩的得意形成强烈的对比，令人忍俊不禁。最后推出的"渴望无限"的广告语，使人在"捧腹"之余记住了百事可乐的品牌名称和标志。这则广告的审美价值在于幽默、生动、新颖，而其审美功用在于成功地吸引了大众的注意力并给他们以直觉愉悦和深刻的印象。

---

① [美] 丹·海金司：《广告写作艺术》，1 页。

② 同上书，54 页。

③ 同上书，27 页。

案例 0—4

碧浪洗衣粉“镣铐篇”平面广告

这是盛世长城国际广告有限公司广州分公司为宝洁公司产品碧浪洗衣粉创作的平面广告（图 0—5，见彩插）。

众所周知，洗衣粉是广告形象设计难度较大的产品之一。这则“镣铐篇”的三幅广告画面分别以打开的镣铐、牢狱柱、枷锁为主要艺术形象，独特之处在于这三组形象均由色彩斑斓的衣服组成，寓意只要使用碧浪洗衣粉，妇女就能从洗衣的千年桎梏中解放出来，做个新时代的女性。该作品的审美价值在于简洁、色彩华美，图形联系自然，系列感强，形式感强。审美功能在于除了有力地传达了产品信息外，更给人以十分悦目的视觉享受。

以上无论是专家的箴言还是优秀广告作品的展示，都充分说明：广告作品必须是美的创造物。因为广告中大量地存在着艺术构思和审美价值，它们在其中起到了举足轻重的作用，故广告美学应该引起广告学研究者的普遍重视。

（二）广告审美价值的功用

广告作为一种特殊的信息传播形式，在完成它的各种实际功用的同时，兼具审美功能，是一种极为重要的审美对象。它以艺术形式为载体，具有鲜明的个性和创造性，包含着深刻的文化内涵，传播现代文明，引导时尚潮流。

但是广告作为审美对象的一种，与一般纯粹艺术品又有着极大的不同：一般纯粹艺术品以审美为惟一目的，体现出艺术家对生活的审美体验，用于陶冶性情，美化情操；而广告是一种实用艺术，它虽大量运用艺术手段和技巧，具有一定的美学价值，但纯粹欣赏并不是它的主要目的，而是附加功能。广告的主要目的是推销商品，即将审美作为一种手段，加强对受众的说服力和感染力，从而达到使受众认知、亲和、接受指称对象的目的。

那么，广告是怎样通过审美手段达到功利目的的呢？广告的审美价值对于促进销售有什么功用呢？

1. 引起注意的功用

注意是一种心理状态，它虽不是心理过程（感觉、知觉、思维、记忆、情感）本身，但却体现于全部心理活动之中，并对心理过程的形成具有显著的作用。

人对外界客观事物的注意，主要由两种因素引起：一是刺激的深刻性，二是主体的意向性。而人为所能干预和控制的注意只能通过前一种来实现，即外界刺激物，这就是广告要加以利用的。

刺激物应具备的特点是：新、奇、美。所谓新，即原创性；所谓奇，即创造出让人耳目一新、出奇制胜的形象，如异质性等；所谓美，即从客观对象的感性形象中体现出真、善、美相统一的审美价值，如时尚、美妙等。广告创意设计，一般都要具备这样的美学特征，才能引起受众的注意。

产生新、奇、美的方法主要有两种：一是强调产品的主要部位或主要特征（或卖点），特别要突出其与众不同之处；二是强化商标标志作用。

案例 0—5

WOWOW 企业电视形象广告："奔跑中的女人篇"

这则广告曾在2001年获日本电通金奖、亚太广告金奖及全场大奖。

餐厅中一对男女在进餐，男士送女士一块手表，女士看着时间，镜头切换到一座桥上，一位男士在焦急地等人。镜头切回餐厅，女士忽地冲出餐厅，穿过别人的家，穿过马拉松队伍，来到桥下。此时令人惊奇的事情发生了，女士径直往前冲，把桥上的男士撞倒在地，奔回家中看 wowow 的节目，这才点明女士奔跑的目的是"very good TV programs"（非常好的电视节目）。这则广告的突出之处在于它设置了几处悬念，让人们一直有着不同的发现和惊喜，并在最终强调出"wowow"的标志及节目的特点，从而使人们记忆深刻，所以不失为表现"奇"的杰出之作。

案例 0—6

潘婷健发素"肌肉篇"平面广告

这是广州市良品堂广告有限公司为宝洁公司产品潘婷健发素创作的平面广告，获第八届中国广告节金奖（图 0—6）。

图中，飘逸灵动的发型恰如挥起的肌肉健壮的手臂，使潘婷健发素的卖点——"让头发健康美丽"跃然纸上。其视觉形象栩栩如生，创意元素的表达新颖别致又通俗明晰，以隆起的肌肉去诠释头发的健与美，摆脱了一般美发类广告美女俊男路线的平庸窠臼，有脱颖而出之感，显出类拔萃之效，真正做到了同质化产品异质化广告——"新"。

图 0—6 潘婷健发素“肌肉篇”平面广告

案例 0—7

麦当劳“婴儿篇”电视广告

这则广告曾获'96 戛纳广告金奖（图 0—7，见彩插），文案是：你没有吃早餐吧？

一个婴儿坐在摇篮中，当摇篮向前荡起的时候，婴儿笑了；可当摇篮荡下去的时候，婴儿却哭了，这一哭一笑反复了多次，究竟是什么原因呢？终于谜底揭晓了：原来是远方的麦当劳标志。荡高时，标牌出现在窗外，荡低时，标牌不见了。那鲜艳夺目、独立云天的标牌是一个醒目的食物刺激信号，是它捉弄得未吃早餐的宝宝一会儿高兴一会儿失望。这则广告让人在疑惑的高潮时瞬间释怀，在欣赏婴儿童稚美的同时记住了麦当劳的广告。

2. 诱导激发的功用

现代推销理论的奠基人戈德曼（Goleman）博士认为：推销的最大秘诀不在于产品给顾客带来的效用。在广告的审美价值中，常常有商品和劳务（指称对象）可以抓住消费者的需求心理，给他们带来享受，满足他们的偏好和欲求。这种满足不只是物质的，还包括精神文化和审美的，例如服装的气派、浪漫、悠闲、高贵、潇洒的承诺。简言之，广告就是通过形象化的沟通手段，将消费者的欲望形象化、感性化，呈现出一种情调或情趣，使消费者产生共鸣和联想，进而心悦诚服地接受广告指称对象。这充分验证了广告界的那句名言：“广告人干什么？——是欲望的创造家。”

广告对受众进行诱导激发的表达方式有很多，有产品示范式，如食品的色味诱惑、打印机的生动逼真等；有告知式，即通过诉求产品的某种新功能或某种新成分，向用户真实地传达产品的新信息，如化妆品的美白防晒、感冒药的“白天不瞌睡”、矿泉水的“保健功能”等；还有比较式、新闻式、消费者证言式、名人演出式、婴儿表现式、动物表现式、情感式、怀旧式、幻想式等等，此处就不一一列举了。所有这些表达方式虽互有异同，却有异曲同工之妙：先使受众获得美感，再由美感对其消费欲望进行诱导和刺激，形成购买前奏。总之，诱导激发的形成是以广告艺术为受众带来的物欲、情欲的满足为条件的，由美感引起的刺激是十分强烈的。

除此以外，虽然我们常见的诱导是形象感性的，但也有相当一部分是理性抽象的，如一些说明性文字广告，靠理通而到情顺，同样也可达到说服的作用。

案例 0—8

凯兹（KEDS）牌童鞋平面广告

该广告（图 0—8）文案如下：

像母亲的手一样柔软舒适的儿童鞋

孩子的脚像富有生命的精致小桥，每一步都须与地面十分吻合。凯兹童鞋正是这种吻合的体现，它不像其他鞋那样，像把孩子的脚塞进了不舒服的鞋模里。凯兹鞋是特为孩子们设计的。前面留有适当空隙，使

图 0—8　凯兹（KEDS）童鞋平面广告

脚趾自如伸展。

那些狭小的鞋，不但挤压、摩擦双脚，还会形成拇外翻，引起疼痛、红肿。不合适的鞋还会使脚形成多种疾病，例如胼胝病、鸡眼、拇囊炎等。

与僵硬的牛筋鞋底不同，凯兹童鞋柔软和富有弹性，穿了它，孩子的双脚会得到像在母亲手心里一般舒适的呵护。

今日的凯兹童鞋，款式新颖，由多纹尼龙、加厚羊皮、印花皮面等多种材料制成。加垫后跟、绚丽的花边、柔软的内底以及时髦的鞋面，穿在孩子们脚上，看起来就像一辆小小塞车，舒适而充满生机。

凯兹童鞋，犹如孩子跟随母亲一样，紧跟孩子的每一步，去畅游想象空间。

这则广告的画面也很美，一双红活圆实的儿童小脚让人怜爱，给受众一种生命之美和稚嫩之美的情感冲击。小脚搁放在一双年轻母亲的手心里，共同构成了一幅温馨的画面。这份呵护使得人们视觉初触便会受到深切感染，尤其是对年轻母亲具有较大的诱惑力，从而在心底里接受这双“像母亲的手一样柔软舒适的儿童鞋”。

案例 0—9

“安泰人寿——珍惜水资源”系列平面广告

这则广告曾获台湾第 24 届时报平面广告类金像奖（图 0—9，见彩插）。

该系列广告由“恐龙篇”和“雨伞篇”组成。在“恐龙篇”的图片上，两只化为骨架的恐龙在已沙漠化的地球上找水喝，文案是“找到水比喝水更艰难，可能是迅猛龙灭绝原因之一”。在“雨伞篇”的构图中，两个赤裸的人正躺在雨伞上淋着雨，一副十分惬意的样子，文案是“淋到雨比躲雨更享受，绝对是地球人灭绝征兆之一”。这两例广告均以说理、摆事实的方式向人们传递这样一个信息：爱惜水资源就是爱惜你自己。该广告寓情于理，将富有深刻思想的哲理展示给受众，使受众在接受哲理的过程中被说服，从而广告达到了诱导的目的。

3. 情绪感染的功用

情绪感染从心理学上讲，是一种客观刺激物的真善美的形象与人的真善美的社会性本质、艺术性素质相通相谐而引起的人的情感共鸣。例如望月思乡、触景生情等，这是月、景的某些形象特征令人形成某些约定俗成的观念（如“举头望明月，低头思故乡”）或某种“爱屋及乌”的联想作用、通感效应（如见到“柳树”想起“留客”等）。这种现象在广告中非常多。如扬·罗比凯（Yong Rubicam）创作的美国“四玫瑰威士忌”广告作品，四朵花苞初绽、楚楚可爱的玫瑰被雪藏在晶莹剔透的冰块里，借助通感联觉使人产生一种深切的触觉感受和心理感受，既具有较高的艺术美感和审美价值，又成功地达到了广告的目的。

情感共鸣对人们购买欲望的形成影响较大。在我们的日常生活中乃至社会群体活动中，通过情感的沟通、搭桥、互动形成决策和行为的事例处处可见。广告的过程也是这样，因此广告创作要大量运用渲染、润色的手段去描绘艺术形象，增加情感感染力度。情绪感染是潜移默化、不知不觉中的迷恋，故要平淡、真实、自然，切忌急于求成，使人一眼看出，形成逆反、厌烦的心理。宋代诗人梅尧臣有诗云“欲造平淡难”；陶渊明的诗淡如水，浓如酒，不知不觉中醉人。这才是情绪感染的真正境界，才是真善美的和谐统一。

案例 0—10

中国铁通话费打折平面广告

这是国安今日新闻广告有限公司为中国铁通创作的平面广告（图0—10，见彩插）。

画面上，两个婴儿并排背对我们席地而坐，对于正在咿呀学语的他们，进行正常的对话是不可能的，他们只能发出一些类似“噢、嘻、咕……”的婴儿“特种语”。文案是：“我们知道，沟通其实不是什么时尚，什么流行。沟通是一种习惯，一种自然。沟通是人最本能的要求。沟通本身远重要过沟通的内容。所以我们提倡：说什么不重要，关键是多聊聊。因此中国铁通将固定电话费（比国家标准）下调 10%～20%。”这则广告无论是构图还是文案并无十分惊人之处，也没有什么很深的哲理蕴含其中，但却给人一种亲切感，让人感受到人际关系的重要，将情绪感染的分寸拿捏得恰到好处。

4. 直觉愉悦的功用

美学上的一个重要审美特征就是直觉。意大利著名美学家克罗齐（Benedetto Croce）在《美学原理》一书中极力鼓吹直觉说，他是一个审美直觉第一主义者。

所谓直觉，是指直接美感获得，它排斥思考，排斥理性，即美感来自直接感官。这个理论否定审美“根底里伏着的功用”，是不科学的，但却揭示了一种常见的审美现象——美感形成过程是快速的、直观的。许多理性的中间环节早已被人们以一种文化积淀存储到了潜意识中，变成了人们的一种近乎“本能”的东西。所以在具体的审美活动中，人们会形成一种本能性的“意识超越”，直接由形象而获得美感。将这一原理运用于广告中，表现为许多广告形象（画面、文字、音乐等）诉诸于人的感官，使人获得即时美感，而且有时极为强烈、震撼，以至于受众会形成情感需要甚至转化为物质需要。

案例 0—11

百威啤酒“鼠标与蚂蚁篇”电视广告

这是北京恒美广告有限公司（上海分公司）为百威啤酒创作的电视广告（图 0—11，见彩插）。

一群渴望看百威啤酒表演的蚂蚁，个个安坐在笔记本电脑屏幕前的键盘上欣赏那诱人性感的啤酒演出，喝彩声、口哨声此起彼伏。但乐极生悲，一只蚂蚁竟然按错键导致画面消失，聒噪之声四起。此时一只聪明的蚂蚁飞身到鼠标板上一溜，鼠标移到恰当位置，另一只蚂蚁凌空一跳，跳到 Enter 键上，于是演出重新开始。这则广告的成功之处在于三维动画制作出的蚂蚁动作有趣，表演生动，栩栩如生，就好像一个代表消费者的群体；配乐也堪称上乘制作，迪斯科的脱衣舞曲使得整支广告都充满了成人娱乐的成分。因此，受众称它是“百分之百的娱乐性广告，百分之百的创意”。百威啤酒也借助与蚂蚁的关系，在给中国消费者带来愉悦的同时和他们结下了不解之缘。

案例 0—12

万宝路“西部牛仔篇”平面广告

这则广告（图 0—12）营造了一个属于万宝路的世界：绿色的原野、飞奔的骏马、粗犷的牛仔构成了一幅极富阳刚之美的画面。它通过形象使烟民将消费艺术化、理想化，又通过形象使艺术市场化，大大增强了广告的艺术感染力，既给了人们认识上的愉悦，又赋予他们返朴归真的审美理想。

图 0—12　万宝路“西部牛仔篇”平面广告

案例 0—13

威娜宝洗发水平面广告

这是 BBDO 广告公司为威娜宝洗发水创作的平面广告（图 0—13）。

这则广告构图十分简洁，只有一个削成人头部形象的红苹果，其中脸部是苹果削去皮的部分，而保留下来的苹果皮形成一个伏贴、顺滑、有光泽的发型。广告语是“加入果蜡的威娜宝，使您的头发更有光泽、更多保护”。相信许多的女性消费者一看到这则广告就会喜欢上它。因为它直接表现添加

图 0—13　威娜宝洗发水平面广告

的元素，优雅的造型平添几分情趣和愉悦之感，因而必然会引起富于感性的女性消费者的青睐。

四、研究广告美学的现实意义

（一）有助于提升广告艺术理论的水平

在当代世界科技高速发展、知识与信息极度丰富的形势下，自然科学和社会科学的发展出现体系开放的新趋势。这首先表现为交叉学科的大量出现，科学的突破与理论的提升往往发生在这种交叉点上，并存在于多学科交叉的边缘地带。

之前，许多人认为美与功利无关，与经济学也不搭界，只是纯粹的文艺，就连广告学在很长一段时间内也被划归为纯粹艺术学。但实际上，广告中和美感的直觉中都隐藏着社会功利性，这是研究广告美学属性的基础。在明确了这一点的前提下，我们说，广告美学是由现代广告的经济学观念、文化学观念和传播学观念决定的交叉学科。这一突破传统广告观念的建树，对我国广告艺术理论的提升具有极其重要的战略意义，开阔了广告艺术研究的视野。

现代广告美学将为创意和艺术表现构筑理论的高平台，成为本土广告公司在日趋成熟的现代广告市场上应对激烈竞争的理论武器之一。

（二）有助于了解审美心理和沟通规律

现代广告审美心理是广告美学研究的重要课题。一般的审美心理只探讨认知心理，即感觉、知觉、思维和记忆；而广告审美心理首要探讨的是价值心理，即欲望、兴趣、个性和情感。因为广告美学的功用就在于通过影响受众的价值心理，诱导刺激其欲望，从而促成购买。故现代广告美学体系的建立对广告主、广告公司、广告人更好地了解受众审美心理大有裨益。

不仅如此，广告还是一种针对消费者的信息传播活动，应该一切从消费者的心理、价值取向和利益出发。在现代经济高速运转、生存压力极大的社会环境中，人们更加渴望人与人之间的沟通。广告美学通过对受众的心理行为分析而得出的沟通规律，可以使广告人充分了解以往消费者行为中的“暗箱”部分。

（三）有助于将美学理论转化为创作实践

广告美学实务将传播学、广告学、美学原理结合运用于广告的实际操作，使广告无论在创意、设计还是传播方面，都体现出科学精神，从而使广告操作获得最大的效益，既包括经济的也包括社会的。

广告美学实务主要涉及受众审美心理分析、美学法则和方法的实际应用、整合传播的运作等，具有极强的可操作性。它使广告人在创作时有据可依，有规律可循，使创作出来的广告更具美感；同时还可以更有效地与受众沟通，了解受众真正的欲求，引导他们采取购买行为和产生品牌忠诚。

车尔尼雪夫斯基曾要求艺术家负起社会责任。我们认为，广告人在担负起促进经济发展、建设物质文明的任务的同时，也要担负起创造美的作品、充实精神文明这一社会责任。要承担这一神圣的使命，广告人就必须懂得美学，并把它运用到实践中去，通过美学实务的操作提高人们的审美趣味、审美理想、审美水平，并进而影响到大众的思想、道德和世界观，使其树立文明消费的观念。

（四）有助于打造我国广告的大品牌

但凡国外广告大品牌的打造都离不开超凡脱俗的广告作品的扶植和支撑。这类广告作品往往具有极高的审美价值。正如前文所述，目前我国缺乏广告大品牌的根本原因在于我国的创意水准较低，说白了，就是广告的审美价值太低。

广告美学原理和实务体系的建立，可以为中国广告人的创作提供蓝本，从而指导他们在充分了解受众心理的基础上创作出更优秀的、蕴含较高艺术价值的作品。相信到那时，打造我国世界级的广告大品牌将是指日可待。

【思考练习题】

1. 什么是广告美学？为什么说广告过程是一个审美消费过程？
2. 结合实际谈谈广告美学研究对象的普遍存在性。
3. 广告的审美价值对于促进销售有什么功用？
4. 研究广告美学的现实意义是什么？

第一章

美学的基本问题

从现代美学的科学体系来看，美学由理论美学和应用美学两大部分构成，理论美学对应用美学起着指导作用。广告美学是一门具有社会使用功能和市场价值的应用美学，它研究的主要对象是广告中的美学规律和审美特征。广告美学是用美学基本理论来解决广告中的审美问题，在基础理论方面，它必须服从于美学的基本原理，因此我们在本章首先要熟悉一下美学的基本理论问题，其中包括美学的研究对象、人对现实的审美关系、关于美的本质的探讨、美的种类、美感等。

第一节　什么是美学

一、美学是一门既古老又年轻的科学

美学是一门既古老、源远流长，又年轻、方兴未艾的科学。称其古老，是因为自从人类开始懂得装饰自己、娱乐自己的时候，人类的审美观念和最初的美学思想就产生了。那时无论在东方还是西方，都有许多思想家和理论家对美进行哲学上或理论上的探讨与研究。

对美的探讨与研究最早可以追溯到公元前 8 世纪我国西周时代的郑国史官史

伯和公元前6世纪的古希腊哲学家毕达哥拉斯。他们两人不谋而合地认识到了美的第一个法则——和谐。从史料中可以看出，和谐为美的思想主要来源于古代的音乐，例如《左传》指出“和”与“同”不一样，“同”是单一，“和”是各种对立因素的统一，如音乐中的清浊、大小、短长、疾徐、刚柔等的相反相成。

此后，春秋时代的老子（约公元前580年—前500年）在《道德经》中说：“天下皆知美之为美，斯恶已；皆知善之为善，斯不善已。”就是说，天下人都知道什么是美的，就有不美的了；天下人都知道什么是善的，就有不善的了。意思是美丑、善恶都是相比较而存在的，具有相对性，包含了朴素的辩证法思想。

后来，我国古代的大思想家孔子（公元前551年—前479年）说：“乐而不淫，哀而不伤”（《论语·八佾》），成为中和美感的至理名言。而且，他认为美与善应该统一，提出“美善同义”的观点。

没过多久，古希腊哲学家柏拉图（公元前427年—前347年）出了一本叫《大希庇阿斯》的对话录，对美的许多问题发表了自己的见解。他认为美是一种超现实、超感性的永恒的“理式”，并认为这种理式构成了真善美的本质，现实中所有被称为真善美的事物不过是它的幻影而已。

那时，对美学和艺术学做出杰出贡献的还有柏拉图的门徒亚里士多德（公元前384年—前322年）和孔子的门徒孟子（约公元前372年—前289年）。亚里士多德在其名著《诗学》中提出了美学的一个核心范畴——整一，具体表现为“秩序、匀称和明确”；而孟子则明确地提出“充实之谓美”，是指精神美的特征是一定阶级道德的充实。

可见，美的研究历史是非常久远了，但是在相当长的时期内并没有产生美学专著，所谓的研究成果也只散见于古代思想家们的各种著作中。直到1750年，德国哲学家、美学家鲍姆嘉通（Baumgarten）（1714—1762）正式出版了他的《美学》专著第一卷，而且第一次使用了“Asthetik”即“美学”（或“感觉学”）这个术语，美学才作为一门独立科学而诞生，因此说美学又是年轻的。

鲍姆嘉通认为人类的心理活动可分为知、情、意三个方面，应该有三门学问分别研究它们。“知”是认知，研究知的有逻辑学；“意”是意志，研究意的有伦理学；“情”即情感，这方面的研究是空白的，所以应该建立一门叫“感觉学”即美学的科学来研究它。

后来，德国的古典哲学家康德（1724—1804）、黑格尔（1770—1831）沿用了“Asthetik”这个术语。他们在从事哲学研究的同时，对美学作了认真而系统的探讨。康德和黑格尔在各自的美学专著《判断力批判》和《美学》里为美学建立了完整的理论体系，把美学研究推向了一个高峰。不过，这种研究是在他们各自的唯心主义哲学理论指导下进行的。

在康德、黑格尔等德国古典美学家之后，19 世纪以来，美学以前所未有的声势蓬勃发展起来，形成了许许多多的美学派别。例如以车尔尼雪夫斯基为代表的俄国革命民主主义的美学，以泰纳（Hippolyfe Adolphe Taine）为代表的法国历史学派的美学，以立普斯（Theodor Lipps）、谷鲁斯（Karl Groos）为代表的德国心理学派的美学，以格罗塞（Ernst Grosse）为代表的人类学派的美学，以克罗齐为代表的直觉主义的美学等等。

美学真正走上科学的研究道路，是马克思主义问世以后。马克思、恩格斯虽然没有留下一本系统的美学专著，但散见于他们著作里的美学观点和与美学相关的哲学观点，使人们开始从一个新角度来思考美的本质，探索研究的新途径。马克思的名著《1844 年经济学哲学手稿》（以下简称《手稿》）集中反映了他的美学观点，是我们研究美学必读的重要著作。其科学性主要表现在：马克思主义美学是在辩证唯物主义和历史唯物主义的基础上，从社会实践出发来探讨美的本质，如“自然的人化”的简要提法就充分体现了社会实践的功用。它把美学从唯心主义和旧唯物主义的束缚中解放了出来，使美学建立在科学的理论基础上。

就今天世界而言，在欧美流行并占主要地位的是分析哲学的美学和艺术本体论的美学，主要讨论、研究、解释艺术是什么。在我国占主要地位的则是马克思主义美学。不过，随着世界经济一体化和文化相互融合，东西方的美学理论观点也在相互影响和吸收。

二、美学的研究对象

对于这一问题，我国美学界曾出现了两大对峙的观点：一种观点认为美学是“艺术科学”，或叫“艺术哲学”。美学研究的对象是艺术美，因为艺术是美的“高度集中的表现”，所以应该研究艺术各方面理论，包括艺术的起源、本质，艺术创作的一般规律，艺术在阶级社会中的发展规律，艺术的社会作用，艺术批评，艺术欣赏，艺术教育，艺术范畴，艺术种类、形式、风格等等。总之，美学就是艺术观。持此观点的代表人物有朱光潜、马奇等。

另一种观点认为美学是“关于美的科学”，应该广泛全面地研究自然、社会生活与艺术的美，以及人的审美意识及其规律。即研究对象应包括美的一切存在范围和形式，包括实用艺术和现实生活中的审美对象。持这一观点的代表人物有洪毅然。

“关于美的科学”对象论提出了自己的系统见解，概括来说，有四个基本点：

第一，根据科学研究对象的划分必须以该学科相关事物现象领域的矛盾的特殊性为依据这一原则，可知美学的核心问题是人对对象的审美关系。显然，人类的审美活动决不仅限于艺术，社会审美意识也不仅仅是通过艺术的形式表现出来。自然美、社会现实美、艺术美才完整地构成了美的王国。

第二，美学就是美学，必须清楚美学和艺术学的区别。凡研究个别或一般艺术本身诸规律者，都是艺术学（包括艺术通论、部门艺术学）；凡研究人类生活实践过程中（包括艺术生活实践）一切审美活动实践的审美意识表现及客观对象事物的美学性质、实质和功能诸规律者，即为美学。美学和艺术学，其概念各有内涵和外延，虽有重叠部分，但本质上仍有区别。

第三，要重视人民生活实践中的美学研究。实用艺术、工艺品、商品包装、广告宣传、家具陈设、环境布置乃至机器造型等等，是最经常与人民生产生活实践中的审美活动发生联系的内容，它们对人的影响虽不如艺术显著，但却时时刻刻地围绕、感染着人们，对人们的审美观发生潜移默化的影响。

第四，“关于美的科学”对象论并不排除对艺术的研究，并认为和其他对象相比，应该着重对艺术美加以研究。但是，为了防止和纠正“艺术为主”对象论在研究实践中造成的忽视和排斥对艺术以外的美的对象进行研究的状况，提出“关于美的科学”对象论，也是具有科学意义和实践意义的。

从以上四个基本点可以看出，“关于美的科学”对象论有几个显著的优点：

第一，科学性。客观事物的复杂性要求我们全面地、整体性地认识事物。只有这样，才能把握事物的真实面貌和规律性，也才能获得相对真理。“关于美的科学”对象论正是坚持了全面性和整体性的辩证法原则，认为只有在研究美的一切方面的基础上才能找出其内部的相互关系，从而把握美的性质和规律。

第二，社会实践性。美存在于人类的社会生产生活实践中，与发展着的现代科技和物质生产相联系。“关于美的科学”对象论认为社会生产实践和科学技术的发展，关系到美的创造；而生产方式和生活方式的变化，会影响到主体的审美活动。因此美学研究，不得不面向生动活泼而且不断发展变化的社会实践。正是社会实践，才使美学成为一门充满新鲜血液的具有生命力的科学。

第三，应用功能性。美学研究的目的在于把握美的本质和审美规律，从而指导美的创造和人的审美活动。“关于美的科学”对象论十分重视发挥美学的这一功能，一方面强调美学普及并在普及的基础上提高人民的审美能力和欣赏水平，一方面强调主体在提高了审美水平的基础上按照美的规律创造美，把审美对象的审美价值提得更高。

毋庸置疑，“关于美的科学”对象论无论对于美学研究，还是对于美学事业的兴旺和发展，都是一个大的突破。

20世纪80年代以来，由于对马克思《手稿》研究的深入和应用美学的兴起，人们越出了“艺术科学”的“戒圈”，看到了一片灿烂的美的新天地，人们开始重新思考美学对象问题。于是出现了一批新的“对象论”：如“审美关系”论、“美的哲学、审美心理、艺术哲学”综合论等等。它们的共同特点是在否定“艺术科学”的美学研究对象独尊地位的同时，承认了对其他美的研究的必要性。这是事物按照它的历史逻辑在发生变化，这种变化正在进行并且还将继续进行下去。而这变化，说明了人们在对美学对象认识上的前进。

总的来说，美没有纯粹的存在，它存在于人对美的审美关系中。这种关系可以看成是美学的轴心链条，其中包括三大环节：美、美感和美的创造。同时也必然涉及主体与客体。

具体说就是：美的研究包括美的本质意义、美的内容形式、美的形态范畴等，主要针对客体而言，然而这个客体并不是纯粹的自在之物，它是体现了主体（人的本质力量）的客体；美感的研究包括美感的本质、产生和心理因素，主要针对主体即人来说，但是它也不能完全脱离客体而存在，因为人的审美感官的改造和形成与实践紧密相连，可称为“内在自然的人化”；美的创造则是指按照美的规律创造现实美、商品美以及艺术美等，需要主体与客体相结合来实现。所以，概括起来，美学就是研究美以及人对美的感受和创造的一般规律的科学。

三、美学在中国的发展

中国的美学思想历史悠久，内容丰富。“五四”以后，我国的近现代美学思想又得到了长足的发展，像蔡元培、鲁迅、瞿秋白、朱光潜、宗白华、钱钟书等著名学者都做出了不小的贡献，但美学在很大程度上还只停留在少数美学家的论著里和大学教授的课堂上。

新中国成立后，我国美学进入了一个勃兴和大发展时期。20世纪五六十年代，随着我国政治变革、思想革新、文化变革所兴起的美学大讨论，全国形成了第一次“美学热”；七八十年代，随着思想解放运动和改革开放的大潮，我国又出现了第二次“美学热”；90年代以后，我国美学似乎进入了一个相对沉寂的时期，其实这是一个在反思中酝酿更深广发展的时期。短短数十年，中国的大地上出现了规模空前的美学大普及过程，对提高群众的审美意识发挥了积极的独特的作用。

从美学学科本身的建设和发展来看，中国当代美学经历了一个从片面到全面，从单一到丰富，从浮泛到深刻，从封闭到开放的提升确立过程。

在第一次美学大讨论时，中国的当代美学还只是就美学中的几个最基础的问题如美的本质、美学对象和自然美等进行一般认识论的讨论，除一两本从苏联翻译过来的美学教材外，几乎没有一本当代美学家撰写的美学基本理论专著。

时至今日，中国当代美学论著已多如群星。从应用美学来看，几乎各种艺术门类都已有自己的门类美学，衣、食、住、行、劳动、技术、科学、商业、广告、旅游……也都有了自己的专业美学论著；从美学的内容和性质来看，不仅有哲学美学、审美心理学、艺术社会学，而且价值论美学、人类学美学、文化学美学、系统论美学、信息论美学、符号学美学等等，也已不断出现；美学研究的深度也在不断提高和深化。

另外，从研究方法看，中国当代美学在辩证唯物主义与历史唯物主义方法的基础上，开始由单一走向多元和综合。一方面，仍坚持传统美学方法如哲学思辨的方法、历史研究的方法、社会分析的方法等等；另一方面，也吸收和引用了一些所谓“现代方法”，如：现代心理学方法、现代文化学方法、人类学方法、现代语言学方法、现代符号学方法等等。

而且，新时期以来，随着人文科学与自然科学、精密科学关系的日益密切，随着国外大量社会科学、人文科学和自然科学资料的译介和引进，随着美学、文艺学同其他邻近学科之间相互联系、彼此渗透的加强，今日的中国美学已步入了一个空前繁荣、深入发展的大好时期。

诚然，中国当代美学由于受到“文化大革命”和某些极“左”思想的干扰和影响，在很长一段时期内过分强调马克思主义美学的革命性，使得美学真正科学的理论基础未能在广泛深入吸收古今中外美学思想的基础上全面地确立起来，至今仍然存在未能解决的理论空白、研究弱点和难题。此外，过于抽象玄秘的高头讲章式的表述方式和话语方式，也在很大程度上影响了中国当代美学的深度拓进和广度扩展。

不过，随着新世纪的到来，中国的美学工作者在反思和探索中清醒地认识到自己的历史使命与当务之急，意识到马克思主义美学还应该是建设性的美学，必须随时代的需要和特征来发展自己，让美学更加自觉地与现实生活、与物质文明和精神文明建设、与当代艺术实践和审美实践相结合，牢牢把握住世纪之交美学的主攻方向，这就是：以人的教育——培养和造就全面发展的一代新人为中心，深入开展审美教育和艺术教育；在广纳博取人类一切优秀美学思想的基础上，把美学的研究和应用无论从深度还是广度上都推进到一个崭新的历史高度。

实际上，在进入对话时代的当代世界，无论是世界美学还是中国美学，都已经出现了一种兼取东西方美学传统和最新成果、融合了东方美学精神和西方美学理念的当代美学新潮流。

这种潮流产生发展于传统的哲学美学与艺术家的实践美学之间或结合上；产生发展于从古典哲学美学到近现代经验主义美学，再到现在“从经验主义研究方法引发出许多十分有趣的跨文化比较研究”，“又退回到哲学美学上来”的当代美学新趋向中；产生发展于人本主义与科学主义这两大美学潮流由相互区别、相互分立到相互渗透、相互融合的大背景中。

中国当代美学的研究者们，会更自觉地把握住这一美学新潮流，更好地促进推动这一潮流的发展。一种既具有中国特色，又反映人类普遍审美规律的新世纪美学，将会在这种努力中创生。

第二节　人对现实的审美关系

一、什么是人对现实的审美关系

美学是关于美的科学，研究的对象是自然美、社会现实美和艺术美以及人的审美意识及其规律。美是客观存在，而人的审美意识是人作为主体在对客观的美的“观照”和情感体验中形成的。可见，这种审美意识是在人对现实的审美关系中形成的。因此，要研究美学，首先必须清楚人对现实的审美关系。

人对现实有各种各样的关系。例如：人对客观世界的认识是否正确，是真是假，这是认识关系；人在认识客观世界的基础上改造客观世界，不断创造自我生存的条件，这是实践和功利关系；人自身作为客观世界的一员，应按照一定的规范来约束言行，使之和客观社会和谐统一，这是伦理关系；等等。

然而人和客观世界诸关系中还有一种影响到人的心理情感的关系，这就是审美关系。我们可以看看下面几个例子：

屈原的《橘颂》：

> 后皇嘉树，橘徕服兮。受命不迁，生南国兮。深固难徙，更壹志兮。绿叶素荣，纷其可喜兮……精色内白，类可任兮。纷缊宜修，■而不丑兮。

橘树本是自然物，没有情感，但屈原从对它的观赏中获得了丰富的感受：橘的“难徙”“不迁”好像人“壹志”的美德；橘的“绿叶素荣”使人欣喜，尤其是“精色内白”更是上乘佳品，好像德才兼备的人才一样，可以担当大任。这使屈原对橘产生了强烈的美感，一再夸其“嘉（佳）”，“宜修（美好）”、“姱（美丽）”和“不丑”。

郑板桥的《题画》：

> 十笏茅斋，一方天井，修竹数竿，石笋数尺，其地无多，其费亦无多也。而风中雨中有声，日中月中有影，诗中酒中有情，闲中闷中有伴，非惟我爱竹石，记竹石亦爱我也。……一室小景，有情有味，历久弥新乎！

郑燮虽论画中小景，实际可看成现实生活中居室环境给人的美感作用。十笏茅斋，见其清贫；修竹石笋，堪谓高雅。他把封建时代一个志趣高洁的知识分子的审美情趣写得十分确切。

至于艺术给人的审美感受则更多。例如：孔子听《韶乐》"三月不知肉味"，唐宣宗李忱对白居易"叙事双璧"深感"怆然"……

从上面的例子我们可以看出，自然界、现实生活事物、艺术品等客观对象，以美的形象诉诸人的感官，使人获得情感上的愉悦和精神上的享受，从而得到一种巨大的积极力量，又去"按照美的规律"改造世界，创造新生活。这就是人对现实的审美关系。

人对现实的审美关系常常体现为"审美经验"。这里包括两方面要素：一是审美对象。对象的美还是丑，对于不同审美主体来说，具有一种相对的客观标准。二是人对审美对象观照感知以后的评价、观念。它是人的主观反映，所以，我们说，人的审美活动是主客观的统一，在这一过程中体现着"物""我"的融合。

二、人对现实的审美关系是人的本质特征之一

人对现实的审美关系是人作为"类的存在"与客观世界之间具有的一种特有关系。因为在这种关系中，作为审美对象，是人"按照美的规律来创造"的，或者是人化了的自然界，因此可以说有了人的存在，审美对象才得以存在。

作为审美主体，人有不同于动物的社会意识，有发达的大脑和强烈的情感，有"欣赏音乐的耳朵"（指审美器官和能力）。人在观照客观对象中通过自己的感官、大脑中枢，通过动物所不具备的知觉、联想、想象、通感等复杂的心理过程，由快感达到美感，达到心理上的愉悦。因此，可以说，在人的面前，审美对象的美的价值才有意义。人对现实的审美关系，是只有人才具备的一种特性，是人的本质特征的体现，是人的社会性的体现。这种特性，任何其他动物都是不具备的。

有些人列举大量的事实，说明动物也有“爱美”的表现。例如公鸡的鲜艳的肉冠，吐绶鸡多变的艳丽的肉垂，鹿的多姿的枝角，孔雀的华丽的羽毛等。据说鲸鱼的歌声非常好听，1956年航海家诺特霍夫这样描述船舱下一条鲸鱼的歌唱，它像一个人那样，唱着一种扣人心弦的、忧郁的曲调，并不时夹着高音。1977年，美国向银河系发射的“航程一号”、“航程二号”宇宙飞船里，装有一张能保存10亿年的唱片，唱片最后一部分就是一段鲸鱼的“歌”。还有人说，龙虾是“舞蹈家”——雄龙虾在向雌龙虾“求婚”时，按“8”字形在雌龙虾面前反复跳舞，大约重复15分钟，再行交配。诸如此类，不胜枚举。

英国伟大的生物学家达尔文观察到了动物身上的这些特征：

> 如果我们看到一只雄鸟在雌鸟之前尽心竭力地炫耀它的漂亮的羽衣或华丽的颜色，同时没有这种装饰的其他鸟类却不进行这种炫耀，那就不可能怀疑雌鸟对其雄性配偶的美是赞美的。因为到处的妇女都用鸟类的羽毛来打扮自己，所以这等装饰品的美是毋庸置辩的。[①]

从达尔文这段话，我们可以看出他完全抛开美的社会性来谈论他所谓的动物的审美感觉，其实，这只是动物的生理感受，这种感受，是一种生理功能的需要，交尾期动物种属特征尤其显著。这种特征的显示，是为了吸引异性，达到生理需求的目的。

但是，有些动物的这种特征的显示，并不见得美。如猫嚎春，叫声凄厉，令人厌恶。所以，我们说，动物交尾期的种属特征，有些美，有些不美。这都只不过是人根据自己的审美经验对客观自然界“观照”的结果，就好像我们观照其他自然物所得到的感受一样，有美的、有不美的，动物根本不会有像人那样有意识地“装饰”、“赞美”等审美活动。

达尔文似乎也看出了这一点，他说：“动物一旦被阉割，雄者的这种媚感或招致雌者的构造，即行消失或决不出现。”[②] 这证明，动物的所谓“审美”绝不是我们所指的美学意义上的审美。我们说的审美是指美的对象引起人心理的审美感受，是社会活动；动物的所谓“审美”，只是生理机能的本能的“快感”，是生理活动现象，尤其是性活动时表现出的一种生理特征。

所以，18世纪法国启蒙运动的创始人伏尔泰说：“如果你问一个雄癞蛤蟆：

---

① ［英］达尔文：《人类的由来及性选择》，122页，北京，科学出版社，1982。

② 同上书，112页。

美是什么？它会回答说，美是它的雌癞蛤蟆，两只大眼睛从小脑袋里突出来，颈胫宽大而平滑，黄肚皮，褐色脊背。”① 伏尔泰说明了动物的生理特征和人类审美的本质不同。

区别开这种本质不同很重要，它使我们看到社会性对人的审美活动多么重要，从而正确认识人与现实的审美关系，寻找审美规律。

三、人对现实的审美关系是人在实践中建立起来的

自从人产生以后，可以供人审美的对象普遍地存在着。这对象，首先是人类生产生活实践中直接记录人的本质力量的创造物。

在原始时代，我们可以看到原始人美的创造常常和狩猎分不开。用代表动物血的红色涂身，戴上兽头舞蹈，佩饰是以动物的骨头和毛皮制成，这些都是为了炫耀自己的胜利。欧洲史前的洞穴壁画，例如西班牙阿尔塔米拉洞穴的大壁画，都是以野牛、野猪、鹿、马、狼等动物形象为绘画内容。我国陶器时代和青铜时代器物上的纹饰和造型，也大多以鱼、龙、凤、鸟、夔、鹿等动物为内容。这说明，狩猎时代审美对象主要是动物，作为生产对象的动物体现了人的本质力量。

到了农耕时代，人们审美对象的主要目标发生了转移，表现为人开始对土地、山林、田园以及农作物和花草产生浓厚的审美兴趣。在工艺美术中有宝相花、缠枝图案等；在文学艺术中，有山水花鸟诗画和田园诗画。这类艺术作品对大自然的审美和喟叹，可以说是农耕时期人们对体现人本质力量的审美对象的扩展。

当社会发展进入手工业尤其是进入工业时期，人类征服自然、创造世界的能力迅猛扩大。无数能工巧匠和高效能的自动化机械生产，标志着人类智慧和能力的飞快发展。大批量社会产品涌现出来，这些产品标志着人的本质力量得到了更充分的发挥。这时，人的审美对象的主要目标也转向了手工业和工业产品。因此，产品的装饰美化成为工业设计和工艺美术的重要课题。

进入现代工业时代，生产的高速度和产品换代的高频化，更迫使人们把注意力集中在产品的美学问题上，认真研究人和现代生产现实的审美关系，以期跟上时代的步伐。最突出的表现就是当今社会无处不见的商业广告，像一面镜子反映出人们随着审美对象的变化而变化的审美心理。

在整个人类社会发展的历程中，艺术是一个很重要的审美对象，是对现实美

---

① 转引自北京大学哲学系美学教研室编：《西方美学家论美和美感》，124 页，北京，商务印书馆，1980。

的集中反映。艺术可分为实用艺术和纯粹艺术，实用艺术多依附于在实践中创造的具有审美价值的实用产品上，而纯粹艺术则是在人对现实的审美关系中逐步地从实用产品里面分化出来的，成为单纯的审美对象。可见，先有实用艺术，然后才有纯粹艺术。但是在社会发展的每一个阶段中，作为那个时代的艺术，集中地体现了那个时代人的审美观念和审美水平。因此，应充分重视人对艺术的审美关系。

此外，必须指出的是，作为审美对象的大自然，和人类产生以前的大自然有着本质的不同。人类产生以前的大自然，是纯粹的“自在之物”，而人类产生以后作为审美对象的大自然则是“人化了的自然界”。因为此时的自然界，一方面，人对其进行了一定程度的认识和改造，已非原来作为“自在之物”的自然原貌；另一方面，作为整个自然界，在人的眼目和观念中，它是人今天和明天认识和改造的对象，它是“为人之物”，所以，这时的自然界已附有人的色彩；第三，作为审美主体的人，观照客观自然界，常常从自己的审美经验和社会意识中得到启发，赋予自然界以情感。

例如苏轼从月的阴晴圆缺，感受到人的悲欢离合；马致远从“枯藤老树昏鸦，小桥流水人家，古道西风瘦马，夕阳西下”，感受到“断肠人在天涯”。这些都说明，自然界只有在由“自在之物”变为“为人之物”之后，只有在其“人化”之后，才会成为人的审美对象，而这时的自然界，才蕴含着人的“本质力量”。

第三节　关于美的本质的探讨

一、历史上对美的本质的探讨

从历史上看，对美的本质的探讨主要有两种途径：一是从精神方面探讨，二是从客观现实方面探讨。

（一）从精神方面探讨美的本质

1. 客观唯心主义的观点

古希腊哲学家柏拉图认为美是一种客观存在的绝对精神即理念，客观世界里存在一种所谓的“美本身”，它是不增不减、不生不灭、超现实、超感性的永恒的“理式”。他说：“这美本身，加到任何一件事物上面，就使那件事物成其为美。”[①] 所以，现实中的美只是“美本身”虚幻的影子。

德国古典美学大师黑格尔亦认为“美是理念的显现”，这个“理念”是一种客观存在的绝对精神，是第一性的世界本源，而这种“理念”在事物上“显现”

① 转引自北京大学哲学系美学教研室编：《西方美学家论美和美感》，21 页。

出来就成了美。这和柏拉图的“美本身”是一样的。

但黑格尔又具有辩证法的一面，他不同于柏拉图把理念看成一种纯粹的抽象精神，而是看做“概念与现实的统一”，包含有丰富的现实历史内涵，而且特别强调理念的“感性显现”形式。黑格尔的美学理论和哲学理论一样，都属于客观唯心主义。

2. 主观唯心主义的观点

我国明代哲学家王阳明就完全否认美的客观性。有一次一位朋友指着山中的花树问他：“你说天下无心外之物，可是像这花树，在深山中自开自落，与我的心有什么关系呢?”王阳明回答：“你未看此花时，此花与汝同归于寂。你来看此花时，则此花颜色一时明白起来；便知此花不在你的心外。”[①] 他是说美的存在与否完全是心的作用。

同样，18 世纪英国哲学家休谟（D. Hume）也认为：“美并不是事物本身里的一种属性，它只存在于观赏者的心里，每一个人心见出一种不同的美。”[②]

德国心理学派美学家立普斯倡导“移情说”，认为客观事物的美丑是由人的感情“移入”或“外射”的。

意大利著名美学家克罗齐提出“直觉说”，认为美是心灵作用于事物而产生的“直觉”，即对对象的“直觉”。这个直觉与理念无关。自然事物无所谓美与不美，只提供形象，美只能来自于心灵的创造。

这些着重从精神领域去寻求美的本质和规律的见解和主张，注意到了人的精神因素对美、美感和艺术的影响，极大地突出了主体在审美中的作用，应该说在美的本质的探索中，做出了一定的贡献。但是，这种主张在哲学的根本问题上颠倒了物质与精神的关系，实质上否定了美的客观存在性，是其弊病和局限所在。

(二) 从客观现实方面探讨美的本质

古希腊伟大哲学家亚里士多德说：“美要倚靠体积与安排”，要把“原本零散的因素结合成为统一体”[③]。这是从事物本身探求美的本质，认为美的事物有明确的形式，比例、匀称、大小安排等等表现出事物的“整一”性。过分小的东西使人感到模糊不清，是不美的；而过大的东西，不能使人一览无余，也不美。这种观点虽坚持了朴素唯物论，却失之于一味从形式上探讨美。

---

① 转引自北京大学哲学系哲学教研室编：《中国哲学史资料简编》，宋元明部分，261 页，北京，中华书局，1981。

② 转引自北京大学哲学系美学教研室编：《西方美学家论美和美感》，108 页。

③ 转引自上书，38 页。

英国18世纪美学家博克（E. Burke）认为美是属于物本身的某些属性，他通过审美经验，归纳总结出美所具有的多种形式特征，提出："美大半是借助于感官的干预而机械地对人的心灵发生作用的物质的某种品质。"① 例如：小、光滑、逐渐变化、不露棱角、娇弱以及颜色鲜明而不强烈等，对于人的美来说，重要的是"相貌和动作举止相一致"，并指出"这些特质起作用是自然而然的，比起任何其他特质，都较不易由主观任性而改变"②。博克看重审美经验，却忽视真正的社会内容对美的作用。

法国启蒙运动哲学家狄德罗（D. Diderot）提出了"美是关系"的理论。他说，美是"在我们心里引起愉快关系的知觉的效力或者能力"，或者说，美就是"本身有能力在我的悟性之中唤醒关系概念的东西"③。他指的关系，一是属于实在的关系，例如巴黎的卢浮宫很美，它取决于各部分恰当的比例关系，这种比例关系是客观存在的，不因人是否去观赏而决定其是否存在。另外，客观存在的关系能否被人察知，能察知多少，就构成了主体对客体的察知关系，而且这种关系也在发展变化着。狄德罗虽然注重于对客观事物的考察，但却忽视了人类的历史和社会实践，因此，无法解释有些"关系"是存在的，但却不美的事实。

俄国革命民主主义者车尔尼雪夫斯基提出了"美是生活"的著名见解，他说："任何事物，凡是我们在那里看得见依照我们的理解应当如此的生活，那就是美的；任何东西，凡是显示出生活或使我们想起生活的，那就是美的。"④ 车尔尼雪夫斯基开始从人类社会生活去探索美的本质，这和以往的旧唯物论美学家相比是一个大进步。但生活在他那里也还是抽象的，缺乏社会历史内容的，而且，车尔尼雪夫斯基认为高于普通实际生活的艺术美比不上生活本身。从美学角度讲，这是错误的。

这些着重从客观事物的感性特征、自然形式结构、性能中去寻找美的本质和规律的见解和主张，肯定了美的客观存在性，坚持了唯物主义基本原则，在美学史上起到了一定积极作用。但是，这些观点带有明显的机械论和形而上学的弊病，在很大程度上否定了美的社会性，否定了美的本质与人的本质的内在联系，给人造成一种"见物不见人"的印象。

马克思主义产生之前人们对美的本质虽进行了各式各样的探讨，并做出了显著贡献，但对美的本质的科学认识还是马克思主义问世以后的事。

---

①② 转引自北京大学哲学系美学教研室编：《西方美学家论美和美感》，118页。

③ ［法］狄德罗：《美之根源及性质的哲学的研究》，载《文艺理论译丛》，1958（1）。

④ ［俄］车尔尼雪夫斯基：《生活与美学》，6页，北京，人民文学出版社，1959。

二、我国当代美学研究对美的本质的探讨

我国当代美学研究经历了20世纪50年代末到60年代初的大讨论，关于美的本质问题形成了四大派别，这次辩论及其形成的对美的本质的认识对以后我国美学理论的影响十分巨大，我们有必要对之分述如下：

（一）主观论，认为美是主观的，“美是观念”

这种观点以吕荧为代表。他认为美是人的观念，不是物的属性。人的观念是主观的。他认为自然界的事物和现象本身无所谓美丑，美丑完全是人对它们的一种评价。

另一位美学家高尔泰也认为没有客观的美，客观的美并不存在。美，只要人感受到它，它就存在，不被人感受到，它就不存在。人的心灵，是美的源泉，美的内容，是人对客观事物的评价。吕荧和高尔泰的这种观点，很少有人赞同。

（二）客观论，认为美是客观的，“美在物本身”

我国当代美学家蔡仪是这种观点的主要代表。他认为美是客观的，不是主观的，美的事物之所以美，是在于这事物本身，不在我们的意识作用。后来他又提出“美是典型”说，认为美的东西就是典型的东西，就是个别之中显现着一般的东西；美的本质就是事物的典型性，就是个别之中显现着种类的一般。

当时许多人也不同意蔡仪的观点。这种美学观的基本特点在于强调了美的客观性的存在，但却否认了美的依存于人类社会的根本性质。

（三）主客观统一论，认为美是主观与客观的统一

这一观点的代表人物是朱光潜。解放前朱光潜曾认为美是主观的，后来他提出了主客观统一论。他主张美是客观方面某些事物、性质和形状适合主观方面意识形态，可以交融在一起而成为一个完整形象的那种特质。因此，美既有客观性，又有主观性；既有自然性，也有社会性。不过这里客观性与主观性是统一的，自然性与社会性也是统一的。

朱光潜的观点有人赞同，但也有人对其提出批评，认为这一观点实质上仍然是主观唯心主义。

（四）客观性与社会性统一论，认为美的本质是客观性与社会性的统一

这一观点以李泽厚为代表。他认为，美是一种客观的物质存在，这是其客观性。但是这种客观性存在于人类社会生活中，它是人类社会生活的产物，没有人类社会，就没有美。这是其社会性。

李泽厚认为他所说的客观性是不脱离人类而存在的，所以有别于蔡仪的纯粹自然性质的客观性。而他所说的社会性又不依存于人类的意识、情趣等主观美

感，而是产生于人在社会实践中形成的一种思想和观念，因此有别于朱光潜的主观性（或社会性）。李泽厚认为，美就是包含社会发展的本质、规律和理想而且有可感性形态的现实生活现象，简言之，美是蕴藏着真正的社会深度和人生真理的生活形象（包括社会形象和自然形象）。美是真理的形象。

李泽厚的观点得到比较多的人的赞同，但也有人提出异议。蔡仪认为李泽厚进行具体论述时，接受了朱光潜主观唯心论观点。朱光潜则认为李泽厚也像蔡仪一样把艺术是一种社会意识形态或上层建筑这个马克思主义基本原则一笔抹杀了。

这四大美学派别大都形成于我国第一次美学大讨论中，后来随着美学研究的深入，分别有了新的发展。如高尔泰也开始主张从人的本质力量的角度看美，并进一步提出“美是自由的象征”而“自由是一种体验，一种经验形态，一种快乐和幸福”的观点；蔡仪则发展到从“美的规律”看美；朱光潜接受了生产劳动实践的观点；李泽厚进而提出了“自然的人化”和“自由的形式”论。这些表明对“美的本质”问题的探讨在很大程度上推动了国内美学研究水平的提高和深化。

三、关于美的定义

美是一种捉摸不定、变化无常甚至稍纵即逝的东西。它分别体现在自然美、社会生活和艺术作品中，几乎存在于一切对象的所有范围中，各自又有非常复杂的审美感受。从审美主体来看，审美心理复杂多向，因人而异，因时而异，因变而异。所以首先要对美的本质有一个正确认识。

关于美的本质，比较多的人赞同美是客观性与社会性的统一这一观点。从这一观点出发，一些人给美下的定义为：美是人的本质力量对象化的形象。美的这一定义提出的根据主要是马克思关于劳动的本质和人的本质的理论。

马克思在对人类社会实践进行全面考察的基础上揭示了人的本质，认为人作为“类的存在”具有一种本质力量，这种本质力量只是人的本质特性，动物是不具备的。为了说明人的本质力量，马克思首先从探讨劳动的本质开始。马克思认为人和动物都进行生产，但二者有根本区别。

动物生产的全部范围，离不开“所属的种”，这种生产只是种的本能，而不是意识的支配。人的生产完全不是这样，其目的是为了改造自然、改造客观世界，改造过程中要遵循一切自然、客观世界的规律，而且要按自己的计划、蓝图、设计来生产对象并检验对象，这种对象在生产之前，就已经在人头脑中产生了。所以说人的生产不是生理本能，而是一种在意识支配下的活动。这种特性显示着人的本质。

人的本质，按照马克思的说法是“自由的有意识的”，“自由的有意识的活动恰恰就是人的类特性”[1]。所谓“自由的”，就是摆脱了动物那种“所属物种”的限制而面向“任何物种”，认识自然，改造自然；所谓“有意识的”，就是能动地、有目的地按自己的设计和计划（即“内在的尺度”）改造客观世界。

人的本质力量就是指人显示出的认识世界、改造世界的伟大意志、力量、智慧、气质等品格。“它是在一定的历史条件和社会关系中形成起来的，人类最先进的一些品质、性格、思想、感性、智慧和才能等。”[2]

人的本质力量是人的骄傲。在人产生以前（即在人还在动物的行列中的时候），世界上是无美可言的。盛开的鲜花、莹洁的月亮、蔚蓝的大海、雄壮的恐龙——这些今天我们看来具有审美价值的事物，在那个时候，它们和野草、陨石、洪水、猛兽一样作为地球上的事物客观地存在着。它们都是“自在之物”，自生自灭，自我运动，没有谁欣赏和赞美，没有谁保护和美化，因此，无所谓美丑。

人的出现使客观自然发生了天翻地覆的变化。这种变化，集中表现在人运用自己的思维认识自然、制造工具、改造和征服自然，使洪水降服、使猛兽逃遁、使不毛开辟，在世界上呈现出人创造的各种各样形形色色的杰作。这些杰作，形成了另一个自然界，即所谓“第二自然”，这是人创造的“自然”，这个“自然”作为对象客观地呈现在我们面前，即人的本质力量对象化。人在对其形态进行“观照”中便产生了美感。

美是人的本质力量对象化的形象这个定义体现着美的三个基本特性：

第一，客观性。美是体现人本质力量的对象物的形象，存在于人的生活生产实践中。

第二，社会性。美是体现人本质力量的对象物的形象，它对人才有意义。人的本质是社会性，因此，美也具有社会性。美是一种价值，这种价值是在社会生活中形成的，打着社会性的烙印。

第三，可感性。美是事物的形象，则必然诉诸人的感官，使人获得“美感”。因此，美必然具有直观感受性。

但是，我们认为美是人的本质力量对象化的形象这个定义具有明显的局限性。我们知道，劳动首先是人和自然之间的过程，人的本质力量的实现（或展开）也是一个过程。在这个过程中，在对象化形态中，有低下的初级形式，有一般的中级形式，有较高的高级形式。在不同阶段，本质力量展开的丰富性程度是不同的。而人的感受的丰富性则是由人的本质力量的客观展开的丰富性来决定

---

① 马克思：《1844 年经济学哲学手稿》，3 版，57 页，北京，人民出版社，2000。

② 蒋孔阳：《美和美的创造》，46 页，南京，江苏人民出版社，1981。

的。这说明对象化形象能否使人感受到美以及美感的程度如何，是有明显差异的。

人的本质力量对象化的形象不一定都美，也有不美的甚至丑的。在人的创造实践中首先是正确认识客观事物，达到真；其次是创造，但创造不一定都能成功，其产品不一定都达到善，适于功用的善只是其中一部分。在善的事物中，不一定都美，是不是真正按照美的规律来创造，是否真正美，还要经过人的审美实践的“筛选”或再创造。能引起人愉快的善才是美的。美感是人心理对自己的创造的反馈信息。

由此可以看出：真提供给人的是一个确实存在的客观世界，善提供给人的是一个能满足人生理要求（包括一切直接功利要求）的确实存在的客观世界，美提供给人的是一个能满足人生理、心理要求的确实存在的客观世界。

这是一个过程的三个阶段，表现为台形层次，它们之间必然地形成了相容类种关系，而美，是最高一级层次。因此，人的本质力量对象化的最高形象才是美的形象。笼统地讲对象化的形象，必然抹杀了真善美的差别，混淆了美的本质特征。

所以这里我们将美定义为：“美，我的对象的最高价值。”

关于“我的对象”，马克思在论述人的本质力量对象化、自然化等命题时都是在论述一种客观对象和规律，而在从主体角度出发，在用感官观察对象，感受对象时，往往用这样的术语：“我的对象”，“人的对象”。例如：

> 只有当对象对人来说成为**人的**对象或者说成为对象性的人的时候，人才不致在自己的对象中丧失自身。[①]

> 人不仅通过思维，而且以**全部**感觉在对象世界中肯定自己。[②]

> 从主体方面来看：只有音乐才激起人的音乐感；对于没有音乐感的耳朵来说，最美的音乐**毫无**意义，**不是**对象，因为我的对象只能是我的一种本质力量的确证，就是说，它只能像我的本质力量作为一种主体能力自为地存在着那样才对我而存在，因为任何一个对象对我的意义（它只是对那个与它相适应的感觉来说才有意义）恰好都以**我的**感觉所及的程度为限。[③]

---

① 马克思：《1844年经济学哲学手稿》，3版，86页。

②③ 同上书，87页。

> **人的**感觉、感觉的人性，都是由于**它的**对象的存在，由于**人化的**自然界，才产生出来的。①
>
> 五官感觉的**形成**是迄今为止全部世界历史的产物。②

“我的对象”体现着与主体明确的隶属关系，同一关系和深切的亲和感。之所以是“我的”，是因为这种关系能使我的感觉充分地肯定自己的本质力量，从而获得美感。

其中，“我”可表述为在一定范围内和一定条件下从事社会活动，具有相对一致的审美观念的主体。它的外延具有可变性，可指一个人、一个阶层、团体、群体、民族，乃至全人类。

“对象”是指社会实践过程中间一切对象化的事物形象，包括人化自然、社会行为形象和创作物等。

“最高价值”也就是审美价值。

第四节　美的种类

一、按照审美对象的不同种类来划分

按这种方法可以把美划分为现实美和艺术美两种。现实美又可划分为自然美和社会美两种。这样把美分为两级层次是因为艺术美是对现实美的反映，而现实美中又有自然美与社会美之不同。

还有一种分法是不分两级层次，一次把美分为自然美、社会美和艺术美。这种分类方法简便明确，既体现了现实中客观存在的美，又把其他形式的美都包括进去了。

（一）自然美

自然美，是指自然界诸事物之美。关于自然美的问题，我们前面讲过，在自然界由“自在之物”变为“为人之物”，即“自然人化”之后才呈现美，因为它体现着人的本质力量。这里必须说明自然美如何体现人的本质力量。自然美表现出两种不同情况：一种是经过人加工的自然，如西湖、苏州园林等；一种是还未经过人加工的自然，如月光、九寨沟等。

第一种自然美直接体现着人的本质力量自不必说，第二种自然美则间接体现

---

①② 马克思：《1844年经济学哲学手稿》，3版，87页。

着人的本质力量。它虽不曾有人加工过的痕迹，但在它上面，一方面附丽着人的认识、理想（例如人们征服它的理想、计划、意志），人可以从这种认识理想上看到明天自然被征服将给人类带来的功利效果，预测到人的本质力量的胜利；另一方面人根据自己以往的审美经验，以长期“积淀”起来的对所谓“有意味的形式”的感受能力，观照眼前自然对象，发现对象与“有意味的形式”相统一，从而获得美感。

第二种自然美不是人为的艺术创造，它不属于艺术美而属于现实美。这种美在现实中普遍存在着，人从它的形象上获得了广泛的长久的美的享受。

（二）社会美

社会美，是具有明显社会内容的事物形象之美。这种美与善的关系尤为密切。人的善的行为、道德面貌、精神状态通过具体形象表现出来就成为社会美。

必须指出，只表现善的思想意识、精神而不具备形象的抽象观念不能视为社会美。所谓美，必有形象，有形象才能成为人的审美对象。包含强烈社会内容的形象、行为、场面、事迹等，即具有进入“镜头”的可摄性的社会事物才是社会美的对象。社会美往往要和人联系在一起，因为人是各种社会关系的总和，只有人才直接体现着社会性。

（三）艺术美

艺术美，指艺术作品的美。这种作品一方面指纯粹艺术美，一方面指实用艺术美。

艺术美是人有意识地“按照美的规律来创造”的创造物，它以现实美（自然美、社会美）为反映的对象。但是，这种反映，不是现实美的简单复现，而是经过艺术家的加工和典型化创造，使艺术美更加集中地体现出人的审美理想。从这个意义上讲，艺术美比现实美更强烈、更集中。

但是艺术家能否准确地反映现实美，现实美反映到艺术中是否真正能成为艺术美，是否比现实美更强烈，则取决于艺术家对现实的认识，取决于艺术家的艺术素养、技巧和表现能力等等。

有些世界观落后、技巧低下的艺术家，往往会使现实美变为艺术丑，而世界观进步、技巧高超的艺术家又可以使现实丑变为艺术美。例如鲁迅的《阿 Q 正传》中的阿 Q、罗丹的雕塑《欧米哀尔》中塑造的老妓女，都是以现实中的“丑”为反映对象的，但却展示了巨大的艺术美。

阿 Q 是以现实生活中落后、愚昧、不觉悟的穷苦农民为原型，欧米哀尔是以瘦骨嶙峋到可怕程度的裸体老妓为原型。但是，人们并没有仅仅从阿 Q 和欧米哀尔身上获得丑感，没有仅仅因为其丑陋而产生厌恶、憎恨之感，相反，他们被无情社会摧残了的形象，使人们内心产生了一种深切的同情和对社会恶势力的憎恨。同时，我们感到，这两个人物形象真实地反映了生活，取得了强烈的艺术效果，并显示了艺术家的艺术技巧，因而美感油然而生。

生活丑反映到艺术中成为艺术美的原因何在呢？关键是艺术家对生活丑不是自然主义地复制和再现，而是按照美的规律来创造每一件艺术作品。这个“美的规律”表现在：

（1）艺术家对所表现的对象事物的本质性的认识，进而到艺术表现中，依据着“真”的原则。

（2）艺术家在艺术典型的塑造中表达了一种进步的思想、意识，即依据“善”的原则进行创作。

（3）艺术家在塑造典型形象中所运用的艺术技巧和表现手法，遵循“美”的法则。

由于艺术家遵循了“美的规律”，因此创作的艺术品是美的——尽管表现的原型是丑的。它的美，不是表现在艺术形象的形式本身，而是体现在艺术形象所表现的一种思想倾向，一种在人们心中唤起的情感。从这里我们看出，“美的规律”是艺术家应该普遍遵守的法则，不管表现的原型是生活中的美或丑，都可以创造出艺术美来。

二、按照美的不同风格特点来划分

这种划分法打破审美对象存在形式方面的区别，着重从对象所表现的不同特征、风格及其诉诸人的不同审美感受来区分。

（一）优美和壮丽

优美和壮丽，即姚鼐在《惜抱轩文集·卷六·复鲁絜非书》中所称的“阴柔”之美和“阳刚”之美。有些美学家亦称优美和崇高。这是风格明显相对的两种不同特征的美。有人作了个比喻：前者如“杏花春雨江南”，后者似“骏马秋风冀北”，颇为恰当。

优美即优雅秀婉之美。例如：柔媚、和谐、精巧、玲珑、平滑、明净、曲折、圆润等等，能够给人以轻松、愉快、心旷神怡的审美感受。这种美的特征是客体和主体处于相对协调和平衡状态，各种形式因素处于人的感官阈限最易接受的范围。

优美在现实生活中的存在极为普遍：春色明媚，月光溶溶，杨柳依依，鸟语花香，山明水秀，旭日晚霞，烟霭渔村，好人好事，家庭新貌，喜庆丰收等等。

这种现实生活中的优美给人以美感，作家将其反映在作品中，古今中外不胜枚举。如柳永的“杨柳岸，晓风残月”，杜甫的“细雨鱼儿出，微风燕子斜”，韩愈咏桂林“江作青罗带，山如碧玉簪”，苏轼写西湖“欲把西湖比西子，淡妆浓抹总相宜”，如此等等。

在纯粹艺术如音乐、舞蹈、雕塑和绘画中，优美更是比比皆是：百听不厌的《梁祝》，柔和的小夜曲，杨丽萍的孔雀舞，闻名世界的维纳斯，敦煌莫高窟中的“飞天”，达·芬奇的《蒙娜丽莎》等等。

在实用艺术方面，例如新石器时代的彩陶罐，汉代的朱雀灯，现代的各式具有很高艺术造型的家具、家用电器和日用品等。可见，优美是现实生活中一种普遍的并且非常重要的审美对象。

壮丽即雄壮之美，一般具有雄伟、恢宏、粗犷、豪迈、激荡、刚健、傲岸、博大、壮阔等性状。壮丽的特征是主客体处于矛盾激化中。壮丽美表现出一种气势，其形式因素处于人的感官阈限内部边缘，人对其产生审美感受时往往要伴生情感激动。

壮丽在现实生活中的存在也是不少的。属于自然事物的壮丽，表现着博大壮阔和雄伟奇特的特点，如北国风光、东海朝日、大漠驼行。属于社会生活事物的壮丽，表现着人类以强大的本质力量战胜自然、降伏邪恶的过程，如战斗的生涯、改革的洪流、创造性的劳动。

属于艺术作品的壮丽，则给人一种振荡奋进、开阔向上的情绪，使人产生力量。例如《十面埋伏》琵琶曲，贝多芬的《命运》交响乐，苏轼的“乱石穿空，惊涛拍岸，卷起千堆雪”，辛弃疾的“醉里挑灯看剑，梦回吹角连营”。

优美和壮丽表现在大量的广告作品中，风格却截然不同。例如都是为音响产品做的这样两则广告：

一个是平面广告，画面气势恢宏，将整个纽约城放在了咆哮的瀑布上，两种极具壮丽色彩的景观融为一体，而且给人的感觉是无数的摩天大厦即将一泻千里，化为滚滚洪流。这种视觉联想造成的通感就是气势磅礴，振聋发聩，突出了音响效果的震撼力。

另一个是一则电视广告，画面刚开始是三只小蚂蚁向一组音响爬去，爬到喇叭的时候，音响发声了，结果蚂蚁们全被震得弹回到地面上。第二次前进，结果一样。第三次，还是如此。最后，每只蚂蚁都带上了一片绿叶，果然到了喇叭的时候，又被弹了出来，不过这次绿叶成了降落伞，蚂蚁们安全着陆。虽然这个广告也是为了表现音响的震撼效果，但是手法却明显不同，整个广告片里色彩柔和，形象可爱，音乐轻松，给人以非常优美的享受。

优美和壮丽是相对的，是相比较而存在的。许多美学家、艺术家总是将二者进行比较研究。其实在现实生活中，优美和壮丽这两种形态并非截然对峙、决然分开，而常常是互相补充、互相交织在一起的。比如峨眉山的美，既有秀美的一面，也有壮丽的一面。一个人也可能既有优美的一面，也有壮丽的一面。即使优美的维纳斯，也在一种静穆的伟大中透露出壮丽的特色。

（二）崇高和谐趣

崇高是一种“庄严的美”，包含一定程度的“神圣性”或“圣洁性”。崇高和谐趣又是相对比而存在的两种美的形态。

崇高和壮丽有相似之处，主要表现在形式的巨大雄伟，但是两者显然存在着不同。壮丽更多体现在事物的外在表现上，崇高则更多体现在事物的内在本质上；壮丽以自然现象作为自己更为重要的表现领域，崇高则以社会生活作为自己更重要的表现领域；壮丽更多体现为“真的形式”，崇高则更多体现为“善的形式”。

因此，崇高比壮丽更富有社会伦理内容，更具有一种高尚、严肃而令人敬仰的品格。崇高常常表现为悲剧的美。这里的悲剧不仅仅指艺术中的悲剧，而是美学范畴中的悲剧，包括艺术和现实生活中的悲剧。

现实生活中的悲剧又并非指广义的悲惨结局或悲惨下场的悲剧，而是悲剧人物必须具有一种伟大、正直或美好的品质。悲剧本身能给人以有益的教诲，如巴黎公社的失败等。

在美学意义上，艺术悲剧也不仅仅指戏剧中的悲剧，还包括文学、音乐、绘画、雕塑等艺术体裁中的悲剧。如鲁迅的小说《祝福》，哥雅的名画《法国士兵枪杀西班牙起义者》，阿格桑德罗斯等人的雕塑《拉奥孔》等。

悲剧为什么能给人以美感？这与它的本质是分不开的。恩格斯说悲剧的本质是“历史的必然要求和这个要求的实际上不可能实现之间的悲剧性的冲突”[1]。这说明悲剧人物所代表的是进步的积极正义的东西，但他一时处于弱小地位，被暂时强大的恶势力击败或毁灭。鲁迅说，“悲剧将人生的有价值的东西毁灭给人看”[2]。“有价值的东西”，就是悲剧人物所代表的“历史的必然要求”。人们看了悲剧，必然引起对悲剧人物的敬仰之情，并在悲痛和同情中接受为美好生活理想而斗争的感召，化悲痛为力量，这就是悲剧的美学意义。

谐趣是一种活泼风趣的美，一般包含着诙谐乃至滑稽的成分，因此，它常常表现为一种喜剧的美。我们在这里所说的喜剧，也是指美学意义上的喜剧，它包

---

① 《马克思恩格斯选集》，2版，第4卷，560页，北京，人民出版社，1995。

② 《鲁迅全集》，第1卷，192～193页，北京，人民文学出版社，1981。

括生活中的喜剧和艺术中的喜剧。

生活中的喜剧也不仅仅是一般广义的喜剧、滑稽或笑料，而是指有审美价值的喜剧，例如袁世凯称帝的登基大殿，张勋复辟要留辫子等，其价值存在于人们的嘲弄中。

艺术的喜剧包括音乐、绘画、雕塑、文学等形式。例如四川成都天回山出土的汉代雕塑《说唱俑》，极为滑稽传神。今天的相声更是属于喜剧艺术形式了。

关于喜剧的本质，车尔尼雪夫斯基说："丑乃是滑稽的根源和本质。"[①] 黑格尔也说，喜剧是"使本来不值什么的，虚伪的，自相矛盾的现象归于自毁灭，例如……把一条像是可靠而实在不可靠的原则，或是一句貌似精确而实空洞的格言显现为空洞无聊，那才是喜剧的"[②]。

这就是说，成为喜剧的事物，其本质是丑的，但是，它不甘于将丑显示出来，却要"用一个异己本质的**外观**来掩盖自己的本质"[③]，这正是一种讽刺。这种丑的东西，无价值的东西被揭露，被讽刺，人们从中获得愉快、喜悦，发出笑声。笑是对丑的嘲弄，对丑的否定和威慑。

喜剧艺术最显著的特征是"寓庄于谐"，即在诙谐可笑的形式中体现深刻的社会内容。通过笑这个武器来否定丑，从而肯定美，这便是喜剧的美学价值。

必须指出，崇高和谐趣在广告中也有广泛的体现。崇高常常出现在社会公益广告中，尤其是弘扬爱国主义精神的广告作品将英雄人物的形象和事迹通过有感染力的画面展现在人们面前，往往引得我们热血澎湃，情绪激昂，收到了很好的社会效应。

谐趣被大量运用于商品广告中。如有一则感冒药的电视广告是这样的：一个人在风雪交加的野外遇到一群狼，他知道野兽都怕火的道理，于是赶紧点燃几根树枝，果然狼不敢前进，这个人颇为得意。但是正在这个时候，他突然打了一个很大的喷嚏，本来就比较微弱的火立即熄灭了，结果最后的镜头是他那张无比惊恐的脸和感冒药的牌子。这个广告虽然有些夸张，但却充满了生活的趣味，让人在忍俊不禁的同时引起了接受宣传的兴趣和对商品的高度关注。

三、美的特性

任何事物和现象，都有它自身与众不同的特点，美也是如此。美的特点，主

① ［俄］车尔尼雪夫斯基：《美学论文选》，70页，北京，人民文学出版社，1957。
② ［德］黑格尔：《美学》，第1卷，84页，北京，商务印书馆，1979。
③《马克思恩格斯选集》，2版，第1卷，5页，北京，人民出版社，1995。

要有以下几个方面：

（一）形象性

美的事物和现象都不是抽象的理念，而是形象的、具体的，总是凭着欣赏者的感官可以直接感受到的。不论自然美、社会美，还是艺术美，作为内容和形式的有机统一，都有一种感性的具体形态，它们的内容都要通过由一定的色、声、形等物质材料所构成的外在形式表现出来。

宋玉在《登徒子好色赋》中，曾经描写过一个美人的形象，如果他只写“天下之佳人，莫若楚国；楚国之丽者，莫若臣里；臣里之美者，莫若臣东家之子”，那么，这位“东家之子”的美还是抽象的。只有写了“东家之子，增之一分则太长，减之一分则太短。着粉则太白，施朱则太赤。眉如翠羽，肌如白雪，腰如束素，齿如含贝。嫣然一笑，惑阳城，迷下蔡”，“东家之子”的美才具体地显示出来了。

平时，我们总是用“栩栩如生”这几个字来赞誉优秀的文艺作品所塑造的形象，就是因为它鲜明、生动、具体。由于事物的美总是存在于感性形式中，离开了特定的感性形式，美便无从依傍，因此形式美是十分重要的美的特性。

形式美当然也要有内涵，如果不顾及内容，把美仅仅看做是颜色、线条、声音等形式因素的组合，就不能把握美的特性。如阿Q的褴褛衣衫和杨二嫂的圆规形态只有结合了人物的性格特点和生活背景，才能给人留下形神兼备的深刻印象。

所以我们不能把美的形象性特点，仅仅看做是一个纯粹的形式问题。美是形式与内容的统一，美的形象性也是在这种统一中表现出来的。广告的艺术性，其实质也就是形象性。

（二）新颖性

由于美是人“按照美的规律创造的”，是人的自由自觉的创造，因此美必然同人类的创新性相联系。这种创新性充满积极的、向上的、生机勃勃的新颖性。美的事物必须具有新颖性和创造性，切忌模仿和照搬，否则就会失去生命和活力。

李清照《声声慢》中的“寻寻觅觅，冷冷清清，凄凄惨惨戚戚”十四个叠字是了不起的创造，具有很强的新颖性。罗大经在《鹤林玉露》中曾评：“起头连叠七字，以妇人所能创意出奇如此。”元人乔吉仿李清照作《天净沙》：“莺莺燕燕春春，花花柳柳真真，事事风风韵韵，娇娇嫩嫩，停停当当人人”，则实属蹈人覆辙，弄巧成拙，被清代学者陈廷焯在《白雨斋词话》中斥为“丑态百出”！

所以，形式和内容要能给人以美的享受，必须经过认真的锤炼，比前人有所突破，而不能套用别人的手法与技巧。陆机说：“谢朝花于已披，启夕秀于未振”，“虽杼轴于予怀，怵他人之我先。苟伤廉而愆义，亦虽爱而必捐”。强调的也是在形式上必须穷力而追新。广告要有美学价值，就一定要创新。

（三）感染性

美不是直接诉诸人的理智，而是诉诸人的情感，要以情感人，激励人，愉悦人。任何美的事物，也包括刺激和趣味，都能激发人的感情，使人们在精神上得到很大的愉悦与满足。车尔尼雪夫斯基说过，美的事物在人心中所唤起的感觉，是类似我们当着亲爱的人面前时洋溢于我们心中的那种愉悦。

美具有感染性主要因为它显示了人的本质力量，犹如一面镜子，使人们可以从中看到自己的形象，看到自己丰富多彩的生活。凡是人按照美的规律所创造的产品，凡是能显示人的情趣、人的生活的各种事物和现象，因为包含着人的理想和向往，人的智慧和劳动，必然得到人的热情和爱恋，也必然具有一定的社会价值。

因此，美的事物代表了人类生活的正面情感，和丑的东西背道而驰。例如普列汉诺夫很欣赏十九世纪英国艺术史学者赖斯鲁的话："一个少女可以歌唱她所失去的爱情，但一个守财奴却不能歌唱他所失去的钱财。"同样是痛苦和悲伤，为什么一个能歌唱，一个不能歌唱？因为一个感染人，一个不能感染人。而根本原因是，失恋的姑娘拥有人类的正面情感。

当然，美的内容是通过具体的感性形式表现出来的，离开了具体的形式，美的内容也就失去了从感情上打动人、感染人的力量。因此，美的感染性，既来自通过感性形式显示出来的人的本质力量，又来自显示了人的本质力量的具体的感性形式。所以说好的广告也要打动人，感染人。

（四）社会性

美的社会性主要表现在：一方面，美不能脱离参加社会实践的、具有区别其他动物的社会性的人。美只有随着人类实践活动的发展，以及人的本质力量的丰富性在对象世界中的不断展开，才能不断地丰富发展起来。美只能对人而言，只能为人而存在。因此我们要使美为人服务，从人出发，与人的社会性紧密相连，反映人的社会生活。

另一方面，美不能脱离社会功利。人类之所以需要美、追求美，就因为它对自身有用。这其中第一层是直接物质功利——尤其是实用艺术（包括广告）的经济价值；第二层是间接的精神功利，即对人的精神陶冶作用。

无论是纯粹艺术还是实用艺术都要起到如下作用：愉悦人们的生活，启迪人们的思想，开阔人们的视野，丰富人们的感情，纯洁人们的灵魂，振奋人们的精神。

以上作用对广告艺术来说也至关重要。广告创意必须与受众的特定社会心理相符合，日本曾经有一则索尼音响广告在泰国被禁播，原因就是广告上一位庄严面庞的佛听到索尼音响轻音乐后，心灵萌动，面生喜悦。这个创意没有考虑到佛教文化在泰国的重要地位，引起泰国观众的反感，损失惨重。

另外广告创意还必须与人们的社会实践、生活实践相关联。如法国某品牌的洗衣机广告一反往日广告中多用美女的惯例，而是采用了一个八十岁老妇的形象，给人以贴近生活的亲切感，使该品牌洗衣机的销售额由第四位升至第二位。

第五节　美　感

一、美感的形成

美的事物显示着人的本质力量，却又是客观事物。这种美的客观事物，诉诸人的感官，经过人的各种心理作用，引起心理愉悦的直观感受，叫做美感。美感是对美的认识、欣赏与评价。

美感的形成及其性质，也是美学史上众说纷纭而至今仍有争议的一个问题。像对美的本质的探讨一样，美学史上对美感的探讨也存在着唯心主义和唯物主义的根本不同的解释。

（一）唯心主义美学对美感的探讨

柏拉图认为美感是灵魂在“迷狂”状态中对于美的理念的回忆。美的理念是人降生以前原本的“故乡”。他对美感做了神秘主义的解释。

英国美学家夏夫兹博里（Shaftesbury）认为人天生就有审辨善恶美丑的能力，这是因为人生来就有一种“内在感官”、“内在眼睛”（他称之为“第六感官”）。夏夫兹博里的学生哈奇生进一步发挥了他的“内在感官”说。

另外，英国 18 世纪唯心主义哲学家休谟认为美感是毫无客观内容的主观表现。博克则认为美感是人类的情欲和本能得到满足时的一种快感等等。

唯心主义美学的探讨最根本的特征是否认存在决定意识、否定美感产生的社会根源和客观内容。

（二）唯物主义美学对美感的探讨

德国唯物主义哲学家费尔巴哈认为，美的对象是人的显示出来的本质，是人真正的、客观的“我”。他认为美感是人对对象自我本质的感受。但是，他认为动物也有美感（“激动”），他并不理解美感的社会性质。

车尔尼雪夫斯基认为，“美感是和听觉、视觉不可分离地结合在一起的，离开听觉、视觉，是不能设想的”，又说“美感认识的根源是在感性认识里面，但是美感认识毕竟与感性认识有本质的区别"[1]。

在这里，车尔尼雪夫斯基指出了美感产生于对现实的直觉性，认为不能离开听和视，而听、视必须有对象。他还看到了美感中的理性认识因素。但是他又说人和生物一样对具有"生的现象的一切"产生快感，这是美的享受；对"死亡、僵死的一切"总是畏惧和厌弃的。车尔尼雪夫斯基否定了人对生死的社会性认识，即否定了美感的社会实践性，所以他的美感论仍然是抽象的直觉。

唯物主义美学对美感的探讨，坚持了存在决定意识的观点，但是，他们是旧唯物主义的美学，他们离开了人的社会性去探讨美感，只从人的生理感官和自然功能出发认识问题，因此，看不到美感的社会性及其历史发展，也就无从真正把握美感的实质。

马克思主义美学观主张从人类社会实践，特别是从生产劳动中探讨美，同时，也从社会生产劳动中探讨美感。认为劳动不仅创造了审美对象，同时也创造了审美主体。

首先，人的感觉器官和大脑是在物质生产劳动中形成的。人和动物的区别在于人能进行一种表现自己本质力量的劳动。恩格斯说："首先是劳动，然后是语言和劳动一起，成了两个最主要的推动力，在它们的影响下，猿脑就逐渐地过渡到人脑；……随着脑的进一步的发育，同脑最密切的工具，即感觉器官，也同步发育起来。"[2]

这就是说，人在劳动中逐步形成并完善了和动物相区别的自己的感觉器官，这种感觉器官逐步脱离了动物的自然状态而走向社会化，成为社会性器官。所以恩格斯接着说："鹰比人看得远得多，但是人的眼睛识别东西远胜于鹰。狗比人具有锐敏得多的嗅觉，但是它连被人当作各种物的特定标志的不同气味的百分之一也辨别不出来。"[3]

这里，人和动物感官的区别在于动物是"看"、"嗅"事物现象，而人是"识别"、"辨别"事物的"特定标志"。动物只凭感官感觉事物，人要凭感官和大脑感觉、识别、理解事物，而且动物的感觉是肤浅的、片面的，人的感觉不仅可以感觉到事物的自然性质，也可以感觉到事物的社会意义，感觉到意义深刻得多的内容和本质。我们说，人的感觉器官和大脑是人的美感（或审美意识）形成的物质基础。

---

① ［俄］车尔尼雪夫斯基：《生活与美学》，96 页。

② 《马克思恩格斯选集》，2 版，第 4 卷，377 页，北京，人民出版社，1995。

③ 同上书，378 页。

其次，人的感官要产生“人的”感觉，则只有人的本质力量所展开的丰富的对象反映于人的感官，才会产生比自然性感官的感觉丰富得多的感觉，这就是“人的”感觉。而人的本质力量的展开的丰富性，只有在社会实践中才能逐步形成。

正因为“人的”感觉能够在对象世界里感觉到丰富地展开的人的本质，能够在他创造的世界里直观自身，才能在对象世界中肯定自己，看到自己创造的伟大和不凡，获得精神上的欣喜和愉悦。这就产生了美感。

因此我们说，美感的产生是人的审美感官对体现人的本质力量对象的观照后的心理结果。

马克思说：“只有音乐才激起人的音乐感；对于没有音乐感的耳朵来说，最美的音乐**毫无**意义，**不是**对象，因为我的对象只能是我的一种本质力量的确证”[①]。这段话辩证地说明了美感的产生一方面要有“我的耳朵”即“辨音乐的耳朵”，另一方面要有“我的对象”，即“我的本质力量的确证”的对象。而“我的耳朵”和“我的对象”，都是在人类社会实践和劳动中形成的。

从这里我们知道，美感、审美观念总是和人类物质生产和社会实践相关的，审美趣味的发展总是随生产力的发展而不断发展和变化的。因此，不论在这里和那里，审美趣味的状况总是生产力状况的准确标志。原始社会、奴隶社会、中世纪封建社会、近现代社会，人们具有不同社会实践和劳动生产条件，因此，人们的审美观念、趣味必然有着各不相同的特征。

现代西方美学家从不同的哲学和心理学观点出发，又提出了许许多多新的美感学说。比如：德国心理学家立普斯提出“移情说”，认为美感的产生就在于对象受到主体的“生命灌注”而引起“自我的欣赏”。

瑞士心理学家布洛（Edward Bullough）提出“距离说”，认为美感是起于主体与客体保持一种超功利的“心理距离”。

意大利美学家克罗齐提出“直觉说”，认为美感是一种与概念无关，在逻辑认识之前的“直觉的知识”。

德国心理学家闵斯特伯格（Hugo Munsterberg）提出“孤立说”，认为形象能否引起美感，就看它在意识中能否孤立，能否适合我们的身体组织。

德国学者谷鲁斯提出“内模仿”说，认为美感大半起于一种隐在内面不发作出来的“内模仿”本能。

美国美学家阿恩海姆（Rudolf Arnheim）提出“格式塔”说，认为外部事物、艺术式样与人的知觉组织活动以及内在情感的力的作用模式达到异质同构

---

① 马克思：《1844年经济学哲学手稿》，3版，87页。

时，就可能激起美感。

美国心理学家马斯洛在他的人本主义心理学中提出，人的美感实际上是健康人的整个自我实现过程中一种超越性需要——“高峰体验”的境界。

这些举不胜举的美感本质论，虽然存在着这样的偏颇或那样的弊病，需要我们认真剖析和鉴别，但也在不同程度上给我们提供了一些合理的因素。我们要在马克思主义观点和方法的指导下，善于汲取一切合理的和有益的因素，以便为取得对美感的科学的或比较科学的认识打下基础。

二、美感的特征

我们说美感是人在社会实践和生产劳动中形成的具有审美能力的感觉器官对显示着美的对象的感知和欣赏，是“人的”感受。美感不是快感，它体现着情感与认识、感性与理性的统一。

一般说来，美感的基本心理形式主要有：感觉、知觉、联想、想象、情感和思维、通感等。因此，这种感觉不同于一般的感觉，有着它自己的特点：

（一）美感具有直觉性

美感产生的客观条件是审美形象的存在。对象形象诉诸人的感官，才产生美感。因此，美感的获得，不像科学意识、道德意识的获得那样，主要靠概念、推理、理解的方式。这种方式不一定要认知的对象以直观的“物”的形式存在，而可以以语言、概念、符号、信号等形式存在。

美感则不同，审美过程始终要在形象的、具体的、直接的感受中进行。这种感受或感觉是进入美感的门户，是整个美感的基础，是审美主体与审美客体发生关系的不可缺少的中介环节。我们要领略一下九寨沟的山水美，必须置身其中，或目击其图片，或听人对其形象的描绘，从而由自己的感官对其形象的直接观照中获得感受。

这种感受在内心激起的激情，或陶醉，或喟叹，或爱恋，或闪现出创造的灵感，这就是美感，是一种精神享受。如果我们没有亲自感受其形象，而是听别人的抽象的理性介绍，也可能在心理上产生兴致，但这不是感受和激情，而是偏于理性的知解和向往。

对于艺术亦是如此。听别人对一首诗的分析和直接诵读之，感受其意境，效果是不同的。所以普列汉诺夫认为，一件艺术品，不论使用的手段是形象或声音，总是对我们的直观能力发生作用，而不是对我们的逻辑能力，因此，当我们看见一件艺术品，我们身上只产生了是否有益于社会的考虑，这样的作品就不会有审美的快感。

普列汉诺夫说的“审美的快感”即指美感。他指出了直观性和情感感受在美感中的作用。因此，对人的审美活动，过分强调抽象而忽视直观的形象感受，过分强调理性而忽视当下的情感体验，都是错误的，是不符合美感特征的。

（二）美感离不开理性

美感具有直觉性，但并不等于仅有直觉性。对此，美学史上争论较大。

直觉说的代表克罗齐则把美感直觉绝对化，把直觉感受置于同理性认识绝对对立的地位。他在《美学原理》中说：“知识有两种式样：或是直觉的知识，或是通过理解得来的知识；或是关于个体的知识，或是关于一般的知识；或是关于个别事物的知识，或是关于它们之间关系的知识。这就是说，或者是由意象发生的知识，或者是由概念产生的知识。”① 他认为美感只存在直觉与情感，而与理性和思想无关。

朱光潜在他早期著作《文艺心理学》中说：“如果一件事物叫你觉得美，它是一定能在你心眼中显出一种具体的境界，或是一幅新鲜的图画，而这种境界或图画必定在霎时中霸占住你的意识全部，使你聚精会神地观赏它，领略它，以至于把它以外一切事物都暂时忘去。这种经验就是形象的直觉，形象是直觉的对象，属于物；直觉是心知物的活动，属于我。”② 在他看来，审美欣赏时物我两忘，即物我同一的境界，就是把理性、名理、概念、思想等排除在外。

这些看法，当然是不正确的。试想，在欣赏白居易的《琵琶行》的时候，如果只凭形象直觉，我们很可能只停留在对琵琶女高超娴熟的弹艺的感觉上。即使通过“通感”的心理作用，我们在听觉上得到了美感，但是，对《琵琶行》的美学价值却不能全面领略到。

白居易创造的语言美，尤其是该诗蕴含的“同是天涯沦落人，相逢何必曾相识”的深沉情感，难道仅凭“直觉”而不需要联想、悟性等心理过程便能一览无余吗？我们欣赏毕加索的著名油画《基尼卡》，如果不了解 1937 年佛朗哥下令由德国法西斯空军狂轰滥炸西班牙巴斯克省文化中心基尼卡这一历史背景和毕加索的绘画风格、特点以及该画所采用的表现手法等等，能凭“直觉”获得这幅油画所表现的深沉情感和很高的审美价值吗？

这说明，审美欣赏如果完全脱离思维、离开理性，是无法真正体味审美对象的“意境”、“韵味”和全部审美价值的，也不会获得真正的美感。

为什么美感具有直觉性却又离不开理性呢？这是因为美感是主体对客体（审

---

① ［意］克罗齐：《美学原理》，11 页，北京，作家出版社，1958。

② 《朱光潜美学文集》，第 1 卷，13 页，上海，上海文艺出版社，1982。

美对象）的感受，而审美客体（即美）不但具有外部形象，而且具有内在的本质和内容。美的事物是外部形象和内部本质的统一。美感不只感觉外部形象，还必须对其社会内容和丰富的本质进一步深入认识。这就需要理性认识，需要思维活动。

但是必须指出，美感中的理性认识和思维活动同一般的逻辑认识中的理性认识、思维活动不同，后者主要靠抽象的概念、判断、推理，而排斥感性认识因素，如知觉、表象等。美感中的理性主要不是依靠概念和推理，而是始终离不开感性认识因素，依靠它们对美的形象进行体验、比较和品评，从而获得真正的美感，而且在感受和理解中，使美感不断发展。我们对许多著名古典诗词"一读一回新"，就是这个道理。

（三）美感中包含着社会功利

社会功利性是美感的一个特征，它在美感中普遍存在着。人们欣赏艺术，能够从艺术美中获得美感，总是与人的情感得到某种满足分不开的，例如，人们的愿望、理想得以实现，邪恶事物受到制裁，善的事物得到伸张，正义获得普遍同情，丑陋被人们无情蔑视讥笑等。所有这些充分证明，功利性普遍存在于美感中。至于实用艺术美、社会美引起人的美感，其社会功利性更为明显、强烈。

有些所谓纯形式的东西，似乎社会功利性不太明显，例如对称、曲线、色彩、柔和的光线等等，其实，在它们的"根底里"也"伏着"功利。

这个"根底"，我们可以将其追溯到这种形式形成的最初阶段。在最初阶段，对称是人制造工具等产品所要遵循的"内在固有尺度"之一；曲线，则是人对美的天使——人体的观照中获得的形式之一（当然还有别的原因）；色彩，寄托着人对五彩缤纷的生活和大自然的向往之情；柔和的光线则是一种适于人的视觉阈限的感觉对象。应该说这些形式最初都和人的功利目的紧密相连，但是在漫长的社会生活的发展进程中，这种带功利的"有意味的形式"渐渐地积淀下来，在人类心理上形成一种对纯形式外壳的"先天感情"。

然而，即使这种在现阶段似乎不带功利的"先天感情"，也是人在对所谓纯形式美的观赏、娱乐中产生的。人们通过这种娱乐、观赏，在思想感情上得到感染熏陶、潜移默化，起了不能为其他意识形态所能代替的教育作用。

因此我们说，即便是纯形式的美，无论是初期的和现阶段的，对人产生的美感都离不开功利。

（四）美感的差异性与共同性

美感中包含着社会功利性，社会性是在人类生活生产实践和社会历史中形成的。

人的生活生产实践总是在一定范围内进行的，社会历史的发展总是具有时间和空间的相对性，另外，加上主体的个人因素，就使美感形成了明显的差异性；但是无论在时间的纵的角度，还是在空间的横的角度，人类的生活生产实践和社会运动又会在某些具有相对稳定持久的条件下进行，所以又形成了审美意识的共同性。

美感的差异性是指美感具有时代、阶级、民族的差异性和个人的差异性。

就时代而论，原始狩猎时期人们把野兽作为审美对象，从中获得美感。农耕时期，人们对农田和大自然产生无限的审美趣味。手工业时期，人们的审美观念表现在对精巧工细技艺的注重上，而工业时期，审美观念却执著于简洁、明快和精加工上。

就阶级而论，各阶级，尤其是在以往阶级社会的两大对立阶级之间，美感的差异性尤为明显。剥削阶级以奢侈豪华为美，劳动人民则以质朴明朗为美。

就民族而言，不同民族有着不同的审美心理，在服饰上表现得尤为突出。

美感的个人差异性更复杂，因人而异，千差万别。同是一个月亮，不同文人的感受是不尽相同的。苏轼在中秋之夜，“欢饮达旦，大醉”，幻想自己飞上月宫，“起舞弄清影，何似在人间”。姜夔在一个冬日入扬州城，见其萧条，深感怆然，词云“二十四桥仍在，波心荡，冷月无声”。前者是达观之感，后者是悲凄之感。

有时同是一个人，在不同的环境、时期，感叹亦不同。例如同是白居易写月，在《忆江南》词中写了“山寺月中寻桂子，郡亭枕上看潮头”的欢快感受，在《长恨歌》中又写出“行宫见月伤心色，夜雨闻铃断肠声”的痛楚之句。个人美感差异的形成，与一个人的生活实践有关，包括生活条件、文化修养、生活经验、世界观等，当然也离不开他的个性特征以及生理特点。

美感的共同性是指各阶级、时代、民族人们的美感在某些方面的相同或相似特征。孟子说：“口之于味也，有同嗜焉；耳之于声也，有同听焉；目之于色也，有同美焉”[①]，讲的就是共同美的问题，但他谈的大多属于形式的美。

美感共同性的有无，在我国曾引起过争论。有人否定共同美的存在，认为不同时代、阶级的人不可能产生共同的美感。这是一种形而上学的观点。

我们认为，人类美感的共同性是存在的。为什么呢？我们知道美有社会性，但是社会性不等于阶级性。不仅阶级对抗消失了以后的社会性不等于阶级性，就是在阶级对抗存在的社会里，社会性也不等于阶级性。

---

① 《孟子·告子上》。

在这种社会里，人的关系除主要表现为阶级关系以外，还有其他超出阶级性的社会性。例如对外侮的抵抗，对秉公正直的敬仰等。这些社会性反映在审美意识方面，就构成美感的共同性。尤其在对形式美的美感方面，例如对美的花、风景、图案等的欣赏，超阶级的共同性表现更明显一些。有些古典艺术作品能世代流传而不衰，也是由于美感的共同性。

必须指出，美感的差异性与共同性总是相对地、辩证地存在着，不能绝对地形而上学地认识它。例如阶级性。对不同阶级而言，美感不同，表现出差异性，但在一个阶级内部，则又具有共同性，有些似乎是人人皆然的共同性。但总有例外，不是“一刀切”，这又表现出差异性。我们要站在不同角度分析认识差异性和共同性，它们是相对的，而非绝对的。

三、美感不同于快感，不同于实用之满足感

美感和快感有着本质的不同。快感主要属于生理反应形式，美感主要属于心理反应形式。

快感是客观对象符合了人的生理“感觉阈限”，引起人的快适。这种感觉动物也有，动物的感觉只限于快感和不快感。

美感则不同，美感是对快感进一步知觉和理解以后的心理感受，它不但需要大脑的知解力，还需要以往的社会生活经验。二者结合，便产生了联想和想象，从而对对象形象的感觉达到本质认识的深刻程度。

可以说，美感是对对象理解以后的更深刻的感觉，是在一般生理快感基础上所建构起来的人类特有的高级心理活动，它是包含着感觉、直觉、想象、情感、思维等多种心理因素辩证统一的有机系统和运动过程。

但美感过程又不是抽象思维过程，不能脱离对象的形象；美感过程是以感觉为基础，并以形象思维为主的心理过程，所以，快感是它的前提。开始是一种肤浅的直接快感，最后达到美感，美感也伴随着快感。从某种意义上说，美感是一种深刻的快感，是一种由心理机制影响的快感。

所以，可以说，美感是心理机能和生理机能合作的结果。它属于高级神经活动，它是人区别于其他动物的高级的感觉。人有了这种感觉，才使自己的艺术欣赏和其他一切审美活动成为可能。

【思考练习题】

1. 美学的研究对象是什么？

2. 为什么说人对现实的审美关系是人的本质特征之一？

3. 如何理解美的定义？

4. 如何划分美的种类？美的特性有哪些？

5. 什么是美感？美感是怎样形成的？

6. 美感有哪些特征？

第二章

广告美的属性和审美规律

这一章我们将在美学基本知识的基础上来探讨广告美学的基本理论问题，它是从广告这一市场经济中特定对象的本质及其受众的审美需要出发，从总体层面来把握其特征与规律的，因此，它对广告美学的其他一系列问题都具有重要的制约作用。这一章中我们将要讨论的问题主要有：广告美的属性；广告美的审美类型；现代广告的审美规律等。

第一节　广告美的属性

广告是大众传播的一种有偿形式，它的主要目的是推销商品，以功利为本，以艺术形象为载体。故广告既是物质和经济活动，又蕴含着深厚的文化底蕴和艺术意向，甚至还可以作为人类文明史和艺术史的见证。所以说广告是人类社会进步过程中所创造的文化和美学符号之一，它不仅具有深厚的文化意蕴，也具有鲜明的美学属性。

一、广告是一种美的创造

（一）关于劳动创造美的探讨

广告是人的本质力量对象化的形象，是人的劳动的“结晶”，是一种美的创造。为什么呢?

马克思是从人类社会生产劳动实践中揭示出美的本质的第一人，他提出了“劳动创造美”的著名观点，在研究美的用途方面为我们指明了方向。这一观点见于《1844年经济学哲学手稿》一书，马克思在该书“异化劳动和私有财产”一章中论证人的劳动时指出：

> 通过实践创造**对象世界，改造**无机界，人证明自己是有意识的类存在物，就是说是这样一种存在物，它把类看作自己的本质，或者说把自身看作类存在物。诚然，动物也生产。……动物只是按照它所属的那个种的尺度和需要来构造，而人懂得按照任何一个种的尺度来进行生产，并且懂得处处都把内在的尺度运用于对象；因此，人也按照美的规律来构造。①

在这里，马克思提出了“美的规律”这一概念。那么，怎样才符合美的规律呢？它要求人的塑造既要符合“任何一个种的尺度”，又要使生产对象符合“内在的尺度”。这一思想，几十年后马克思在《资本论》中论述“劳动过程”问题时作了更明确的阐发。马克思说：

> 我们要考察的是专属于人的劳动。……劳动过程结束时得到的结果，在这个过程开始时就已经在劳动者的表象中存在着，即已经观念地存在着。他不仅使自然物发生形式变化，同时他还在自然物中实现自己的目的，这个目的是他所知道的，是作为规律决定着他的活动的方式和方法的，他必须使他的意志服从这个目的。②

马克思的这些论述，主要包含以下几个基本观点：

1. 劳动创造了美

马克思在分析人的劳动时，独具慧眼地看到了人的彻底的自然主义和自然的

---

① 马克思：《1844年经济学哲学手稿》，3版，57～58页。

② 马克思：《资本论》，1版，第1卷，202页，北京，人民出版社，1975。

彻底的人道主义的同一，物质生产和精神生产的同一。这样，作为精神范畴的美就无法脱离物质生产劳动这一社会实践而产生和存在，这就为美找到了一个赖以生存的社会性的"摇篮"——劳动创造了美。

2. 美的两个尺度

劳动创造了美，是因为人的劳动及其产品符合"美的规律"，即两个"尺度"。人的劳动有两个显著特征：一个是目的和需要，它表现为劳动前人的构思、计划、蓝图和劳动后这种构思、计划、蓝图的实现，亦即使对象符合"内在的尺度"；一个是由需要和目的决定的方式和方法，它是指按参与劳动过程的一切物种各自的特征、性能、规律进行加工改造的技术规范和要求，亦即符合"任何一个种的尺度"。对象符合两个"尺度"就美。因此，美从功能内容中产生，美带有强烈的功利目的性。

3. 功能使用价值和审美价值的统一

马克思谈的人的劳动首先指的是物质生产劳动，物质生产劳动的过程表现出一种物质生产技术的美，而劳动结果又表现出一种物质产品的美和精神满足的美。这种劳动的物质与精神的同一性表现在产品上则是功能使用价值和审美价值的统一。

但为什么符合"两个尺度"的对象就是美的呢？马克思从主体方面论证了这一问题。他在《詹姆斯·穆勒〈政治经济学原理〉一书摘要》一文中简明地概括了这一观点："我在我的**生产**中物化了我的**个性**和我的个性的**特点**，因此我既在活动时享受了个人的**生命表现**，又在对产品的直观中由于认识到我的个性是**物质的**、**可以直观地感知的**因而是**毫无疑问的**权力而感受到个人的乐趣。"[①] 这说明作为物化劳动的产品是人获得美感的审美对象，在一切审美对象中，它对人的审美活动的意义带有一种根本的性质。

(二) 广告是一种美的创造

广告是人的本质力量物化的产物，是人通过体力和脑力劳动创造出来的。根据马克思"劳动创造了美"的美学观点，广告的确是一种美。而且，无论是从广告活动的整体实施过程还是从创意、文案、设计、制作、发布等具体操作过程来看，毋庸置疑，它们均符合"内在的尺度"和"任何一个种的尺度"这一美的规律。另一方面，广告是属人的对象，在它上面有着人的意志和印记，蕴含着人的本质力量，从中人们可以体味到自己创造的业绩，从而获得乐趣，产生美感。

因此，广告也是"按照美的规律来构造"的产品，自然具有审美价值，是一

---

① 《马克思恩格斯全集》，中文1版，第42卷，37页，北京，人民出版社，1979。

种美的创造。

二、广告美应归属艺术美

广告美属于什么形态的美呢?

美学家按照美的不同性质把美分为现实美和艺术美；又把现实美分为社会美和自然美。在这一分类的前提下，有的美学家把广告美归类于社会美，他们认为这种美存在于人们的日常生活中。这种观点不无道理，但并不科学。其实广告中又何尝没有自然美的因素？广告是被人加工了的自然，或保留着自然的形态，或显露着自然的痕迹。但这些都不能成为确定广告美归属的主要标志。

（一）广告美不是社会美

社会美主要指现实生活中社会事物的美，也指人本身在社会活动中表现的心灵和行为等的美。

由于人在劳动中，“使自己的生命活动本身变成自己意志的和自己意识的对象”[①]，从而产生了社会性的品格，人执意地追求并观照着本身这个带社会性的审美对象。社会美以善为本质，以承担社会责任为己任，不带有任何的功利性。

广告则不然，它以功利性为本质特征，以推销商品和赢利为主要目的，它更多的是一种经济行为，社会功用只是其附加价值而已，所以，广告美不是社会美。

（二）广告美不是自然美

自然美，则是人类出现以后，自然界由“自在之物”成为“为人之物”呈现出的一种美，它不是人为加工和制造的产品，而是浑然天成的、属于自然界本身的财富。而广告是人的本质力量物化的产物，它是人有意识地运用体力和脑力劳动加工和创作出来的对象。很明显的，广告美的属性也不是自然美。

（三）广告美属于艺术美

自然美和社会美的共同点在于不经过人的物化加工的直接现实性，所以它们共同归属于现实美。艺术美则不同，它的特点恰恰是人经过自由创造取得的产品（广义产品，包括精神的和物质的）的形象之美。在这个根本点上，广告美和艺术美是一致的。因此，广告美应归属于艺术美。

有些人可能会不同意这一观点，他们会说：“人为地加工和制造是技术，而不是艺术。”这种看法固然有一定的道理，但技术和艺术并不是完全排斥的。因为产品的制造，无论是物质的还是精神的，不光依靠技术，还必须有创造者的执著追求的匠心。有资料显示，最早的技术和艺术是同一的，紧密结合的；实用和

---

① 马克思：《1844年经济学哲学手稿》，3版，57页。

审美是同一的，紧密结合的。后来随着社会的进步和技术的发展，技术和艺术才逐渐区别开来，成为两个既互相独立又有所联系的领域。总之，技术中包含着艺术，艺术是技术的衍生物。相信到这里，把广告美归属于艺术美应该是顺理成章的了。

三、广告美的属性——实用艺术美

（一）两种艺术并存现象

随着物质生产的发展、生产力的提高、脑力和体力劳动的分化，从实用艺术（即“艺术前的艺术”）中分离出了一种脱离直接实用目的的纯粹的审美对象，这就是我们今天说的艺术（即狭义的艺术）。应该说，纯粹的艺术出现以后，人类艺术史上出现了两种艺术并存的现象：有直接功利目的的艺术和有间接功利目的的艺术，也可以叫做实用艺术和纯粹艺术。

1. 实用艺术和实用艺术美

实用艺术指物质产品，包括建筑物、交通工具、机械设备以及经过人加工改造的环境、设施和人为设计的蓝图等。它们主要是为了满足人的物质实用需要，是以直接功利目的为特征的，但又是技术和艺术相结合、有着明显审美功能的产品。它们所表现出来的美叫做实用艺术美。

2. 纯粹艺术和纯粹艺术美

纯粹艺术主要指音乐、文学艺术和造型艺术，如绘画、舞蹈、雕塑、工艺美术品等。但纯粹艺术并不是超功利的，因为世界上没有一种艺术或一件艺术品是与功利目的完全绝缘的。所以，我们说纯粹艺术以间接功利目的为特征，是因为它主要追求精神方面的功用。它所表现出来的美叫做纯粹艺术美。

在人类艺术发展史上，实用艺术和纯粹艺术是作为艺术美中的“姊妹花”并驾齐驱地向前发展的，没有粗细高下之分。而且，两种艺术在平行发展的过程中，并不是完全绝缘的，而是相互为用的。

（二）两种艺术审美的不同心理特征

我们知道，从审美客体对主体的作用来说，实用艺术美有着直接的功利目的，纯粹艺术美有着间接的功利目的。但从主体对客体的审美感受来说，纯粹艺术美给人的感受一般是直接的，而实用艺术美则是间接的。

实用艺术美和纯粹艺术美都具有一定的审美价值，但是，人们在对二者的审美过程中表现出的心理特征却不尽相同。这种美感心理活动的差别来自于两种不同形式的艺术美的本质特点。

1. 纯粹艺术美的审美心理特征

纯粹艺术美是脱离了直接实用功利而精神化了的艺术，它可以充分、明确、深刻地表现现实事物形象，向人们提供富有深刻的、强烈的思想意义的审美对象。人们对纯粹艺术的审美过程是一种心理过程，属于精神活动，它可以和纯粹艺术美建立思想意识上的沟通，这就为产生直接富于思想内容的审美感受提供了可能性。自然而然的，人对纯粹艺术审美心理活动的特征，也就主要表现在对对象思想深刻性的感知上。

2. 实用艺术美的审美心理特征

实用艺术美恰恰相反，它在反映现实生活的深度和广度方面远不能和纯粹艺术美相提并论。实用艺术美的造型意味着产品使用功能获得了合理的表现形式。这种形式体现了产品内部结构关系以及产品与人体生理相应的协调关系。它提供给人们的美，不可能像纯粹艺术美那样具有强烈的、深刻的、直接的思想意识方面的意义。因此可以说，人们对实用艺术美的审美心理活动特征，主要不是体现在对对象的思想深刻性的感知理解上。

那么，它的心理活动特征是什么呢？人的一种品格、道德观念的形成，不只是靠直接的教育，间接的熏陶感染也起着举足轻重的作用。审美观念的形成亦然。人对实用艺术的审美就是在对对象的合理的美的形式的观照中，使性情获得陶冶，进一步转化为情感和意识，最后达到美感来实现的。它是一种间接的审美活动。

对两种艺术审美对象的总体结构，我们可以用金字塔图（图 2—1）来图解。

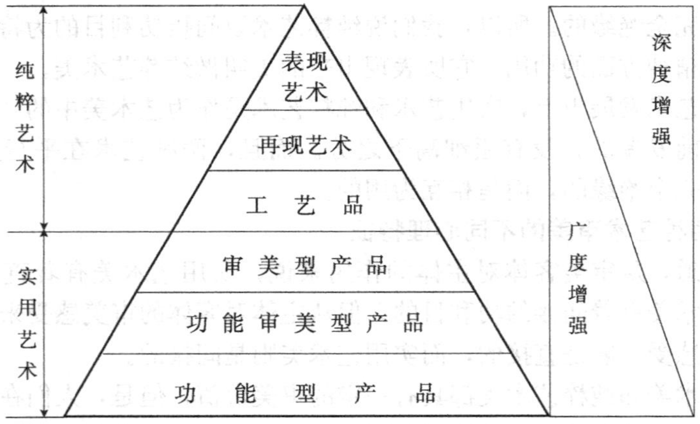

图 2—1

由图可见，纯粹艺术虽然范围广度比实用艺术狭窄，但深刻度却比实用艺术高。反之，实用艺术虽深刻程度逊于纯粹艺术，但范围却远比纯粹艺术广阔。

（三）广告美属于实用艺术之美

广告具有明确的实用目的，即有十分明显的功利性。广告自诞生之日起，就是有偿的、有责任的传播活动，它的使命主要在于推销商品，获取物质和经济利益。

在当今的知识信息时代，生产力的超高速发展和科学技术的日新月异，使得各种新产品不断涌现，产品的品种和数目日趋丰富，市场竞争也越来越激烈。为了增加商品的竞争力，最终更多地推销商品，广告的内容需要不断充实，形式也开始走向艺术化，开始具备审美功用，优秀的广告作品甚至可以作为艺术品加以欣赏。

广告采用艺术手段，并不意味着广告作品就是纯粹艺术品。因为广告从本质上是功利的，它的艺术性与审美价值是从属于其功利性并存在于实用功利之中的。如果丢掉了广告的实用功能属性，那么这则广告无论多么的美，也只是一例失败的广告，甚至根本就称不上是广告。

（四）广告艺术和纯粹艺术的区别

1. 本质上的区别

广告是一种有很强物质功利目的的经济行为和有偿的传播行为；而纯粹艺术以形象形式表现艺术家对生活的看法和领悟，不具有直接的物质功利性。

2. 目的上的区别

广告虽大量运用艺术手段和艺术技巧塑造商品形象、企业形象、品牌形象甚至地区和国家形象，但它的目的仍是推销商品；而纯粹艺术的目的则在于，以深刻的思想感情与优美和谐的方式，陶冶人的性情，美化人的品德，给人以心理愉悦和美感享受。

3. 性质上的区别

广告是一种物质与精神相综合的活动；而纯粹艺术的创作和欣赏是纯精神性的。

4. 追求上的区别

纯粹艺术是艺术家艺术创造的结晶，它追求以美的形式供人欣赏，在欣赏中给人以美的享受；广告刻意追求的并不是优秀作品的艺术形式可以给人以美的熏陶，而是如何以新奇的、原创性的、个性化的形象吸引消费者的注意和诱导其购买行为。

简言之，审美功能是纯粹艺术的主要或惟一功能，而广告的功能除了审美之外还有其他，而且审美功能并不是广告的首要功能。

（五）广告的实用价值与审美价值的统一

功利性是广告的第一性，审美价值是它的第二性，从属于功利性。但二者又是相互联系、相互包容、相互依存的关系，优秀的广告作品无一例外都是实用与美感和谐统一的典范。现代广告以艺术形式为载体，但其根本目的并不是让人欣赏，而是为了增强广告本身的感染力，以更好地为其功利目的服务。故无论广告采取哪种艺术手段，趋于哪种审美倾向，都不能改变广告实用功能的本质属性。

所以，我们说，广告具有实用与审美相统一的艺术个性，实用价值和审美价值的高度和谐统一是广告作品审美的基本尺度。一支好广告就是商业性和艺术性的和谐统一。

意大利的贝纳通（Benetton）时装公司从1965年成立以来，如今其品牌已经成为最为耀眼的国际服装品牌之一。其中一个很重要的原因在于其独树一帜的广告运动。贝纳通的广告一直选择那些具有全球意义的重大社会问题加以表现，诸如种族平等、AIDS（艾滋病）、战争等，并使用打破陈规的艺术表现方式，使这些问题成为人们关注和讨论的焦点，以唤起全球大众对这些问题的思考。可以说，贝纳通的颇具神奇和文化艺术内涵的广告运动形塑了异于常规的贝纳通品牌内涵，使贝纳通闪烁着个性的光芒。如今贝纳通已经在全球的120多个国家拥有了超过7 000家的特许经营店和专卖店。

（六）广告艺术与产品设计艺术的异同点

我们已经说明了广告是一种实用艺术，但是这并不等于它和其他的实用艺术（如产品设计艺术）没有区别。下面就简要阐述一下广告艺术与产品设计艺术的异同点。

1. 相同点

二者都是物质功利价值第一性，都是人类实践创造的结果，所以均属于实用艺术。

2. 不同点

（1）产品设计艺术是将精神艺术与物质载体直接结合在一起，成为物质产品的一部分，可谓是浑然一体；而广告艺术是将精神艺术融会于善的“劝说”中，最后达到对物质产品的出售，在这里，广告只充当了消费者与产品之间的中介环节。

（2）产品实用艺术造就的商品美体现了直接实用艺术美的品质；而广告艺术所创造的广告美则促成商品直接艺术审美的实现，具有很强的目的性和工具性。

总之，广告是人们在实践活动中进行的一种美的创造，它一方面表现为广告的基本形式和手段的艺术化，另一方面这些形式和手段始终都要为广告的实用功能服务。广告的“用”和“美”，或者说“两个尺度”的关系的把握，成为衡量广告实用艺术成败的一把根本性标尺。

四、广告审美是现代世界性的潮流

这里的广告审美并非指以审美为目的，而是指以审美为手段，即为了达到实际功利目的而采用的广告手段的审美化。先是审美，然后通过审美达到功利目的。

为了达到功利目的，尤其是在世界性市场竞争极端激烈的情势下，要占据上风，就必须充分调动广告的审美功能，采取多种艺术手段和高科技手段，创作出既具有丰富的文化和美学意蕴，又具有很强的效益性和效率性的优秀的广告作品，进而调动受众审美心理，引起他们积极的心理状态，从而使其亲和和接受广告宣传。现在世界上许多成功的广告作品已表现出这种审美的趋势，所以，现代广告的艺术化已成为一种世界潮流。

这种潮流的形成有着它客观的原因，这些原因是：

（一）现代人需求动机高层化

根据马斯洛需求层次理论，人的需求主要包括五个层次：生理需要、安全需要、爱的需要、自尊的需要和自我实现的需要。随着信息时代的到来，信息大爆炸使得消费者拥有更多的信息，更趋于理性。消费者需求已从物质需要为主转变为自我尊重和自我实现的需求为主，人们更多地追求个性化、定制化、艺术化的产品和服务，这要求广告内容艺术化。

（二）现代市场竞争的激烈化和国际化

市场营销在经历了以生产观念、产品观念、推销观念为指导的阶段后，开始进入了社会营销、关系营销、定制营销的阶段，销售观念发生了根本性的变化，从过去的以产品、销售为中心转变到“以顾客满意”为中心，而推动这一阶段演进的巨大动因就在于市场竞争的激烈化和国际化。厂家为了争夺顾客，取得消费者的“欢心”，保持或扩大市场份额，使出了浑身解数。这种情况迫使广告公司和广告主不得不采取各种出奇制胜的艺术审美手段，广告竞争的触角只有伸向艺术，才会具有广泛发挥的余地，其开拓是无限的——因为精神艺术的创造是无限的。相反的，质量、功能、价格等“硬件”竞争对象则是有限的，且现在越发失去竞争优势，日趋同质化，故发挥余地是很有限的。

（三）科技发展和媒介开拓

科学技术的发展，媒介的开拓，为艺术表现开辟了广阔的天地。20 世纪，世界上经历了许多重要的科学发展，比如收音机、电视机、电子计算机的发明，广告专业人士开始将科学的方法应用于广告业之中。媒介的广泛开拓，使得世界上充满了许多像三维动画那样强调技术效果的广告，当然还有网络广告。

新材料的发明创造和新技术的应用，如空中广告、书云广告、视幻技术、光导纤维等，也极大地丰富了广告的艺术表现载体、手段和方法。一些广告人相信，他们能通过将艺术与科学有机结合的方法来改进广告。

（四）广告人艺术思维的进步

高科技促进人类思维的进步，为广告艺术化提供了内在条件。随着高科技的发展与进步，形象化与抽象化相统一成为科学思维的新特征；简单化成为科学研究的高目标。这种思维特征影响到广告创作，改变了以往再现形象的传统方法，而将目标集中到创意，即艺术表现的构思上，使得广告在创意的构思和表现上表现出高度的艺术创造性和创新性。

（五）国际化创意水平的构筑

在当今世界中，一种持续影响广告的趋势就是全球化，许多国家都部分或全部地开放了自己的市场。中国当然也不例外，尤其是在加入世贸组织后，跨国广告公司纷纷进入本土市场，我国广告面临着与国际接轨以及同时运作全球化和本土化广告的挑战。

在这种情况下，生存的方法不是与外国广告公司在技术、经营和经验等“硬件”上硬碰硬，而要充分利用我们特有的文化和艺术优势去培养与构筑国际化的创意水平，即在“软件”上下功夫。国际化水平的创意的表现之一就是广告中艺术审美形象与手段的运用。获得莫比广告金奖的我国广告作品，如广州九易广告公司为广东移动创作的“牵手篇”和为中国移动3G移动网络创作的“天涯若比邻篇”以及广西电视台的形象广告“山、水、海篇”，表明广告审美的确是一个世界性的潮流，不可抗拒，只有符合这一审美潮流的创意水平才能称得上是世界优秀广告作品，才能使本土广告公司迅速与世界接轨，屹立于世界广告业强者之林。

第二节　广告美的审美类型

广告艺术永远是实用第一性，审美第二性。广告艺术创作的宗旨不是为了欣赏，而是为了增强以商品为中心内容的广告本身的感染力，达到向大众传播商品信息、促进商品销售的目的。但是，这并不意味着广告仅仅以商品形象的再现作为自身存在的形态和构思的表现形式，它还是一种美的创造，包含着深刻的文化和审美内涵，可以采取多种多样的艺术表现手段，塑造关于商品的多种艺术形象，传达各种各样的审美价值和意向，是展现艺术美的窗口和发挥创造力的舞台。

随着科技的进步、经济的发展和信息时代的到来，产品产量大幅度增长，更新换代的速度加快，同类产品不断涌现，产品日趋同质化。与之相对应的是，由于物质的丰富和生活水平的提高，人们的需求开始由表层化走向深层化，从物质主导走向精神追求，现代消费市场由同质化向异质化发展。产品的同质化和消费需求的异质化共同表明：人们在购买商品时，除了购买质量、功用等实用功能外，更倾向于购买商品中所包含的时尚观念、身份象征、个性化概念、精神愉悦等审美价值。所以，广告人、广告主、广告公司在为商品创作广告时，除了关注和展示商品本身的实用功能之外，还要注意运用艺术手段去提高产品审美的附加价值，如设计的人性化、包装的新颖性、构思的新奇性等。

由于各类商品本身的特点和功能决定着它们与大众的物质、精神生活关联的深浅程度不一，有些是低卷入的商品，如日用品，有些是高卷入的商品，如医药、汽车等。这影响到商品在广告中应该以何种艺术形象、运用何种艺术表现与受众发生审美联系，毋庸置疑，它们不可能是千篇一律的，就像口香糖广告不可能与感冒药广告如出一辙一样。

从宏观来看，我们通常把社会产品划分为物质产品和精神产品，也就是我们经常说的产品（狭义的）和服务。它们与人的日常生活发生的联系不同，给人们带来的效用不同，而人们从这两类商品中获得的感受也是大不相同的，有些更多的是需要理性的把握和参与，如高卷入产品；而有些则主要依靠感性、直觉和感官感受，如低卷入产品。体现在广告艺术创作中，有些艺术形象只传达出某些信息、知识、技术，其审美感受是间接的；有些艺术形象则更感性、更生动、更加生活化，从而传递出的美感是直接的，给人以直觉愉悦的审美感受。

面对商品的种种不同特性，我们将广告美的审美类型大致分为以下四种：一是满足人们对商品使用知识和商品信息的获取为主要特征的信息型；二是以娱乐为主要特征，在传递主要商品信息的同时，使受众获得直觉愉悦的情趣型；三是具有极强审美意向和审美价值的艺术型；四是以上三种类型中两种或两种以上的杂糅，如既有信息告知又有艺术创意，称为综合型。

研究和分析广告美的审美类型十分重要。不同的类型要求广告创作者在进行选择时，应该既考虑到产品本身的特点，又要与受众对产品的感受有所对应，做到准确、充分、有的放矢。

一、信息型广告

（一）信息型广告的涵义

信息型广告，也叫知识型广告。这类广告中理性诉求所占比重较大，所以其艺术形象和艺术造型多体现出理性的审美因素，而不像情趣型和艺术型广告那样以生动、感性为基调。

在大多数情况下，信息型广告的主要表现对象是生产用具、家用电器、机械产品、高科技产品、药品等高卷入产品，因而它的内容常常围绕指称对象的实用性、功利性展开，形象上的审美性则退居次要地位，显得非常低调。

（二）信息型广告的美学特点

一般而言，信息型广告在创作意图上，不以追求艺术性和满足人们的审美需求为主要目标，而更倾向于以朴实、真诚、直率的方式去展示有关商品本身的信息和商品的使用价值。因为对于消费者而言，这些商品能否为他们所接受和信赖的关键在于，广告能否准确、真实、清晰地把产品的形状、颜色、质感、功能、操作或使用方法、附加价值等信息呈现在人们面前。在这里，商品自身的信息传达是不可或缺甚至是至关重要的。

但这并不意味着信息型广告与美无关，只能枯燥地传达硬性的知识和信息。恰恰相反，这类广告同样是美的存在形态和人们的审美对象，同样可以通过艺术技巧的运用最有效地将商品知识介绍给受众。

一方面，现代的产品不仅拥有高科技赋予它的实用价值，而且随着现代技术美学在生产实践中的广泛应用，生产者越来越意识到产品造型的美观可以增加产品的附加价值，继而可以吸引受众的注意，赢得他们的好感，于是开始讲究商品外观的线条美、色彩美、造型美、包装美等等。这类美感附加价值在人人追求个性化的现代社会，往往取代原有的使用价值成为产品的核心竞争力，手机市场的竞争就充分说明了这一点。相应地，广告创作者在设计这类产品的广告时，可以充分利用产品的这些附加价值给人的情感、心理带来的审美感受为诉求点，凸显其中的美学因素。

另一方面，信息型广告也可以通过在产品拍摄过程中对光影、色调、虚实的恰到好处的处理，拍摄角度的选择，形式美规律的运用实现广告构图的新颖别致，再加上语言措辞的新鲜生动，合适媒介的选择，新技术的应用等等，来增添广告的审美因素。

总之，综合运用各种表现手段比单调乏味的解说和呆板生硬的展示具有更大的“可读性”、“可看性”，可给人带来较强的审美感受。

（三）信息型广告案例分析

案例 2—1

Stella Artois 啤酒“刮痕篇”平面广告

这则广告曾获第 47 届戛纳广告节大奖（图 2—2，见彩插）。

这一组平面广告作品分为三幅：第一幅是一辆蓝色跑车的车头灯部位，由于用它来开启啤酒的瓶盖，导致光滑无瑕的车表面上被刮掉了一层漆；第二幅是一辆银色的摩托车的前部，同样地，也用来作为“开瓶器”，结果也被啤酒的瓶盖刮出一道刮痕；第三幅是一把大提琴的边缘被作为开瓶器，结果边儿被刮坏了。这三幅广告作品的用意在于：通过使用各种贵重物品作为开瓶器具来衬托啤酒本身的异常昂贵的身份。该广告的画面拍摄十分精美，光线的恰到好处的运用营造出一种高贵典雅的气氛，从而含蓄准确地表现出产品的定位和附加价值，还具有较高的观赏性。

案例 2—2

澳大利亚黄页电话簿公司户外广告

这是 BBDO 为澳大利亚黄页电话簿公司制作的户外大型特制广告（图 2—3，见彩插）。该广告由 7 幅画面组成，每一幅都描绘出一个与人们日常生活息息相关的服务性公司的工作场景，带有疑问语气的文案与画面相得益彰，互相补充，完整地传达出澳大利亚黄页电话簿公司的服务内容。其文案内容依次是：搬家公司？粉刷公司？油漆公司？装修承包公司？遮篷租用公司？景观设计公司？活动组织公司？通过图文并茂的展示，说明澳大利亚黄页电话簿公司的服务遍及人们日常生活的方方面面。这则广告的目的虽在于理性地传达出公司的服务项目信息，但却运用了十分新颖独特的户外展示的方式，再加上鲜艳的色彩、醒目的标题和活体人物的展示，使之在众多的信息型广告中脱颖而出，极具视觉冲击力。

二、情趣型广告

（一）情趣型广告的涵义

情趣型广告所表现的商品往往与人们的日常生活密切相关，产品的内涵很简单，使用方法较为简易和明显，不需要大张旗鼓地介绍，例如饮料、服装、皮包、饮用水等。这样，在为这类商品设计广告时，就有较大的发挥余地，可以运用多种多样的艺术表现形式和表现手法，塑造出各式各样的艺术形象，创作出富于浓郁生活气息和人文情感的色彩、画面、文字、情节，并用这些去表达人们对美好生活的感受，满足人们对生活美的追求和美化生活的愿望。

（二）情趣型广告的美学特点

情趣型广告在所有审美类型的广告中，所占比重较大。这与生活类用品在人们日常生活中的覆盖面较为宽广有关，也与这类广告具有更大的艺术表现空间有关。没有生命的产品，可以通过三维动画等拟人化的技术使之变得活灵活现；极平常的日用品可以随着轻快的音乐伴奏翩翩起舞；很大众化的产品可以通过漫画形式的艺术夸张获得别具一格的意味；抽象的解说可以经过形象化处理而变得妙趣横生。

情趣型广告的表现可以是文艺式、动画式、幻想式，也可以是怀旧式、生活形态式、幽默式等。即使是文字广告，其广告用语也可以借助巧妙的艺术构思，强化其抒情状物的功能，做到情趣盎然。就连许多人眼中“正襟危坐”的品牌广告，也大有文章可做，比如美国一家眼镜公司的品牌由 O、I、C 三个字母组成，在为其设计品牌广告时，广告创作者将其编排成恰似一副架在鼻梁上的眼镜，而其读音恰恰是“Oh，I see”（啊！我看见了）。这个创意可谓是亦庄亦谐，乐趣无穷。

人们在购买日用品时，不必像购买高投入商品那样，需要详细了解商品的功用才购买，而大多是即兴购买，感性多于理性，往往由于商品的颜色、图案、包装等引起了自身的兴趣或受到广告的感染而迅速做出购买决定。因此，广告在对这类商品进行宣传时，自然要动用一切可以动用的艺术表现方式，去引起消费者的兴趣，赢得消费者的喜爱，诱导消费者产生购买的冲动。

（三）情趣型广告案例分析

案例 2—3

巴黎（Perrier）水“婚外情缘篇”电视广告

这是法国奥美广告公司为柠檬味巴黎（Perrier）水创作的电视广告（图 2—4，见彩插）。这则广告采用了三维动画设计，将一个普通平常的冰箱设计成了一个生活小区，而将冰箱中的 Perrier 水、柠檬拟人化，成为栩栩如生的广告“人物”，更令人忍俊不禁的是，他们竟然搞起了婚外恋。广告情节是这样的：住在“楼下”的柠檬小子喜欢上了住在楼上的 Perrier 水太太，他们经常背着 Perrier 水先生偷偷约会、通电话，柠檬小子有时甚至扮作邮差到 Perrier 家看望自己的“心上人”，但显然 Perrier 水先生已经起了疑心。一天，柠檬小子和 Perrier 水太太正在 Perrier 家幽会时，突然 Perrier 水先生出差提前回来，两人都十分紧张，柠檬小子更是躲在衣柜中，吓得脸都“绿”了，大汗淋漓。这则广告在给人带来诙谐幽默的同时，述说了充满浪漫味道的全新柠檬口味 Perrier 水，使消费者在感受广告带来的情趣的瞬间降低了心理防线，产生购物的冲动。

案例 2—4

立邦漆“屁股篇”平面广告

这则路牌广告在国内外多次获奖（图 2—5，见彩插）。

这则广告的过人之处在于鲜艳色彩的运用和儿童的纯真相映成趣。一群不同肤色的婴儿光着屁股、扶着栅栏，或遥望着远处蔚蓝的天空，或互相交谈。婴儿的屁股上涂着颜色鲜艳的立邦漆，这是本则广告创意的亮点所在。婴儿常常被认为是纯真的象征，所以他们是最好的推销员，借用婴儿表达产品的特征经常是很有效的，它能唤起人们心目中最真挚的情感。一个个花花绿绿的小屁股，惹人疼爱，也让人们相信立邦漆是可信赖的油漆，不但颜色亮丽，而且对婴儿都不会造成伤害。此广告在给消费者带来美感的同时，也征服了消费者的心。

案例 2—5

Moca 布丁平面广告

这是巴西 DPZ 广告公司为 Moca 布丁创作的平面广告（图 2—6，见彩插）。

这两幅广告淋漓尽致地刻画了两大类细分市场目标受众的心态——美味不可拒绝。第一幅将布丁描绘成“Express Pudding”（布丁快车），色香味诱人的布丁仿佛一辆跑车，喷出尾气，文案是“Moca 牛奶即食布丁是由浓缩牛奶、鸡蛋精心调制而成，就像妈妈做出来的一样，但不同的是，你很容易得到它”；第二幅画面中，布丁上溢出的浓汁形成了一个身材姣好的性感女郎，比喻“Moca 即食布丁很松软、很甜美，奶油很多，美味显而易见。就像性感美女一样”。这则广告的出众之处在于画面构思新颖，将布丁的两大特点——美味、诱人，通过明喻的方式表露无遗，而且画面拍摄十分精美，让人一看到它，就想去品尝 Moca 即食布丁，因为它看上去真的很诱人。

三、艺术型广告

（一）艺术型广告的涵义和美学特点

艺术型广告一般具有较强的形象塑造力和艺术色彩表现力，故常富有深刻的审美内涵和意蕴。其宣传的产品大多是满足人们精神层面的需要的，如电影、音乐会、芭蕾舞、旅游、烟酒、珠宝、工艺品等等。这些产品往往被当作精神食粮或用于彰显身份、个性等，所以商品本身就富有艺术美、自然美、形式美等特征，本身就是艺术的化身、美的存在形态，本身就具有很高的审美价值和情趣，这些都为产品广告的创作提供了可供发挥的素材，即进行再创作。广告创作者可以在广告设计的艺术性上下大功夫，使广告在传达出商品本身具有的艺术价值的同时，也成为一件艺术品。

（二）艺术型和情趣型广告的异同点

艺术型广告和情趣型广告既有共同点，也有差异性。它们的共同之处在于，由于所表现的指称对象自身的一些特点，它们可以采用多种艺术表现形式；艺术手段的采用和艺术形象的塑造，可以引发受众美好的联想，赢得他们的好感；此外，这两类广告都诉诸于人的情感，容易引起情感共鸣。

艺术型广告和情趣型广告的不同之处在于：

1. 表现特征上的区别

由于情趣型广告主要针对大众消费者而作，所以往往采用娱乐的方式，艺术处理较为轻松、随意、幽默和大众化；而艺术型广告往往针对特定的高层次消费者群，再加上表现对象自身的艺术特征，故而在创作上追求艺术形象的完美和艺术境界的高雅，以设计出近乎纯粹的艺术品为目标。

2. 审美对象上的区别

情趣型广告以最广大消费者为对象，希冀人人产生兴趣；艺术型广告则对目标受众有较大的、较稳固的选择性和针对性，只希望特定受众群对产品发生兴趣即可。

3. 欣赏方式上的区别

情趣型广告主要表现为直觉愉悦，具有消遣性、娱乐性；艺术型广告则主要表现为情感体验，具有鉴赏型。前者常常先产生审美快感，后者则令人反复品味其审美意蕴。

（三）艺术型广告案例分析

案例 2—6

麦斯威尔咖啡中秋促销平面广告

从这则平面广告作品（图 2—7，见彩插）中我们体会到了什么？皓月当空，思念之情暗涌，思念之情涨潮。两幅极简洁、极富美感和思念之情的画面将节日、产品、促销这几个元素融合得近乎完美，虽含蓄但让人无法抗拒。

案例 2—7

资生堂“全体化妆品”系列平面广告

资生堂的广告常常具有自己独特的风格，因而塑造出来的产品和企业形象也独具个性。这个系列广告（图 2—8，见彩插）由四幅平面作品组成，柔和和谐的色调与形式化的图像相契合，再加上如诗如画般的文案的点缀，如“脱去夏装的女孩”、“梦境中的一个人”、“夜晚，风儿告诉我”、“在秋意褪去的天空，寻找答案”，共同描绘出不同化妆品的特性和感觉，唤起女性消费者心目中舒服、温馨、浪漫的情感感受，让人体会到智慧和艺术的美感与魅力。

案例 2—8

戴比尔斯（De Beers）钻石手链平面广告

这是智威汤逊公司创作的一则平面广告（图 2—9）。这则广告是借势于即将进行的奥斯卡奖颁奖典礼而创作的。广告画面十分简洁，采用的是维多利亚式（又称经典式）的排版方式，即文字在图的正下方，图像和文字的上下排版呈现一种黄金分割的比例。背景是纯黑色调，画面上方是一条晶莹璀

图 2—9　戴比尔斯（De Beers）钻石手链平面广告

璨、光芒四射的钻石手链，画面中间的文案是“不要等到提名演讲的时候才去感谢你美丽的妻子”，“钻石恒久远”。这则广告于平淡中透露出典雅、高贵，准确地传达出 De Beers 钻石的价值和定位。更重要的是，它富含着深刻的意蕴——妻子的支持是无价的，要多关心她，只有 De Beers 钻石才能与默默付出的妻子相匹配。相信此广告一出，其艺术美和感性美必然打动许多目标受众的心。

案例 2—9

新西兰交响乐团“春天的骚动篇”广告

这则广告（图 2—10）运用电脑合成影像技术和电视电影制作技术拍摄而成，获得 2001 年爱华广告节（由非政府、非营利的组织——澳洲及亚洲作家和艺术指导协会创办）摄影金奖。其情节是，用生动传神、形态各异、绘声绘色的音符表现出一系列的对话，表现出在《春天奏鸣曲》首次演出时，人们如此震动，以致引发了骚动。这幅形神兼具的音符演绎的画卷，既传神地描述出交响乐团的艺术特色，也成就了一则富有美学欣赏价值的广告艺术品。

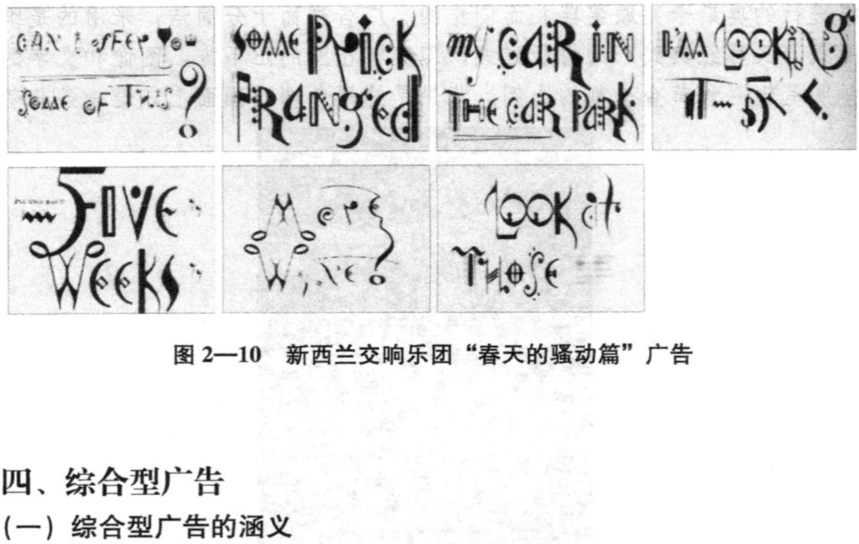

图 2—10　新西兰交响乐团“春天的骚动篇”广告

四、综合型广告

（一）综合型广告的涵义

随着广告制作技术的提高和人们对广告的审美要求越来越高，出现了融合多种审美类型于一身的广告，如既有信息告知，又有艺术创意，甚至不乏情趣，这类广告我们把它定义为综合型广告。

（二）综合型广告的美学特点

在信息极度丰富的今天，消费者无时无刻不处在广告信息的包围之中，他们对于纯理性化、灌输式的广告早已熟视无睹，甚至无形之中还产生了对此种广告的排斥心理。现在的受众要求在接受广告信息的同时寻求娱乐，所以，除了基本的信息传递之外，审美因素被认为是主导广告风格的最主要的元素。我们必须考虑“旧的元素，新的组合”，于是十分单纯的情趣型、知识型、艺术型的广告已经开始逐渐减少，而整合了上述几种类型长处的综合型广告应运而生。

综合型广告可以同时满足受众获取信息的需要、精神享受的需要、审美的需要，具有唤起受众心理共鸣和产生直觉愉悦的强大力量，而这一点是其他类型的广告所无法比拟的。所以，综合型广告必将被越来越多的广告创作者所采用，进而成为业界一大趋势。

（三）综合型广告案例分析

案例 2—10

三得利天然水平面广告

该广告（图 2—11，见彩插）胜在构图，将天然水的水系用植物的枝、叶来表现，看起来似乎是河水的支流，给人一种源自自然的印象。画面上还详细标注了每一种植物叶子生长的地理环境，表明了河水流经的地域。这是一则艺术与知识、自然与健康相结合的广告。

案例 2—11

福特汽车“全球颂歌篇”电视广告

这则广告（图 2—12，见彩插）获第 30 届莫比奖影视类全场大奖。

其情节是，福特汽车的各种型号产品交替出现，多种场景更迭不断，如古国的历史遗迹（中国的天坛、印度泰姬陵、古罗马的斗兽场）、大自然的壮丽景观（大海、瀑布、沙漠）、传统典仪的风采、全球性的亲情交融（热恋中的情侣深情拥吻、儿时玩伴的快乐嬉戏记忆、多年在外的女儿重返家园）。该广告片通过传统文化与现代生活的交汇、亲情与爱情的情感撞击、喜悦与欢欣的展现，勾勒出福特汽车已经融入了全世界人们的生活之中。这则广告作品是艺术情趣综合型广告的典范，既有令人折服的艺术欣赏性和审美价值，又有很强的情绪感染力。

案例 2—12

橄榄油“树篇”平面广告

这是英国李奥·贝纳广告公司为某品牌橄榄油创作的平面广告（图2—13，见彩插）。

这则广告的特点在于，在整个广告版面中，文案和图画各占一半，画面是一个古老的地区的一棵老树下，一匹马正在吃草。文案是：“在古老的地中海，人们认为橄榄油拥有神奇的力量。古希腊哲学家德谟克利特相信，如果以蜂蜜和橄榄油为食，人们可以活到100岁。你会发现这是一个健康的源泉、令人享受的美味。”接下来还介绍了有关橄榄油的一些知识。这则广告是艺术知识综合型的广告，它在叙述史实的同时，突出了产品历久弥坚的品质和悠久的历史传统。

五、广告审美类型的选择

尽管广告的审美类型和产品类型有一定的对应关系，却并不是绝对的。例如没有生命的产品，哪怕是再大型的产品，也可以通过电脑三维动画处理合成，成为有生命力的艺术形象。同样地，枯燥无味的信息传达也可以变成生动活泼的人物对话。

所以，选择什么广告审美类型去进行产品宣传和促销，除取决于产品本身的性能特点外，还要考虑到受众的心理意向、广告战略的意图、广告的时效性等问题。下面几点仅供参考：

（一）新产品上市

多采用信息型或信息趣味综合型的广告形式。因为它要借助广告，使目标受众了解和熟悉新产品的特点、它与其他同类产品的区别等具体详细的信息。但又不能太理性，故可以运用一定的艺术手段，取得独树一帜的广告效果。

（二）激烈竞争的同类产品

广告多在趣味性和艺术性上下功夫，以图在广告大战中脱颖而出，吸引大多数消费者的注意，赢得他们的好感，使他们选择该产品而远离其他同类产品，建立高度的品牌忠诚。因此，这类产品可选择情趣型、艺术型、综合型的表现方式。

（三）以树立企业形象、品牌形象为主旨的长期性广告

要注重强化审美诉求和情感诉求，故大多数偏向于艺术型或艺术情趣综合型。因为其形象大多偏重于象征性和联想性，与产品几乎没有多大的联系，所以往往倾向于渲染、描绘出一种意境，以期给受众一种关于企业、品牌的心理联想和个性化形象。如万宝路香烟广告（男子汉气概）、伊云矿泉水广告（青春健康）等。

（四）USP 明确的产品要与同类竞争

其广告往往要围绕产品的 USP（Unique Sales Proposition，独特销售卖点）大做文章，期望传达出产品的与众不同之处，所以四种广告类型均可以选择。

（五）媒体对广告的类型选择也有影响

如报纸广告更适合于知识型，路牌广告更适合于艺术型或情趣型，电视广告适合于情趣型、艺术型、综合型，广播广告更适合于情趣型，网络广告可采用多种审美类型。

第三节　现代广告的审美规律

现代广告的审美规律和实用艺术的审美规律有相似之处，都有别于艺术品的纯粹精神审美规律，以实用功能为主，审美功能为辅，且审美功能附丽于实用功能。

但广告审美和实用艺术审美又有所不同。严格说来，广告审美也是实用艺术审美之一，但实用艺术主要指产品的美，是附丽于功用之上的美，并逐渐由产品之美扩而大之到包装装潢之美、营销手段之美、营销行为之美等等。这些都是为了销售产品，其审美价值和产品紧密相连。广告的目的也是为了推销产品，但它脱离商品实体，以媒介为载体，采用各种艺术表现方法来说服消费者接受指称对象。因此，它是介于产品和受众之间的一种中介之美，其审美规律主要表现在产品与受众的关系上。这样，广告审美不但要从商品本身出发，而且尤其要重视消费者的需求，只有如此，才能较准确地把握现代广告的审美规律。

另外，广告活动是一个开放的动态系统：广告的信息来自于生产和流通领域，广告的内容来自于现实生活，广告的表现形式来自于艺术和文化积淀。故广告体现着现实社会的政治、经济、文化以及悠久的历史，具有文化和艺术品质，具备审美规律和审美功能。

因此，研究和掌握广告审美规律不但对广告艺术创作具有很强的指导意义，而且更有助于把握受众对广告的认知和感受，还有助于推进我国文化和艺术的发展。

一、真实性审美规律

（一）真实性是广告审美的根本性规律

1. 真实性

所谓真实性，是指广告无论以什么方式宣传内容、传达信息、塑造形象都必须真实可靠，准确无误，不能弄虚作假，吹嘘夸大；对于商品品质、功能、质材、加工以及造型、装饰等都必须实事求是地介绍和说明，绝不允许以次充好、以假乱真，造成对消费者的欺骗和误导。

真实性为什么是广告的根本性的审美规律呢？

我们知道，真、善、美是人类对于客观世界本质力量展示的三种境界。真是指客观世界的规律性，它是衡量人的实践活动是否符合自然界的规律、人对客观规律的认识和把握是否科学准确的标准和尺度，是三种境界的基础，也是一切事物美的基础和广告美的基础。有了真——对世界性质规律的准确认识、科学把握，才能谈到创造出的功利物品给人类带来善。

善，是人类在实践活动中所追求的有用或有益于人类的功利价值。它既能满足人的生理和直接功利需要，也可提供精神食粮。从这个意义上说，善是美的灵魂。

美是客观对象的感性形象中所体现出的真、善、美相统一的审美价值。只有建立在真善基础上的美才是真正意义上的美。启蒙主义哲学家狄德罗曾说过，真、善、美是紧密结合在一起的，在真或善之上加上某种罕见的、引人注目的情景，真就变成美了，善也就变成美了。所以美是内容和形式的统一，内在与外表的统一。真、善、美是相容类种的关系。真是美的最根本的基础，美必须包括真善，善中也必须包含真。

广告是向消费者介绍和推荐商品、说服消费者认知和购买商品的一种有偿传播形式，也是一门实用性、功利性、说服力极强的艺术。它的目的在于，引起消费者的注意并激发其购买欲望，与此同时提升产品形象、品牌形象和企业形象的知名度和美誉度。

2. 真实性尺度的把握

正由于广告处于科学和艺术的交汇点上，因此，一方面，它必须以事实为依据，严格而准确地表述指称对象的品质和功能；另一方面，它又必须以艺术表现为手段，劝说和感染受众对指称对象的亲和和认同。这两者的关系尺度的把握常常使广告成为一个激烈的矛盾体：消费者利益和国家广告法规要求广告内容必须真实，而广告主和广告公司自身的利益又促使广告“含有虚假内容”或“打擦边球”。到底应该如何呢？

(1) 从广告主占有市场、建立和提升品牌形象的长远考虑，从维护消费者的利益和产出社会效益出发，广告的内容更应该真实，以诚信为本，一是一，二是二，不能以虚假信息欺骗消费者。

广告界有一句经典名言：“说什么比如何说更为重要。”说什么，是指广告的内容、本意、信息等；如何说，是指文案的加工、构图的创新、音乐的渲染等艺术手段的采用。其中，前者是后者的基础，后者令前者锦上添花。如果脱离了前者，即使后者再天花乱坠，也只能归入虚假广告的行列。因此，真是广告的基础，善是广告的灵魂，在真善的基础上，创造出优美的或出奇制胜的形象，就是广告力求的真善美的统一。

(2) 由于消费者不可能做到与每一件商品面对面的接触，再加上现在的许多商品又是高卷入的科技密集型产品，所以消费者必须通过一定的认识中介去获取有关产品的真实而全面的信息。广告就是认识中介的一种重要形式，所以广告中的信息必须实事求是，来不得半点虚假，否则会害人害己。

(3) 中外广告法规无一例外都强调真实性。我国《广告管理条例》规定：“广告内容必须清晰明白，实事求是。不得以任何形式弄虚作假，蒙蔽或者欺骗用户和消费者。”世界广告大国美国的广告法规中，特别强调防止不正当竞争，制止虚假广告。早在1911年，美国的广告联合俱乐部就提出了广告必须真实的口号。此后，美国立法部门制定的广告法案明令禁止欺骗性的广告宣传。英国1995年颁布的广告新法规也强调广告应该“合法、适当、诚实、真实”。

以上三点充分说明，真实性是广告的生命，真实性是广告的灵魂。真实性的规律，始终是广告首要的和基本的法则。真实性关系到广告、商品、企业的信誉，关系到消费者对它们的印象，因而绝不能在真实性上有丝毫的马虎。广告只有在真实性的基础上，运用艺术手段去赋予产品魅力，才能使消费者受到情绪感染和直觉愉悦，广告也才具有实用艺术美。

3. 虚假广告

(1) 虚假广告及其形式。现代市场经济飞速发展，物质极度丰富，市场竞争机制日趋完善和规范，消费者的权益也受到了越来越多的维护。在这种情况下，广告真实性的问题受到了普遍的重视，一系列相应的广告法规也陆续出台。但是，虚假广告仍然层出不穷，成为广告市场上的一股浊流，丑化了社会环境，也污染了人们的心灵。我们对此要给予充分的重视。

所谓虚假广告，是指直接向消费者提供虚假的信息，或者利用消费者心理上的弱点、语言方面的模棱两可之处去误导消费者的广告。它违背了广告真实性的审美规律。

虚假广告的形式可谓五花八门：有的吹嘘夸大功能效用，言过其实；有的以承诺为诱饵，骗人上钩；有的利用人们举一反三心理，移花接木；有的冒充名牌，李代桃僵；也有的在表现中形成误导；甚至还有无中生有，公然诈骗……

(2) 虚假广告的负效用和整治举措。营销效用是广告的基本效用，是广告的重要职能。虚假广告给产品的营销带来的只能是负效用，这种负效用是难以估量的。首先，降低了消费者对广告、广告主、广告公司的信任度；其次，损害了消费者的经济利益乃至身心利益；再次，破坏了社会风气，造成负的社会效益。

因此，要加大整治虚假广告的力度，采取有效措施规范广告市场。近年来，根据国家工商行政管理总局关于开展"反误导、打虚假"广告市场专项行动的文件精神，全国各地广告监管机关将打击虚假广告、规范广告市场秩序作为广告监管工作的重点，对医疗、药品、保健食品广告等进行了集中治理，取得了阶段性成果。今后国家还将加大力度整治虚假广告。

(二) 广告的艺术夸张和真实性的统一

在谈过虚假广告违背了真实性的原则之后，也许有人会问：广告的艺术夸张是否也违背了真实性的审美规律?

1. 艺术真实和生活真实的关系

要鉴别广告的渲染描绘是否真实，首先要解决艺术真实与生活真实的关系问题。这原本是一个艺术理论问题。我们知道，广告也是一种艺术，是科学加艺术，至少包含着很强的艺术性。因此，无论从理论上还是从事实上都无法回避这个问题。

所谓艺术真实，是指作者在生活真实的影响感召下所产生的情感和思想的形象表现，也即作者根据自己的体验对生活真实的提炼和再创造。艺术作品不能凭主观臆造，要来源于生活真实，但又必须符合艺术的规律。作品符合艺术真实的规律，才有感人的魅力，易于引发人的心理和情感共鸣，从而使人获得真实感。例如李白诗句"燕山雪花大如席"，一下子使人们眼前出现燕山满天鹅毛大雪飞舞的壮阔意境，其实李白根本没有去过燕山，但他创造的这个艺术真实却使人感到真切、形象、自然。谁也不会去计较雪花直径的大小，只感受到塞上漫天大雪这个感人的真实。如果有人写出燕山雪花"大如叶""大如钱"来，不但不会感染人，甚至会引起人们对"钱"和"叶"大小的仔细考证来。这是因为这种描写不符合艺术真实，由于较接近生活真实，反而与生活真实混淆了，使人们丢弃情感和意境，将注意力集中在与生活真实的似肖比较上。由于毕竟不是生活真实，结果往往使人以假当真。

这种不符合艺术真实的表现，从来为艺术家们所摒弃，但是却被一些广告人所青睐。他们特别看重的是这种方法可以诱人以假当真。于是许许多多的虚假而难辨的广告，就在这种艺术表现的大旗下制造出来。

艺术家说“大话”（夸张等艺术加工），说得自己如醉如痴，说的“大话”离奇古怪（如李白怀念长安的“狂风吹我心，西挂咸阳树”），反而说得真实（情感灌注，进入角色），别人也听得真实。其实这些艺术家委实真诚得可爱，他们的艺术方法不过是一种表现真诚的手段。而有些所谓“精明”的广告创作者则将艺术方法当作表现虚假的工具。他们写广告是在玩弄“明修栈道，暗度陈仓”的计谋，其目的在于骗得“项羽”上钩。

2. 渲染法运用的尺度把握

运用渲染法表现怎样才算真实？关键是广告提供的感知对象会使受众获得艺术真实而不是生活真实。

例如美国有两个皮箱广告，一个是报纸广告，画面是轿车压碾皮箱，而皮箱安然无恙。一个是电视广告，画面是一辆大型载重汽车将水泥马路上的皮箱压碾到入地十多厘米的深度，取出箱子后，路面出现箱子陷入的长方形凹槽，而皮箱却完好无损。这两个广告都采用了同一艺术表现手法表现同一指称对象，给受众的感受完全不同。第二个广告显然不是生活真实，是一种艺术夸张，不过采用了夸张手法表现此箱的坚固品质。而第一个广告给人的感受在似是而非之间，有些受众认为是生活真实，确实是商品的品质说明，有些则认为是夸张。这种广告最容易造成误导，在艺术创作时，必须详加说明。

3. 广告艺术≠纯粹艺术

另外，还有一点需要说明：我们不能完全将艺术作品中的艺术真实和广告艺术表现中的艺术真实等同起来。

艺术作品属于纯粹艺术，广告作品属于实用艺术。前者只有间接精神功利性，没有直接物质功利性。它是要给人一种意念启发和情绪感染，它的功利目的表现为开放式，人们可以在长时间内甚至永久性地理解它和感受它，这便是人类永恒性艺术的秘密。

广告艺术则不同，它有着直接的物质功利性，它给人的一切启发和感染只是一种手段，为了达到一定时间范围内认知的广告意图，达到销售的目的。这种目的性表现为封闭式，这使得广告艺术手段必然集中表现指称对象的某一特征或某几个主要特征，并使受众在感受广告艺术表现时认知产品的某一个或某几个主要特征。

总之，广告艺术无论怎样震撼人，感染人，必须在一定的时限内回到对指称对象的认知这一现实目的上来，这一点是它与纯粹艺术表现艺术真实的根本区别。

（三）广告艺术表现真实性应遵循的原则

广告艺术表现的弹性品格（艺术真实与生活真实的界限的界定）具有明显的模糊性和随意性，很难采用监控系统来鉴别。为了对其形成的虚假进行有效的辨别，必须制定一些原则来把握。这些原则既要从广告的现实状况出发，在实际运行过程中，能够判断出广告是否有误导消费者和损害消费者利益的企图；还要有利于广告市场的健康发育和规范运行，而不是妨碍和束缚广告市场的发展。

从这样两个因素出发，我们认为，广告艺术表现真假的识别原则应主要包括：

1. 比喻不出歧义

比喻是广告艺术表现的常见形式，较易引出歧义，使消费者误解，因此，广告比喻必须消除歧义。

广告比喻有三种。一是明喻，这种比喻必须冠以比喻词。例如那则著名的童鞋广告，以手喻鞋，标题："像母亲的手一样柔软舒适"，"像"字一出，歧义全消。二是暗喻，这种比喻必须使喻体与本体分离。例如美国一则特快专列电视广告，画面是一群缓慢蠕动的蜗牛在爬行，音响却是交通堵塞时真实的嘈杂之声，音、画使喻体和本体泾渭分明。三是抽象比喻，企业形象类广告常常用它来表现一种理念，这种比喻要做到意向传达。如国外一家冶金公司为自己的又一次巨大的风险投资做广告，用"咬子弹"来做这种比喻，其画面使人一看便知远离生活，明显要说明某种意向。

2. 夸张不致乱真

夸张手法最易形成虚假，是广告辨伪的重点。夸张要使人一眼看出，不致误信。乔治·葛里宾为不缩水的"箭牌"衬衫创作过一则著名广告，说"我"的朋友乔被别的缩水衬衫的领子勒死而变成了马。还有如法国马丁尼酒的醇香诱天外神女飞来等，这些夸张使受众一目了然。

有些夸张容易造成误解，应在画面或文字中有意示明。松下干电池广告中，启动卷扬机将一个巨人吊在半空，取掉一节电池，巨人掉入水中。这则广告易使人误以为小小电池竟然有如此大的功能。于是广告又专门拍摄一个镜头：从若干串联的电池中取下一只，示明落水为断电所致，达到纠误的目的。

艺术夸张类广告不宜对直接性能夸张，也要防止近于事实，似是而非。例如有些广告把某一医疗器械说成“家庭医生”，几乎无所不能。再如索尼彩电广告说：“你是成功的父母吗？给孩子请一位全天候全能的教师吧”，很容易形成误导。

3. 即此论此，防止“意错”

所谓意错，可与“视错”类比，即指意念中形成错觉。例如“龙生龙，凤生凤”、看古知今等。许多广告艺术表现利用人们这种类推心理进行有意误导。例如渲染历史、荣誉和名人评价，目的在于用过去，包现在；用优质，包劣次；用名人，包自己。有些甚至在产品质量急速下滑的情况下，依然用往日的荣誉瞒天过海。也有用整体包个别的现象，即扛上著名企业的牌子，将个别不合格产品出售给消费者。鉴于这种状况，广告艺术表现要求即此论此，表现对象与销售对象同一，防止受众产生意念错觉。

4. 两种真实的界限必须明确

许多广告集两种真实于一体，既有神采飞扬的艺术感染力，表现出艺术真实性；又有实实在在的商品或劳务信息，表现出生活真实性。这种广告，要求两种真实的界限必须明确，使人既受到感染，又不致迷途。台湾华航广告以珍惜相遇的缘分为广告主题，画面和标题都表现了浩淼的大海上两只海鸥企盼相遇的意境，同时附有空中小姐和蔼服务的插画和正文。

有些广告的艺术表现很离奇，但却将商品表现得很实在。例如一则女长袜平面广告，画面很荒诞，描述了断体人的两部分互相追寻的场面，令人惊异，但其中下肢断体穿着长袜，十分优美逼真。

5. 感受类广告表现要求生活化

一些与人们日常生活联系紧密的商品，其广告常常采用消费者使用的感受（即消费者证言式）来表现，因为消费者更容易相信同伴消费者的说法。这类广告必须表现得真切、自然，不要采用远离生活的方法去追求奇异的感受效果，那样反而给人不真实的感觉。例如一则脚气广告，通过两只脚用药前后不安和舒适的感觉对比，较好地表现了消费者的真实感受。而另一则棉布广告，为了表现人使用后的舒适感，将人裹成一个巨大的棉布罐形，露在外面的面部表情却是轻松微笑，这就容易形成失真和误导。

6. 朦胧类的广告表现不宜文案再渲染

现在国外许多广告追求朦胧感，着意营造一种氛围，引起人的通感和联觉，从而感受商品。例如，日本石桥汽车公司（REGNO）广告和三和酒广告，画面显示了强烈的光幻效果和朦胧感。这类广告在一些发达国家已形成一种新趋势，目前在我国也开始兴起。其表现手法主体意向性很强，弹性品格尤为突出。为了不致出现理解的随意性，这类广告的文案不宜再多采用渲染描绘的手法进行艺术表现，而应该采用显示说明法，进行切实的表达。

7. 广告承诺的表达必须具有可兑现性

这类广告一般不宜采用艺术渲染的手法，应表现出刚性品格，表达必须明确、具体。

8. 特殊商品广告一般不宜采用渲染描绘的方法表现

女性卫生用品、用于治疗特殊疾病的药品等属于特殊商品，其广告表现为敏感区，务必要真实恳切。

9. 广告表现应有文化把握

广告是一种文化现象，广告对象事实上组成了一定的亚文化圈、文化丛、文化细胞。不同文化主体具有不同的文化心理积淀，表现为思维模式、行为模式、心理模式的差异性。广告创作和广告感知也会表现出这种差异性，尤其是艺术表现形式。这就要求我们在鉴别这类广告时，一定要进行文化把握，以免由于不同国家、地区、民族甚至不同的相关群体等文化心理和习惯的差异而对广告的真实性做出错误评价。尤其在我国广告走向世界时，更要注意文化融合这一重要的问题，以免造成不必要的争议。

当然，除了这些主要原则外，还要遵循一定的伦理道德原则以及其他一些具体的原则。总之，广告的生命在于真实，在具体操作中，要对广告的真实性予以足够的重视。

（四）真实性审美规律案例

案例 2—13

福特汽车的成功

福特汽车的成功在广告，广告的成功在真实。

早期的福特汽车外观酷似甲虫，样子不大好看。它要与当时的一些名车，如底特律的流线型汽车竞争。福特把竞争的触角放在广告上。它委托DDB广告公司的广告人伯恩巴克为其广告代理（后来伯恩巴克也因福特汽车广告的杰出表现而成名），伯恩巴克设计的福特汽车广告的最大特色在于体现真理，实话实说。广告界人士认为，这位广告天才简直把广告表现技巧带入了一个新纪元。

福特汽车广告多采用平面印刷式和经典式的广告排版，版面上总是一幅巨大的商品照片，现实又平凡。下面配以标题和正文，标题一般极具吸引力（这方面具有呕心沥血的创意）；而广告文案则绝对平心静气地叙说商品，非常真实，朴素诚恳，丝毫没有花哨的痕迹，更没有夸大其辞的地方。例如有时图片是一幅泄了气的轮胎照片，标题是“人非圣贤”（Nobody is perfect），正文则真实介绍福特汽车的各种性能；还有一则标题是“丑在外表”（Ugly is only skin-deep），正文则承认外表不美观，然后又实实在在地列举出福特汽车的种种内在优点，可读性相当强。

真实性的广告表现使福特汽车的销量急剧上升，在消费者心目中也形成了真实、诚恳、实在的品牌印象，这种形象的稳定性不会轻易受到市场波动（如新的竞争对手的出现）的影响。

应该指出的是，广告的真实性源于对商品个性和广告宗旨的准确把握，必须真诚实在。美国广告大师罗比凯（Rubicam）说过，产品的无价之宝是它本身的信用，给受众以真实形象，就等于给受众以最具实质性的美。

二、功利性审美规律

（一）功利性是广告审美的实质性规律

1. 功利性

功利性是指广告审美中具有的强烈而实际的直接功利特征。即广告无论采取何种艺术手段，都要为经营思想和直接销售目标服务，广告创作只是由买和卖这一对矛盾体组成的商业行为的一部分。因此，广告艺术形象的塑造和艺术表现方法的运用，都是为了实现经济利益和物质功利，脱离了直接功利目的的纯粹艺术表现的广告绝对是失败的广告。

2. 功利和美的关系

功利性为什么是广告审美的实质性规律呢？功利性与美如何实现统一呢？

许多美学家、艺术家曾标榜过美和艺术的超功利性，尤其是纯粹艺术，他们认为越远离功利的艺术越美。其实这是一种偏见。因为美和功利有着十分密切的关系。

（1）美源于功利。人的劳动过程和劳动物化成的产品，都是人的功利目的的体现。最初，人在对自己劳动及其产品的观照中，体会到自己自由创造的成功，产生了直觉与心理愉悦，获得了美感。此时，使人们获得美感的是产品的内容，产品的形式和外观的美丑是微不足道的。这样的审美活动经过无数次的反复，加之劳动技术和工具的进步，慢慢地，人们认识并熟悉了同样能使自身获得美感的产品的形式。而且，这种形式作用于人的主观意识，成为美感条件反射的信号。这时候，形式具有意味了，似乎成了对审美判断起作用的主要因素，而内容本身，反倒似乎失去了审美的意义，只因为它同实用功利联系在一起。于是，美不带功利目的的议论出现了。对于纯粹艺术美的认识更是如此。

(2) 美总是具有合功利目的的性质，不过，美的形式不同，所表现的功利目的也有不同。以艺术美而论，人类社会纯粹艺术从实用艺术中分化出来以后，一直并存着两种艺术（即有直接功利目的的实用艺术和有间接功利目的的纯粹艺术）同时向前发展的平行双轨现象。实用艺术美体现着物质的直接功用目的，纯粹艺术美已经基本上脱离了直接的实用功能，虚化成精神产品，体现着精神方面的功利目的。精神是对物质的反映。因此，可以说，纯粹艺术美体现着间接的功利目的。根本不含功利目的或与功利目的完全无关的美是不存在的，或者说是对美的扭曲。古希腊哲学家苏格拉底和弟子亚里斯提普斯谈论美和功用问题时，亚里斯提普斯问道："粪筐能说是美的吗?" 苏格拉底毫不犹豫地回答："当然，一面金盾却是丑的，如果粪筐适用而金盾不适用。"[①] 鲁迅也说："美底愉乐的根柢里，倘不伏着功用，那事物也就不见得美了。"[②] 这都是对不合功利目的的"美"的美学价值的明确否定。

3. 广告和商品的功利性的区别

(1) 商品具有直接功利性，而广告不具有直接功利性。商品是人们日常生活中不可或缺的必备用品，直接功利性是其本质。因为它要么满足人们物质方面的需要；要么满足人们精神方面的欲求。当然，任何一件商品本身都或多或少地具备某些审美价值，但这种审美价值是受其使用价值的严格制约的，使用价值（即物质功利性）是根本。即使那种美轮美奂的商品在审美价值上先声夺人，但如果使用价值不高，不符合个体工程学要求，影响了直接功利性，则其审美价值最后也是不高的。例如有人买了一件衣服，虽然款式新颖、高雅大方，但如果穿着不合体，那么它也就失去了对这个人的审美价值，因为衣服毕竟是买来穿而不是买来看的。简言之，商品的审美价值取决于功利性与审美价值的统一。

广告并非商品本身，因而不具备直接功利性。但它却作为商品的介绍人，将商品这位蒙着神秘面纱的"新娘"介绍给目标消费者，使其二者"联姻"，令商品的使用价值和价值得以实现，让消费者的物质和精神需求得到满足。因此，我们说，广告参与了这种功利活动，而且是这一功利实现过程的纽带，作用自然十分重要。故广告具有明显的直接功利性，它是商品使用价值实现的"助动器"。

(2) 与商品相比，广告还具有艺术性。广告的目的是劝说消费者购买商品，促进商品物质功利性的实现，所以，广告的直接对象是人，是人的思想、意志、

---

① 转引自北京大学哲学系美学教研室编：《西方美学家论美和美感》，18页。

② 《鲁迅全集》，第4卷，263页，北京，人民文学出版社，1981。

心理和行为。这一点，倒又和纯粹艺术品，如文学作品、音乐、绘画等接近，都是为了陶冶或改变人的审美观念、审美价值、审美理想和审美行为的。这一特点决定了广告的审美价值和艺术性比商品更加强烈、更加深刻。从这个意义上说，广告也是一种艺术，因为“广告是劝说，劝说便是艺术”。

由此，我们可以得出结论：广告是科学，也是艺术。但广告从本质上是功利性的，从而决定了其实用价值是第一性的，审美价值是第二性的，并且审美价值必须为实用价值服务，从属于实用价值。于是，广告的实用和审美功用二者间存在着互为价值的关系，即广告的实用价值如何是评价一幅广告作品的基本尺度；审美价值如何，也只能凭其艺术形式体现其功利价值的高低而论。功利性是广告审美价值的实质性规律。

总之，功利与审美之间的适宜度不仅是广告，而且是一切实用艺术赖以存在和发展的基础。因为功利价值是人类劳动创造中的基本价值形态，它直接维系着人类生命本体的存在和延续。广告创作中的目的性，就是人类价值观的产物。人类劳动创造中的审美价值产生于实用需要得到满足之后，是一种高于实用需要的精神价值，但人类审美价值的创造必须受自然规律和人的生命规律的支配。广告中审美价值的创造亦然。

（二）在实践中应注意的问题

广告是一种以直接功利价值为第一性的审美对象，故广告创作必须从功利性这一基点出发。改革开放初期，我国广告处于恢复起步阶段，那时的广告创作只注重广告的实用功能，广告内容中大量地堆砌和罗列有关商品的信息，忽视了广告的审美功能，表现太过理性、太过严肃。后来，人们意识到了这个问题，可是又强调过度，一味地在艺术性上下功夫，却忽略了广告的本质性职能，最终是“竹篮打水一场空”。这些都是我们在实践中应该注意并加以纠正的。

在此，特别要强调两点：

1. 克服唯美主义倾向

唯美主义是广告创作的大忌。广告创作就是要把创意构思出来的用于表现主题的形象、意境通过艺术手段鲜活地体现出来，以此去震撼、冲击消费者的心灵，唤起消费者的价值感和购买欲望，最有效地宣传产品、品牌和企业形象。广告创作固然要进行艺术形象的构想和艺术氛围的渲染，但是不能仅限于此。那些唯美主义——醉心于艺术表现和文字技巧的广告作品，包含广告主所要传达的信息甚少，即使有，也往往造成对视听人的误导，人们的注意力集中于艺术欣赏，对广告讯息必然不感兴趣。这类喧宾夺主的广告不在少数，我们稍加注意即能察觉。例如化妆品、服装、酒广告较易出现这个问题，广告的情节和氛围的确是浪漫、高雅、美轮美奂，广告人物的气质、外观也十分富有人格魅力，他们的演出也的确让人感动，可广告播完后，受众更多记住的是故事本身、男女主人公的经历，对于所要展示的商品信息了解得很少甚至一无所知，连品牌是什么都记不住，这样的广告就是失败的广告。

广告是实用艺术，具有直接功利目的，因而它与一般的文学艺术创作有根本性的差别。它要受市场环境、广告战略、营销策略、消费者需求等多方面实际因素的制约，它限于只能再现某一广告主题（绝大多数是功利性的，除公益广告之外），而不能像一般文艺创作那样，全凭作家艺术家个人的生活体验和审美趣味去决定和表现生活主题。在广告中，创作者个人的情怀和个人艺术风格对广告创作有一定的益处，但必须从属于广告的实质性目的，在大多数时候，这些因素应该退居次要的地位。

2. 广告的定位要切实针对目标消费者的需求

广告的实质——直接功利性，决定了广告的宗旨就是向目标消费者成功地推销商品。商品只有具备满足消费者需求的使用价值时才会被消费者所接受、亲和和购买，当然如果这个商品还能给消费者带来美感，那自然是再好不过的了。

广告是推销商品的“中介”，它的主要任务在于把有关的商品信息介绍给它的目标受众，如何介绍是一个很关键的问题。首要的就是，切实与商品的目标受众进行互动和沟通，了解他们对商品的最主要的要求，是功能、价格、质量等“硬件”——物质需求；还是档次、时尚、身份象征等“软件”——精神需求。然后根据反馈回来的信息对商品进行准确的定位，在此基础上，再进行艺术的加工和渲染，方能事半功倍。否则，如果广告的定位与特定消费者的需求不对位甚至发生“错位”，那么再美的广告也毫无价值。

现实中，广告不对位的现象很严重。根本原因在于，广告创作人员并没有真正从消费者需要出发，而只是从自己的主观意愿出发，跟着感觉走，自以为创作出来的广告作品能打动和感染消费者，可事实并非如此。例如一贯倡导“只买对的，不买贵的”的雕牌洗衣粉，显然把产品定位于廉价商品，但这一定位却把雕牌洗衣粉引向了一个尴尬境地，即雕牌洗衣粉只为那些下岗职工和生活困难的消费者提供。这一尴尬境地由雕牌洗衣粉“下岗篇”电视广告情节所致：妈妈下岗了，小女儿趁妈妈出去找工作的时候，在家里用很少的雕牌洗衣粉帮妈妈把脏衣服洗得干干净净，妈妈回来后感动不已。下岗职工和生活困难的消费者对这个广告从心理上难以接受，因为下岗和生活困难本身并不是一件光荣和值得宣扬的事。这一定位并没有真正考虑到受众的接受心理，对于产品品牌的未来提升也是十分不利的。

做广告，要打动别人，首先要打动自己，必须用心去体会，去感受消费者的所思所想。只有这样，才能做出真正“对位”的广告，从而顺利实现广告的目标和其功利性的目的。

综上所述，广告的艺术设计一定要坚持功利性的审美规律，真正做到以下几点：以推销为目的的广告应该达到推销商品的目的；以树立企业或品牌形象为目的的广告，应该有助于使受众对企业、品牌产生认同感、亲切感、信任感；以解决问题（如公关危机等）为目的的广告，应该达到顺利解决问题的目的。

（三）功利性审美规律案例

案例 2—14

联想昭阳的迅速崛起

1996 年以前，中国国内的笔记本电脑市场一直被东芝和 IBM 统治，另外还有康柏（COMPAQ）、宏碁（ACER）等其他国际品牌，整个笔记本市场上可谓“列强林立”。1996 年 8 月联想昭阳笔记本电脑正式进入市场，成为中国自己制造的第一款笔记本电脑。到 1999 年初，联想昭阳的市场占有率达到 7.2%，市场排名第 7；到 1999 年底，联想昭阳的市场占有率一跃达到 24.2%，成为中国销量最大的笔记本电脑品牌。

联想昭阳在短短三年内就从一个竞争品牌崛起为一个领导品牌，与它成功的广告传播是分不开的。联想昭阳刚进入市场时，经过充分的市场调查和论证，发现 IBM 在消费者心目中是一个科技领先者的形象，而东芝则是一个专业笔记本电脑的形象。面对这两个强大的对手，想在技术与专业方面与对手交手显然不行，联想昭阳决定把中国人强烈的民族性和民族气节作为一个突破点，将产品定位为“信息化时代移动办公的国有精品”，在这一定位的统领下，开始了一系列的广告活动，包括：“玉剑扇篇”、“金石篇”、“古建筑篇”。

其“玉剑扇篇”广告巧妙地挖掘了中国古代文化的精髓，把玉、剑、扇这些文人雅士佩戴的性情之物与联想昭阳笔记本电脑联系起来。用玉的“外润内坚”体现产品的名品风范和精良配置；用剑的“决绝果断”比喻产品的巧妙敏捷；用扇的“收发随心”比喻产品的使用自如。这一广告把产品的功能和形象融为一体，将古代文化中的元素巧妙地应用到现代广告的创作中，结合得非常自然，拿捏得非常到位，赋予了品牌人文概念，充分引发出了中国消费者心目中的民族认同感和对产品的亲和感，许多消费者甚至把广告当作艺术品一样收藏起来。据经销商反映，昭阳的指名认购率在广告推出后明显提高，品牌认知度也很高。这则广告可以说是广告实用价值和审美价值相结合的一个典型案例，它给予我们很大的启示。

三、时效性审美规律

（一）时效性是广告审美的常见性规律

1. 时效性的表现

（1）生命周期。毋庸置疑，任何一件商品或一种服务总是有其自身的生命周期：新生期、成长期、成熟期、衰退期。商品的形象、外观、包装等形式层和功用等核心层乃至保修等附加层，在整个生命周期内可能不会发生什么本质性的改变，但是商品只要处于生命周期的不同阶段，就会有不同的审美价值。处于新生期和衰退期的商品，它在消费者心目中的审美价值相对低一些。因为新生期的商品对大多数消费者来说是“新面孔”，人们并不了解它，除了少数意见领袖外，很少会有人去尝试它。而处于衰退期的商品，它在消费者心目中的形象已经过时，对于一件“日薄西山”的产品，人们会逐渐淡忘它。相对于新生期和衰退期而言，处于成长期和成熟期的商品在消费者心目中的审美价值则要高出许多。

（2）季节性。商品还常常带有明显的季节性，尤其是生活用品，包括衣服、水果、家电等。这使得商品的审美价值也随着季节的变化而升落。就拿衣服来说吧，按照季节的不同，就有春装、夏装、秋装、冬装；而按照出席场合的不同又有晚装、运动装、休闲装、舞会装等；而按照流行趋势的变化，又分时装、仿古装等。

（3）流行性。现代社会中，消费市场的国际化走向越来越明显，市场的进出口商品的流通量不断增加，再加上买方市场的逐步形成，人们的选择越来越多，这些进一步增强了商品的时效性。而且人们在消费心理上，更倾向于满足自我尊重的需要和自我实现的需要，更倾向于表达自己的想法，彰显自己的个性，因此对商品时效性的要求也越来越高。

从商品总体趋势来看，或者从某一类商品的总体风格来看，总是带有明显的时效性。在一个时间段内（短则几个月、一年，长则几年）会流行某种艺术风格、特色，我们称之为时尚流行趋势。例如现在每年国际上都会发布有关当年流行色的一些消息，世界各地还会有很多反映本年流行趋势的时装发布会等。另外还有眼镜、汽车、鞋子等，这些都是时效性很强的商品。一件商品在流行前、流行时、流行后的审美价值也决然不同。

2. 广告的时效性审美规律

（1）时效性审美规律。我们认为，商品的艺术形象因不同时间变化，引起商品自身审美价值和审美效果的变化的规律，叫做时效性审美规律。主要表现为：流行性（消费者的审美趣味在某一个时期内发生改变，形成一种新潮流）、季节性、周期性（过去曾经流行过的商品，随着时间的流逝，在人们的记忆中逐渐淡漠，可是突然在某个时间又使人产生新鲜感，从而“东山再起”）、特殊事件时效性（在某一个时间段内，由于出现了某种新异的社会现象或发生某一重大事件，使得人们对某种商品感兴趣）、特殊历史时期性（社会或经济处于不同的发展阶段所带来的审美趣味的变化）等等。它会引起广告的时效审美变化。因此，广告运动的全过程不仅应该重视市场定位、设计制作、媒体发布等环节，还要关注广告和商品的时效性问题，尤其是广告创意、艺术设计更应该注重时效性。

（2）时效性审美规律形成的原因。时效性审美规律的形成，一方面与商品审美因素的变化有关，但更主要的是与消费者商品审美意向的变化密切相关。人的审美心理、审美观念本来就随着人类社会生产生活实践的条件、内容的变化而变化，当然这些变化也有着深厚的文化历史原因。商品审美属于实用艺术，依附于物质产品的功用性，因而它的变化并不是十分经常的；人们的商品审美心理、审美趣味则不同于商品审美因素本身，它随流行变化得十分频繁。

（3）广告的时效性审美规律。广告是流行时尚的“风向标”，除了像时装发布会这样较前沿的时尚活动外，广告恐怕是体现社会大众审美趣味时效性的最敏感的介质了。因为“时尚”是传播活动的结果，而广告本身就是一种传播活动，所以有条件、有责任担当起“制造时尚，引导时代新潮流”的角色。随着每一时期广告内容、广告主题的变化，人们总可以从中悟出一些有关本年时尚流行的意味，如时装、首饰、运动、保健品等。

另外，由于许多商品本身就有很强的时效性，所以围绕这一商品所作的广告，其作用只能是在一段时间内收效明显，这段时间一过，不但商品无人问津，就连广告也会成为环境垃圾。这就要求我们必须重视广告审美的时效性规律。

（二）在实践中应注意的问题

1. 重视研究把握消费者在特定时间内的审美趣味和时尚心理

例如改革开放初期、20 世纪 80 年代后期、20 世纪 90 年代初期、20 世纪末、21 世纪初等不同历史时期；再例如奥运会期间、世界杯期间、世锦赛期间、大运会期间等不同活动期间；又比如光幻技术推广期间、三维技术发展期间、互联网技术成长期间等不同技术进步阶段等等。这些都会影响到人们审美理想、审美情趣、审美心理的变化，进而影响到商品和广告的时效性。

2. 重视把握社会动因对消费者审美趣味变化的影响

影响审美趣味意向和流行时尚趋势的动因很复杂，除了人们的求新求异心理、经济条件、商品的生命周期性、技术的首创性之外，社会动因是最活跃、影响最大的因素。因此，在进行人们审美心理的预测工作时，应加强对社会重大事件、现象、运动的关注和分析，预测出人们审美趣味变化的趋势和可能。

在较为准确地把握了社会动因可能对人们审美趣味产生的影响的前提下，就可以在广告策划、定位、创意、制作、发布等环节中突出这些时代的时间特征，以期取得一鸣惊人的效果。

3. 在适应特定时限审美趣味的前提下，集中力量发起广告战役

有些广告是用来建设并提升商品、品牌和企业形象的，因此具有相对的持久性和连续性，受时效性的影响可能不会很大。但许多广告是围绕商品本身的一些功能、价格、外观等形式层进行诉求的，鉴于商品的生命周期性和与生俱来的时限性、季节性等，这类广告必须摒弃分散、拖拉的传播方式，而应该集中所有广告表现形式和传播媒介进行整合传播，造成一种竞争氛围，力求在商品的成长期、成熟期、旺季、时尚流行期、特殊事件炒作期内，以较高的审美价值赢得消费者的青睐，从而获取较高的经济效益。

（三）时效性审美规律案例

案例 2—15

立顿冰茶征服法国

Fralib 集团的冰茶饮料在 1999 年成为法国的第三大软饮料品牌，这一切都有赖于它的广告对消费潮流的把握。

立顿冰茶原来并不具备与法国当地的领头产品一决高低的条件。1984 年立顿汽水登陆法国的时候，冰茶的市场还不被人知。和美国人不同，法国人并不喜欢喝饮料。1993 年，Fralib 推出了立顿冰茶，并利用当时的网球明星彼埃尔·巴特斯进行了一场广告运动，它让法国人相信，立顿冰茶和法国网球公开赛一样时尚，一样健康。后来随着时代的发展，该集团又相继请了许多当红的体育明星作为产品代言人。

到了 1999 年，立顿的全球广告代理智威汤逊认为，体育明星的个人主义形象对现代的年轻人已不再有什么吸引力了，现在需要那种由体育运动表现出来的集体精神。于是他策划了一次面对欧洲 12 国的新的广告活动，其中一则广告的情节是：一群刚下飞机的篮球队员，发现机场把装着他们运动服的箱子和拉拉队的箱子搞错了。换衣间里，那些恼火的大个子黑人球员，

喝下一瓶立顿冰茶，平息了怒气，然后就穿着带皱边的裙子上场比赛去了。

这次广告运动使得立顿冰茶的市场份额超过了绿洲（Oasis）、百事（Pepsi）和史威士（Schweppes），位居可口可乐（Coca-Cola）和奥兰吉那（Orangina）之后，成为法国市场上第三大软饮料品牌。

立顿冰茶的成功有赖于它的广告运动和消费潮流的密切配合，有赖于它对人们审美趣味的时效性的准确把握。

四、竞争性审美规律

（一）竞争性是广告审美的一般性规律

1. 竞争性的表现

市场经济的核心特点是竞争性。随着4C和整合营销时代的到来，我国的物质和精神产品极大丰富，由卖方市场过渡到了买方市场，市场竞争进入白热化阶段。

在这种情势下，消费者成为决定企业生存的举足轻重的力量，从4P时代名义上的“上帝”逐渐成为4C时代真正意义上的“上帝”。各个企业、各种产品争先恐后、使出浑身解数，试图满足目标受众的需求，真正做到使消费者满意。此处可以做一个形象的比喻：顾客好比是皇帝，商品则好像盛装打扮、眉目传情、争相邀宠的六宫粉黛，期望以美的形象、高雅的品味，胜对手一筹，赢得青睐。

这里特别要强调的是，竞争的武器究竟是什么？是“打扮”，是装饰，是艺术性，是审美价值。现代的消费者，由于自身经济条件的改善和提高，再加上商品的日趋同质化和选择余地成几何倍数扩大，他们的需求已不仅仅停留在生理、安全这样的低层次上，而是向自我尊重和自我实现这样的高层次过渡。相应地，产品竞争的武器也不应该仅仅是质量、功能、价格等“硬件”，更应该是产品能给消费者带来的附加价值等“软件”。掌握和揣摩消费者的心理偏好，了解竞争对手的特点和弱点，形成自己产品的核心竞争力，如产品给人以与众不同的个性化感受，这才是现代商场的竞争之道、制胜之道。

2. 广告竞争性的表现

企业间、产品间竞争的加剧，使得广告市场的竞争也十分激烈，广告大战愈演愈烈。作为推销商品、开拓市场的利器，广告本身就具有强烈的竞争性。如果说商品这个“待嫁娘”尚且还有一些静处待嫁的矜持羞涩的话，那么作为她的“红娘”的广告则要直接站在前台，在消费者面前极尽劝说之能事，只求能给商品寻着“婆家”。在这场交易的过程中，广告成了沟通的桥梁，起到商品销售

"助动器"的作用。

那么广告这位"红娘"靠什么武器在竞争中脱颖而出呢？当然是靠她眉飞色舞的描绘，巧言劝诱的言辞，活灵活现的表演，真实诚信的承诺等等，即靠她的劝说艺术和魅力感染。这是一种不同于商品美——静态艺术美的美，而是一种集造型、行为、语言、表情、心理满足等多项艺术手段于一体的综合性的美。因此，广告审美的竞争性更为复杂而强烈，更应该认真研究和把握。

（二）关于比较广告的探讨

任何一类商业广告都有其竞争性。竞争性广告按其针对对象的情况具体与否，可分为笼统战略竞争性广告（即广告中并不指明特定的比较对象，往往以"一般产品"、"同类产品"等隐含形式进行比较，也叫间接比较广告）和直接比较广告（即广告中明确设计另一品牌的商标或名称）。下面重点谈一下有关比较广告的几个问题。

1. 比较广告概述

现代意义上的比较广告诞生于 19 世纪 30 年代的美国。在比较广告的发展过程中，各国对待比较广告的态度有极大的差异，存在着两种长期相持不下的态度：一种认为比较广告是有益且重要的，应该支持，如英国、美国、荷兰；另一种认为比较广告无助于资源的节约，只会带来难以排解的纷争和混乱，应该反对，如比利时、卢森堡、意大利和德国。

2. 我国的比较广告规定

与一般人的误解相反，我国的法律条文中并没有严禁使用比较广告的条文。有关这一方面的规定最早见于 1987 年《广告管理条例》，第八条第六项规定"贬低同类产品的"广告"不得刊播、设置、张贴"。国家工商行政管理局在 1993 年发布的《广告审查标准（试行）》中，专门就比较广告的使用原则、内容及方式作了具体规定：比较广告应符合公平、正当竞争的原则，须用科学的依据去证明；使用的数据或调查结果必须有依据，并应提供国家专门检测机构的证明；比较广告的内容应是相同产品或可类比的产品，比较之处应具可比性；使用的语言、文字的描述应当准确，并且能使消费者理解，不得以直接或影射的方式中伤、诽谤其他产品等。1994 年颁布的《中华人民共和国广告法》第十二条规定，"广告不得贬低其他生产经营者的商品或者服务"。

3. 中美关于比较广告管制的差异

将我国的这些关于比较广告的规定与美国的规定对照一下可以看出，我国的规定并不苛刻，相反是非常具有弹性的。但是，在执行实务上却表现出明显的差异性。相对于美国开放和宽容的做法，我国采取的是严格保守的态度，对大多数提及竞争者名字或商标的广告，原则上仍有极严格的限制。到目前为止，没有一则这样的广告被判合法。这与美国显然有很大的不同。

4. 我国比较广告与世界接轨的对策

加入世贸组织之后，我国广告在同世界接轨的同时，必须认真解决有关比较广告的问题。目前应该做的是，投入更多的力量到比较广告的学术研究中，在全社会范围内澄清认识，树立广告从业人员和执法人员对比较广告的正确态度；同时进一步细化法律条文，对不同的比较广告区别对待，科学地确定宽严尺度，制定合理的实施标准，对确实有利于社会长远发展的比较广告放宽限制，使得这株奇葩不因人为因素而夭折；对确实违背正当竞争和诚信原则的比较广告一定严惩不贷。只有这样，才能发掘比较广告的潜力，丰富广告艺术创作的手段，开拓创意空间，促进我国广告业的健康发展，使其顺利实现与世界的接轨。

（三）增强广告审美竞争性的方法

如何增强广告的审美竞争性呢？

1. 恰如其分、实事求是地评价商品

不可言过其实、文过饰非、任意吹嘘，这样很容易造成消费者的反感和逆反心理。劝诱语言和感情表达等艺术表现，往往是素胜于华，朴高于饰。就像古典诗词一样，平淡、朴实无华是一种很高的美学境界，因为它更容易征服人们的心，更具亲切感，更容易感染人。

2. 敏锐地抓住商品和企业（即广告指称对象）的优点和特点

这对消费者最有意义，是广告宣传的艺术表现的基点。应抓住这个基点不放，从而设计出恰如其分的艺术表现形象，运用合适的艺术表现载体，去表现这个基点，并将这一基点通过广告审美过程传达给消费者，使之获得审美愉悦，最终接受指称对象。

3. 准确地适应受众的需求心理和接受心理

需求心理属于市场营销范畴，接受心理属于文化审美范围。广告诉求和艺术表现一定要准确捕捉特定受众的特殊需求和接受心理，以做到准确对位。

（四）竞争性审美规律案例

案例 2—16

润妍洗发水独辟蹊径

现在的洗发水市场上充斥着大大小小的几十个品牌，竞争的激烈程度可想而知。而洗发水的电视广告好像永远离不开青春靓丽的美女十长发飘飘的模式，看得多了，反而让人印象模糊。在激烈竞争的洗发水市场上，当独特的销售主张已经不复存在的时候，再一味地跟在竞争对手后面咀嚼那些没有销售力的卖点，恐怕只能是无功而返。

润妍是宝洁公司针对中国市场推出的洗发产品。面对形形色色的同类产品广告，润妍的广告另辟蹊径，表现得非常含蓄，非常古典，借用“画龙点睛”的典故，用中国水墨画的技法神奇地展现了“画龙点睛”。润妍是要告诉消费者：一头靓丽的头发就是你的外在“灵魂”，是你的“神”。用润妍洗发水，你的头发就会提升你的“神”气，让你充满灵秀。

润妍洗发水能给你带来灵气，这是一种心理体验，已经不单单是头发健康这种低层次的概念了。作为一个全新的品牌，润妍直接跨越了功能诉求的阶段，从心理层面去打动消费者，这种传播思路和竞争策略相比那些“美丽但没有头脑”的广告来说，实在是“惊险的一跃”，可谓棋高一着。

五、重复性审美规律

（一）重复性是广告审美的重要性规律

许多商业广告都倾向于采用多次重复出现的方法，反复刺激消费者，给消费者留下较为清晰、深刻的美好印象。这就是广告审美的重复性。

为什么广告要多次重复呢？原因在于广告的无效率太高。有专家测定：人一天接触上千个广告，存留在大脑中的只有极少数，绝大多数被遗忘了。在心理学上有一条关于加强记忆的规律，即反复刺激、强化高级神经暂时联系。现代市场竞争的主要目标是企业形象和商品形象的竞争。而广告正是树立商品形象、企业形象的重要工具之一。为了克服遗忘，树立形象，并增强受众记忆的牢固性，采取重复刺激的方法是广告的一大特点，于是重复性也就成了广告审美的重要性规律之一。

重复会不会造成受众的厌烦、逆反心理呢？这个可能是存在的。任何一般事物的多次重复都会造成人的反感。但人们对于美好事物、具有较高审美趣味的艺术作品，则是百看不厌，还会产生“一读一回新”、“一看一回新”的感觉。这就要求广告要在美学因素的运用上下功夫，要有可观赏性，让人回味无穷。

（二）在实践中应注意的问题

1. 重复的运用要适可而止，否则过犹不及

如果无休止地运用重复，形成大脑神经疲劳，受众反而会视若无睹。就像抗生素服用过多，身体形成抗体，就算以后吃得再多，也无济于事一样。克服这一问题的方法之一是在重复中有所间歇，形成韵律，这样就会收到良好的效果。例

如产品新上市，必须集中力量重复播出广告，以求在受众心目中留下印象；随着产品进入成长期和成熟期，广告的重复次数可适当减少，采取间歇播出的方式，以提醒和强化受众对产品的记忆。这样做不仅不会招致受众的反感，反而可以使他们形成关于商品的牢固的印象。

2. 重复性审美规律在实行的过程中不是一成不变的

也可以采用变化的重复。即一方面可以在同一创意思路下，运用不同的广告形象、广告人物；另外也可以在品牌核心价值（定位）不变和创意关联的前提下，追求广告的系列化。变化的重复可以收到令受众百看不厌的广告效果。

(三) 重复性审美规律案例

案例 2—17

绝对伏特加酒的“绝对”创意

绝对牌伏特加酒的系列广告可以称得上是将重复性审美规律运用得出神入化的经典之作。

一提起伏特加，人们就会把这种烈性酒与俄罗斯联系在一起。然而绝对牌伏特加的出现却打破了俄罗斯在美国市场上对伏特加烈性酒的垄断。绝对牌伏特加是瑞典的一个伏特加酒品牌，1978 年当绝对牌伏特加进入美国市场时，人们都认定绝对伏特加“绝对”失败，因为伏特加历来都是俄罗斯的囊中之物。然而伏特加的美国代理公司 Carillon 公司却坚信，只要有正确的策略就可以把绝对牌伏特加做成一个成功的品牌。Carillon 公司委托 TBWA 广告公司为绝对牌伏特加做广告。TBWA 意识到，品牌要成功，广告就不能随波逐流，必须冲破一般酒广告的传统模式，必须创造它的附加价值，把“绝对”品牌塑造成时尚的、人人都想喝的形象。他们决定在“绝对”二字上寻找突破，用名字和酒瓶形状的独特来表现质量和时尚。正是这一不同凡响的创意造就了广告业的一个经典神话。

最初的创意是以“absolute（绝对)”为首字，并以一个表示品质的词居次，例如“绝对完美”、“绝对清澈”、“绝对创意”，画面则以特写的瓶子为中心，视觉效果非常突出，与视觉关联的标题措辞与引发的奇想赋予了广告无穷的魅力与奥妙。

消费者对这种形式非常感兴趣，于是 TBWA 决定将这种创意形式延续下去，从 1980 年起分别遵循自然景观、古典绘画、想象空间、现代建筑等不同主题陆续推出这种品牌名称与酒瓶形象巧妙结合的作品，如“绝对的梦露”、“绝对的定义”、“绝对的威尼斯”等等，迄今已逾500幅。这种既重复又不失变化的广告创意，使这一瑞典品牌在美国伏特加酒市场位居前列。普通消费者更把这一广告作品视为极具审美价值的艺术品，把收集绝对牌伏特加酒系列广告作为业余爱好；而广告人则把它视为广告界的“圣经”和经典之作，经常揣摩和学习。

【思考练习题】

1. 比较说明纯粹艺术美与实用艺术美的不同心理特征，并解释为什么广告美属于实用艺术美？
2. 为什么说广告审美是现代世界性的潮流？
3. 试分析艺术型和情趣型广告的异同点。
4. 广告审美类型主要有哪几种？其涵义及基本美学特点各是什么？
5. 现代广告的审美规律有哪些？举例说明。
6. 如何理解广告的艺术夸张和真实性的统一问题？

第三章

现代广告的审美因素

经过广告设计创作出来的广告作品或多或少会具有审美价值，从而为广告美学的研究提供了大量的研究对象，其中也包括对审美因素的研究，它是广告美学研究的基础。那么，什么是广告的审美因素呢?

现代广告的审美因素，是指广告作为一种审美对象的美学价值主要表现在哪些方面，即用什么方式体现广告的美学价值。

广告作品给消费者带来的美感常常是整体性的、综合性的；而人们对广告作品的审美评价往往也是抽象的、笼统的。但是广告审美价值的表现单位——审美因素，却并不笼统，而且很具体，有着各自的特点和存在方式，例如有些通过视觉形象来表现，有些通过创意的艺术构思来表达，有些通过媒体质材来体现，有些通过音乐音响来塑造，等等。

总之，广告审美因素是构成广告艺术形象美学价值的要素，具体内容如下：视觉形象与构图、语言文字艺术、听觉媒体艺术、色彩与光影艺术、空间艺术、创意。其中创意是现代广告最重要的审美因素，故另辟专门章节论述。

下面我们分节对上述审美因素进行一一说明。

第一节　广告艺术形象

广告的所有审美因素都是编制广告艺术形象的素材。认识广告艺术形象便于我们从整体上把握广告审美因素的组合规律以及其共同的作用。因此，我们在具体分述各个审美因素之前，先谈谈广告的艺术形象。

一、一般艺术形象与广告艺术形象

（一）一般艺术形象

形象是艺术反映生活的基本形式。但艺术形象并非直接机械地克隆和再现生活现实、物质本身。艺术形象是艺术家的主观构思、内心感触和自然事物、现实生活结合的结果，是为了特定的审美目的创造出来的审美对象，它来源于生活，却高于生活。它是艺术家形象思维的产物，不是现实物象的还原。

因此，和真实生活形象相比较，艺术形象是经过了加工提炼，有所变形、有所夸张、有所虚构、有所升华的形象，它是意象而不是形似。艺术家如此处理的目的在于揭示形象本身蕴含的价值、意义和启示。

（二）广告艺术形象

1. 广告艺术形象与一般艺术形象的区别

艺术形象是意象，这是我们理解广告艺术形象的艺术理论基础。

广告的艺术形象与一般艺术形象不同：一般的艺术形象是纯粹的精神产品，追求唯美主义，提供精神享受，以带来社会艺术价值为主要追求，可能附带功利价值；广告作品不是纯粹的艺术品，其目的也不完全是提供精神享受。但是广告创作者必须把广告的抽象内容变为具体形象，作用于人们的感官，这需要运用一定的艺术表现手段，创造出新鲜生动、既具有外在形象美又具有内在气质美的广告艺术形象，使人产生美的联想，达到既传达信息，又满足人们审美要求的目的。

总之，广告的艺术形象与一般艺术形象是有本质区别的。广告艺术形象的主要功能是传递信息，推销商品，而不是单纯供人欣赏或给人带来精神享受，它的第一属性是商品性，然后才是艺术性，它是功利目的、实用内涵与审美表现相统一的结果。

2. 广告艺术形象的塑造追求真实美

广告艺术形象的塑造要由商业活动的特点和商品劳务的性质来决定，所追求的美是一种真实性的美，因为只有真实地再现商品和劳务的特点才能使消费者感受到实在的形象美，从而对广告内容产生兴趣。

当然，这种真实的美是从生活中来，只不过比生活中商品的原型更典型、更理想，更充满了广告创作者的情感罢了。真实、典型、理想的商品或劳务的艺术形象，固然要依靠艺术手段来塑造，但绝不能像纯粹艺术创作那样允许虚构。必须真实地依据商品原型，通过艺术手段，将各种广告的审美因素合理配置组合，把抽象的广告主题转变成具体的艺术形象，并使创作出来的艺术形象符合人们的生活经验，如此的广告艺术形象才具有美感，才能沟通广告主和消费者之间的感情，增强广告的感染力和可信度，使消费者接受广告的内容进而购买商品。

3. 广告和绘画的异同点

广告和绘画一样，都需要借助图像、色彩来传达一定的信息。

尽管二者在构思与表现方法上存在一定的共性，但却有本质的不同。绘画是纯粹艺术，表达的是作者对事物的认识与感想，在构思和艺术形象的塑造上比较自由。但是，广告是实用艺术，具有很强的目的性和功利性，是“遵命创作”、“带着枷锁跳舞”，它必须在广告主题和广告战略目标的统领下进行艺术形象的塑造，相对于绘画来说，它的艺术创作要受到很多的束缚。即使只是装饰性的图案、色彩和字体排列，也要服从于广告目标，而创作者自身的一些艺术风格只能退居次要的位置。

我们以同一幅画在不同介质中的不同作用为例进行说明。达·芬奇的油画《蒙娜丽莎》，如果单单作为一幅画来说，它是纯粹艺术品，其目的是揭示人性美，宣扬人的解放，表现的是文艺复兴时期的人道主义。但是当这幅画成为广告作品中的艺术形象时，那它的涵义就完全不同了，日本曾经为世界和平大会的召开创作了一则平面广告，画面是由无数面各国国旗组成的蒙娜丽莎的形象，标题是“世界的微笑”，它宣传的是世界的和平给人们带来的欢乐，与达·芬奇的油画涵义决然不同。

二、广告艺术形象的形态

(一) 纯粹艺术的表现形态

纯粹艺术形象的表现形态一般可分为三种：

1. 视觉形象

即通过人的视力可以观察到的艺术形象，其中往往包含着艺术创作者对生活现实的感触和思考，这些形象有些是抽象的，如超现实主义的绘画、抽象的雕塑作品、舞蹈等；有些是具象的，如素描、写实主义、风景画、摄影等。

无论是什么形式，目的只有一个，就是供人欣赏，使人们从中获得精神享受或对生活真谛有所感悟，它并不期望人人从中获得同一的感受，而是“仁者见仁，智者见智”。

2. 听觉形象

即通过人的听力来感觉的形象，容易使人产生联想，但更多情况下是情绪感染。它可以使人们的性情获得陶冶，心灵得到净化和安宁，还可以激发起人的某种情绪，如爱国、思乡等。这类形象主要有音乐会、演奏会、音像制品等。

3. 想象形象

即以文字为造型手段创作出来的人物形象或者其他事物形象，是人们通过阅读文字想象出来的形象。这种形象常常渗透在文学作品的字里行间，需要借助于人们的联想或通感来实现。例如《红楼梦》中对凤姐的描写“粉面含春威不露，丹唇未启笑先闻”，使我们不用见到凤姐本人就可以想象出她泼辣又有心机的个性。再比如鲁迅笔下杨二嫂的“豆腐西施”形象，还有施耐庵笔下108位水泊梁山好汉的形象，只要阅读了这些文学作品，书中人物就会在我们的脑海中呈现出栩栩如生的个性形象。

(二) 广告艺术形象的表现形态

广告艺术形象的表现形态主要包括四种，其中前三种和纯粹艺术形象的表现形态一样，而第四种——综合形象，是最主要和最常见的广告艺术表现形态。下面分别对这四种形态进行说明。

1. 广告的视觉形象

凡是利用人眼去接触、去阅读便可使人接受信息刺激的形象，都可称之为视觉形象。视觉形象主要出现在视觉媒介上，以电子媒介和印刷媒介为主。常见的视觉媒介包括：报纸、杂志、DM（Direct Mail，直投邮件）、海报、宣传单、黄页、日历、POP（Point of Purchase Advertising，购买点广告）以及户外广告、实物陈列、橱窗展示等。

以UPS（United Parcel Service，联邦快递，全称联合包裹运送服务公司）的形象广告为例（图3—1）。UPS是全球最大的包裹运送服务公司，拥有500多架飞机和157 000辆汽车，穿梭于全球200多个国家，它一直推广的服务理念是“珍惜所托，一如亲递”。它经常在报纸媒体上宣传它的这一理念和形象，着重通过公司雄厚的实力作为服务的保障，因此广告主要表现UPS作为一个世界一流的速递公司所具备的实力：各种各样的专用速递汽车、不同型号的飞机，从视觉上体现出UPS每次准时送达的承诺、保证和实力。

图 3—1　UPS（联邦快递）平面形象广告

案例 3—1

旅行者保险公司文字广告

这是广告大师葛里宾为旅行者保险公司创作的文字广告。这则广告虽然没有广告标题，但却取得巨大成功，原因是该广告作品的画面与文字相互融合，浑然一体，画面极具吸引力，而散文体的文案则具有极强的感染力。

旅行者保险公司广告正文

当我28岁时，我认为今生今世很可能不会结婚了。我的个子太高，双手和双腿又不协调，常常碍事。衣服穿在我的身上，总不及穿在别的女士身上那么好看。似乎绝不可能有一位护花使者会骑着白马把我带走。

可是，终于有一个男人来陪伴我了，艾维并不是你在16岁时所梦想的那种世故练达的情人，而是一位羞怯又有些笨拙的人，有时还会手足无措。

他看上了我自己都没意识到的我的优点。从此我感到不虚此生。事实上，我俩当时都是如此。很快，我们彼此亲密无间，如不在一起就有怅然若失的感觉。我们认为，这可能就是小说上写的那类爱情故事，以后我们就结婚了。

那是4月中的一天，苹果树的花盛开着，大地一片芬芳，那是近30年前的事了。自从那一天之后，几乎每年都如此不变。

我不能想象，时光飞逝，光阴荏苒，我和艾维安静地度过了许多幸福时光。就像驾着独木舟行驶在安静的河中，而你感觉不到小舟在移动。我们从未去过欧洲，我们甚至没有去过加州，我认为我们没有必要去，因为家对我们已经是足够大了。

我希望我们能生几个孩子，但是未能如愿。也许上帝觉得，我有了艾维就已经足够了。

唉，艾维在两年前的4月故去，安静地含着微笑，就和他生前一样。苹果树的花仍然在盛开着，大地仍然充满了甜蜜的气息，而我则怅然若失，欲哭无泪。当我弟弟来帮助我料理艾维的后事时，我发现艾维是那么体贴关心我，就和他往常的所作所为一样。他在银行中并没有给我留下很多钱，但有一份足以照顾我余生全部生活费用的保险单。

就一个女人而论，我实在是和别的女人一样心满意足了。

2. 广告的听觉形象

它是通过对人的听觉器官的刺激而完成信息传递过程的形象，主要出现在听觉媒介中。听觉媒介的种类很少，有无线电广播、有线广播、宣传车、录音带、电话等。听觉形象能给人以无限的想象空间，容易撩拨人的心弦，煽动人的情绪，而广告也常在这种不知不觉的情形中完成其传达和说服的功能。

值得一提的是美国流行歌手凯特·史密斯在二战期间所做的一次“马拉松式广播”，像任何商业广告一样，这次广告的目的也是促成购买，只不过这一次购买的是政府的战争公债，节目的风格与信息的主体“牺牲”理想地结合在一起。结果这次活动取得了巨大的成功，听众陷入一片激情之中，总共售出了2 000万美元的公债。我国杏花村酒的广告歌曲也是这方面的成功案例。

3. 广告的想象形象

它是借助于文字的各种表现形态来达到传递商品信息、塑造企业形象目的的广告形象。主要表现形式有文字广告、广告相声、广告小品、散文广告等艺术性广告和公司广告等。

4. 广告的综合形象

在现代广告中，单纯或纯粹的视觉形象、听觉形象、想象形象已不多见，大部分的艺术形象都是图像、语言文字、声音、音响、音乐的结合体，我们称之为综合形象。例如平面广告中图像和文字的结合；广播广告中语言和音响、音乐的结合；电视、网络广告中图像、色彩、声音、音乐、音响、光影等多种审美因素的结合。综合形象的创作或设计，非常讲求各构成要素之间的搭配关系、主从关系，以求取得和谐一致的整合效果。

案例 3—2

西门子“沟通无限篇”电视广告

根据数据统计，很多人对西门子“沟通无限篇”电视广告有好感，具体原因如下：

在视觉表现上，西门子广告运用了众多人物形象，从原始人到现代人，从西方人到东方人，从老人到儿童，给人以不断亲近之感，充分表明“150年来，西门子一直致力于拉近人们之间的距离”。在时空变化和人类繁衍生息的过程中，“沟通”无时不在，无处不有。“沟通是人类的基本需求之一”，这就告诉了人们“西门子沟通无限的重要作用”。

在想象形象的表现方面，西门子的广告文案从“沟通是人类的基本需求之一”入笔，到“沟通使人们更加和睦亲近”作为衔接，再到“西门子致力于拉近人们之间的距离”，步步相连的逻辑关系，使整个文案显得合情合理，亲切自然。它既不是对电视画面的简单解说，也不是与画面关联不大的胡言乱语，而是用最精炼传神的文字在消费者心目中树立起良好的品牌形象——西门子是一个具有悠久历史和良好品质的品牌。所以，它的文案不仅具有震撼力，而且还具有很强的说服力。

在听觉形象方面，西门子广告的背景音乐同样表现出色：一方面，音响与图像关联紧密自然。原始人类的叫声伴随蛮荒时代的沙漠响起；远古部落的鼓声伴随着部落人群黝黑裸露的皮肤响起；美妙典雅的中国古乐伴随着博大精深的书法艺术响起；发报机的“嘀嘀”声伴随着通讯技术的萌芽响起……另一方面，主题音乐震撼力强。虽然有这么多种音响存在，却丝毫没有抹杀其主题音乐的魅力。调查结果显示，有40%的人能回忆起西门子广告的主题音乐。

总之，这则广告在有限的时间里，让人们接受了最大容量的信息，并通过精巧的构思，把视觉、听觉、想象形象很好地糅合到同一主题之下，成就出了一个立体化的综合形象，使内容显得饱满而富内涵。

第二节　视觉图像与构图艺术

一、视觉图像在广告中的重要作用及设计原则

所谓视觉图像，是指广告作品中通过创意和艺术构思所设计和表达出来的视觉形象。在一幅广告作品中，图像往往是视觉的中心和敏感区域，它在广告中占有重要的地位，是增强广告效果的有效手段。

（一）视觉图像在广告中的重要作用

广告界有一句名言：一图值万言。一些广告人认为，在广告中图像所发挥的功效占50％。由此可以看出广告图像在广告作品中的影响力。广告中常见的视觉图像体裁设计大致有写实画、装饰画、连环画、漫画、卡通、图表、摄影等。

广告视觉图像是利用直观的形象艺术，也就是以“视觉语言”来表现广告，它在广告中的作用主要表现为以下几点：

1. 先入为主，引人注意

能否引起目标消费者的注意，是决定一则广告成功与否的先决条件。广告的效果基本上来自视觉的接触效果，有了视觉上的接触——注意，才能谈到理解、记忆的效果。

视觉图像是广告中最重要的视觉成分，一般说来，受众的目光扫过广告的时间最多几十秒，最少只有几秒，那么，如何在这么短的时间内吸引受众的注意呢？答案是广告必须具有视觉冲击力，能够从众多的广告喧嚣和噪音中脱颖而出，一幅与广告内容密切联系同时又非常具有美感的画面就可以达到这一目的。

色彩、形状是人类接触的事物中最本原的元素，因此人们对图的注意、辨别、理解的速度要快于对抽象文字的处理；另外，由于图像具有形、色的外观视觉形态，有很强的感染力和视觉冲击力，加上其本身又包含有一定的含义，对人们的感知与逻辑思维均能产生刺激，更易留下持久的记忆。

2. 增强广告作品的直观生动性

视觉图像具有生动的直观性，既能弥补文字的不足，又能起到语言文字难以起到的沟通和传达作用。

在人类用以表情达意的工具中，文字的表达能力不如语言，然而有时在语言也无力表达的情况下，伴之以具体的视觉图像，可使之产生直观的效果，从而清楚地解释事实的本来面目。

广告要求精炼和真实，对于用笔墨难以形容的事物，就只能借助于图像的直

观性来取得满意的效果。因此，运用图像来形象地展示商品、服务、企业的外观和特点，可以增强广告的真实感和说服力，启发人们遐想，引起积极的心理情绪，诱发购买欲望。

3. 具有很强的沟通性

图像之妙，就妙在"一切尽在不言中"。对于不识字、识字不多或语言不通的人来说，图像的运用在一定程度上可以帮助广告达到预期的效果。图像还具有明显的国际性，有利于突破国与国之间语言文字的阻隔，顺利实现与不同语言文化背景下的民族或人民的沟通，所以，图像也是推动广告实现国际化的一个重要因素。

4. 增添广告的审美价值和艺术效果

图像的运用，对于美化广告版面、增加广告美感、显现艺术构思的魅力也有重要的作用。

（二）广告视觉图像的设计原则

广告的视觉图像是以"图画的语言"来表现广告的，但它又不同于一般的绘画，具有属于自身的设计原则。总的来说，广告图像要求完整和谐、简洁明快、色彩鲜明、画面均衡、动感强烈、新颖独特，使消费者乐于欣赏，又乐于购买。归纳起来，其设计原则如下：

1. 注重实用性、功利性与艺术性相结合

广告视觉形象作为一种特殊的艺术语言，要给人以美感，就必须善于运用色彩、光线、摄影、造型等艺术技巧，但这并不意味着广告图像等同于绘画艺术。因为广告图像和广告一样，都脱离不开向受众推销商品或服务的目的；尽管广告图像有不同的表现形式，但都不能离开共同的审美主体——大众消费者。所以，广告图像应该是艺术性、实用性、功利性的统一。如果仅仅追求艺术性，却不能准确地传递关于商品和服务的信息，那么，这幅广告图像必然是失败的。

所以，广告图像的创作者在创作前，必须对商品或服务的内在素质和附加价值、外在形式和个性都有透彻的了解，并且要考虑到不同地区的市场环境、不同的文化背景和风俗习惯的差异，还要求对目标消费者的心理变化进行研究，了解其消费能力和消费习惯，然后在了解了这些信息的基础上，根据所选择的传播媒介，选择适合于指称对象的图像表现手法，这样创作出来的广告作品必然在"情理之中"，也必然具有说服力和真实美。

2. 注重通俗性

广告图像是供大众消费者欣赏并形象地图解广告所要宣传的信息的审美因素。为了达到这个效果，广告图像的表现要单纯集中，易于理解，要符合大众的文化水平和欣赏习惯，不能把含义分散、主体复杂、过于抽象的画面用来做广告图像，那样消费者会放弃阅读，所以广告图画的表现风格必须大众化、通俗化。

3. 注重创造性

消费者并没有必须阅读广告的义务，在大多数情况下，他们只是被动接受广告信息，但也不乏自动阅读的几率。在国外，不少广告都是通过“阅读最省力的图像”来吸引受众的注意力的。因此，力图在广告图像设计中表现出趣味性、艺术性、原创性和吸引力是广告宣传成功的前提，即要做到“意料之外”。

例如在众多以静为基调的广告图像中，一幅具有动感和生命力的图像就会有很强的吸引力；在众多以彩色为主的广告中，一则运用黑白画面的广告就会有很强的视觉冲击力等等。意大利著名服装品牌贝纳通素以广告图像著称，因为它的广告图像设计极具个性，对比色彩的运用常常让人觉得眼前一亮，所以消费者常常在不知不觉的情况下被它吸引。

二、视觉构图及其结构美、理性美

（一）视觉构图

1. 广告视觉构图

广告视觉构图，是指广告作品中各种视觉表现要素，如文字、色彩、图像等的设计编排和布局。每一则广告，无论是杂志、报纸、户外等平面广告，还是电视、网络等电子媒体广告，都有一个总体的视觉结构安排。

2. 广告视觉构图的因素

广告视觉构图的因素有：图形（包括产品图形和广告图形）、广告文案（标题、正文、广告口号等）、字体、色彩、产品有关文字（品名、牌名、厂名、地址、电话等），有时还包括边框。

在构图的诸多因素中，图像的注意度是78%，文字是22%；虽然图形在引起注意上占有较重要的位置，但就看完后的记忆度来说，却是文字比图像高，一般文字的记忆度占65%，图像占35%。这意味着，在平面设计中，文字和图像的作用各有千秋，所以在构图时，要注意讲究图形和文字的密切结合。再加上人的阅读率是4字～6字/秒，广告的时间又比较有限，因此，广告的信息应该简明扼要，以突出商品主要特点和品牌为主。总的来说，在广告构图中，图像、标题、商标是至关重要的。

3. 广告构图的结构美和理性美

结构美是指广告构图各要素之间和各要素内部各细部之间的关系协调而呈现出来的一种舒适的美感。法国美学家狄得罗“美在关系说”的理论，就是强调事物间及事物内部各部分间比例和关系的协调。以日本新潮织物的广告（图3—2，见彩插）为例，海报中各要素在搭配上呈现出一种高雅、和谐的视觉美感。

理性美是指事物结构和外在形态符合规矩、秩序、逻辑而给人带来的心态平衡和和谐的美学感受。例如大卫·奥格威为“舒味思”柠檬水所创作的广告，其布局设计是传统的维多利亚式构图，也称为经典格式，因为这种格式符合一定的比例和规矩，具有理性美。在很大程度上，结构美与理性美有相似之处。

（二）结构美与理性美的原则

视觉构图应该如何体现结构美和理性美呢？

1. 统一和秩序

统一就是把构成广告作品的各种要素、素材、条件加以整理而构成一个和谐统一的整体。具体说来，寻找出看似毫无关联甚至相矛盾的各种要素之间的一个共同点，再配合全体的格调，就是统一。

统一必须产生秩序，秩序也可理解为条理。广告构图如果没有条理，杂乱无章，则不可能成为消费者注意和欣赏的对象。要想制作一幅经典的设计图，必须考虑统一和秩序。

2. 突出主体

一幅广告，必然有最需要消费者注意和了解的东西。这就是广告的诉求点或卖点。故广告构图首先应该考虑的就是，如何把观众的视线吸引到广告中最重要的部位上去。具体做法如下：

（1）主体要醒目。即要运用突出表现和有视觉冲击力的表现手法去吸引受众的有意注意，其中一个有效的方法就是对比的运用。

对比也即矛盾，单一的要素成不了对比。对比的范围很广泛，如色相上的冷与暖；色度的纯与不纯；面积的大与小；数量上的多与少等等。

强烈的对比会使广告很醒目。例如一则“MTV”（音乐电视频道）的平面广告（图3—3，见彩插），整幅广告以黑白色调为基调，只有一个女孩子穿着的T恤上的图案“MTV”是红色的，给人以十分醒目的感觉，它意味着“MTV”为人们的生活添色彩。

（2）寻找最佳视阈。最佳视阈指的是，在限定的距离内，画面上最引人注目的那些地方。心理学研究表明，画面上侧的视觉诉求力强于下侧，左侧的视觉诉求力强于右侧，因此，画面左上部和中上部即为“最佳视阈”。有关商品或服务的突出信息、文案标题、商标、品牌等，一般编排在这些位置上。

（3）掌握视线移动规律。人们阅读平面广告，其视觉常带有一种下意识的流动习惯，一般为从左到右，从上到下。从左上沿着弧形线向右下方流动的过程中，人们的注意力逐渐递减。而且在此流动线上的各点，都会比流动线外的任何点醒目，这条流动线就是“视觉流程”。

视觉流程并不是固定不变的，它可以通过设计者的巧妙安排，有意识地改变视线移动方向。例如可以通过运用不同方向的线条，也可以通过控制画面各构成要素之间的间隙大小等。

为了使视觉流程简洁、有力，往往要借助视线的明确导向，如人的朝向、手势、肢体语言、动作、眼神、文字排列趋向、线条或色块的延展方向、渐变等手法，使视觉传达要素主次分明地统一起来，做到重点突出。

3. 和谐一致

无论广告的表现手法如何千变万化，但凡要成就一幅经典的广告，就不能不考虑构图的和谐感，这一点十分重要。

和谐感表现为各审美要素之间以及审美要素内部各部分之间的协调统一。和谐是最基本的美学原则之一，和谐给人的美学感受是同一的、持久的、稳定的、舒适的。和谐感常常从各要素之间的搭配、秩序、呼应及相对变化中体现出来，具体表现为：

(1) 简繁相融。简而不空，繁而不乱，简繁相融，这不仅是广告作品中各审美要素的数量问题，更是一种搭配关系问题。简，不要失之于简单、空洞；繁，不能流之于繁杂、琐碎。简洁中含丰富，单纯中有变化；复杂中求单纯，丰富中找简洁。这样才能使人们获得和谐的视觉享受。

(2) 互为补充。即各审美要素互相配合，互为表里。例如，音乐、图像、节奏、色彩等因素热烈、奔放、具有快感；而文字则舒缓、安宁，两相搭配即可达到动静结合。此外还有色彩搭配和谐、主体与背景相映成趣、动感与光感的结合等，如果这些问题处理恰当，就可以使画面和谐一致。

4. 虚实得当

广告构图的虚实指画面有显有隐，有逼真有模糊，有实笔有空白，有密有疏等。所谓虚实得当，即各构成要素之间的搭配、间隔、呼应等，要安排得合理恰当。

这其中，空白的处理极为重要。对于眼睛来讲，视觉对象的各个部分，包括空白，都是视觉传达的信息要素。中国传统绘画艺术中往往有不著一笔一墨而使人感到具有丰富内涵的空白处理，这是因为非空部分给予了空白部分生命力。当然空白部分也增添了非空部分的艺术内蕴。

一幅广告画面如果编排得满满当当，只会给人一个模糊的整体印象，甚至还会引起消费者的反感。如果留出空白间隙，就等于给广告画面投下了光线，能够照亮整个画面，取得主体突出的效果。因此，空白在广告构图中的中心意义在于强调广告的核心部分，另外，它在促使人们认知广告、引起人们的注意和调动其心理情绪方面的作用也是不容忽视的。有人曾试验过，一个广告中，空白占画面面积的60%时，广告效果较好。例如我们熟悉的戛纳广告获奖作品——沃尔沃(VOLVO)汽车的“安全别针篇”，就是运用空白的典范。

5. 字体合适

文字的设计处理不仅是信息传达的手段，也是构成视觉表现感染力的一种必不可少的要素，许多优秀的广告作品因为完全采用文字和字体的处理而具有浓厚的魅力。

汉字即使不加变化也是很有“个性”的：宋体的端庄、黑体的严肃凝重、楷体的洒脱、隶书的古色古香、手写体的独特等。形形色色的字体变化，是广告构图设计的有效手段之一。

在进行字体设计或选择时，首先要力求体现产品的品质属性和个性；其次一定要与其他审美要素相协调；再次必须具有良好的识别性、可读性。对于手写体来说，还必须是书法艺术作品经过一定的美术处理才行。

例如2001年曾在众多平面广告中脱颖而出的马爹利（Martell）酒广告（图3—4，见彩插），构图中Martell小姐的一段诱惑人心的内心独白即为手写体，充分展示了Martell酒的个性。

6. 动静结合

心理学实验表明，活动的对象比静止的对象更容易引起受众的视觉注意，也更容易留下深刻的印象，这是因为视网膜要求获得生理平衡，因而对动感较敏感的缘故。

活动的本质是变化，变化的直接结果是使对象的刺激呈现新异性，异质刺激比同质刺激的心理效果强烈得多。因此，在广告中要强调动感，强调对象的动感效果。动、光、色是影响视觉注意的最活跃的三大因素，其中动的影响力最大。在具体处理上，对于人或物的形象，对于抽象形态或文字形象都可以进行动感表现。

但要注意两点：一是动感与静态有密切关系，所以还必须处理静的因素，做到动静结合，例如丰田汽车平面广告，其广告诉求是“享受快车，依然可以要求一切装饰妥当”。两幅画面将车的动感与帽子、假发等装饰品的静态做对比，使它的诉求传递得十分到位。二是动感变化的部分不能过多，否则反而削弱了动感效果。

7. 充分利用图像的视觉效应

凡不需用语言文字说明或语言文字无法表达广告主题时，使用图像较为有效。图像是在特定思想意识下对视觉元素蓄意刻画和表达的形式，既是美学意义的升华，又富有一定的寓意，它可以将广告主题以生动形象的图解形式表现出来，从而克服了语言文字表达的不足和缺陷。

要注意的是，图像的内容必须说明主题的属性，要用心理沟通的方式向受众传达广告信息。另外在选择图像的表现方法时，除了考虑商品本身和消费者的需要之外，还应考虑到传播载体的物质性能，充分发挥媒介所长。利用图像的视觉效应切忌喧宾夺主，不能过于强调美学效应而忽略了广告的功利目的。

第三节　语言文字艺术

广告作为一种有偿的信息传播形式，其目的是劝说消费者购买商品。而无论是劝说还是传递商品信息，都离不开语言文字这一人类最重要的交流手段。而且，广告的表现形态多种多样，既有平面广告，也有电视广告，还有广播广告等。无论是采取哪一种媒体传播广告信息，离开了语言文字几乎就寸步难行。

因为不同的受众对同一广告画面可能有多种理解，甚至这些理解可能会大相径庭，以致有些理解会违背广告发布者所要传达广告信息的初衷，而广告语言文字的内涵的确定性则不可能让受众产生多种理解，所以广告中的语言文字不但起着准确、完整地传递广告信息的作用，而且还起着对广告画面内涵进行限定的作用。在一幅广告作品中，语言往往能取得画龙点睛的作用，收到一字千金的效果。

另外，广告作品构成中的其他因素，如视觉形象、图像等也需要语言文字来说明或解释。中国古代的“诗情画意”，就是指语言文字和精美图画的结合所达到的艺术境界。广告的语言文字虽然在于说明功利，但也要靠艺术渲染来增强说服的效果。广告大师奥格威说过，广告是阅读的生涯。一语道出了广告文案对于广告的重要意义。无独有偶，另一位大师李奥·贝纳也说，文字是广告这一行业的利器，文字在意念表达中注入热情和灵魂。也就是说，广告文案的写作，是建立在消费者心理学及市场营销学的基础上，通过文案创作人员的具有独创性、感召力的文案创意，达到吸引目标受众，激发其购买欲望，引导其采取购买行动，并满足其心理需求的作用和功效。这些作用都是其他艺术表现形式难以独立完成的。故语言文字是广告作品的重要审美因素。

广告的语言文字是美的创造性的反映形态。作为审美因素，它一方面反映或渗透着一定时代的审美观念、审美趣味、审美理想，同时它凝聚着广告文案创作者的艺术构思和原创性的精神劳动，从这种意义上说，广告的语言文字是文案创作者审美心理和思想的物态化或具象化表现；另一方面，广告的语言文字也是具有一定审美能力、审美感受的大众欣赏和评价的对象。

广告集功利目的与审美价值于一身，所以广告的语言文字是实用功利美和精神文明美的能动反映。它是一种社会意识形态，在运用一定的艺术手法传递商品信息的同时，也向社会传播着某些审美观念：道德观、价值观、世界观、幸福观、亲情观等，潜移默化地影响着人们的生活方式和审美心理。因此，广告的语言文字还承担着一定的社会责任。

一、广告中语言文字的结构和功能

（一）广告中语言文字的结构

广告中的语言文字也即广告文案有其自身独立、完整的结构，它一般包括标题、正文、广告语和随文四个部分。不同的广告文案，结构形式也不同，有的四部分俱全，而有的只有两三个部分。不同媒体的广告文案结构也往往不同，平面广告文案的结构一般比较完整，但也有的以图片为主，只保留标题或标语，电视广告文案则较多地运用标语。另外，广告主题的表现形式不同，广告文字的结构也不同。

1. 标题

标题是广告的题目，是对广告主题的凝结与提炼。它是指在广告文案中能直接或间接表明广告主题、诉求内容、最能引起受众注意、对全文起统领作用的简短语句。它的位置通常位于广告文案的最前面。

大卫·奥格威认为："标题是大多数平面广告最重要的部分。他是决定读者是不是读正文的关键所在。读标题的人平均为读正文的人的 5 倍。换句话说，标题代表着为一则广告所花费用的 80%。……在我们行业中最大的错误莫过于推出一则没有标题的广告。"① 有统计表明，广告效果的 50%～70%来自于标题的设计。

一则成功的广告，必然有着成功的标题。如 DDB 创始人、广告大师威廉·伯恩巴克所构想并撰写的经典广告之一——来味牌燕麦片广告，作品的标题是："纽约正在吃光它！"伯恩巴克在谈到对这个标题的感想时说："你一定要有创造力，但它一定要加以训练。你写出的每一个字、每一个图形符号、每一个标题，

---

① 转引自高志宏，徐智明：《广告文案写作》，96 页，北京，中国物价出版社，1997。

都应该有助于传达你所要传达的讯息。”①

广告标题从其内容的表达方式与结构形式划分，可分为直接标题、间接标题和复合标题。

2. 正文

正文是指广告文案中居于主体地位的语言文字，是广告标题的具体化陈述，旨在向受众传达主要广告信息，它是广告文案的中心和主体部分，起着介绍商品、树立形象的作用。与广告标题的吸引受众注意相比，正文的主要目的是促使受众对商品或服务产生认知、兴趣、购买欲望并最终实施购买行为。

广告正文一般由“起（开头）、承（中心段）、合（结尾）”三部分构成。

“艾维斯”出租车公司的广告正文

起：我们经营的是出租车业，面对世界强人只能做个老二。最重要的，我们必须学会如何生存。

承：在挣扎中我们也体会到在这个世界里做老大和老二的基本区别。

做老大的态度是：别做错事，不要犯错，就没事。

做老二的态度却是：做对事情，找寻新方法，我们要更努力。

老二主义是艾维斯的信条，它很管用。艾维斯的顾客租到的车子都是干净而崭新的，雨刷完好，烟盒干净，油箱加满，而且艾维斯各处的服务小姐个个笑容可掬。

结果，艾维斯由亏转赢了。艾维斯并没有发明老二主义，任何人都可以随意采用它。

合：全世界的老二们，奋起吧！

3. 广告语

广告语，又称广告口号或广告标语，是指广告主从长远销售利益出发，为加强受众对商品、服务、企业的印象，而在一定时期内反复运用的特定的广告语句，旨在向消费者传达一种长期不变的观念、主张与品牌消费利益。

广告语的作用在于把企业的特征、商品的特性及优点以最精炼的文字表达出来，给人留下深刻的印象。除此以外，广告语还可以保持广告活动的连续性和一致性，使人一听到或一看到它就会联想其商品、服务、品牌等广告内容，起到持

① 转引自［美］朱丽安·西沃卡：《肥皂剧、性和香烟》，375页，北京，光明日报出版社，1999。

续的直接促销的作用。而且，广告语中常常会包含着新的消费观念，长期、反复地作用于广告受众，会对受众的消费观念产生潜移默化的影响。另外，广告语的创作和传播，除了可以触及以上的市场与经济效益之外，在影响时代风尚、社会的文化观念等方面，也起着不可忽视的作用，因为广告语中常常蕴含着丰富的人生观、价值观、审美情趣、生活态度等内容。如：

科技以人为本

钻石恒久远，一颗永流传

Just do it

邦迪坚信没有愈合不了的伤口

4. 随文

随文也叫附文，一般出现在广告文案的结尾部分，它是指广告主在广告文案中附加的必要的说明性的语言和文字部分。基本内容包括：商品品牌，企业名称，企业标志，企业地址、电话、联系人，购买商品或获得服务的方法，证明机构的标志，必要的表格及特别说明等。

随文虽然对表现主题不起作用，但也是必不可少的。它是对广告文案的标题、正文、广告语的必要补充，使得广告信息条理更清晰，内容更完整，传达更有效。在写作随文时，应注意信息的准确性和简洁性，不宜占用过多的篇幅。

（二）广告中语言文字的功能

概括起来，广告语言文字的功能可归纳为以下几点：

1. 传递商品或服务等相关广告信息

这是广告语言文字最基本的功能。

广告语言文字所传递的广告信息一般包括：商品或服务的独到功能、特点、用途、产地、对消费者承诺的利益点及关怀等。特别是新产品，由于消费者对其并不了解，所以必须借助语言文字进行详细的解说，以使消费者对商品或服务有所了解、发生兴趣、进行评估并产生购买欲望、实施购买行为。

2. 承载并表现广告主题

这是广告语言文字的重要职能之一。

广告主题是停留在广告创作人员头脑中的意念性或概念性的思维。它是无形的，无法直接传达给目标受众，并对之产生作用，必须通过物质化的手段，将广告主题付诸于实物形式，如通过恰当的广告语言文字和相应的音响效果、画面向受众传达广告诉求的内容。

3. 表现、深化和发展广告创意

广告创意是关于广告信息如何表现的抽象概念，广告语言文字是这一抽象概念的物化具体表现。停留在广告人头脑中的创意是不可能对受众产生任何作用的，只有通过直观准确的广告语言文字，才能将广告的诉求内容传达给受众。另外，广告语言文字的写作，并不是对广告创意的简单记述和机械表现，它是广告作品创作过程的继续，是对广告创意进行深化和发展的过程。

4. 塑造商品、服务、企业、品牌等在目标受众心目中的形象

随着现代化工业及科学技术的迅猛发展，消费者的生活水平也都有了较大幅度的提高，他们的需求更多地由物质需求转变为精神需求，愈发地关注商品、服务、企业与品牌的形象。

当前，许多同类产品或服务在质量、功能、技术等方面日趋相近，但在消费者心目中的形象却可能是千差万别，而广告语言文字就是塑造差异性形象的主要手段之一。广告通过运用语言和文字的各种表现手法、表述语气、诉求方式、修辞手段、表现风格等，塑造出各种各样的广告艺术形象，创造出令受众切实可感的意境，激发他们对产品、服务、企业、品牌形象的联想，并在其心目中塑造出商品、服务、企业、品牌的个性化形象，以及不同产品的差异化形象。

以汽车广告文案为例，由奥格威创意的“当劳斯莱斯以60公里/小时的速度行驶时，车内最大的噪音来自电子仪表”，突出了劳斯莱斯汽车噪音小的产品形象；“车到山前必有路，有路必有丰田车”则突出了丰田汽车可在任何路上行驶的产品形象；沃尔沃汽车的广告文案重点传达的则是其安全的产品形象。

5. 在不同广告媒介中起到画龙点睛的作用

在平面广告中，广告语言文字与图画相结合，既能构成形式美，又能突出诉求重点；在电视广告中，广告语言文字与画面和音乐结合，对产品或服务的展示起到了点明情节、强调广告主题的作用；在广播广告中，广告语言文字与声音和音响效果结合，起到了阐明创意的功效。

6. 通过设计购销游戏，让消费者了解和参与，建立与消费者之间的情感联系

广告的最终目的是促成消费者的购买行为。影响的对象，既包括现实购买者和潜在购买者，也包括首次购买者（新顾客）和习惯购买者（老顾客）。不管是哪一类型的顾客，广告的语言文字都应该有很强的感染力，让消费者产生亲和感和亲近感，从而增进购买行为。

总的来说，广告的语言文字应该创造美好的意境，给消费者以美好的联想和印象，使广告取得最佳效果。

二、广告语言文字创作应遵循的原则

广告既是一门艺术，也是一门科学。艺术需要创造性的才智和自由性的思维，而科学需要客观的规律性和基本的原则性。只有艺术和科学的良好结合，才会产生优秀的广告作品。我们限定广告语言文字创作的基本原则，并不是要束缚文字撰稿人的思维，相反是为了避免广告语言文字写作中由于随心所欲而导致的无意义的作品的产生，并且在某种程度上促成一篇成功广告作品的诞生。

（一）真实性原则

诚信是当今社会发展的主旋律，小到对于个人，大到对于企业、社会和国家，诚信都是十分重要的。

诚信更是广告的生命，主要体现在广告信息（包括广告语言文字）应该坚持真实性原则上。国际广告协会提出了衡量“优秀广告”的五条标准，其中很重要的一条就是“列出商品或服务的真实优点”。广告大师奥格威在其 97 条广告信条中，第一条就指出：绝对不要制作不愿让自己的太太、儿子看的广告。意思是说，广告必须提供事实，“己所不欲，勿施于人”。

广告的目的是通过传递商品或服务的信息，促进商品或服务的销售，树立起良好的企业与品牌形象，以及建立某种消费观念等。这些目的对于企业与广告公司固然重要，但如果为了追求这些目的而以虚假的广告内容、歪曲的事物本质、夸大的利益承诺去欺骗受众，诱导他们上当甚至对他们的心灵造成伤害，那么广告的效果就会与广告的初衷背道而驰，既会使受众丧失对广告主的信任，也会使广告主失去对广告公司的信任。

一个企业要赢得消费者的信任并非“一日之功”，但失去消费者的信任却是相当快的。“千里之堤，溃于蚁穴”，对广告公司亦然。因此广告文字创作人员必须具备强烈的责任感与实事求是的诚实品格，必须使全部的艺术表现服务于所表述的客观事实，只有这样，才能赢得消费者的信赖。

（二）效益性原则

一则广告的效益是指它带来的最终效果和实际收益。

1. 经济效益

广告活动是一项功利性很强的经济活动，因此在创作时必须考虑到广告的经济效益。如以推销商品或服务为目的的广告文案，它的经济效益具体体现在销售量的提高及销售额的增加上；以建立企业形象或品牌形象为目的的广告文案，它的效果应表现在受众对企业或品牌信任感、认同感及忠诚度的增加上。广告的经济效益还应该体现在加强经济预算和有效使用广告费用上，不能只靠广告发布数量取胜，要注重以有限的广告费用和资源达到广告传播的整合效果。

2. 社会效益

广告的效益性原则还包括社会效益，如公益广告的发布及赞助一些有公益性质的活动。广告是流行文化的一个组成部分，起着引导时尚的巨大作用。因此，一则广告发布时，要有正确的社会价值取向、正常的民族文化心理和健康的审美情趣，以此来创造社会效益，促成社会心理、民族心理、审美心理及价值观念的健康化。

（三）原创性原则

广告业界流行这样一句话："如果你站着，而周围的人都在跳舞，你就会受到注意。"其意思就是广告要勇于打破常规，采取逆向思维的方式和独特的创作风格，只有这样，才能引起受众的注意。

由于科学技术的进步和社会生产力水平的日益提高，市场上充斥着不计其数的同类商品，各种传播媒体上同类产品的广告也不断增多，产品之间的差异性由于这些原因而变得越来越小，平淡无奇的广告越来越难引起受众的注意。在这种情况下，广告的独创性变得至关重要。电通广告公司的资深文字撰稿人石田胜寿说："做一个奔放的创作人员，写谁都写不出来的文案。"

什么才是原创性呢？它意味着始发性的独有的创造，其中包括赋予前人留下的原始资料以崭新的生命形式和意义，达到价值再创造；还包括在司空见惯的寻常事物中或一般性广告创意中寻找出创新性的意念。

具体来说，一方面，文字撰稿人员要善于捕捉商品或服务的独特之处，并将它们展现出来，形成独特销售卖点或创造出一种新的消费观念；另一方面可以从表现方法上进行创新，化腐朽为神奇，变平凡为伟大，给消费者一种前所未有的视觉或听觉上的新鲜感或美感，这才是独创性的广告语言文字应具有的魅力。

（四）通俗性原则

广告是一门艺术，是面向大众的，可以说是大众艺术的一种。大众艺术的一个重要特征就是通俗易懂。广告还是一种强制性的信息传播活动，受众往往是"被迫"接受广告信息，因此对广告存在着一定程度的排斥心理。在这种情况下，受众更乐于接受通俗生动的广告信息，而不是枯燥无味的说教。

要做到通俗性，广告的语言必须贴近生活，易于被人们理解。这样，广告主和消费者之间也很容易达成一种心理的交流和默契，使消费者感到自身与广告主之间是"零距离"的。还要说明的是，通俗性与独创性并不互相排斥，一则成功的广告可以"鱼与熊掌兼得"，即新鲜感、美感与亲切感并存。

（五）简洁性原则

只有简洁的语言才是富有生命力的语言。广告的语言承担着传播信息的责任，但是在传播的时间长度、版面大小等方面又会受到许多限制。而且对于广告受众来说，他们大多是在无意注意的情况下接收广告信息。在这种情况下，如果盲目地罗列关于产品或服务的信息或使用许多冗长枯燥的句子，不但会造成信息重点不突出，还会引起受众的厌烦情绪和心理。

因此，广告文案必须简洁有力，尽量删略与广告宣传目标无关的文字，一切应以“好听”、“好记”、“好懂”为准，以求在有限的时间和空间内取得最佳的传播效果，切忌无关紧要信息的堆砌和长篇大论。

三、广告语言文字的写作要求

（一）用词准确明了

介绍商品时，要求语言准确，不能运用夸张、抽象、空洞的文字语言去描述，以免造成歧义。

（二）行文简洁，层次清晰

之所以要求简洁清晰，是因为在对受众施加影响的诸广告审美因素中，语言文字因素亚于图像因素，而且受众感知广告又常常挂一漏万。所以，语言文字必须一针见血，一语中的，可有可无的文字应该一律避免，做到长而不拖沓，短而不晦涩。

（三）语言新颖生动

广告语言的新颖，就是要避免千人一面、万人一腔的广告套语，那种“东施效颦”或者说是“克隆”的语言，呆板乏味，只会使人在心理上产生反感并予以抵制。广告文字创作要发挥艺术想象力，努力使构思独特奇妙，使广告语言文字具有脱颖而出、超凡脱俗的个性特点，只有这样，商品的形象才会深深烙入消费者心目中。

广告文字的生动，是指语言形象鲜明，幽默风趣，引人入胜。生动的广告语言很容易引起受众的兴趣，使他们对广告格外注意，于不自觉间留下美好的印象。

（四）语言流畅上口

广告的语言文字不仅应该有概括性、原创性，而且还要有艺术性。广告文字的艺术性，就是在广告文案的写作中，运用文学创作的手法，使广告的文字表达尽量做到别致、贴切、流畅和上口，容易记忆和品味。

要做到这一点，最基本的技巧就是修辞手段的运用。

1. 押韵

押韵是广告语言中最常见的修辞手段之一，即在广告语中，某些句子的末尾一字韵母相同或相近，造成音调和谐优美，便于口头传诵和记忆。如：

不喝董酒不懂酒，喝了董酒回味久
穿上双星鞋，潇洒走世界
晶晶亮，透心凉
鹤舞白沙，我心飞翔

2. 顶真

顶真是前句词语的末尾部分是后句词语的起首，递接而下，形成蝉联形式。这样的连缀能使语气贯通，声律流畅。如：

车到山前必有路，有路必有丰田车

在云南高原上有一个明镜般的滇池，滇池边上有一座睡美人山，睡美人山下有一座美丽的城市——昆明，昆明四季如春，鲜花终年盛开，被人们叫做春城。

3. 回环

回环即将一个语句加以逆序重复，这种重复往往具有与原语句不同的新含义。在广告语句中运用回环手法，既能造成文字、声音上的回环往复之美，又能对主要信息进行有变化的重复，从而加深人们对广告宣传主要信息的印象和理解。如：

万家乐，乐万家
痛则不通，通则不痛

4. 对仗

对仗就是用结构相同或相似、字数相等的两个语句来表达相似、相反或相关的意思的一种修辞手法。现代广告中的对仗，一般不过分拘泥于形式、音韵的束缚，只要明白地表达清楚广告的宣传内容即可。尽管如此，现代广告写作中，对仗的运用，一定要服从内容的需要，不可生拼硬凑。如：

登峰造极，宝马当先

数字时代，动力核心

小身材，大味道

悠悠岁月久，滴滴沱牌情

5. 双关

双关是借助语音或语义的联系，使语句同时关涉两种事物，达到言在此而意在彼的效果。在广告中恰当地运用双关，可以引起消费者的注意，增加幽默感。如：

天堂说话就到（在这句广告语中，“说话”二字有双重含义，一是指时间特别短暂，二是指那些专爱开车打手机的人）

每刻尽可乐

人类失去联想，世界将会怎样

除了上述几种外，常见的修辞手法还有比喻、设问、反语、衬托、对比等，此处就不一一列举了。

四、广告语言文字的艺术风格

所谓风格，是指通过艺术家个人的创作个性与作品题材的客观真实的相互统一而创作出来的艺术作品，从整体上呈现出来的代表性特点。

广告语言文字的创作，不像纯粹艺术品的创作那样无拘无束，它要受到很多限制条件的制约。但是，广告的语言文字毕竟是广告创作人员的精神产品，它必然自觉不自觉地要受到广告创作人员主观方面所特有的种种条件的总和的制约，即文字创作人员在反映商品或服务功能的同时，或多或少总会加进属于他自己的一些感受、认识、情感、艺术素质等，从而使广告语言文字不仅具有功利性的属性，而且具备一定的美学或艺术风格。下面将从艺术风格入手，探讨广告语言文字中存在的美的多样化的形态。

（一）内在意蕴美

内在意蕴美，也叫含蓄美，它带有鲜明的中华民族特色。和各民族特有的生产方式所决定的独特的文化方式、生活方式以及由此而形成的各民族固有的文化心理模式、独特的思维结构和审美的价值取向密切相连，表现在艺术创造和审美上就是浓郁的民族特征。

中华民族具有自然环境的特殊性和特有的以农耕为主要特征的文化体系，因此在这种文化模式影响下的艺术和审美讲究意境之美，追求神韵，表现和谐、整一的艺术理想。“文贵含蓄”是中国古代文艺美学的最高理想，对于纯粹的文学创作来说，含蓄是“不着一字，尽得风流”。

当然，广告的语言文字不允许像纯文学作品那样含蓄朦胧，它的含蓄应该是在媒体“寸土寸金”或“一刻值千金”的篇幅、时段中，做到清晰准确、言简意赅地表现广告主题。在创作上具体表现为有意让字句缺省，留待读者去补充，为读者的审美想象提供广阔的空间，让他们去感知“弦外之音”。如一则饭店广告：

我们的心，永远记得故乡的口味，
一如我们的眼
总是重复读着故乡的书信。
我们的眼，永远辨得出故乡的口味，
一如我们的脸
总在梦里，对着故乡的情人。
我们的嘴，永远熟悉故乡的口味，
一如我们的心
总像流云，朝着故乡的方向。
我们的舌，永远恋着故乡的口味，
一如我们的心
总在夜里，缅怀故乡的亲友。
4个月，4年或40年，转瞬消失了，
或许，故乡的人、事、物，已不复往昔，
但是，熟悉的乡味与乡思，
依然扣人齿颊，怀念不已。

文案中没有一句关于大饭店的直接描述，但是大饭店的特色已使人们在阅读这则文案的同时了然于胸。其广告语言含蓄内敛，在浓郁的抒情气氛中俘获了人们的心。

（二）感性美

感性美，也称作婉约美，即以简雅的手法道出产品或服务的特点，呈现出清新细腻、雅洁明丽的风格，于素净、简洁之中体现出清淡的风韵，给人以婉约之美。例如：

洛溪园广告文案正文

如果，

家是：轻松写意田园生活的摇篮

家是：享受蓝天白云碧草芬芳的乐园

家能：充溢智慧的书香，闻听莺雀的婉转

家能：品尝最新鲜的佳肴，醇香的美食

如果，

有一个家，近繁华而不喧嚣，远闹市而不荒凉

这样的家，谁不神往，谁不喜欢

洛溪的家，专为爱家的男人、想家的女人而备

…………

专为热爱天伦之乐，无忧享受生活的人而设

其实，这种生活，在这个周末你也能来亲身体会一下，

只是，

别把心丢在洛溪。

（三）理性美

理性美以真实客观为准则，崇尚理性，不事雕琢或鲜有华丽的词藻，常以白描的形式将卓越的内容与朴素的形式相统一。例如：

牛仔裤广告文案正文

超出10种的裤型，8种不同的质地，24种磨制方法，从条纹到打磨，都是全新制作。它们也许不会成为您的第一条牛仔裤，但一定是您的最后选择。您将拥有最完美的体型。

100%纯棉制作。不但穿着舒适，而且结实耐磨。我们的仔裤用料精良，全部选自最好的斜纹粗棉布，并由迪赛尔的员工精心缝制，制作最好的牛仔裤是我们的任务与目标。

放弃那些诱人的巧克力奶油冰淇淋，扔下那些夹肉馅饼，减掉多余的脂肪。那么，你就能穿上我们最新的苗条仔装。苗条仔装紧贴身体，袖子超长设计。请你记住：没有痛苦就没有收获。

只有质量最好的12’/2盎司重的粗棉线才可以被用来制作迪赛尔牛仔裤。这种棉布要经过超强染色、漂洗，最终才制成了独特的旧款斜纹布料。它看上去饱经风霜，年代久远，您能由此感受到您祖母那个时代

的种种风情。

(四) 新奇美

即以语言文字的新奇巧妙给人迥然不同的新感觉，容易引起人们的好奇和注意心理，诱导他们进一步阅读广告内容。例如：

奥尔巴克（Ohrbach's）百货公司报纸广告文案

标题：我发现了“琼”的秘密

正文：以她谈吐的方式，你会认为她是被列入名人大辞典的一位。我可寻出她的身世来了。她的丈夫拥有一家银行吗？我的“甜心”，他连银行户头也没有。那也就是为什么他们住的房子家徒四壁，典当一空的原因。那么，那辆汽车呢？爱人，那是“马力”而不是赚钱的力量。他们是用五角美金抽签得来的！你能想象得到吗？

而那些服装！当然，她对服装非常考究。但是说真的……貂皮的长围巾，巴黎的套装以及全部的那些服装……是靠他的收入吗？好！我的爱人，我也查出来了，我刚刚在路上碰见她，我见琼从“奥尔巴克百货公司”走出来！

(五) 精简美

以格言式的句式，高度概括商品或服务的特点，一语道出，让人印象深刻。例如：

柯达，串起每一刻

人头马一开，好事自然来

网易，网聚人的力量

美丽的家，美丽的多乐士

第四节　听觉媒体艺术

听觉媒体艺术是指通过对人的听觉器官的刺激而完成信息传递过程的广告艺术，其表现形式包括语言、音乐、音响等。听觉媒体艺术主要体现在广播广告中，电视广告、网络广告中也含有听觉媒体艺术。下面我们主要针对广播广告中的听觉媒体艺术进行详细说明。

广播广告受制于听觉，听觉似乎并没有明确的形象，不能通过视觉感知。所以广播广告必须利用声音艺术的造型，通过节奏、韵律和语言描绘，声响的渲染、模仿等，去塑造环境和形象，并诉诸于人的心理联想、想象，形成一系列栩栩如生的意象形象，构成一种“言中有画”的特殊审美意境。这恰恰是听觉媒体艺术独特的魅力。

下面分别阐明三种形式的听觉媒体艺术的审美效应。

一、语言的美学效应

（一）有声语言的美学效应

广播广告中的语言与平面印刷媒介广告中的语言有着本质的不同。印刷媒体中的广告语言是抽象符号式的文字语言，而广播中的广告语言则只能是有声的语言。有声语言在广播广告中占有很重要的位置，一则广播广告可以没有音乐和音响，但却不能没有有声语言。有声语言可分为演白和旁白两种，演白是广告中演员所说的话；旁白是解说员的画外音。

广播是在人的脑海中以“声音”来塑造形象的，就是说它是以有声语言来叙事的，通过调动听众的想象力，给人一种“身临其境，如见其人”的感觉，之所以会产生这种效果，主要是联觉作用所致。最常见的是视听联觉，即在声音刺激物的作用下，人们在脑海中产生的视觉形象。如果充分发挥各种声音的表达技巧，就会使受众从听觉的感受中获得视觉感受、嗅觉感受、触觉感受、味觉感受等，使单一的声音衍生出立体化的视觉形象。

（二）有声语言的美学要求

那么，有声语言如何达到上述美学效应呢？

1. 简洁明快

这主要体现在三个方面：

（1）内容要求简明扼要。广播广告时间短促，长度不一，一般说来以 15 秒和 30 秒居多，最长也不超过两分钟。在听众毫无准备的情况下，期望他们在转瞬即逝的时间内记住广告内容是很难的，所以在内容上一定要简明扼要。因为内容简洁既可以为音乐和音响美学效应的发挥留出空间和时间，又可以给播音员、演员以停顿和喘息的机会。如果内容过于烦琐，那么不但演员会无暇顾及节奏和抑扬顿挫，而且还会使受众失去耐心，难以听清楚广告所要诉求的内容。

（2）声音悦耳，节奏明快。广播广告在声音运用上也要悦耳动听，节奏明快。按中国人的语言习惯，四字句句式简洁，朗朗上口，明快利落，三言两语即可交待商品特点，另外还有三字句、五字句、六字句等。例如：

先点击，后点钱（三字句）
我运动，我存在
我选择，我喜欢
数字时代，动力核心（四字句）
滴滴香浓，意犹未尽
摩托罗拉，飞跃无限
我的生活，我的色彩
三千烦恼丝，健康新开始（五字句）
喝了娃哈哈，吃饭就是香
美丽不打折，漂亮百分百
人类失去联想，世界将会怎样（六字句）
科技以人为本
一切尽在掌握
生活充满激情

(3) 声调抑扬顿挫，读速有快有慢。广播广告还要考虑稿子的朗读速度。中文一般以平均3字/秒的速度进行朗读，每分钟平均180个字，最多不超过216个字；英文平均120字/分钟，最多不超过150个字，最少不低于100个字。内容过少，朗读时显得拖沓沉闷；内容过多，则朗读速度太快，效果肯定不好。

另外，还要考虑朗读时的节奏，声调要抑扬顿挫、有高有低，速度要有快有慢，避免平淡呆板。

2. 情景亲切

语言是人们交流思想、交流感情、互相沟通的工具。从交流双方的言语中，我们可以判断出他们之间的关系或亲或疏，情绪或喜或怒或平淡。

广播广告属于语言艺术，其目的在于通过与消费者的沟通，拉近彼此之间的距离，增加消费者对它的亲近感、信任感，从而采取购买行为。所以，广播广告在宣传产品时，一定要注意运用恰当的听觉艺术表达方式，去调动、促进人们的想象力，塑造一个立体化的环境，突出整体氛围，以缩短商品与消费者之间的心理距离；否则可能造成隔阂乃至疏远。故要求：

(1) 口语化。口语化能使广告通俗易懂，易于上口。此外针对不同的目标受众群或不同阶层采用相应的语气、说话方式，更容易营造出一种身临其境的氛围，更能使广告亲切感人。

口语化应多用短句，不用长句；多用动词，少用形容词；避免用同音字，以免发生误会。另外还要尽量使语言念来顺口，听来悦耳。口语化是广播广告文案最基本的要求。

（2）委婉劝诱。即站在消费者的立场上，设身处地地为消费者着想，对消费者所运用的语气语调就如同在和朋友聊天，无形间拉近与消费者之间的距离，让消费者感觉他们不是在强制接受劝说，而只是在聆听一位真诚朋友的中肯建议。

（3）现身说法。在很多时候，一个演员并不能完全复制生活中的典型场景——超市中的家庭主妇，工作中的工人，校园中的读书一族等。所以，消费者更容易相信同伴消费者的说法，因为那更接近现实生活，更容易让消费者降低心理防线。

（4）立体传播。一篇广播广告佳作，并不是纯然地运用抽象的理论和呆板的文字进行宣传，而是应该借用各种各样的描写手法，从色、味、声、形、用等诸多方面对商品或劳务予以具体描绘，通过艺术的概括、加工和提炼，达到静态变动态和视听互化的艺术效果，把宣传对象立体地而非平面地、栩栩如生地而非平淡呆板地刻画在消费者心目中，给人营造出一个丰富的想象空间。

3. 富有节韵美

广播广告的语言应该合辙押韵，富有节奏和韵律，声调要抑扬顿挫，速度要有快有慢。这样的语言不仅能丰富广告指称对象的形象，而且更容易形成意境和烘托广告气氛，引起消费者的注意，激发受众的情感反应，从而在不知不觉中完成其传达信息与说服购买的使命。故要求：

（1）声音美。广播广告所使用的声音要与消费者的特征和诉求对象相协调。如针对女性消费者的广告声音应以温柔美为基调，而针对男性消费者的广告声音应体现出阳刚美，以此去撩拨消费者的心弦，调动他们的情绪。

（2）声音要有个性。在信息爆炸和过度传播的今天，没有个性的广告是很难给消费者留下什么印象的。因此，广播广告一定要注意努力塑造出与众不同的声音，力求让受众一听到你的语音，就知道是什么产品、什么品牌的广告，而不致与其他商品、品牌形象相混淆。

（3）声音要有节奏感和旋律美。排比、并列、抑扬、起伏、骈散结合、有张有弛等，都可使语言流畅优美、简洁易懂、铿锵有力，富有诗情画意。

（4）有意重复。有意重复某些词句，可以突出商品的特点、品牌名称，加深受众的印象和记忆。但是，重复不可无度，多了会令人厌倦。拿 30 秒的广告来说，重复一般不超过两次。

（5）运用双声词（声母相同或相近的词）、叠韵词（韵母相同或相近的词）

与重言词（叠字）。

二、音响的美学效应

音响是广播广告的主要听觉艺术表现手段之一。音响又称效果声或模拟声，它是用各种器具制造或模拟出来的自然界和人们现实生活中的各种声音，也就是广播广告中除了有声语言和音乐以外的声音，如鸟虫声、风雨声、雷电声、车辆机器轰鸣声等。与生活中自然的音响不同，广告中的音响是有动机、有选择的。

（一）音响的美学效应

音响的美学效应在于，通过模仿的方式给人一种真实可感和“如在其中”的感受，从而大大增强广播广告的表现力和感染力。广播广告配上音响这种独有的语言，能描绘客观世界，制造高于客观存在的环境、氛围，使受众听其声如睹其物，也使受众心目中的商品意象更加明晰和逼真化。

音响可以创造一个声音环境，也可以叙述或表现一件事情，还可以抒情状物和表达思想。具体表现为：

1. 音响的叙事性

现实中的一切事物和自然现象都有属于其自身的、独一无二的声音。这意味着，特定的声音总是和特定的形象一一对应，这是音响能令人产生视听联觉的前提。著名悬念电影大师希区柯克曾说过，音响效果应该当对话来处理，对话可当音响效果来处理，人的喊叫和笑声同样可以传达重要的信息。在此，希区柯克说的正是音响的叙事性。

如美国特快专车广告，音响是闹市堵车的嘈杂声，让人一听，立刻就会明白广告所描述的是堵车的场景，从侧面衬托出了特快专车的重要性。

2. 音响的表现力

和视觉图像一样，音响也具有很强的表现力，主要是通过联想来实现的。它可以把原来没有联系的事物关联起来，如香港海洋公园宣传百鸟居的正式对外开放的广播广告，其音响效果是“百鸟齐飞之声，中间混杂不同鸟类的鸣叫声”，它令受众即时产生联想，感受到置身于大自然的境界。广告音响的表现力弥补了广播广告缺乏图像表现的短处。在运用时，要注意找到能激发听众形成视觉形象并触及其潜在心理感觉的表现方式和独特的声音。

3. 音响的个性化

现代企业大多比较重视自身形象的建设和提升，因而很注重企业形象识别系统和企业文化的建构，以期通过这些举措赋予企业独特的个性形象，达到使本企业在消费者心目中的形象有别于其他企业的目的。其中富有个性化特征的音响是形象识别系统中的一个重要的构成要素，同样有助于消费者识别企业。

例如英特尔（Intel）的奔腾Ⅲ、Ⅳ处理器的广告以及其他使用了这一处理器的电脑广告中，均有属于象征Intel处理器产品的个性化的音响效果，让消费者一听，就知道这是Intel处理器产品。

（二）音响的种类

一般说来，音响的种类有以下几种形式：

1. 实物性音响

它是对商品、服务等指称对象声音的直接录制。

目的在于对受众进行听觉刺激，使之在心理上产生一种美学通感——变听觉感受为视觉感受——使受众心目中的商品形象更逼真化、清晰化，从而增强他们对商品或服务的理解和感受。如旅游风景区广告中的流水声、鸟鸣声、松涛声等，可以很真实地表达出自然的韵味和返朴归真的情怀。

2. 象征性音响

是指根据商标、品牌等相关事物引起的联想而创作出的音响效果。如红鸟牌鞋油就是用悦耳的鸟叫声象征产品，引起品牌联想；同样的案例还有柯达胶卷广告，它用按动相机快门的声音来提醒受众记住产品品牌。

3. 纯粹的情感诉求式音响

对于那些商品本身或者商品品牌名称比较抽象的指称对象而言，运用实物性或象征性音响已是不大可能，这时应考虑使用纯粹的情感诉求式音响。它是运用条件反射的原理，创作出属于产品的个性化的音响，对受众进行反复刺激，形成受众对信号（即音响）的条件反射，引起相应的情感反应。例如欧典地板用轻松愉快的口哨声传递出“健康的船甲板”的产品概念；春兰静博士空调用瀑布声衬托产品“噪音小”的性能和优点。

音响有三个来源：一是在拍摄现场录制；二是在录音棚里人工模仿制作；三是从音响效果资料库里挑选。

三、音乐的美学效应

（一）音乐及其特性

音乐是一种悦耳动听的特殊语言，是一种抽象的艺术形式，具有很强的精神性、情绪性、感染性、沟通性和共鸣性。

音乐的最大特点是共通性，它不像语言那样存在明显的地域性、差异性和隔阂性，常常可以超越种族、年龄、阶层、民族的界限，正所谓“音乐无国界”，这是其他任何艺术手段所达不到的。人们要背诵一段文字或语言是很困难的，而记忆一段旋律却比较容易。综合音乐的众多优点，我们发现，音乐具有很强的审美效应，它对于人们的情感、情操、性格、态度、行为、心理的影响极大。

（二）广告音乐的美学效应

1. 广告音乐及其种类

作为音乐的一个不可缺少的分支，广告音乐是广播广告审美因素的一个重要组成部分。但是，广播广告中的音乐由于受时间的限制，不可能是一个乐章，甚至不是一支完整的曲子，而常常是一个或几个乐句。

具体而言，广告中的音乐主要分为两种类型：一种是背景音乐，主要是利用乐曲来烘托气氛，配合人声使用，它是根据情节、色彩、气氛、人物而创作的；另一种是广告歌曲，就是把广告中所要传递的重要信息，用歌曲的形式表现出来，可以使一系列互不连贯的镜头产生形象流畅连贯的效果。

2. 广告音乐的美学效应

广告音乐可以使人获得美妙的听觉感受，产生心理愉悦和愉快的情绪，形成积极的心境，从而全面感知广告语言和音响所要传达的商品或服务信息。

音乐在广告中的审美效应具体表现在：

（1）固定联系。即选择一段很有特色的乐曲或歌曲作为某一商品或服务广告的标志性音乐背景，长期播放，使受众大脑皮层形成神经暂时联系和条件反射，只要闻其声，便知是什么企业或什么商品的广告，这是用音乐树立形象的好方法。

例如麦当劳的广告歌曲“更多美味更多欢笑就在麦当劳”对许多消费者来说已是耳熟能详，甚至许多人更把它当成了表达自己喜悦心情的哼唱歌曲；同样的还有柯达的“柯达，别让它溜走，柯达，串起精彩生活每一刻”。

（2）增强气氛。音乐能增强广告的气氛。广告音乐可以原创，也可以把时下流行或长期传唱的歌曲中的一段直接拿来或稍作修改（更改歌词或改变歌唱者）作为广告音乐。如绿箭口香糖的广告歌曲就由我们熟悉的美国乡村民谣改编而成；而喜之郎果冻布丁的广告歌曲既有原创制作也不乏流行歌曲的“身影”。这些广告歌曲有助于营造一种情景氛围，增添广告本身的韵味。

此外，不同的商品或服务种类，在借助于广告来传递信息时，配上不同风格情调且与产品自身个性相和谐的音乐背景或歌曲，有利于突出广告主题，增强广告的吸引力和感染力。如女性化妆品广告配上浪漫抒情的音乐，能增添商品柔美的魅力和诱惑力；男士用品配上阳刚雄壮的音乐，听起来使人振奋，可以增添商品的阳刚气和感召力。

（3）转移情感。背景音乐的优美可以引起受众的美好情感和联想。如果产品所选择的背景音乐恰当，那么受众很容易就会把他们对背景音乐或歌曲的情感转移到商品上来，增强对商品的认同感和亲近感。

例如立邦漆“草原篇”电视广告的歌曲，就渲染出了一种其乐融融、安居乐业的景象，人们在感受它所传达的快乐的同时，在潜意识里也对立邦漆产生了好感。

（4）认知品牌。有些广告中的音乐是专门为指称对象“量体裁衣，量身定制”的。那些专门为产品创作的音乐，不但可以突出商品的特点和个性，而且使人们在记住它们的同时加深了对产品的理解。这类音乐大多数简短易学，朗朗上口，能使受众在不知不觉中记住，从而在消费者心目中树立起清晰的品牌或企业形象。如“Toshiba，Toshiba，新时代的东芝”。

（5）渲染个性。即选择的音乐其风格恰巧能够表达或渲染出某种商品自身的个性，也就是说，二者琴瑟合鸣，相映成辉，配合得天衣无缝。这种乐曲经过多次播放，在人们心目中就会形成该商品与众不同的性格和形象，有助于人们记住和进一步了解商品。如儿童用品往往用具有童稚美和欢乐美的乐曲；体育用品的广告则配以动感和节奏感很强的音乐。

四、听觉美学效应广告案例

案例 3—3

日本寿司饭店三得利（SANTORY）酒广播广告

在日本第八届民间广播电台大会上，日本寿司饭店 SANTORY 酒的广播广告以其独到的创意和效果获得最佳奖。该广告以“百人音乐会”的形式，向听众介绍 SANTORY 酒。

解说：各位晚安，“百人音乐会”这个节目由具有 60 年制造洋酒历史的寿司饭店向您提供，欢迎收听。

音乐：肖邦作品，溪流、鸟鸣。

解说：人生短暂，艺术长久，优秀的作品经得起悠久岁月的考验。同样，发挥杰出创造力而生产的优秀威士忌，也经得起岁月的检验。具有 60 年传统的世界名酒 SANTORY，是日本最适宜酿造洋酒的地方——山崎出品的。在木桶内无声透明的东西日以继夜地沉睡着，10 年，20 年，30 年，随着时间的流逝越陈越香。

音响：清脆的开木樽声。

解说：朋友们，酒桶已经开了，满室都飘荡着一股SANTORY酒的芳香。看！一滴滴像琥珀一样发着光芒。陈年的好酒，正像是古典音乐的馥郁。

音响："咕咕"斟酒声，冰块落入杯中的"叮当"撞击声。

音乐：带有田园色彩的舒缓乐曲轻轻飘荡。

解说：您现在最好的伴侣是一杯放冰块的世界名酒SANTORY和一首世界名曲，让自己完全沉浸在美妙的境界里。

这则诉诸于听觉的广告，充分地借助想象，营造出一种立体的情境：绘声绘色的语言描述、音乐背景和音响效应使SANTORY酒色、声、味一体，若物在眼前，似芬芳在侧，既给人以听觉享受，又触发视听联觉，启发味觉，视、听、嗅在人们心理感受上互相联系和转化，形成通感和联想效应，达到"余音绕梁，三日不绝"的效果。

第五节　色彩与光影艺术

一、色彩艺术

（一）色彩在广告审美中的作用

广告虽然是一门综合性的艺术，但人们接触最多的还是诉诸于视觉的广告。在诉诸视觉的广告中，色彩有着特殊的并且是突出的审美意义，它比其他任何要素都更能影响广告的情态。色彩对于图像，就像标题对于正文，对增加广告的注意价值具有举足轻重的作用。

色彩是人通过眼睛感受可见光刺激后的产物。明度、色相和纯度是色彩的三要素，是光感过程的第一类要素；而面积、形状、位置、肌理等形象的四要素是获得色彩表现的条件，被称为第二类要素；此外，任何色彩都影响人的感觉、直觉、思维、记忆、联想、情绪等心理过程，产生特定的心理作用，如冷暖、轻重、远近、厚薄、动静等，这些被称为色彩的第三类要素。

色彩对人视觉的吸引力、感染力比其他视觉对象要大得多。台湾某公司曾做过一项关于广告注意力的调查，受众可同时选择多项审美因素，结果显示人对广告中各种审美因素的注意率分别是（表3—1）：

表3—1　　广告中各种审美因素的注意率

广告审美因素	插图	标题	品牌	商品	文案
注意率（%）	43.3	37.4	21.5	17.8	12.5

其中，画面占的比重最大；而在画面中色彩所占的比重又最大。俗语说：远观颜色近看花，说明色彩在引起注意上起着重要作用。在广告作品构成中，常选用与主题和创意对位的、鲜明的、强烈而又和谐的色彩，因为这样的色彩运用可以给受众以视觉刺激，吸引他们的目光去注意广告商品，所以，色彩的审美意义极为重要。

（二）色彩的美学效应

1. 色彩的情感性

这是色彩的第一美学效应。一定的色彩常常和人们日常生活经验中的某些心理情感特征产生通感联觉效应，即某种色彩的视觉刺激使人产生某些心理情感的其他感官感受。如不同的色彩会产生冷和暖的不同感受，色彩属于视觉感受，而冷暖属于身体感受。

色彩的情感性主要包括：冷暖感、轻重感、软硬感、强弱感、贵贱感、动静感、空间感等等。

2. 色彩的象征性（表 3—2）

一般说来，色彩具备两种象征意义：

一种是色彩引起的联想进一步深化和精神化，其结果便形成了色彩的象征性。联想是使色彩象征意义得以实现的心理过程，它与人们的生活经验、人生阅历、文化修养、职业层次、家庭背景、归属的相关群体的习惯、民族传统、时代精神有极大的关系。

色彩的另一种象征意义是一种相应性的体现，如红色使人想起红旗、火焰、鲜血和太阳；蓝色让人想起大海、湖泊、天空；绿色使人想起森林、草地；黄色使人想起阳光、秋天等。

表 3—2　　色彩联想

色彩	抽象的联想	具象的联想
红	热情、爱情、野蛮、活泼	太阳、热、口红、苹果、红旗、鲜血
橙	洋气、跃动、优美、浪漫	秋天、柿子、橘子、橙、植物
黄	愉快、明朗、轻快、光明	香蕉、金发、菊花、布丁
绿	安宁、和平、公平、无污染	春天、田野、公园、纯情、森林
蓝	沉静、忧郁、悠久、深远	天空、海洋、运动、竞技、清爽、高科技
紫	优雅、高贵、不安、神秘	葡萄、桔梗花、蓝莓、李子
白	清白、朴素、清楚、纯洁	雪、白兔、衬衣、白布、白云
灰	恐怖、抑郁、不洁、阴气	制服、墙壁、烟草、乌云、废气
黑	罪恶、黑暗、绝望、寂寞	煤炭、乌鸦、黑夜、污水

广告在进行构图设计时，一定要根据色彩的象征性去选择与广告指称对象属性相符的色彩。

3. 色彩的表现力（表 3—3）

在广告形象的设计和创作中，色彩对广告指称对象的属性和特点具有卓越的表现力。通过运用色彩的均衡、色彩的对比、色彩的照应、色彩的象征意义、色彩的变化或渐变等来表现商品，可以产生节奏感和韵律感。具体可从以下几个方面来说明：

（1）表现商品。透明的色彩可以表达酒的凛冽感或饮料的清凉感觉；明度很高的色彩可以表现金属光泽或首饰的品质，给人以贵重、高雅的感觉。

例如摩托罗拉手机的一则户外广告（图 3—5，见彩插），该广告通篇没有一个文字，但人们仅通过画面上的色彩表达就可了解其所要传达的关于商品的信息，画面上五颜六色的手机外壳，具备很强的吸引力和视觉冲击力，使得这则广告在纽约时代广场的众多户外广告中十分突出，令世界各地前往纽约的人们领略到摩托罗拉广告的标新立异。

（2）表现优良的品质和性能。产品的优良品质和性能常常可以采用不同风格的中间色来表现，使之具有很强的时代感。如银灰色、太空色、宇宙色可用来表现高科技产品或时尚性很强的产品。

例如立邦漆的“草原篇”电视广告（图 3—6，见彩插）。画面上众多牧民在快乐地粉刷着自己的房屋，整则广告的精华之处就是鲜明亮丽的色彩处理，它将立邦漆的品质和诉求清晰地传达给受众，同时又让人获得了美感。

（3）表现环境气氛。如用强烈浓重的色调来表现古典气氛和传统风格；用明快鲜亮的色调表现现代流行氛围；用非强烈的、柔和的色调来表现家庭气氛；用有对比度的、粗犷大气的色调来表现原野气氛。

如戴比尔斯（De Beers）钻石平面广告（图 3—7，见彩插），两幅作品均以暗色调为背景色，渲染出钻石高贵的品质和炫目的光泽。

（4）表现商品使用者的个性特征。不同的色彩对于不同的消费者来说，具有不同的个性象征意义。色彩具有自身的性格，或娇柔优美，或高贵典雅，或潇洒随意，或庄重和谐，或开朗粗犷等，可满足不同消费者追求个性化的心理需要。

例如英国 PLC 超级药店的人体清新剂平面广告（图 3—8，见彩插），它宣传的是一系列满足不同消费者个性需求、不同香型的产品，而每一种都用不同的颜色去体现，黄绿色的代表探险，蓝色的代表独特等等，这则广告充分运用了色彩的象征意义，成功地抓住了消费者的个性需要。

（5）表现品牌形象。在企业的形象识别系统中，尤其是对于品牌来说，色彩是一个必不可少的表现元素。几乎所有的企业都有属于自身的企业色，这常常在品牌中体现出来。在经过长时间的视觉传达之后，企业色几乎成为商品的第二个品牌、企业的第二个标志。消费者看到这个颜色，马上就会想起是哪个企业或哪种商品。

例如柯达、富士、乐凯都是生产胶卷的企业，但却各有各的企业色：柯达的黄色、富士的绿色、乐凯的红色，分别传达出各自的企业形象和经营理念。在这方面比较成功的是IBM，它的企业色是蓝色，传达出“蓝色巨人”——高科技企业的企业形象；还有麦当劳的红、黄色调，显然已经成为麦当劳形象的标志之一。

表3—3　　　　　　　　　　　　色彩的表现力

表现力		色相	纯度	明度	特别色
质感	柔	黄、红	清	白、灰	光泽
	硬	青、绿	纯、浊	黑	金银
量感	轻	黄、橙	清	深灰、黑	
	重	青、紫	纯、浊	白、浅灰	光泽
密度	透明	蓝、紫	清	白、浅灰	
	不透明	红、橙	浊	深灰、黑	
音感	低	紫、红、青、棕	浊	黑、灰	
	高	橙黄	纯、清	白	光泽
形态	角	黄、绿		灰	
	圆	蓝、紫		黑	光泽
	方	红、橙		白	
温度	冷	蓝、绿、紫	清	白	
	热	黄、橙、红	浊	黑	
季节	春	黄、绿、红			
	夏	红、绿、蓝			
	秋	黄、橙、褐			
	冬			冷灰、白	
味觉	甜	红、橙、黄			
	酸	绿			
	苦	褐		灰	
	辣	红			

4. 色彩组合的丰富表现力

要满足人的复杂的审美追求，就必须对色彩组合加以运用。色彩组合是一种很好的艺术语言，其中最主要的是系列色的运用。

系列色可分为两种类型：一种是标记色，一种是无标记功能的用色。系列色的色彩变化可以取得丰富的视觉效果，从而满足消费者不断提高的审美需求。

例如喜之郎果冻的一系列电视广告片（图3—9，见彩插）均运用了丰富的色彩组合，体现出亲情、友情、爱情至上的主题和价值观。

（三）广告中色彩运用应注意的问题

1. 商品性

这是与一般绘画用色差异最大的一点。尽管各类商品具有一定的共同属性，但更需要展现的是各自的个性。对此，广告中的色彩运用要针对商品自身的特点，充分发挥色彩的形式要素（色相、明度、纯度）和色彩的感觉要素（物理、生理、心理）的象征作用，力求典型到位地传达产品的属性特征。

2. 广告性

色彩效果的晦涩和含蓄只有消极作用，在进行广告色彩设计时，必须注意大的色彩构成关系的鲜明度，使之具有强烈的视觉冲击力。

例如可口可乐饮料包装以鲜明的红、白两色构成明快的色彩对比，产生了强烈的广告效果，其广告作品中的基础色调也是以红白色为主，传达出来的是“生活充满激情”和“活力四射”的产品个性。

3. 时尚性

时尚性有两种含义：

一种是指某种地方风尚习俗或一定时期内流行性审美因素的影响。如20世纪80年代初，法国流行黑色，以黑为贵；蓝色在埃及被视为“恶魔”的象征；黄色在伊斯兰教地区是代表“死亡”的色彩；在捷克，红三角是有毒的标记等等，所以在色彩处理时，一定要考虑民风民俗的影响。

另一种则与产品有关，不少产品有时效性或浓郁的地方特色，在设计时也要加以注意。

4. 独特性

广告色彩形象的个性表现不仅是视觉形式的活力所在，也是加强识别性和记忆性的销售竞争所需。对于色彩个性的追求要力求从产品的某种品质个性出发，还要在同类产品的广告色彩形象设计中标新立异。

二、光影艺术

（一）光影的美学属性和作用

1. 光

光是视觉影像的前提，眼睛对光的敏感是不言而喻的。在电影、舞台艺术、摄影和绘画艺术等领域中，光的应用与发挥是不可或缺的。

“一盏放在地板上的灯可以使建筑物产生一种幽灵般的气氛，一束照在石头的纹理、天花板和墙壁质地的顶光，把屋舍渲染得富于神奇和肃穆。”[①] 苏珊·朗格（Susan. Lange）的观察表明，空间不但要通过光来表现，而且空间气氛、空间个性也要靠光来渲染和控制。此外，物体的质地和造型也会由于光影的强弱和角度不同而有所变化，并影响着空间体型的构成。如明亮的光可以使空间尺度感大于原有尺寸，反之则使空间感小于实际尺寸。文艺复兴时期，光线基本上被用来创造立体感。荷兰画家伦勃朗（Rembrandt）的油画和美籍匈牙利画家瓦萨列里（Wasarelev）的光效应艺术（OpArt）则将光线的象征作用发挥得淋漓尽致。

所以，光线和色彩一样是创造空间气氛、美学效应的重要环节，是影响人们行为的最直接因素。

2. 影调

影调表现的是事物有条理的生命情调。影调是以光的旋律表现的。光作用于物质对象，其凹凸部位通过对光的反射或折射，在地面上或其他介质上形成白、灰、黑多层次的色阶就是影调。

影调的主要功能是显现物质对象的外貌特征、形象感、立体感、质感以及各种感情色彩。它包含着对比与和谐之美，不仅塑造出物质对象的形貌和本质美，也把生命的细节融化在整体的主色调之中，是一种富于“魔力”的审美因素。

影调包括表面结构、立体结构、影调的构图和主调等因素。影调的表面结构表现物质对象的质感；其立体结构表现物质对象的空间感，在二维空间里塑造三维空间的主体结构。

影调的构图一般是通过影调的对比、衬托、均衡实现的，其作用是突出主体，烘托画面气氛，形成节奏，以构成画面的形式美。影调的主调分为高调、低调和中间调。

3. 光影的作用

到了今天，我们认为，形式要素（物体的形状、质感、线条和透视感）和颜色都是由光影造成的。在黑白或单色的图像中，形式是影调的对比——光强度；如果有两种或更多的颜色出现时，则颜色对比有助于体现形状、质感和其他要素。形式要素受到光质和光线方向的影响，光质与光线强度或光线柔和性相关。其中，柔和光无特定的照射方向，似乎来自四面八方。而一般强光或直射光有三个基本的照射方向：正面照射、侧面照射和背面照射。

正面光作用明显，可以产生强烈反差，可以消除阴影，从而降低某些正面照明所拍摄画面的透视性和立体感。侧面光产生的阴影能衬托对比，经常产生出横

---

① ［美］鲁道夫·阿恩海姆：《艺术与视知觉》，423页，北京，中国社会科学出版社，1984。

线条，质感十分突出，颇有动人之处。背面光经常产生突出鲜明的反差对比，它能勾勒出形状的轮廓，并能使阴影向拍摄者的方向延展，增加画面的纵深感。背面光对创造简洁明快的画面有益。

总之，不同的布光方式可以发挥光影对可视空间和物体形式要素的创造性，即对空间的切割和重组功能，以形成丰富多彩的不同个性的光影环境，或取得局部空间效果，增加空间和商品的魅力。

(二) 光影美学效应

一般说来，光线以两种方式创造形状：一是形成与环境对立的色调区；二是在物体周围产生光晕或边缘光作用，勾勒出物体轮廓的线条。经过光线处理的商品，从表象上看，已经成为商品本身固有的亮度值或色彩值与外部光源加于该商品的亮度值和色彩值互相混合之后形成的混合物，它已经不是原来纯粹的商品本身了，而是具有一定光影审美意义的审美对象。

具体说来，光影的美学效应如下：

1. 空间感的营造

不同的布光方式可以弥补空间环境的不足，使画面通过光得到丰富，产生有韵律的变化。

布光使得画面空间在高度上有了一定的界限，加强了空间的界定，增强了空间层次感，也就是说，画面内光线强度的不同有助于形成纵深感。浅色的物体显得比实际距离近，而深色的物体则显得远些。当小面积的深色或浅色调被反差强烈的对比色调包围时，便会产生向前移动的效果。色调的对比量、在画面内与其他色调的相互关系以及某些特定色调区域所占据画面的大小，都可以影响画面的层次感和纵深感。

案例 3—4

国际金融服务集团（UBS）系列平面广告

UBS 的系列平面广告（图 3—10，见彩插）诉求的是“UBS 可以为你开拓一片新的理财投资空间”、“UBS 是你亲密的伙伴”和“UBS 为你提供超快速的服务”。这一系列广告的标新立异之处在于画面的空间立体感、纵深感和广告诉求的紧密结合。画面中的光线、色调的组合运用，拉伸了画面的纵深距离，具有很强的延伸感。

2. 环境氛围的营造

不同的布光方式还可以制造、强化不同的环境氛围，或浪漫、或高雅、或宁静、或广阔……以满足受众不同的心理需求。

案例 3—5

绝对伏特加酒系列平面广告

“绝对巴黎”通过运用强弱光对比，使熙来攘往的巴黎地铁入口在深蓝夜色背景的衬托下，呈现出伏特加酒瓶的形状，给人一种宁静、历史悠久的感觉；“绝对维也纳”通过将柔黄色调的光打在一本乐谱上，营造出一种高雅、古典的氛围，说明绝对伏特加酒和维也纳的音乐一样是高品位的享受；“绝对那不勒斯”通过运用昏黄的光线勾勒出那不勒斯拥挤而未失古韵的风貌，画面光线明暗交替，柔和又不失纵深感，离我们视线最近的街灯同依次远去的招幌恰巧形成了酒瓶的形状。这一系列广告（图 3—11，见彩插）将光线的运用和欧洲各地的著名景观、文化风俗十分巧妙地结合起来，制造出了适合于不同消费者欣赏的广告环境氛围。

3. 指称对象形象的塑造

不同的布光可以突出广告中指称对象的形象、质感、肌理、特点、性能、品质、个性以及企业形象和品牌形象等。许多立体广告设计十分注意灯光的处理，如用黑白的浓淡、色彩的明暗、线条的疏密、灯光的强弱等变化或对比来取得光感表现的效果，即强化所要表现的部分。

例如樱桃可乐（Cherry Coke）平面广告（图 3—12，见彩插），人造侧光的运用，使以黑色调为背景的可乐标志愈发醒目，也使得色泽鲜艳的红樱桃愈发晶莹剔透、新鲜逼人，传达出可乐原汁原味的特色。大众汽车广告（图 3—13）也采用了类似的表现手法，远方的地平线上升起了大众标志形象，引人注目，似乎是由它照亮了汽车行进的道路，突出了大众的品牌形象。再比如费瑞曼（Ferryman）珠宝广告（图 3—14，见彩插），光线的运用把钻石璀璨、高贵、纯洁、坚不可摧的品质表现得淋漓尽致，而且还创作出两条弧形的“小彩虹”，与钻石的晶莹相映成趣。

图 3—13　大众汽车平面广告

4. 不同媒介效果的创造

广告作品本身的设计、制作、拍摄、发布都离不开光线的应用，像影视广告、网络广告对光线的运用主要体现在拍摄和制作的过程中。

还有一些其他的广告媒体，它们在发布广告时，需要用到光线，如霓虹灯广告、户外广告、橱窗广告、书云广告等。如耐克（Nike）的一则霓虹灯广告“DON'T WALK”（图 3—15，见彩插），运用了柔和的光线，显得简练醒目。

地铁和马路旁的灯箱广告每到晚上就会亮起来，给人们一种跟白天截然不同的视觉感受；户外（建筑物上方、书报亭、高速公路两旁等）的广告牌在晚上也会有照明设备提供光源，如 Sopranos（在北美非常受欢迎的一部电视连续剧，每周日晚九点钟播出）的户外广告牌（图 3—16）的下方装有照明设备，到了晚上灯光亮起来，可以提醒过路的人们不要忘了收看这个节目。再如阳光卫视的户外立体式广告柱（图 3—17，见彩插），灯光从柱体内部向外透射，使柱体上的阳光卫视标志十分引人注目。

图 3—16　Sopranos 的户外广告牌

书云广告则完全要依靠光线的作用，它是利用投影的原理，将一定的广告信息通过光线投射到云朵上，供在沙滩上度假的人观看或在其他场合使用。

5. 光色对物色的影响（表 3—4）

光对所要照射的物体的颜色也有所影响。

表 3—4　　光色对物色的影响

视觉 光色 效果色 物色	红	黄	绿	青
红	鲜红	朱红	茶褐	紫
黄	橘黄	淡黄	草绿	绿
青	暗黑	青绿	暗黑	鲜青
绿	暗绿（有隐红）	茶褐色（有隐黄）	鲜绿	青绿
紫	紫红	紫（有隐褐）	紫褐	青紫
橙	朱橙	鲜橙	褐绿	橙绿
白	显红	显黄	显绿	显青
黑	黑紫	咖啡	黑绿	青黑

（三）运用光影应注意的问题

（1）在处理光照环境时，不仅要考虑有足够丰富的照明，使其光线柔和、均匀、富于变化，还要考虑光的透射方向和角度，设计重点照明，形成视觉中心，突出主体。

（2）不同的光照区域之间，不宜有亮度的冲突，要注意创造光照柔和的渐变过渡。

第六节　空间艺术

一、空间原理

在纸面上画一条直线，这条直线看上去并不像是位于纸面以内，而像是悬浮在这个平面上方的空间之中。由于这条直线并没有把四周那些空旷的背景分裂，所以位于它下面的平面看上去仍然是一个连续不断的整体。很明显，这种现象并不是由物理对象本身造成，而是来自于观察者的心理反应。这就是人们对空间的初步感觉。

图 3—18

（一）空间的层次

空间在深度上是有层次的。它的这种层次可以通过光线的渐变、色彩的对比、形状的改变等方式得到，例如图 3—18 所示。

图中共有三个层次，即白色的圆环、黑色的色块、白色的基底。这就是空间的层次概念，它被证明是由一系列的知觉因素决定的。艺术家在自己的艺术创作中，直观地或不自觉地运用了这样的一些知觉因素，以便使画中各事物在深度上的位置关系更加明确和清晰。

运用重叠来建立空间是一种常用的方法，在中国画中，即使山峰与山峰之间、山峰与白云之间，在纵深中的相对位置也都是通过重叠的方式建立起来的，山峰的形体往往表现为犬牙交错的峭壁或阶梯组成的构架。这样就可以使正面的各个不同深度的平面重叠构成一个整体，这个整体看上去就是一个具有复杂的弯曲度和立体感的固体物。由重叠产生的立体效果往往比真正的物理距离产生的立体效果还要强烈一些。

我们之所以能够在一幅平面作品中感受到空间层次和深度，是因为我们在观看这幅作品时无意地联想到了我们平时观看到的物理空间的经验。当我们在画中看到重叠的样式的时候，就根据自己以往的经验，认识到了这两件相互重叠的物体之间的空间关系。

（二）空间效果的创造

具有深度层次的视觉对象，看上去往往是变形的和具有一定体积感的，那么这种现象究竟为什么会发生呢？又是在怎样的情况下发生的呢？

1. 变形

变形就是指一个物体的总的形状（或部分）中的全部空间关系都发生了变化之后而得到的结果。一个艺术家在感知一个事物的“变形”时，首要的条件就是从变形图中看到的那个“标准”的未变形的图形的形状，一定要比眼前这个图形的形状更简化一些。如图 3—19 所示，从直觉上看，斜方形好像是在向别的空间倾斜着，它看上去就是一个变了形的正方形，它没有直角，也没有对称，它肯定不如正方形简化，但是它的变形效果却比正方形要强烈得多。

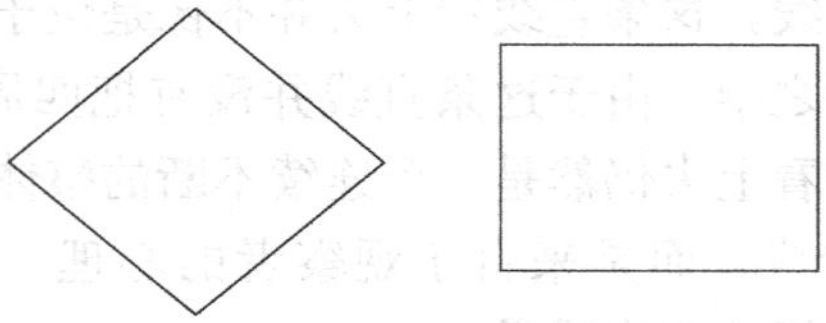

图 3—19

2. 立体空间

当然，空间的创造并不仅仅局限于事物自身的范围，从某种程度上来说，事物还会在周围产生出一定的空间模式。如事物与周围的背景共同确立一个空间（图 3—20）；或者事物自身就是一个立方体，是一个三维空间（图 3—21）；又或者物体的投影与事物本身形成一个立体空间；再或者知觉梯度或中心透视法也可创造空间。

图 3—20

图 3—21

3. 知觉梯度和中心透视法

所谓知觉梯度，是指某种知觉对象的“质”在时空中的逐渐增加或逐渐减少。这些梯度的存在，会产生一种强烈的深度效果。它可以通过形状、距离、纹理、色彩、亮度、轮廓的鲜明度、光线等的渐变来得到。(图 3—22)

所谓中心透视法，是指任何一种构图都是围绕某一题材或主题展开的，在这一构图中，需要突出的部分被安置在中心聚焦的位置上，形成了一个由中心向外层层扩散的空间。(图 3—23)

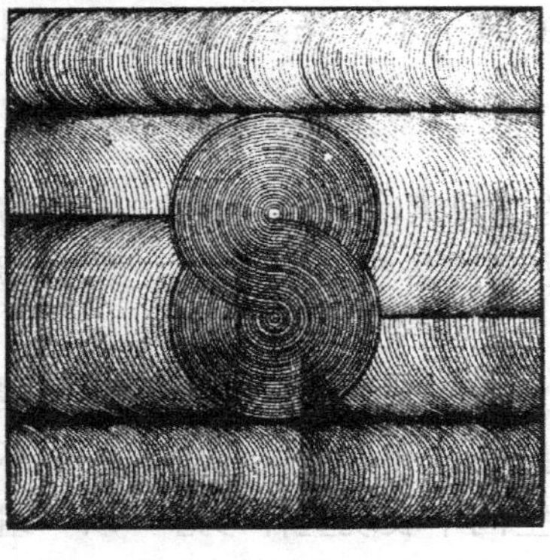

图 3—22

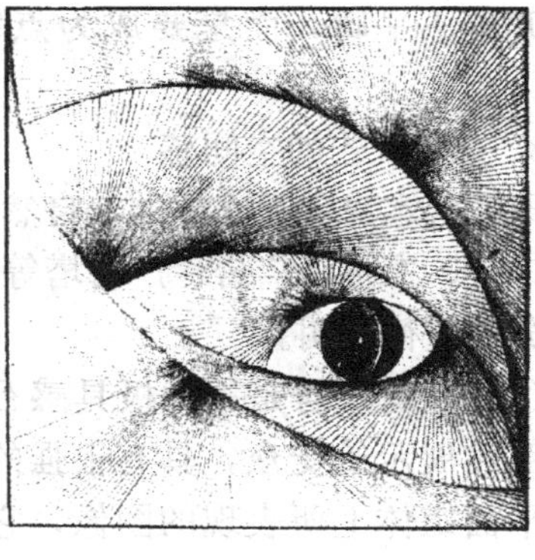

图 3—23

二、空间的美学效应

(一) 广告空间审美的元素

在构成空间审美的众多元素中，没有什么比色彩更强烈而迅速地诉诸感觉。

其美感信息量通常要比其他元素的信息量更加丰富、更加直接、更加容易被人们所接受。色彩存在于广告本身或周围环境空间中，不同的色调可以在人的心理上造成不同的空间感。空间感是指人们受色彩影响而产生的大与小或远与近的感觉。从光学上分析，暖光光波长，会造成视觉上的逼近感；冷光光波短，会造成视觉上的引退感。利用色彩光波造成的视觉和错觉，可以改变原有的空间感觉，而且色彩还可以赋予空间以个性。

另外，光影和色彩一样，都是创造空间氛围的重要环节。空间氛围、空间个性需要靠光影来渲染和控制。

（二）广告空间艺术的表现和特点

根据上述空间原理，我们可以把广告中的空间表现分为三类：

1. 指称对象本身的空间感

即广告作品本身是平面的，但如果通过中心透视法或知觉梯度原理去感知，就会发现事物内在具有很强的空间感。例如我们前面提到的 UBS 的一系列平面广告（图 3—10，见彩插），它给人们的感觉并不是平面的，而是一个有很强纵深感的深邃空间。

2. 环境的空间感

即平面广告与周围的环境构成了一个亚空间，如路牌广告、灯箱广告等，它们不是孤立的个体，而是融入所处空间，与周围的建筑、设施、其他广告牌等构成了一个局部环境。这类广告一定要注意与周围环境的和谐搭配，做到既不突兀也不平庸，而是要成为点缀周围环境的一个“亮点”，具有鲜明的美感。

3. 立体广告的空间感

即广告本身就是立体的，自然具有一定的空间感，如 POP 广告、橱窗广告、户外广告、书报亭广告、广告塔等。这类广告是广告空间艺术的主要表现形式。下面分别进行说明。

（1）橱窗广告是一种极具感召力与说服力的广告形式。它利用陈列展示空间把商品展示给受众，具有很强的引导性、感染性和说服性。橱窗广告不同于其他平面媒体上所表现的图像，它是在三维空间中表现立体形态，以一组或几组商品及其辅助手段作为“演员”的舞台，调动道具、灯光、背景、技法等各种艺术方法营造出一种艺术境界和氛围，使人们在接受美感的过程中认知主题。

在设计中要注意表现空间环境中各种艺术元素之间的关系，注意商品组合在该环境中呈现的总体效果。还要注意抽象的点、线、面、体的运动形式和表现规律要符合受众的情感需求和审美趣味，追求新创意、新风格、新意境，使商品、人、环境融为一体，创造一个意境深远的人为的空间。

以日本银座商店的橱窗广告为例，其构思设计主体突出，层次清晰，前景显著位置是模特儿，中景为一排枞树，最后是绿色背景，很有效地加深了有限空间的纵深感和立体感。

（2）户外广告已成为人们生活环境中的一大景观。户外广告品种繁多，设置范围广泛，在广告世界中所占比重极大，影响极广。户外广告可分为平面和立体两大部类，在这里我们重点谈一下户外立体广告。

户外立体广告分为霓虹灯、广告柱、广告塔、立体广告牌、活体广告以及各种空中飞悬式广告等。根据现代受众的审美需求和建筑物的高大广远特征，户外广告必须巨大醒目、不拘一格，这样才能在受众的视觉阈限占有一定的位置。

霓虹灯和广告柱广告在上一节已经谈过，此处不再赘述。

广告塔上往往有多幅广告。我们常见的飞悬式广告有充气气球、充气模型等，以个性突出著称的斯沃琪（SWATCH）腕表就曾经因为一个造型独特的飞悬式广告而使人们印象深刻。

现在比较常见的是户外立体广告牌，这类广告形式生动，标新立异，极富艺术魅力和视觉冲击力，可以在众多的户外广告中脱颖而出。例如麦当劳曾在日本一个三岔路口将M标志做成一个巨大的不锈钢立体拱门，车来人往，穿行其中，既树立了企业形象，又成为人人赞叹的城市美丽景观。再比如美国工人抚恤基金会所做的户外广告（图3—24，见彩插），文案是“工作时服用毒品会影响你的判断力”，广告牌上突出的立体人物模型与另一端的真人形成实证对比，更具说服力。苹果电脑在推出IMAC系列产品时，特以蓝色款式做了一则户外立体广告（图3—25，见彩插），该广告给人以晶莹剔透的现代质感，让人们欣赏到这一产品所带来的美感。

广告车也是户外立体广告的一种形式，通常是配合商业活动，进行短期的宣传，如蒙特利尔冰球队的广告车（图3—26）。

（3）POP广告因为其形式的灵活性而受到越来越多的关注。它大多出现在商场、家电超市、超级市场等场合。POP广告的种类很多，有平面的，也有立体的，甚至很多还是会旋转的，摆放在比较大的空间中，既醒目又美观，对于劝诱消费者购买商品或提醒消费者记住商品品牌具有一定的作用。但要注意与购物环境的搭配，切忌平庸和繁杂。

图 3—26　蒙特利尔冰球队的广告车

【思考练习题】

1. 广告艺术形象的表现形态主要包括哪几种？举例说明。
2. 视觉图像在广告中的作用是什么？
3. 广告语言文字的写作要求有哪些？
4. 音乐在广告中的审美效应具体表现在哪些方面？
5. 广告中色彩与光影运用应注意的问题是什么？
6. 广告的空间表现分为哪三类？举例说明。

第四章

广告创意思维的形成与运作

在当代广告创作中，创意具有第一位的作用。无论是报纸、杂志、电视、广播四大媒体广告，还是户外、POP等其他广告，几乎无一例外地将创意放在第一位。如果广告其他方面（图像、语言、制作等）都是第一流的，但创意平庸，那该广告注定是一个毫无竞争力的广告。

创意的审美价值极高。因为它带有一种总体效果和深层的心理沟通。在现代广告中，创意是一种比其他任何一种审美因素都重要的广告审美因素。由于它的特殊性和重要性，我们将其列为一章来论述。

第一节　创意在现代广告中的美学意义

一、创意是现代广告核心竞争力的世界性认同与追求

从近年来世界广告发展趋势和几个世界广告大赛（戛纳、莫比、欧佩克、坎城、电通等）的优秀广告作品来看，创意的出奇制胜和不同凡响日益为大家所推崇。

从市场效果来看，好的创意可以提高广告身价，升级扩档，很快带来经济效

应和文化效应，并将产品和企业形象牢牢树立起来。

现代广告的目标，并非主要在于推销某种产品，而首先是树立产品、品牌和企业形象。形象的树立，关键在于广告的独特个性和与众不同——当然准确定位是前提。广告个性的表达主要靠创意来实现。

现代消费者如此青睐广告创意与现代人需求动机高层化有直接关系。现代消费者需求动机已由生理向心理“提升”，在心理需求中，又对自我尊重、自我实现需求追求很强烈。而能够满足人们自我尊重、自我实现需求的广告必须是富有非凡创意的作品。因为这种广告的创意极具智慧和内涵，使受众感到广告传达给他的是了不起的杰作，有一种棋逢对手、琴遇知音的满足感和自豪感（对自我尊重需求的满足）；此外受众感觉到需要自己智力的参与才能知解它，就会获得一种探索以后的胜利（对自我实现需求的满足）。因此追求创意必然成为一种世界性潮流，我们必须把创意放在现代广告创作的最重要的地位。

那么究竟什么是创意呢？创意就是表现广告主题的新颖构思、意念或点子。

创意的关键在一个“创”字上，即创新、创造和首创性。如同是表达思念之情，蔡文姬写道：“山高地阔兮见汝无期，更深夜阑兮梦汝来斯”，感情非常深沉。而白居易则是“琴诗酒伴皆抛我，雪月花时最忆君”，感情虽不及蔡文姬深沉，但形式上却有很大的创新，因而成为千古佳句。

同样，广告中有没有创意，创得如何，是广告价值高低之所在，是广告有无生命力，有无个性，有无神采和“眼睛”之所在。例如，众所周知的美国万宝路香烟原是女性香烟，其广告语为“像五月的天气一样温和”，销量一直不好，企业到了濒临倒闭的地步。这个时候，该企业请了当时著名的广告大师李奥·贝纳为其策划新的广告，结果新广告将万宝路定位于男性香烟，并在画面中采用了一位极富男子气概的牛仔形象，广告语也改为“风度来自万宝路世界”。令人震惊的是，这个以后为全世界人们所熟知的好创意取得了巨大的成功，不仅挽救了该企业，而且还带来了持久不衰的经济效应。

所以，许多广告大师一再告诫人们关注创意。大卫·奥格威说，要吸引消费者注意，同时让他们来买你的产品，非要有很好的特点不可，除非你的广告有很好的点子，不然它就像很快被黑夜吞噬的船只。他还说，如果一个广告活动不是由伟大的创意构成，那么它不过是二流品而已。美国广告理论家 J. W. 克劳福特（Croft）在《广告》一书中也强调，要永无休止地寻找新的思想，永无休止地寻找新的与众不同的表达这种思想的方法。著名的威雅广告公司的口号就是“抗拒平凡的创意”。

二、创意在现代广告中重要的美学意义

创意在现代广告中是一种具有很高美学价值的审美对象，但是审美主体对它的审美并非像对一般纯粹艺术品那样是直觉的非直接功利的，而是有一个激发消费者心理情绪的过程，这种激发，从广告来说，依靠了它的诱导劝说作用。因此我们说，创意的巨大作用在于启发诱导特定消费者的心理积极情绪和购买欲望。

消费者的心理积极情绪对广告主非常重要，对广告的认知、认同和购买行为主要来源于此。消费者的心理积极情绪是指消费者在感受广告创意时产生的意向对位。

意向对位是指广告诉求点和消费需求点之间相投合。消费需求点又包括物质需求点和精神需求点。这一心理积极情绪是创意的根本性价值，是广告创意成功的核心。有了这个核心，广告的刺激才能使受众心理激起波澜，进而实现广告的促销作用。

创意之所以具有如此巨大的作用，关键在于它在现代广告中具有突出的美学价值，符合审美对象具备的主要特征，归纳一下，最主要的美学意义有三点：

（一）体现现代审美的时代性

今天我们已进入信息时代，知识生产、创造正在取代着物质生产、创造的主导地位。与此同时，科技、艺术、知识密集型产品越来越成为人们关注和欣赏的对象。广告属于知识密集型行业，创意更是思维创造的结晶。

因此，一个好的广告创意，具有显著的时代感，而且它在满足消费高层心理需求的同时，最能体现现代消费者的物质和精神需要。广告对于商品形象的完美表达，尽管在质感、结构上有着严格的追求，但与可以使消费者“心智洞开”的创意相比，是比较落后于时代的。

（二）体现现代审美的文化性

文化是社会实践中形成的人类创造的空间（制度和环境等）和痕迹（产品和行为等）。文化的形式早已成为人类的审美对象，而广告正是人类在经济和艺术生活实践中的创造物，自然带有很强的文化性。

以航空公司广告为例：美国的泛美十分注重速度和安全，有一句广告语是“从××之日起，大西洋收缩 20%”，充满了美国社会浓重的工业味，体现了重视高效率和人权观念的美国文化。

日本的全日空比较注意服务和温情，广告中是美丽的空中小姐道子和由美，广告语“道子的魔力，由美的秘密”明显表露出日本社会男尊女卑的文化心理。

台湾的华航则抓住了东南亚华侨对故国的眷恋之情，广告中充满了最有中国文化特色的景物，如笑面佛招手致意，龙飞凤舞和江南风情等。

鉴于今天已形成的“审美文化”，广告突出消费者的文化心理定位和创意，对于赢得受众的认同有非常重要的意义。

(三) 体现现代审美的形象性

形象性是一切审美对象应具备的最基本的前提性特征。无论是包括内涵在内的“形象”性，还是只有外形的“形象”性，代表事物的外在形式总是不可缺少的。

从审美意义来说，我们所说的形象是指“有诸内而形诸外”的包括内涵在内的形象概念。几乎一切广告都有“形象”，因为广告必须以一种艺术手段来表现，而艺术手段是以形象为前提的。

创意的形象性在构思阶段表现为广告人头脑中的意象，在设计制作成作品以后，体现在广告中一切表达因素和内涵中。因此我们说创意不只体现了形象性，而且是内涵丰富深刻的形象性。创意具有高品位的形象性特征，因而它的震撼力就十分强烈。

案例 4—1

泰国大米平面广告

本来粮食广告是很难在形象表现上创出新意来的，但这则泰国大米广告（图 4—1，见彩插）却从外到内都十分丰富诱人。洁白如雪，莹润如玉的大米被塑造成一位婀娜多姿的泰国舞女，以优美的民族舞蹈欢迎各国受众选购，配上标题“泰国欢迎您”，使其艺术形象风韵传神，给人以清新之感。该广告是一个广告形象创意的天才创造。

第二节　创意方法与创意思维

一、创意方法

美国著名的广告大师詹姆斯·韦伯·扬（James Webb Young）对产生创意的方法作过研究和归纳，他的这些想法，最初是在美国芝加哥大学商学院向一群主修广告的研究生所作的演讲，其后又有几次是对活跃的广告从业人员的演讲词。当他描述创意过程时，因袭了世界上一些最伟大思想家的传统。

像罗素和爱因斯坦等都认为，知识是杰出创意思想的基础但不止于此，知识一定还要加以消化，最后以一种鲜活、崭新的相互关系与组合出现。

从事广告多年的结果使詹姆斯·韦伯·扬确信传播成功的关键在于产生切题

中肯并有戏剧性的创意。以下就是他指示我们达到这一目标的道路。

（一）二原则

詹姆斯·韦伯·扬认为，不管产生创意的一般基础原则是什么，最重要的原则只有两项。

1. 创意完全是把原来许多旧要素作新的组合

这也许是关于产生创意最重要的事实真相，在我们讨论步骤的时候再作详尽的说明，那时我们就能透过其应用，把这一原则的重要性看得更清楚。

2. 将旧要素进行重新组合的能力大部分在于了解要素相互关系的本领

这一点正是产生创意时所发生的心智上最大程度的不同处。对某些人而言，每一事实都是各自独立的一点知识，而对另外一些人来说，它却会是许多知识联系的环节，有相互的关系，也有许多相似点。因此，在心智上养成寻求各事实之间关系的习惯，成为产生创意中最为重要的事。

案例 4—2

南非神奇胸罩平面广告

这则广告曾获戛纳国际广告艺术节平面广告金狮奖（图 4—2，见彩插）。

广告由两幅画面组成：第一幅是一位妇女双脚站在一张纸上，低头一看，脚尖上端写着“你如果能看到自己的脚尖，我建议你用神奇胸罩”；第二幅是女士站过的那张纸，上面双脚留下了非常清晰的两只脚印。

该广告最为巧妙的地方就在于女士脚尖留下的印迹正好构成了神奇胸罩的轮廓形象，极为传神。也就是说，创意人准确把握了脚印和胸罩之间的相互关系——形廓相似的特点，切入点奇妙，令人拍案叫绝。

（二）五步骤

詹姆斯·韦伯·扬说：“生产创意正如同生产福特汽车那么肯定，生产创意也同样是在大量生产作业的装配线上执行，而在此一生产中人的心智也遵照一个作业方面的技术，这个作业技术是能够学得到并受控制的。因而对其有效地使用这件事就是练习其技术，这与有效使用任何工具的情形是完全相同的。”①

其中的“作业技术”就是指五项步骤，要点在于认识其相互间关系，并绝对遵循先后次序，不能前一步骤尚未完成，即开始下一步骤。

---

① 转引自［美］汤·狄龙：《怎样创作广告》，231 页，北京，中国友谊出版公司，1991。

1. 收集原始资料

在实际执行时，收集原始资料并不像其表面上那么简单。这是一件我们永远想规避的、相当烦人的琐事杂务。我们很多时候把应该花在收集原始资料上的时间，都用于心不在焉地发呆。不去有系统地达成收集资料的任务，却代之以无所事事的空想，等待灵感的降临。我们所必须收集的资料有两种：特定资料和一般资料。

在广告中，特定资料是指那些与产品和销售对象有直接关系的资料。对特定资料的重视问题是老生常谈，但是很多时候都流于表面泛泛而谈，因为对有关产品和消费者的深入认识并不容易获得，把握其特殊性就更难了。

这里詹姆斯·韦伯·扬举过一个例子来说明：当年法国短篇小说家莫泊桑受教于一位老作家学习写作，这位老作家对莫泊桑说："出去，到巴黎的街上，随便找一位驾车的车夫。你乍看他，可能与其他车夫非常相像，并无差别。可是仔细地研究他，直到你能把他描述得与这个世界上任何其他车夫都不相同的程度，要做到在你的描述中，他是个与众不同，有独特个性的车夫。"①

这个小故事道出了有关特定资料的真谛，只要我们研究得够深、够远，我们几乎都能发现，在每种产品与某些消费者之间，都有其各自相关联的特性，这种相关联的特性就可能导致创意。

与收集这些特定资料有同等重要性的事，就是继续不断收集一般的资料。一般资料不一定是与某一广告有关的资料，我们发现，许多真正优秀的、有广告创作力的人几乎都具有两个重要的特点：第一，普天之下，没有什么题目是他不感兴趣的。例如从埃及人的葬礼到现代艺术，生活的每一层面都使他向往。第二，他广泛浏览各学科中所有的资讯。

所以，收集一般资料很重要。一般资料主要指生活中有趣味的事物和大量的各种各样的知识，因为广告中的创意，常常是有着生活与事件"一般知识"的人对来自产品的"特定知识"加以重新组合的结果。

此种过程与万花筒中所发生的组合相似，广告的创意也就是我们生活的万花筒的世界中所构成的新花样。存储于花样构成机器——心智——的要素越多，也就越有增加令人印象深刻的新组合或创意的机会。

收集原始资料，一部分是目前的工作，一部分是终生的工作。所以对于资料的处理也要注意方法。这里有两个实用的建议：

第一，假如你要对特定资料收集做任何大规模的工作，在做的时候，能够学

---

① 转引自［美］汤·狄龙：《怎样创作广告》，237页。

习“卡片索引方法”是很有帮助的。你只要自己准备白卡片，把你收集的特定资讯写在上面。每张卡片只记一项事件，事后可开始以题目之不同分项归类。最后，可以适当地整个分类建档。

这种方法的优点是，不仅能使你的工作有次序，而且还可以暴露出你所缺少的知识。它甚至强迫你的心智透过你所书写的资料，真正地准备完成产生创意的过程。

第二，为了储藏某些类别的一般资料，使用类似剪贴簿或文件夹等，是很有帮助的方法。我们偶然寻获的大量遗漏的资料，也是产生创意可利用的资产——如剪报、出版物上的专题文章、原始的评论意见等等。在这类资料中，可以建立有用的创意资料簿。

2. 观察、探索资料——寻求关系

收集资料以后，就要对这些资料加以咀嚼，正如同要对食物加以消化一样。这个步骤的过程比较难用具体的术语描述，因为它完全在你的头脑内部进行。

首先要做的是把已收集到的资料，用你的心智的触角到处加以触试。你先把一件事实反复用不同的方式看，再用不同的看法见解来观察，以探索其意义。你再把两件事实放在一起，看它们如何配合。

然后要寻求的是相互的关系，以使每件事物都能像是拼图玩具那样，汇聚综合后成为一恰当的组合。这时会有一新的因素进入，这就是当你对那些事实不直接地、严格地加以一瞥时，有时会更快地发现它们的意义。你会记得，带翅的天使，翅膀只有在其斜看时才能看到。这也和其相似。事实上，这几乎像只“倾听”其意义而不去“寻求”其意义。创作人员在这一阶段的过程中，他们给人的印象是“神不守舍，心不在焉”。

在你通过这一程序时，有两件事会发生。

第一，你会得到小量不确定的或部分不完整的创意。把这些都写在纸上。不管表面上是如何地荒诞不经或残缺不全，把它们都记下来。这些都是真正的创意即将到来的预兆，把这些都以文字表现出来，以促进此项过程。这时，又是白卡片有用的时候了。

第二，渐渐地，你会对拼图感到非常厌倦。你不要过早就发生厌倦，心智也能在疲劳后产生轻松感。在此过程中，至少要追求内心活力的第二波。继续努力去得到更多的想法，把它都记在小卡片上。

然而，不久以后，你将到达绝望的阶段。在你的心智中，每件事物都是一片混乱，在任何地方都不能清楚地洞察。假如你在最初确已坚持努力去拼好你的拼图，当你到达这一点时，在整个过程中已完成了第二阶段，可准备进入第三阶段。

3. 放任思维

在这一阶段中，你要完全顺乎自然，不做任何努力。把你的题目全部放开，尽量不要去想这个问题。此时你所要做的，显然是把问题置于下意识的心智中，让它在你睡梦中发生作用。

在此阶段中，有一件事你可以去做，会帮助你把问题置于意识之外，并刺激下意识的创作过程。你还记得福尔摩斯怎样在案件进行中所使用的那一招吧！他把华生（Watson）拖出去听音乐会。这对崇尚务实而无想象力的华生而言，是一件使其非常恼火的事情。而作者柯南道尔则是一位创作者，了解创作的过程。

所以，当你到达产生创意的第三步骤时，就完全放弃问题，并转向任何能刺激你想象力及情绪的事。去听音乐、听戏或看电影，阅读诗歌或侦探小说等等。

在第一步骤中，你要收集你的食粮。第二步骤中，你要把它咀嚼好。现在是消化上场，听其自然——但让胃液刺激其流动。

4. 突发灵感

突然间会出现创意。

它会在你最没期望它出现的时机出现，当你刮胡子的时候，或沐浴时，或者最常出现于清晨半醒半睡的状态中。也许它会在夜半时刻把你唤醒。

例如，美国小说家及剧作家玛丽·莱茵哈特（Mary Rinehart）在其小说《萍克顿小姐》中，使这位角色说："那是当我折起那份名为《鹰旗》的刊物，把它放在一边，等以后再阅读的时候，突然感觉到有重要的事物进入我心中。以前在我身上曾发生过这种事；我能用脑筋去想一件事，一直想到呈现一片困惑迷惘的状态。在我放弃之后，在没有任何显著理由的情况下，答案会突然跳进我的心中。"①

此外，网版印刷发明人艾伍兹（James Merritt Ives）在他发现网版印刷的过程中，也发生同样的情况。他曾说过：

"当我在绮色佳（Ithaca，美国纽约南部一城市）操作照相铅版印刷照相制版时，我研究网版印刷照相制版法的问题（以上是第一步骤）。

有一天夜里，我在脑疲劳的状态下，躺在床上，结束这个问题（第二步骤结束，第三步骤开始）。

在早晨我醒来的瞬间（第三步骤结束），

很明显地在我面前看到投射在天花板上的整个在运作中的照相制版方法及设备（第四步骤）。"②

这就是创意到来的情况。在你停止为其竭尽心力后，经过一段停止搜寻的休

①② 转引自［美］汤·狄龙：《怎样创作广告》，242页。

息与放松后它出现了。

因此，有关牛顿发现地心引力定律的故事，可能并不完全真实。但你会记得，当一位妇人向这位著名科学家请教他怎样发现的时候，据说他的回答是："由于经常思考这件事而得来的。"①

由于经常不断地思考这件事而使他能够发现。但是可以猜想，如果我们知道全部故事的经过，我们就应该知道，实际是当他在乡间散步中得到解决的。

总之，在一个没有专心致志的情况下突发一种全新的想象，形成了创意的雏形，不要在这时打断思维，使其继续下去，浮想联翩，促其完善，并及时记录下来。但是，如果灵感与诉求点不够吻合，则可以推倒创意，重新构思。

5. 完善创意

经过最后这一步骤，才能完成产生创意的过程。这一阶段，可以称之为寒冷清晨过后的曙光。

这个时候，你一定要把你可爱的新生创意拿到现实世界中。而当你如此做的时候，常会发现此新生儿并不像你初生它时那样奇妙。

还需要做许多耐心的工作，以使大多数的创意能够适合实际状况，或在实际紧急情况下能发生作用。此时会丧失许多好的创意。因创意人像发明家一样，常没有耐心或不够实际地去完成在整个过程中的适应部分。但在这劳碌平凡的世界中，假如你想使创意能发生作用，你就必须要做这项工作。

在这个阶段，不要犯把创意守密不发表的错误。要把它交给有深思远虑的批评者审阅。

你如此做时，会发生使你惊异的事。你会发现，好的创意对象具有自我扩大的本质。它会刺激那些看过它的人们对其加以增补。因而大有把你所忽视而有价值的部分显露出来的可能性。

二、创意思维

(一) 创意思维的基本方法

创意思维，是思维的高级综合运动，是人们在已有的知识和经验的基础上，从某些事实中寻求新关系，找出新答案，创出新成果的思维过程。创意思维的广度、深度和速度，在很大程度上决定于创意思维的方法。

创意思维的方法是个很有趣的问题。良好的方法，可以使人才华横溢，创意层出不穷；拙劣的方法，则可能阻碍才能的发展，从而成为创意的障碍。巨大的

① 转引自［美］汤·狄龙：《怎样创作广告》，243页。

成就常常是一个技巧的问题，有志于创意的人，应当熟悉和探索各种创意思维的方法。只有这样，才能使自己思路开阔，让各种创意思维因素活跃起来。以下是几种基本的创意思维方法：

1. 发散思维法

发散思维又称扩散思维、分散思维、辐射思维、分殊思维、求异思维等。它是对同一问题探求不同的、多种的甚至是奇异答案的思维方法和过程。也就是以一个所要解决的问题为中心，向多方向推测、想象、假设的"试探"性思维过程，解决问题的方案越多越好，越奇妙越好。

这种思维就像灯光或烛光一样，向四面八方辐射，任凭"标新立异"、"异想天开"，从已知领域去探索未知领域，无所拘束，可超越现存时空。这是一种开放性的思维，和想象、直觉、灵感、审美等有密切关系。它不受现有知识的束缚，也不受已有经验的影响，并突破各种思维定势的障碍，从各个不同甚至是不合常规的角度去思考问题，所以可以得到意料不到的思维成果。

发散思维使不同的思路犹如发源于高山上的江河大川一样，奔腾而下，一泻千里，最终又殊途同归，汇入创意的汪洋大海之中。发散思维有三个重要的特征参量，即流畅度、变通度和独特度。

(1) 流畅度是发散思维数量的量度。创意能力强的人，思维活跃、流畅，能在短时间内思接千载，产生大量新信息，表达出较多的新观念。

美国心理学家吉尔福特（Gilford）认为，创意思维的流畅有以下四个方面：

用词的流畅，即迅速想起说出符合一定要求的词汇的能力。

观念的流畅，即能迅速列出特定范畴中有意义词汇或列出满足特定要求的有意义想法的能力。

联想的流畅，是对给定词，能快速列举其有关系词的能力，例如举出"模糊"的各种同义词或反义词。

表达的流畅，是把词组成词组和句子的能力。显然，流畅度高的人与普通人相比，在"单位时间内可产生更多的想法，其想法涉及的人类经验的范围更大"[①]。

从群体的角度看，如果组织一个人数适宜的小组在一起进行创意，各抒己见，互相启发，彼此激励，形成智力叠加和互补，其流畅度一定比个人冥思苦想要高得多。基于这种思想，美国奥斯本（Osborn）提出创造的"头脑风暴法"(Brain Storming，又称BS法、智力激励法)，由此奠定了创造工程学的基础。

---

① 王文博主编：《创意思维与设计》，54页，北京，中国纺织出版社，1998。

（2）变通度是发散思维的灵活性的量度。创意能力强的人，思路变化多端，能由此及彼，由表及里，由近及远，触类旁通，迅速转移思维方向和思维轨迹。变通度越高，思路转移越快，思维越灵活。例如，两个人同样说出了砖的十种用途，但其中一人说的全是建筑类用途，另一个人说的除建筑类用途以外，还有分属雕刻、自卫、运动等类，则后者的变通度就比前者高。

吉尔福特认为变通有两种：一是自发的变通，是自动从一种思维方向转向另一种思维方向。例如，激光最初的用途是打孔，但很快就有人利用其特性，广泛应用于医疗、工程、国防、通信、摄影、音响、农业等领域。二是适应的变通，是按实际需要，将原概念加以修改或转意而获得新的应用。例如，用扣子下围棋，将筷子做笔等。

同样，人数适宜的由不同领域的人组成的群体，集思广益，其变通度会更高，因为“外行人”能够用另一种眼光观察本行人所观察不到的或熟视无睹的盲点。根据这个思想，美国学者戈登（Gordon）提出了创造技法“提喻法”，并成为创造工程学中的重要内容。

（3）独创度是发散思维的新奇性的量度。创意能力强的人，思路常与众不同，能超凡脱俗，独辟蹊径，不落窠臼，跳出陈规陋习。独创度越高，思维就越别出心裁，新奇绝妙。

例如，荷兰某城市多年前出现了垃圾问题，人们不愿使用垃圾桶，垃圾满天飞。卫生当局绞尽脑汁，想了许多办法，诸如严罚丢垃圾的人（每次罚款 25 至 50 元）、增加巡逻人员等，但收效甚微。有人提出在垃圾桶上装设电子感应的退币机，当人们倒垃圾入桶时，可得 10 元奖金。这一想法别出心裁，语惊四座，但是实施这一想法，需很多资金。人们沿这一思路，把退钱改为播放一则笑话，并两周更换一次内容，结果颇受市民欢迎，城市又恢复了清洁。

发散思维法是创意思维的典型思维方法，尤其在创造的开始，它往往起主导作用。所以，吉尔福特认为，发散思维几乎可与创造并称。没有发散思维，也就没有创意。但是，也决不能忽视其他的思维方法。

2. 收敛思维法

收敛思维，又称集中思维、求同思维、汇合思维、聚焦思维等。该思维是从已给的大量信息中搜索、寻求、汇总或推断出一个正确的答案或最优方案。用通俗的话来说，收敛思维是指最终的一个答案，思考的方向都集中指向这个答案，并利用已知的知识和方法，推演出正确结论。

这种思维，就像聚光灯一样，集中指向（收敛于）一个焦点。收敛思维利用个人已有的知识、经验，把事实材料综合于逻辑程序之中，有条理、有组织地思考，本质上和形式逻辑推理（演绎法、归纳法）有密切联系。

例如，《爱丽丝漫游迷惑图》书中有一则智力问题：餐桌上的一碟盐被偷吃了，小偷可能是毛虫、蜥蜴和猫三者之一。它们被带去受审，供词有：毛虫说，蜥蜴偷吃了盐；蜥蜴说，是这样；猫说，我根本不吃盐。已知三者中至少有一个讲了假话，也至少有一个说了真话。那么，究竟谁偷吃了盐？

问题可这样分析：假设猫吃了盐，则三者说的都是假话，与题意不符；假设蜥蜴吃了盐，则三者都说了真话，也与题意不符。两种假设均不成立，都被排除。最后，就是假定毛虫吃了盐，则供词中前两个是假话，猫的供词是真话，符合原题给定的条件，所以答案是毛虫偷吃了盐。这种分析，每一步都指向问题的中心，排除错误，最终找出惟一正确的答案，显然是一种收敛性思维。

我国有一句古话：殊途同归。用在创意思维过程中，殊途就是发散的意思，而同归就是收敛的意思。发散思维与收敛思维，都是创意思维的组成部分，它们各有特点，又不可分离。在创意思维之初，往往更要注重发散；而在思维之末，则常常归于收敛。

只靠发散而不管收敛，找不出最优、最佳方案；只注重收敛，而不运用发散，必然墨守成规，不能创新。只有发散与收敛密切结合，才能出创意思维。构思多种方案而刻意求异创新，是创意思维中的关键因素，再在多种方案中，筛选、概括、集中、综合、最优化一，从而得出最佳的新创意，同样是不可缺乏的。

3. 反向思维法

反向思维也称为逆向思维，是发散思维的一种特殊形式。它是向原来的思维方向相反或相对立的方向进行的思维，亦即“反其道而行之”。

中国古人云：“相反相成”，说的就是这个意思。原来的思维方向得不到创意，向相反的方向思考，也可能产生创意；有时，正反两个方向都可能产生创意。

导弹的发明和制造技术的产生就是反向思维的成果。为什么炮弹、枪弹和飞机空投炸弹的命中率较低？研究发现，这是由于各种环境的随机干扰所致。为了提高命中率，就应从相反的方向思考，即让发射的方向和角度有一定程度的弹性，令弹头在飞行期间自我矫正偏差，进行反馈控制；利用红外线技术，从目标反射回来的电磁波方向来反复调整弹头的飞行，直到命中目标为止。

4. 从初思维法

事物的发展总是遵循着由低级形态向高级形态进化，由简单到复杂的演变，以至于我们当今的世界呈现出千姿百态、纷纭繁复的景象，但是，在现实生活中常常有这样的经验，无论多么高级、复杂的事物都能找到某种共通性，或者说其本质都是最简单和纯粹的，用中国的一句老话说就是“万变不离其宗”。

所以，很多时候，当人们面对令人眼花缭乱的现象和事物无从着手、毫无头绪，往往会退而求其次，从它们的最初形式或状态来寻找思考的新途径，反而容易得多。这里面就包含了从初思维的方法，即以初始的、简单的形象比拟复杂的、高级的形式或道理。

案例 4—3

日本沃尔沃汽车“安全别针篇”平面广告

曾获’96戛纳国际广告节平面广告金狮奖的日本沃尔沃汽车“安全别针篇”广告（图 4—3)，就是典型的从初思维方法。这枚别针两边的钢丝：上面弯曲成汽车顶盖形，下面弯曲成汽车底板和车轮形，针环为车头，整体显出了沃尔沃汽车的轮廓，十分传神。但奇怪的是，针尖并未扣在扣槽内，而是跳了出来，给人以不安全的感觉，造成受众极大的悬念。其实这和沃尔沃汽车一贯宣传的特点“车外壳钢特别好，碰车不变形，安全系数高”是相吻合的。

4—3　日本沃尔沃汽车“安全别针篇”平面广告

它要说明的是：别针的钢一定坚韧，不易变形，即使针尖跳出扣槽之外，也很难用外力碰撞使之变形。受众自然会从别针联想到沃尔沃汽车的外壳。别针针尖出槽尚且如此，何况谁都会知道别针使用时针尖绝不会出槽的。沃尔沃汽车所有结构精良合格，其安全牢固程度可想而知了。该广告以最简洁的形式表达了一个极为丰富的内容，回到了问题的核心，抓住实质，一针见血，简单而又深刻地切入了利益诉求点，令人回味无穷。

5. 直觉思维法

直觉思维是创意思维的基本方法之一，在创造活动中占有很重要的地位。有人把爱因斯坦关于科学创造原理的思想，简述为一个模式：经验—直觉—概念和假设—逻辑推理—理论。在这个经典模式里，直觉思维是创造思维的关键。许多科学大师都给直觉思维以高度的评价，认为直觉思维是创造性的不竭源泉。

首先，直觉思维有显著的导向作用。自然界和社会生活值得去探讨的问题非常之多，而每一个问题的解决，又往往有多种可能性（途径、方法、手段等），能否快捷、正确地做出抉择，就成为解决问题即进行创意、创造的关键。可是怎样在众多可能的情况下做出最优化的选择呢？经验证明，单靠逻辑思维是无法完成的，必须依靠直觉。如居里夫人对镭的预测和爱因斯坦的“光量子假说”都是凭直觉思维创立的。

其次，直觉思维具有突破性的作用。直觉思维就是在面临一个创意、创造课题，或者面对一种奇特现象时，先对其结果所做出的一种大致的估量、猜测或构思，而不是立即动手实验、设计或验证。也即直觉思维是模糊性判断，它在创建新理论或创作新作品时，显得格外重要。因为新理论总是在被证实之前提出来的，而一件创新作品也总要突破世人的习惯性的审美视角。如果一开始就沉溺于暂时无法或难以解决的枝节问题，那么，一些新奇的创意就会被扼杀在摇篮之中。

但是，也应注意到直觉思维也有不足的一面。邦格（Bang）认为，直觉思维有三个缺点：一是直觉思维没有论证的力量；二是直觉思维部分地包含普通常识，而常识常常是保守的；三是直觉思维不够精细。

苏联心理学家卢克（Luque）认为，直觉思维可能出现三种错误：一是忽视了数学统计规律；二是忽视了选取事实的范围；三是直觉有时会把两个偶然巧合的事件误认为必然，以至于做出错误的判断。

（二）创意思维的基本途径

1. 劝说性途径

利用现实的物质利益和承诺点来劝诱说服受众接受广告的诉求点，如说理、劝诱提示、对比说明等。

案例 4—4

柯达胶卷电视广告

这则电视广告表现的是一位父亲的宝贝女儿的成长过程。父亲对女儿关爱备至，从她一生下来就视其为掌上明珠，她成长的每一步都伴随着父亲无微不至的关爱，一直到她出落成一个亭亭玉立的大姑娘而出嫁。许许多多场景充满生活情趣，令人难忘。

广告影片采用超时空的构思方法，将凌乱的情景拍摄成一张张照片，是有时间秩序的女儿成长的纪录。这清晰优美的画面对父亲来说简直是一份最珍贵的宝物，而女儿这些美好的“回忆”正是多年采用柯达胶卷拍摄下来的。“想起来，多温馨，柯达串起每一刻。”该广告充分运用了视觉语言来劝说人，大量令人快慰的画面优美清晰、情趣盎然，直观地感染人并引起受众的情感共鸣，劝诱说服自然不露痕迹。

2. 内涵性途径

寻找事物之间的相关性进行比拟，或者利用悬念偶得的手法进行曲折含蓄的表达，以传达商品的诉求点。如比喻、含蓄、悬念等。

案例 4—5

梯莫肯（Timken）公司“咬子弹”平面广告

美国梯莫肯公司为了开发新产品和更新生产设备将进行再一次的巨额投资（10 亿美元）。如此巨大的投资，企业不惜拿出血本，几乎“孤注一掷”，是需要极大的勇气，冒极大的风险的。

为了说明这种精神，广告用“咬子弹”作为比喻（图 4—4，见彩插），其画面只有两颗子弹，上面牙痕清晰，使人们通过具体形象一下子体会到做出这一举动的决心多么不易。然而，子弹上确实留下了几个狠咬后深陷的牙印，说明公司真的这么决策了。所以标题说：“我们又做了一次。”语调平常，但却含有十分有力的决心。

3. 趣味性途径

利用幽默、诙趣的表达手法追求一种喜剧效果，或者展示一种生活情趣，以诉求广告的意图。

案例 4—6

美国土豆平面广告

把两个不同大小的土豆叠黏在一起，稍加修饰，突出夸张了鼻子、眼睛、眉毛、胡须和谢顶，一个既滑稽又传神的形象便出现了。这就是美国土豆广告（图 4—5，见彩插），配上文案“认识吗？全美最流行的食品”，趣味盎然，个性十足。同时，该广告将人的头部和鼻子用形态相似的土豆来表现，着力体现了人类潜意识中的营养观念，给受众留下了深刻的印象。

4. 情感性途径

利用人的情感、情绪心理状态来感染受众，以达到对广告诉求点的认知。如情感、情节、情侣、性感、通感、感受等。

案例 4—7

松下传真机电视广告

这则电视广告曾获 1990 年日本电通最高奖（图 4—6，见彩插）。

电视画面展现的是一个普通的日本家庭生活片断，年轻活泼的妻子在做家务时不小心摔破了一只茶杯，她急需另买一只，便用松下传真机与正在上班的丈夫联系。下班时，天下起大雨，丈夫想起了出地铁口还有一段路程才能到家，他便用松下传真机与妻子联系让她务必到时带把雨伞在地铁口等待他。夫妻见面后彼此用手语交流——原来妻子是哑巴，难怪他们不用电话联系。两人恩恩爱爱地消失在雨雾之中，这时，画外男中音唱出了广告词：“温暖于人间的信息交流工具。”

这个广告融家庭温情于无情的传真机中，着力渲染夫妻间的深厚情意，表达体贴入微，感人至深。

5. 形象性途径

利用企业形象和品牌性格来建立企业形象和名牌形象的广告诉求形式。如企业形象、产品形象、品牌形象等。

案例 4—8

TORO 灌溉设备公司平面广告

日本 TORO 灌溉设备公司广告（图 4—7，见彩插）给人的第一印象是四个巨型字母："TORO"，它不是书写的也不是用其他材料制作的，而是在一块土质黝黑肥沃、上面草植繁茂旺盛的土地上切取出来的。

创意匠心独运，通过产品使用效果来表达 TORO 公司的灌溉设备具有高质优能的特点，富有时代感。该广告集中凸显企业和产品品牌，图形丰富了品牌的自然表情，传达出企业及产品的准确定位，对树立商品和企业形象极为有利。

6. 文化性途径

按照当代人的某种群体文化意识进行广告表达和诉求的类型。如回归、民族文化类广告等。

案例 4—9

孔府家酒电视广告

这则广告曾经在广大消费者中享有很高声誉，具有强烈的民族文化特色。广告一开始伴随着歌曲"千万里，我一定要回到我的家；我的家，我的家，永生永世不能忘"，一架海外归来的飞机落在停机坪上，海外游子回来，亲人们迎了上去，欢聚一堂，共饮孔府家酒，大红纸上的隶书"家"字特写镜头出现，游子深有感触地说："孔府家酒，教人想家。"

整个广告充满了人情味和天伦之乐的大团圆，把中国特有的血缘文化、人伦亲情充分表达了出来。

7. 冲击性途径

运用对视觉或其他感官强刺激手法诉求的表现类型。如荒诞、刺激类广告等。

案例 4—10

女长袜平面广告

国外有一则女长袜广告（图 4—8，见彩插），模特儿分为两截，下身穿着长袜和鞋，在上身还未找到衣服时便迫不及待地起身而走；抑或是断身后，上下体互相寻觅。这一场景使缩在门角的小猫惊恐万分，这也正是受众看到广告后产生的第一心态，从而对广告高度注意。这是典型的荒诞表达手法，具有强烈的视觉冲击效果。

冲击性途径要与民族文化心理结合起来，才能把握好分寸，不至于滑入恐怖和丑恶，令人反感。

8. 宠物性途径

利用宠物做广告已是现代广告一大方法，每届广告获奖作品中都有若干幅此类作品。

案例 4—11

照相机电视广告

这则照相机的电视广告曾在戛纳广告节上获奖，主角就是家里的宠物——一只猫和一条狗。有一天，主人回家发现厨房里一片狼藉，很明显是动物随心所欲上窜下跳造成的。主人很生气，严厉审视着猫和狗，想找到肇事者。而这时狡猾的猫装出一副无辜的样子，况且平日温顺的它也颇得主人欢心，结果主人惩罚了诚实忠心的狗。狗受了委屈，伺机揭露真相。终于一日，主人不在家，猫又开始在厨房狂奔，狗迅速抓住机会，按下快门，把猫的罪行拍了下来。主人回来后，狗叼着照片迎上去，主人方才恍然大悟。

广告十分有趣，富有戏剧性和喜剧效果，但最大的特点就是利用了日常生活中人们所说的“猫狗不和”的矛盾性和宠物的可爱性，生动地表现了产品的特点。

9. 另类性途径

现在比较流行的是非主流途径，即另类创意思维方式。因为当今社会经济形势与生活时尚瞬息万变，“新新人类”、“X 一代”等大批追求个性的群体的出现，已使所有的传统观念和行为模式面临着被完全颠覆的威胁，而且在广告中尤其明显。因而为了迎接挑战，需要谋求探索一种全新的创意思维方式来重新征服这些“逃避广告的人们”。

案例 4—12

优普饮用型酸奶电视广告

被法国业界公认的“革命性”的优普饮用型酸奶广告以“巴黎少年”为题展开创意。在夜色深沉的巴黎郊区，一帮四处游荡的街头小痞子盯上了一个少年，哄闹、挑衅，万般无奈之下，少年被迫交出了手中的酸奶瓶，心有不甘地愤愤地说：“我在里面吐痰了！”

这种采用“唾弃”产品的方式来反衬其美味可口的创意表现可谓史无前例，紧紧抓住了当代青少年的真实心态和机智反抗的行为特征。

这则电视广告首播时在18～24岁年龄段中记忆率高达92%，85%的被访者显示出积极的购买愿望（通常只能达21%），优普饮用型酸奶在市场上一举成功，成为青少年爱不释手的饮料，市场品牌领导的地位很快得到了确立。

为了打破常规，标新立异，当今最前卫的另类广告创意思维正在突破一切禁区。1997年法国广告创意革命的开拓者们对死亡、呕吐、卫生间等主题大加渲染。具有时尚前卫色彩的少女时装品牌凯依柯在电视广告中推出了“屎人”，广告创意已达到了无所顾忌的地步。

在这则广告中，可怜的男人们在抽水马桶里苦苦挣扎，一名少女蔑视地瞧着他们。“哗”的一声抽水声响，“屎人”在旋流中消失。符号学家洛朗·伊瓦尔（Harlan. Ivar）指出，这则广告的目标对象是年轻人，他们对所有拒绝常规、彰显个性的行为都会格外关心。

三、创意思维的关键环节

（一）善捕灵感

灵感是一种非理性思维，费尔巴哈说：“热情和灵感是不为意志所左右的，是不由钟点来调节的，是不会依照预定的日子和钟点迸发出来的。”[①] 但是，这并不意味着它是不可捉摸，无从把握的东西。很多成功的创意事例表明，灵感的产生或出现，还是有规律和轨迹可寻的。

1. 要有对所解决问题的执著思索和追求

① 转引自王文博主编：《创意思维与设计》，128页。

车尔尼雪夫斯基说："灵感，是一个不喜欢拜访懒汉的客人。"① 经久不息的追求和苦思冥想，是获得灵感的先决条件，正如列宾所说的，灵感不过是顽强劳动所获得的奖赏。譬如，掘井需要一层一层地挖，直到抵达足够的深度，方能见到泉水喷涌。

不论是艺术家的创作，还是科学家的发现，无一不是在历经一番艰苦探索后而获得灵感的。门捷列夫之所以会在一脚踏上火车时，就出现了一种新的元素周期表排列形式，正因为他为了发现这张表而思索了多年。专注执著地冥思苦索，可使人进入一种迷狂状态，思维处于高度振奋的旋涡之中，故而一旦松弛下来，灵感便乘机而生。

2. 要有充分的心理准备

灵感来无影、去无踪，何时来，怎样来，有很大的随机性。如何把握住时机，捕捉住灵感，使创意成功，关键就在于有充分的心理准备。

苹果落地的现象很多人都见过，但发现万有引力定律的，就只有牛顿一个；植物的根部牢牢地抓住泥土，大多数人都不止一次看过，但由此引起思索，发明了现代建筑材料钢筋混凝土的，却是法国园艺家约·莫尼哀。

应该说，在机遇面前人人是平等的，但只有那些随时留心，并努力刻意追求它的人，才能适时捕捉住突然闪现的灵感，取得创意的成功。松下幸之助有一次看见其姐、弟争用一个电灯插口，便想："能不能找到一种不用争抢就可以解决问题的办法？"于是，他开发设计成功了双口电灯插座。

3. 要善于创造宜于产生灵感的环境氛围

虽然灵感产生时间不可预测，但灵感产生的环境却是可以创造的。有人曾向美国千余名学者做过调查、询问，统计结果表明：刮脸、换衣、开车游玩、整理庭园、钓鱼、打高尔夫球、散步、听音乐等时候出现灵感的情况最多。

这是合乎情理的。人经过一段紧张的脑力劳动之后，从事一些较轻松的工作，可使头脑更清晰、思路更明确，更有利于创造性的直觉或想象产生。在这些情况下，由于显思维获得休闲、潜思维开始活跃，各种信息相互碰撞，很容易产生创意思维的火花，从而使灵感产生。所以，德国物理学家赫姆霍兹（Helmholz）说："在紧张思考之后，身体完全健旺并且安闲自在的时刻，好的思想就会到来。"②

4. 要及时记下灵感

灵感一旦出现，必须火速记录下来，以防其转瞬即逝，再也无法捕捉到。很

---

①② 转引自王文博主编：《创意思维与设计》，129页。

多艺术家、科学家、发明家都懂得这个道理。圆舞曲之王约翰·施特劳斯一次在和女友郊游时，突然来了灵感，但身边无纸，就马上脱下衬衣，在袖子上谱写起来。这就是他的传世杰作《蓝色多瑙河》。

培根说："人在开始做事前要像千眼神那样察视时机，而在进行时要像千手神那样抓住时机。"[①] 一切渴望创意有成者，都要牢记这些至理名言，不失时机地追求和捕捉住创造灵感。

（二）联想与想象

1. 联想

联想就是从一件事想到与其相关的另一件事，或者称为概念组合。一个又一个的想象使事物内涵不断扩大，在一件事与另一件事之间发现某种关系，从一件事类推出另一件事等都属于联想活动。

对创意活动最重要的发散思维主要是依靠联想、类推等实现的，人们在实践中开发出"头脑风暴法"等自由联想法，以及"进出法"和"焦点法"等强制性联想法。

"头脑风暴法"能够最大限度地让我们的记忆和想象力活动起来，但必须严守四个规则：严禁批判；自由奔放；讲求量度；改善组合。最后的"改善组合"是指在受到别人提出创意的启发后要提出更好的创意，这样不断继续下去形成越来越完善的创意。

后来又有人开发出新的自由联想法，这种开发活动一直延续至今。有代表性的是卡片 BS 法、沉默创意法（也叫亮脑法）等。

日本有则谚语："一刮风，卖桶的就发财。"这句话有头有尾，中间部分靠联想强制性地连接在一起，运用了典型的强制性联想手法。

美国通用电气公司为设计自动装置开发的"进出法"也在原理上与此完全相同。比如设定"用脚一踩门就开"、"暗了灯光开关就启动"、"一伸手水就出"等课题，然后再去想用什么材料、应该追求做出一种什么样的东西等，最后开发出自动门、自动开关灯、自动洗手器等。

联想就是联想，并不限于现在的手头策划工作，有时自己可以把自己想成地球防卫队司令官，有时还可以把自己假设成进步作家，这样，联想的范围将会不断扩大。

还有将幻觉和梦想当成现实去想象的办法，如无事可做的上下班坐车时间就是发挥联想的大好时光，受车窗外景色的启发，想法常常会一个又一个地不

---

① 转引自王文博主编：《创意思维与设计》，129 页。

断冒出来。

2. 想象

想象有三层含义：实际没有感受的形象浮现于大脑之中；在心里推想事情的来龙去脉；空想。

达·芬奇曾说："画家必须把眼睛看到的所有现象画下来"[①]，而保罗·克雷（Paul. Klee）却说："画家要画出眼睛看不到的东西。"[②]

其实，人的心里要有眼睛，它可以用"超感觉的知觉"捕捉事务。换句话说，靠人所特有的想象力去自由驰骋，眼睛看不到的东西也会显现出来。

如果没有形象的变化和形影的结合，也就没有想象力，那么，也就不存在想象这种行为了。所以，想象与想起（记忆的再生）的区别在于，想象不单是对过去记忆的再现。依靠过去的经验，人脑中可储存多种形象，当这些形象自由地发生变化，不同内容的形象重新组合时，想象就成为具有生产性和创造性的行为。大江健三郎也说："想象力是从一个形象中产生出新形象时形成的强有力的精神和情感。"[③]

在我们为现实所迫，忙忙碌碌地度过每一天的过程中，谁都可能为应付日常生活中的杂事而失去自由的想象。但是，我们决不能忘记创造源于空想和想象的事实。和孩子们一起玩耍，读推理和幻想小说，钓鱼（一边想象自己变成了鱼），以绘画和雕刻为消遣等都是训练想象力的好办法。

想象可分为几种类型。比如，在和孩子们做"过家家游戏"时可以看到的是"空想"。在听某段旋律时脑海里会浮现相应的情景，这是"写实想象"。

还有"构成式想象"，这种想象与我们的思考有很大关系，并且有一定的目的，为实现这种目的而展开生产性和创造性的想象。其中包括收集和积累可成为创造活动的素材和各种经验成果，这种想象是一种重组、收集和积累内容的过程。对创造活动来说当然是最为有效的想象方法。但是，无论是哪一种情况，想象都不受现实的约束，想象是自由奔放的。

（三）自由心态

创造型人才的个性特征的主体心态是自由心态，即没有约束、压力的自由创造心态。可以表现在以下几个方面。

1. 好奇心强

不可遏制的求知欲望和好奇心是创造型人才最突出的特点。研究表明，好奇

---

①② 转引自［日］深川英雄：《创意思路》，27 页，北京，中国电影出版社，1999。

③ 转引自上书，28 页。

心使创意在活动中具有“多样性”，常常使他们产生许多新的联想。

2. 审美力强

创造与美有不解之缘，对美的追求和对真、善的追求一样，是创造型人才的很重要的特征。创造型人才“对他们的工作有强烈的美感”，“他们都追求全面的、优雅的解决方式”，他们“思考和表达的严密性和最终产品的优雅性有关系”①。可以说，美学是一种高层次的创造学，两者相结合可把两门学科的发展推向一个崭新的阶段。艺术美学、科学美学、技术美学等学科的蓬勃发展，显示了这一方向强大的生命力。有意识培养和自觉提高审美力正成为普遍趋势。

3. 全神贯注

创造者一进入创意状态，便别无他顾，将全身心都投入进去，往往是忘了世界、忘了时间、忘了自己，以至于达到苦心孤诣、如醉如痴的境界。正如创造学家贝利（Bailey）所指出的，“事实上任何领域里的发明创造，在解决创造性任务时都需要全神贯注；不集中精力，创造者就无法取得有用的成果”②。

4. 想象无拘

科学家普利斯特利（Priestley）指出：“凡是能自由想象并把互不相干的各种观点结合起来的人，就是最勇敢、最有创造性的。”③任何创造、创作或发明，都离不开“形象化能力”、“感知确定对象的能力”和“空间想象力”。创造性强的人总是想象丰富，自由舒展，无拘无束，天上地下，幻梦现实，禁区冷角，无不有他们想象的足迹。

5. 抽象深刻

高度抽象，洞察深刻，能够透过现象察本质，把复杂现象简洁化、条理化。科学家固然需要高度的抽象能力和洞察力，即使艺术家也需要较强的抽象力和洞察力，才能使作品更为深刻和典型，把握时代旋律，揭示生活的深刻哲理。

6. 激情似火

创造者的情感世界十分丰富，往往有火一样的激情，对创造充满着深沉的爱，把创造看做是其乐无穷的事业。

7. 兴趣广泛

现代创造具有高度综合性、跨学科性，创造者要有广博的求知欲和多学科的知识。因此，大多数创造型人才的兴趣十分广泛，善于利用“他山之石”攻创造之“玉”，出其不意地解决创意难题。

8. 珍视自由

①②③ 转引自王文博主编：《创意思维与设计》，98 页。

对创造者来说，想象的自由、思考的自由和行动的自由极其珍贵。这种自由天地越大，创造成果就越丰硕。巴伦（Baran）指出："以不平常或独特的方式做出回答的能力随着自由增加而增加。"① 创造思维一般有超前性，因此应当许可独辟蹊径。

9. 豁达幽默

创造者很少在生活小事和物质追求上斤斤计较，他们胸怀创意大目标，关心创造大局，注重净化心灵，摆脱俗气。他们喜欢"抓住事物的本质或根本"，不管喜欢不喜欢，都决不"被眼前的琐事搞花眼睛"和"对经常出现的枝节问题患得患失"。他们豁达大度，不拘小节，有深沉的幽默感，既不为别人的诋毁诽谤而悲观丧气，也不为自己的挫败而气馁，更不为一时的成功而得意忘形。

幽默感是灵活思维的兴奋剂和调节器，常与灵感、直觉形影相随，保证创意思路畅通；同时，幽默感又是抚慰心灵的镇静剂，使人保持一种坦然的乐观。总之，深沉的幽默标志着一种内在的心理自由，有了这种自由，就会有成功的创意和创造。

第三节 当代广告创意的运作规则

一、着眼点的原创性

现代广告受众的高层次心理需求动机要求广告有助于自我尊重和自我实现，在接受广告中会得到一种与客体旗鼓相当、棋逢对手的感受，在与广告心灵对话中解译广告符号所荷载的信息密码，从而获得一种智慧美、发现美。

这种美感的价值重在内涵，因此，创意的着眼点就不应以外在诸形式为主，而应以表达和情节的构思为主，构思要求奇妙、独特，易于启迪受众的悟性和智慧。

也就是说，创意要有原创性，要以新颖、奇特、巧妙甚至离奇怪诞的构思引起人的极大注意和兴趣。

原创性主要是指构思不落俗套，新颖脱俗，想象出于一般人的思维模式。按一般思维，灌溉设备公司广告总是离不开设备造型本身形象及对其的解释说明，或者描绘出灌溉设备正在田间工作和满目茁壮禾苗的景象。但这些都是人人可以想象得出的构思，没有新意。

日本 TORO 灌溉设备公司的广告超出人们惯常的思维常态，出奇制胜，令

① 转引自王文博主编：《创意思维与设计》，99 页。

人叹为观止，就在于它的新颖、引人注目和美感。而注意和趣味是一种积极心理状态，它是发展为积极意志和行为（正面的）的前提，是广告获得预期效果的基础。因为注意和兴趣是美感的开端和组成部分。

原创性何以产生美感？关键在于原创性使人的本质力量在实践中得到最积极最充分的发挥，其对象化形象具有一种最新最高价值。人对其观照总会获得一种最激动人心、鼓舞人心和骄傲的愉悦。

但是，原创性不等于一味追求奇谲惊人或者奢华迷人，并非指铺张扬厉。其实，广告一旦脱离生活，脱离市场，脱离消费者，就会导致失败。

原创性的审美追求的基本点在于表现广告主题的新颖性。这种新颖性渗透在独特风格和气质里，而不只是局限于外表的感官刺激上。如这则环保广告（图4—9）就运用了一种超现实漫画手法，在众多创意平庸的环保广告中独树一帜，把主题思想表现得发人深省。所以说创新绝不是形式上的一味雕琢模仿。

图 4—9　环保广告

二、形象体的初始性

形象体是广告艺术形象的原物性载体，在广告创意中，首先要选择形象体，例如沃尔沃汽车的别针，麦当劳广告的摇篮等。形象体是一种文化特质或文化细胞，既然属于文化现象，它便往往带有一定的地域和民族色彩，也就自然存在一种隔阂。但是同时也存在一种超文化阈限的、为人类大多数共同认知的形象体。我们知道，人类也有超越民族文化的共通性心理，这种共通性认知心理和审美心理产生于人类相同的生产生活实践和存在方式。因为人类作为一种“类的存在”

有着与其他动物本质区别的共有特征，而且就事物本身存在条件来说，甚至有这种现象：存在和实践的物质条件越初始，形象体就越带有共同性，人类对它们的认知和理解心理自然也就带有共通性。

我们许多广告人创意时选择形象体太文太雅，文化含量太大，反而增加了广告传播的民族文化心理隔阂。为了使我们的广告易于走向世界，形象体不妨选择人类生活中更为初始性、具有人类共识性的事物，这样就容易为不同文化心理的受众注意和理解。

例如，著名的“南方黑芝麻糊”广告在国内荣获多项广告大奖，但是送到戛纳国际广告节上却无功而返。中国许多广告人为此愤愤不平，指责西方评委带有民族歧视心理，不懂东方文化。

其实，广告节上参赛的作品来自世界各地，不仅包括东西方文化，而且具有浓郁民族色彩的广告也不乏其中。但是，我们不难发现所有获奖的广告都是那些可以让全世界人类都能看懂的广告，即使是民族文化型的广告，其视觉或语言元素也都是最具代表性和广为人知的。

我国的这则广告却忽视了一些细节，如其中有一个镜头是小孩子吃完了一碗黑芝麻糊，还想再吃一碗时，卖黑芝麻糊的大婶马上又给他盛上一碗。中国人都能理解这是人情味的表现，而且还会受到感动。但是西方人却不明白，为什么还要免费送出一碗？所以说，文化背景太浓是不易于广泛传播和沟通的。越是复杂的事物越容易产生差异，相反最简单和最初始的东西倒能形成共识，甚至是情感共鸣。

2001 年 7 月 13 日，中国申办奥运会成功，举国欢腾。在申办现场给众多国际评委留下深刻印象的申奥宣传片是一个成功运用形象体初始性原则的典范。画面中一张张不同的笑脸传达出人类最美好的情感和愿望，富有生活情趣的场景完全是超越障碍的视觉语言，极具感染力。总之，整部影片把中国人热情健康、奋发向上的精神表现得淋漓尽致，从而获得一致好评。

三、诉求点的偶得性

在表达方法上力求形成悬念，使受众在迫切探究的心情下偶然释悬，得到一种意外的惊喜。现代受众之所以对这种知解方式极为青睐，关键是接受广告过程伴生一种智慧发挥和“谜底”发现的审美经验。但是，悬念方式采用要掌握一定的“度”，对受众知解性恰如其分的把握至关重要。

现代创意思维的超凡脱俗，使广告表现往往脱离那种直接性、显露性的方法，而是追求一种寓意于形的方式。好的创意一般都曲折含蓄、隐蔽幽深，受众在感受时一般要细细品味、咀嚼，逐步体会其中意蕴。

案例 4—13

美国箭牌衬衫广告

这则广告描绘了一个人马对话的故事：乔因为不堪忍受缩水衣领像枷锁一样的折磨而致死，死后变成了一匹马。当“我”知道乔的死因后，埋怨他为什么不早倾诉苦衷，以便推荐“箭牌”衬衫，因为这种衬衫经过机械防缩处理，而且十分廉价。乔很惋惜，表示只能给自己的老板买，以换得多给它的一夸脱燕麦。

该故事完整有趣，诉求方式曲折含蓄，尤其是其标题“我的朋友乔·霍姆斯，他现在是一匹马了”非常有悬念感，很容易引起人们的兴趣。

含蓄在广告中常见的方法有比喻、拟人、借代、双关、寄托等修辞手法，常常造成一种悬念，好像相声中的抖包袱，使人恍然大悟，在“山重水复疑无路”中突然得到“柳暗花明又一村”。这些手法通过语言表现，也可通过画面或摄影表现。

含蓄是审美对象一种良好的美学品格，感受体味含蓄是一种很好的审美关系。含蓄之所以具有强烈美感，首先因为含蓄的创意具有一种深沉性、深刻性、曲折性、隐幽性，它是人类进行艺术创作的深度表现，又是手法高超、智慧火花迸发的表现，体现了人的本质力量对象化形象的精神深度，同样使人感受到人的创造的丰富和精深。对其感受，也是对人本质力量的肯定。

对含蓄创意进行审美体验往往要在偶得、顿悟、通感中获得共鸣和理解，体味到美的真谛。偶得、顿悟就是要使表现物和被表现物之间某种蝉联点“一点即通”。通感即用比喻等手法达到此感官感觉与被感官感觉之间的共通共鸣、共感共美。

我们在广告创意中一定要注意含蓄性特点，充分体现这种审美效应，使作品丰富多彩，具有回味性、咀嚼性。但广告不能脱离实用大众化而刻意求深求曲，太古奥、晦涩会影响广告效果。这是应特别引起注意的。

四、风格上的趣味性

幽默感是现代世界广告创作普遍追求的审美趋势。这是现代人强大的心理压力的释放方式，是产品文化生活的必需品，同时又是一个民族文化素质的体现。

我国广告在这方面差距比较大，有些广告虽然也着意追求幽默感，但效果牵强。提高幽默感是我们的广告创意一个不容忽视并十分艰巨的任务。

案例 4—14

西班牙涂改液电视广告

这则广告是这样的：当一位姑娘看到被男友退回来的情书，正在忧伤无助、令人同情的时候，无意中发现了桌上的涂改液。她突然灵机一动，将情书上对男友热恋的字眼一律涂抹掉，经过修改，纸面完好，好似没有写过一样。这便使她觉得保护了自己的自尊心，同时似乎觉得那男子也遭到了冷落，心理平衡了一些。她为自己的聪明和干得巧妙，会心地微笑了。

这可以说是一种“苦涩的幽默”，一个善良、聪慧而善于自得其乐的女孩形象鲜明而生动地勾勒出来，不但令人同情，而且讨人喜欢。她巧用涂改液，苦中作乐，解脱自己，同时使受众与她一块儿欢愉和惬意。

此类广告常常运用理性倒错、寓庄于谐的表现手法，造成诙谐幽默效果，是一种高智慧的结晶，需要在创意上下很大功夫，熟悉掌握喜剧规律，使广告给受众带来出其不意、意味绵长的幽默感受。

幽默趣味性广告的美学价值在于它给受众带来了轻松愉快和令人玩味的心理情绪，这种情绪是一种生动而积极的美感效应。但是要注意与受众的文化背景相贴近，要在生活实践中选取受众喜闻乐见的形式进行创作。而且，要杜绝庸俗低级情调，也要注意克服趣味不浓、过于平淡的倾向。

五、信息量的少而精

现代广告创意的趋势之一就是力求简洁明了，信息准确精当。这是因为如今人们生活在一个信息爆炸的时代，被大量的知识和符号化产品所包围，需要接受的信息已经相当多，而同时被迫接受的信息甚至更多，致使现代人类普遍产生一种反“压迫性”的心理需求，表现出来就是刻意拒绝大量信息，或者是极度反感大量信息。

于是，以传达产品信息为主要目的的广告开始面临越来越多的“逃避者”，尤其是国内的许多平面广告常常连篇累牍，堆砌信息，招来厌恶。因此，优秀的广告创意十分注意这个问题，不仅文案简洁如诗，就是标题也追求简短、醒目，还有画面也尽量避免让人眼花缭乱，而代之以简明生动并能很快使受众清楚明白的形象。

案例 4—15

日清食品（杯面）“原始人篇”电视广告

这则电视广告（图 4—10，见彩插）曾在日本国内外引起很大反响。其中有一个广告的内容是原始人一家三口（父、母、孩子）由于饥饿到处寻食，来到一棵大苹果树下。孩子先举起大棒敲击了一下树干，少许苹果顿时散落在地；于是大人又敲了一下，更多苹果下落，他们高兴极了，等再敲击一下之后，突然一只豹子落了下来。三人大惊失色，豹子也饿极了，立即向他们扑来，在豹子的追赶下，三人围着苹果树团团飞转，这时，屏幕相继出现字幕“Hungry?”（饿了吗?）及日清杯面特写镜头，然后是日清品牌形象。

整个广告除了最后的单词和配音外，没有任何语言和文字信息，完全靠一个十分简单的故事情节来传达这样一个谁都能懂的意思——如果你饿了，就吃日清杯面。或许是日本人对信息工业社会的逆反心理更为强烈，或许是紧张的生活节奏致使他们无暇顾及太多，反而回到了最原始的需求，总之该广告以信息少而精的特点，准确把握消费者心理，给人们留下了深刻印象。

当然，也并非绝对的少就是好，还是要和产品性质结合起来考虑。但是，不论创意如何，精炼是必不可少的，需要反复揣摩，精益求精。

六、效果上的切中性

切中是指广告艺术形象的主要特征（例如“喻体”）与广告诉求点（指称对象的突出特征，亦指“本体”）恰如其分地碰撞与吻合，即切入点准确契合。切中往往使人感到一种恰到好处、妙不可言的智慧美。这种美学效应给人的心理感受十分深刻而强烈，让人久久不能忘怀。这种美学效应往往使主题表现一针见血，抓住要害，事半功倍。

切中效果比较显著的是 USP（Unique Sales Proposition，独特销售主张）创意法，即根据产品特性向消费者提出独一无二的卖点，这个卖点是别人没有的，或是别人没有说过的，且这一卖点能为消费者带来实实在在的利益。例如，宝洁公司在中国洗发水市场上对 USP 创意法可谓运用得淋漓尽致：“飘柔”——“头发柔顺有光泽”、“海飞丝”——“头屑去无踪”、“潘婷”——“富含维他命原 B5，由发根渗透至发梢，营养头发”等等，每一种产品的 USP 都提得让人心悦诚服，尽显产品个性。

国内有一个“银得菲”感冒药的广告，情景是一个人的生日晚会上，大家等着他来吹灭蛋糕上的蜡烛，并说："许个愿吧?"正在这时，此人打了一个喷嚏，众人大感吃惊，画外音响起"关键时刻怎能感冒——海王银得菲"。这个广告的切入点就不够准确，按情况分析好像更需要预防而不是治疗，对产品功能的诉求不准确，从而影响了广告效果。所以说，强调效果的切中性就一定要求卖点单一、准确，突出诉求目标。

七、心理定位的沟通性

好的广告创意一定能使目标受众被深深打动，契合了他们的需求心理和情感心理并导致购买行为。只有在消费者参与进来后，广告才能成为完整的活动，才能达到其传播目的。

换句话说，只有当信息发送者与接受者双方都分享到被传播的思想，传播的意义才完整，而二者之间共同经历越多，相互分享的思想越多，交流与沟通才越容易顺利进行。

因此，创意必须依据对受众经验范围的了解，如他们的民族文化心理、地域文化心理、个性特征心理等，来选择和运用能充分表现心理定位的字形、图案、色彩和音响等进行创作，使受众认同，沟通顺利，从而有利于信息的传达和接受。

案例 4—16

"雨果"男性香水重获生机

"雨果"男性香水原是德国的老品牌，但是到了 20 世纪 90 年代初，市场份额开始下降，遭到比较年轻一代的反感。于是该品牌请欧罗克广告公司重塑新形象。

广告以更年轻、更嬉皮的 16～24 岁的人为目标，以"反英雄"姿态出现，使用了著名模特沃纳的形象，用"别模仿，要创新"为广告语，一反传统十分张扬地说："它只是一种香水，喜欢就买，不喜欢就不买。"结果这一招十分奏效，因为目标人群的心理特征就是蔑视一切传统，追求与众不同、时尚、新异，而广告的创意正是在此心理定位上具有了有效的沟通性，从而吸引了大批的年轻人，获得他们的认同，使品牌重获生机，市场份额不断攀升。

八、表现上的个性化

由于广告创意是体现在风格、气质等深层意蕴上的创新，不只表现在外表上，而是内外统一，形神兼备；又因为是首创，各有千秋，故各自具有个性特点，克服了公式化、雷同化、模式化。

艺术追求的一个重要目标是个性化、性格化，即要有鲜明的、与众不同的、栩栩如生的个性形象。如鲁迅笔下的阿Q、杨二嫂，《红楼梦》中的王熙凤、林黛玉、薛宝钗、晴雯、袭人等，个个活灵活现，生动逼真。

广告属于实用艺术，虽不像纯粹艺术那样需要在深层面上塑造性格，但也需要为宣传广告主题、实现销售目标而塑造广告特殊性格，使其突出自己的特色，加深受众的注意和印象。

案例 4—17

日本松下全自动洗衣机广播广告

这则广告曾获日本广播广告电通奖，非常有特色。广告在表达上以绝入静界的学弈为喻，选择了享誉棋坛、荣获“永世棋圣”称号的中原诚十段少年时代学弈时母亲为他做绒布棋盘的故事为喻体。母亲十分理解儿子苦心孤诣、刻苦学棋的决心，为了消除棋子落盘的响声，使儿子能宁静潜心思考，她别出心裁，给儿子做了绒布棋盘。

消声绒布棋盘凝结着慈母的爱心，正好说明松下全自动洗衣机采用新型材料消除噪音，也是为了向消费者奉献爱心。该广告比喻恰当贴切，而且带有较高的文化品味和浓郁的人情味，使得这则洗衣机广告极富个性，对受众具有很强的感染力。

必须指出，广告创意个性化并不排斥系列化。现代广告和商品包装都出现了系列化倾向，在这方面，既要有个性化、性格化，又要有系列性。同一系列家族与各系列比较突出个性特征，同系列中单位之间又有着各自差别。这一点，日本资生堂广告做得比较理想。

第四节　构筑我国广告创意高平台

一、我国广告创意的落差

（一）由广告创意不佳导致的效果落差

在评定我国广告效果时，我们无法回避这样一个事实：今天，我国广告的“坐标系”已经发生了根本性的转换。从20世纪80年代初到90年代初，我国广告尚可自我发展，较少受外界干扰。我们可以将目光只投向国内，在沿海地区与中西部地区之间，在大都市与中小城市之间进行比较研究，寻找症结和对策。

但在今天，情况就完全不同，我国广告的大背景已经由国内转移到了世界，竞争的对象已经是有国际影响的跨国广告公司。诚然，从我国市场经济发展和广告市场发展进程来看，广告发展的开放程度明显滞后于总体经济发展。改革开放伊始，外国工商企业便进入中国，而跨国广告公司进入中国则滞后了将近10年。

外国广告一旦出入国门，便对我国广告形成了严峻的挑战。据有关人士对北京20家大型广告公司调查表明：近年来外国与我国合资的广告公司营业额年增长率大约是我国广告公司营业额年增长率的3倍，人均年营业额也是我国广告公司的3倍多。

另一方面，我国的广告也要随着我国的产品、品牌走向世界，直接参与国际广告竞争，面对的挑战更加严峻。形势迫使我国广告人尤其是沿海一带经济发展快速地区的广告人不得不将目光向外，注视和研究新的竞争对手。

世界经济一体化，世界广告国际化，这是今天全世界出现的大趋势，是无法抗拒的历史潮流，任何一个国家的经济形势和对策研究，任何一个国家的广告形势和对策研究不能离开这个大趋势、大背景，我国广告效果研究必须以世界广告的发展现状和格局为自己的总体参照系，进行对比研究，才会找出科学有效的策略。

只要我们面对那些世界著名品牌，就会发现，与这些品牌并驾齐驱的是早已为人们熟知并有口皆碑的广告，其创意，其形象，其文案乃至色彩、字迹等等深深地烙印在了全世界受众的脑海里。可口可乐、万宝路、雀巢、柯达等等，无一不以超凡脱俗的创意撼动人心。

广告震撼人心，品牌自然出名，广告公司自身也随之发展强大。这就是广告的最佳效果。这些事实，几乎所有的广告人都不会忘记，更不会忘记广告大师大卫·奥格威的由衷劝告："我在创办奥美广告公司之初，银行账户里仅有8 000美元，而今天，奥美变成了世界5大广告商之一，在21个国家设的据点，1 000个客户每年出的广告宣传费用高达8亿美元。如果你有心仿效，秘诀在这儿：首先，大家都晓得你是个极富创意的人才。其次，你周围合伙的人都必须比自己优秀。第三，你要放手让他们去做。""在我们这样竞争激烈的领域中，满足创意平庸的广告，无疑是自寻死路。"① 在探讨影响广告效果的因素时，"创意第一"这一认识，从奥格威的告诫中我们是不难获得的。

① 转引自祁聿民、苏扬：《构筑创意高平台　打造广告大品牌》，见乔均、程庄庄、董立津主编：《中国广告行业竞争力研究》，130页，成都，西南财经大学出版社，2002。

(二) 反思的反思

中国广告人对“创意第一”原则的认识并非只是从别人那里学习来的，自己的痛切体会也早已使然。谁也不会忘记1986年我国广告人第一次参加戛纳国际广告艺术节的情景。那时，庞大的中国代表团借着改革开放和广告腾飞的春风踌躇满志而心怀好奇地走出国门，来到戛纳。

在没有任何间隔的直接对比下，中国广告与世界第一流优秀广告相比判若云泥，相形见绌。巨大的反差使中国广告人瞠目，但并不失落，曾与会议组织者论争，理由是民族文化的差异。但当大会主席先生以“为什么中国人可以看懂并称赞外国优秀广告”为由反诘时，中国广告人才确实地面对现实，感到问题的严重性，一种失落的情绪在内心升腾起来。

失落有时候比自信好。自信常常与自负、盲目相毗邻，而失落在许多时候是正视现实的开端。中国人不会忘记，1996年从戛纳归来的代表们痛心疾首，在国内掀起了一个不大不小的全民性的广告大反思。一时间，演讲、论文、论辩、呼吁……一浪高过一浪。人们基本上取得了一种共识：国外广告似在意料之外，却在情理之中；我国广告既在意料之中，又在情理之外。

形成这种反差的原因不是别的，正是创意。是创意使我国广告与国外优秀广告在受众心目中的效果形成了如此大的差别。此后，我国更加大量地引进国外广告作品，广告人从这些广告作品中，更加认识到了我们在创意方面的巨大危机，开始在自己的广告创作中寻求飞跃的契机。应该说，这一时期的中国广告人，开始在痛苦的反思中奋争。

1997年戛纳国际广告艺术节来到了。中国广告人精选了有竞争力创意的作品前去参加，结果却无一入围。回想上一届中国广告尚有一个极其微弱的获奖项目，中国广告人称之“全军覆没”，而本届结果该如何感受？经过一番努力而被更加彻底地否定，这确为人们始料不及，不啻当头闷棍。

此后一年来，中国广告人似乎失去了’96戛纳归来的痛心疾首和激昂，有些人怀疑戛纳的宗旨，认为评上国际奖的广告不一定市场效果好。创意危机的意识开始在人们心目中动摇。竟有一种观点认为创意好不一定效果好，似乎只有前期调查和定位才是提高广告效果的关键因素。

是的，’96戛纳艺术节以后有一种忽视市场的创意至上论，这是应该引起注意的。但在又一次打击面前，不是由失落转为奋争，而是转为无奈乃至回避创意，这是必须加以纠正的。因为创意确实是现代广告效果的最重要的因素。

在现代广告运作中，调查定位尽管很辛苦、很大量，但它是一种操作过程，是许多人经过努力都可以达到的。结论往往产生于调查研究的结尾，而不是在它的先头，只要调查仔细认真，经过正常的分析归纳，结论（定位）是水到渠成的事。

但创意则不然，创意不是操作，而是创作，是创造，是新事物的诞生。在事物发展过程中，操作可以促使量变，创造才是质变。只有创造潜能充分发挥，才可能决定事物性质变化，促使过程飞跃。中国广告面临与世界广告“对接”，必须有一个质的飞跃，才能面对目前挑战，否则，我们将永远把痛心留给自己！

由此引发了我们对戛纳冲击反思的反思：

反思一：创意危机意识是对的。第一印象往往最准确。

反思二：强者是最敢面对艰难的勇士，经得起一两次打击不一定是英雄，经得起许多次打击才是真正的英雄。知难而进，别无选择。

反思三：必须尽快改善广告人的创作环境和心理环境。

反思四：广告人有必要记住这句话：“文章憎命达”，这是不是规律并不重要，但它确实大量地存在着。

（三）我国广告面临创意“闯关”

要缩小中国广告与世界优秀广告的落差，从根本上提高广告效果，必须闯过创意关。

我们的广告虽然经过了十几年的发展，但其创作的思维方式还是传统的顺向模式，作品基本保持为告知式，创意成就突出者很少，从总体来看，我们并没有进入严格意义的创意式。

充斥我们广告媒体的作品，基本包括下列表现类型：恭贺祝福，合家欢庆，自吹自擂，称“王”称“霸”，渲染质量，衬托功能，示意、组接，直劝、诱情，名人夸赞，美人作态，胡乱用典，篡改成语等。所谓有创意，也是用情节或者气氛来突出和修饰宣事的内容，构思的格局和逻辑形式与告知式广告没有什么区别。

告知式是以产定销的产品经济时代的广告形式。这种广告的特点是“我告你知”，即用宣事的方式直接将广告指称对象的信息和特征告诉受众知晓。产品经济的市场供不应求，竞争并不激烈，广告主是市场的上帝，广告完成告知便可使产品售罄。因此，这种广告做起来很省力，并不需要绞尽脑汁地想创意。随着产品经济逐步被服务经济取代、计划经济逐步被市场经济取代，竞争日趋激烈，仅仅信息告知的形式已不能满足需要。于是对告知式进行各种修饰美化、烘托强调的艺术强化手段便产生了。

然而，市场经济的高度发展使消费者的需求动机高度升华，精神追求尤其是自我尊重和自我实现需要日益增强。对于广告，受众并不缺少信息告知，包括各种精致的告知，而需要内涵丰富得多的精神享受和心灵对话。这便是具有思维原创性广告产生的动因和基础。

现代发达国家优秀广告的特征，正是与这种基础相适应并已得到长期发展的成熟形式。当初，他们也有一个由告知式向创意式转换的不适应乃至艰难的过程，但他们经过了突变，闯过了关，成功了。

我国广告目前正处在这个转型的艰难过程中。我们的市场经济发展很快，多种所有制和经营方式并存，国民经济在与世界经济全方位接轨的进程中显出了快速增长的势头。但作为市场经济和现代营销前锋利器的广告，其发展尽管在外部形式和数量上很快，但从作为行业核心的作品来看，尤其是从作品的创意来看却仍然在告知式上徘徊，中国广告迫切面临创意“闯关”。闯关也是一种突变形式，在质量互变的发展进程中，有了突变、飞跃，才完成质变，事物才能上台阶、提档次，开拓一个新天地。

改革开放以后，我国经济体制经历了几次“闯关”，每一次“闯关”就会使改革前进一大步。同时每闯一次关，就要克服一次艰难险阻，付出一次大的代价。

在我国广告行业发展中我们也曾有过“闯关”，例如《广告法》的诞生和实施。但更多的是量的增减，而不是质的飞跃，例如代理制的难产。在创作问题上，创意危机一直未能扭转，致使中国广告作品步履维艰，难以担当发送品牌、扬名世界的重任。因此，创意“闯关”已成为中国广告人的当务之急，构筑高水准的创意平台已迫在眉睫，势在必行。

二、构筑我国广告创意高平台

（一）症结何在

我国广告创意长期萎缩有多方面的原因，归纳起来，主要表现在三个方面：

1. 机制因素

1993 年 7 月，国家工商行政管理总局决定在部分城市实行广告代理制。实行广告代理制，要求广告公司处于广告经营的主导地位，广告主委托广告公司进行广告的策划和实施。广告媒体通过广告公司承揽业务，出售版面和时间。

广告代理制，是广告现代化的一个标志。也是世界大多数发达国家广告行业实行的定型机制。

中国本土的现代广告业从 1979 年起步开始，由于媒介处于垄断地位，一直存在“强媒介，弱广告公司”的现象。在我国，兼营广告的媒介单位不但从数量而且在经营上均比广告公司占很大优势，再加上媒介资源的特殊性与紧缺性，以至于出现了媒介默许甚至鼓励记者拉广告、中央电视台黄金时段上演“标王大战”、“媒体轰炸”以及诱以“回扣”等畸形的广告现象。

中央电视台的特殊地位与身份使之成为媒介巨无霸，众多企业被吸引，于是自20世纪90年代中期以来，“夺标”大战愈演愈烈，夺标费用之高令人瞠目结舌，正所谓“成也萧何，败也萧何”，孔府宴酒、秦池、爱多等在经历了“标王”的短暂辉煌之后，全部销声匿迹了，而中央电视台由于利益驱动，对于“夺标大战”至今仍乐此不疲。这种媒体垄断现象的存在，使广告代理制在我国的推行可谓是步履维艰，广告公司所应具备的广告经营的主导地位与创意功能得不到发挥，粗制滥造的广告充斥于市。

2. 环境因素

(1) 广告市场环境。中国广告市场经历了二十几年的发展，虽发育较快，但仍处于初级阶段。因为大到广告行业的内部关系与运作过程，小到广告公司内部作业的流程，都存在着不少不规范的现象：如广告代理制被变形了，策划理论被束之高阁，市场调查被忽略了，消费者心理行为研究少提了，广告战略与策略研究被搁置了。与之相伴随的不良现象有：广告创意理论贫乏，媒介与客户的专业素质太低，广告公司数目太多而规模太小，广告公司之间恶性竞争不断等。

这些现象在中国广告业中程度不同但却普遍地存在着，并形成了一种大的环境气氛，在这种氛围下，广告公司的主要精力并不能或不能完全地放在创作上，广告创意水平的良莠不齐也就不言而喻了。

(2) 客户因素。中国的广告业目前还处于初级阶段，因而有许多企业的广告意识和广告行为是不平衡的。广告市场缺乏规范性，企业的行为也不规范。很多企业的广告行为纯属个人意志，如领导喜欢什么栏目，产品广告就要放到什么栏目，根本不考虑栏目的具体受众与自己产品的目标消费群体是否相符。

更有甚者，客户在与广告公司的合作关系中，过多地挤占了主导位置，并不是与广告公司处于一种相对平等的状态，常常过多地干涉广告公司的正常作业。对于广告公司的创意，并不是从自身的客观需要出发去衡量其好坏，而是盲目地以一些“约定俗成”的条件去加以限制，并加进一些领导者个人的因素，动辄因为个人不喜欢或有所忌讳而否定或支配广告公司的创意思路，致使一些好的创意常常被扼杀。

这种既违反创意规律又违反市场规律的做法，使广告公司的创意积极性受到了打击，于是许多广告公司形成了一种“‘客户通过了’就是标准”的经营理念，在这种情况下，创意标准被扭曲，好创意“难产”司空见惯。

(3) 广告公司的内部环境。广告公司内部的经营管理方式和工作环境会直接影响到广告创作人员的心理环境。奥格威认为：在广告公司中，要用笑声杀死冷峻；创新和热情必须在一个充满情趣的环境下才会源源不断。

广告行业是一个富有创造性的行业，广告人的思维过程、心智状态、创作效果对于广告公司来说至关重要，而这些创造性思维只有在宽松、活跃的工作环境中才能够得以发挥。

但是我国不少广告公司的领导人往往沿袭了一些常规行业的管理方法与制度来管理广告创作人员，把艺术创作当作产品生产的加工程序来对待，传统的雇佣关系限制了广告人创造性思维的发挥，并使之在精神与心理上受到束缚，创意水平停滞不前。另外，主管部门对广告创作的一些过严的管理规定也为广告人发挥创造性思维设置了障碍。

广告既是一门科学，也是一门艺术，许多艺术上的表现方法（包括艺术夸张和渲染）对于广告创作是大有裨益的，但某些地方在贯彻广告法规中的过分限制，妨碍了艺术手段在广告中的运用，以致相当数量的广告人在创作中左顾右盼，不敢“越雷池一步”。

（4）人才因素。产生创意的能力是创意人员的根本价值，也是广告公司生存的重要条件，因此人才是广告公司经营的核心。一个优秀的广告人应具备保持自身积极心态的能力、与人相处和沟通的能力、维持并说服客户的能力、洞察消费者心理的能力及产生优秀创意的能力等，其中非常重要的是产生创意的能力。

目前，我国广告公司的人才学历普遍偏低，高级专业人才更是凤毛麟角，这与国内的广告专业教育起步晚有关。这些年，国内虽然也培养了一批广告创意与经营人才，但人员的总体素质仍然不高，创意水平依然较低；再加上国有广告公司在分配机制、用人机制及工作环境的设置等方面贯彻“人本原则”不到位，造成了相当一批人才的流失，这对于广告公司的持续稳定发展是十分不利的。

3. 心理因素与思维方式

伟大的创意通常由多磨多练产生，做出好的创意不仅需要天分，还必须苦用功，经历很多辛苦的历程，“苦其筋骨，劳其体肤”，反复练就一个好的心理素质与思维方式。

首先，创意的产生需要有持之以恒、精益求精的宁静心态。做广告是一个市场化的运作过程，尽管如此，创意人员的创作心态不应该带有市场化的浮躁情绪，浮躁的心理是产生优秀创意的天敌。

许多广告公司的创意人员常常存在着浮躁心理，他们往往浅尝辄止，想到一个 60 分的点子就会停下来满足，而不是对之进行“精雕细琢”，最后做出来的作品常常不尽如人意。

其次，广告创意要注重消费心理的体验。广告创意的最终对象是消费者，注重与消费者的沟通与互动，切实从消费者利益与需要出发，才能产生优秀的创意，相当多的创意人员往往忽视了这一点，口头叫喊从消费者出发，其实本质还是从自己的主观出发。

再次，创作人员应注重创造性思维方式的培养。绝妙的创意常常出自另类的思考、逆向的思维、灵感的闪现及出乎意料的表述。中国广告人的思维方式固然有自己的文化特点，即以顺向思维或类推式思维为主，但往往缺乏逆向思维、发散式思维等，因此做出来的广告难脱平庸窠臼。

（二）对症下药

广告创意平台的构筑是一个系统工程，这个工程的启动，将是我国广告业的一大举措。因此，应该从宏观到微观，从大的机制法规到小的创意方法等各个方面去加以改造和完善，并彻底执行。只有这样，才能较大地改变我国目前广告创意萎缩的现状，为发展中国本土广告创意的理论与实践及提升本土广告公司的国际竞争力打下一个良好的基础。根据以上分析，广告创意平台的构筑包括若干要素，其基本要素及关系如图 4—11 所示：

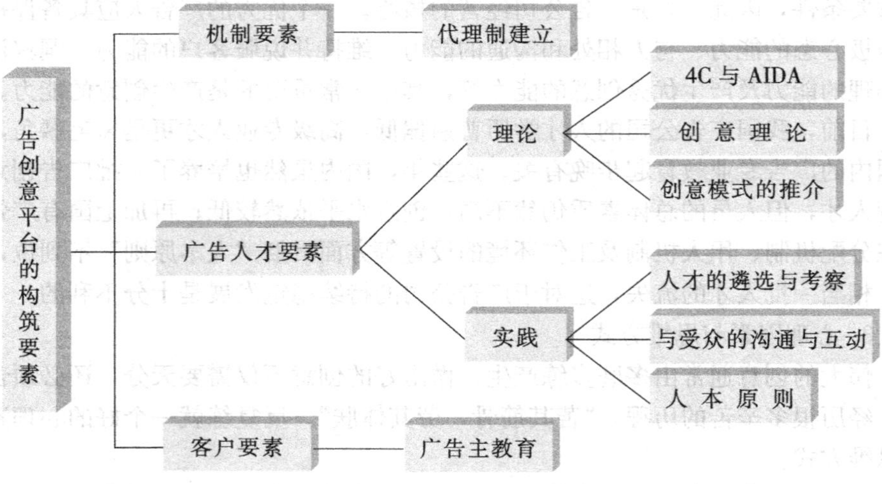

图 4—11　广告创意平台的构筑要素

1. 建立健康机制

要促进我国的广告行业走上现代化的发展道路，关键在于以推行广告代理制为契机，加快广告经营体制改革，这项任务刻不容缓。克服我国广告经营体制上的弊病，大力推行广告代理制是根本途径。

实行广告代理制有利于实现广告资源的合理配置，有利于广告市场运行的科学化与现代化，有利于提高广告业的全面服务水平。

广告代理制可以促使广告行业内分工明确：一方面，代理之下的广告公司独立存在于客户和媒介之间，他们在创意上有较大的自由，在媒介使用上更具客观性，客户可以完全依靠广告公司，全面实施自己的广告计划；另一方面，广告代理公司还能满足媒介对广告业务的需求，增加媒介的广告收入，最终形成一种以广告公司为主导，广告公司、广告客户与媒介之间相互协作、各司其职、互有裨益的广告经营关系。所有这些，都将为广告人的艺术创作提供一个最合理的机制保证。

除广告代理制的建立与实行之外，我国的《广告法》也应在内容上随时代的发展和加入 WTO 的新形势做相应的修改与完善，为广告创作人员提供一个可以施展创意才能的宽松氛围。例如现行法规对于比较广告限制太严，这样对于竞争可能不利，从而限制发展。

另外，工商管理部门也要严肃执法，建立起一个大的、合理的、平等竞争的广告市场环境，只有在这种市场环境中，我国的广告业才能健康持续地发展下去，创意平台的构筑才有可能。

2. 广告主摆正位置

广告业处在经济领域，必有属于其自身的内在规律。广告业之所以成为最吸引人、最有挑战性的行业之一，是因为它出售了一种智慧商品——创意，因而创意的规律是广告行业中一个非常重要的游戏规则，妄图盲目地去支配这个规律的做法是错误的。

创意的根本原则在于：从产品的定位、特点出发，做出具有原创性的、满足客户需要的创意。但由于我国广告业发展的不成熟和广告代理制的不完善，拜金主义观念无形中使广告主在广告经营中成为“宗主”，占据了原本应属于广告公司的主导地位，在目前我国广告客户广告知识水平普遍较低的情况下，即使广告公司有好的点子，也会因为客户的种种托词而被扼杀了，因此，对广告主进行广告行业知识教育，摆正广告主在广告经营中的位置是十分必要的。

当广告主进入广告市场的运作过程中，它就已成为广告经营中的一个角色，必须按照行业规范及机制要求规范自己的行为。广告主与广告公司之间应该是一种平等的合作式的伙伴关系，而不是一种雇佣与被雇佣的关系。

在合作的过程中，广告公司必须为广告主的根本利益负责，鉴于此，广告主与广告公司可以就一些实质性问题进行平等的协商及讨论，但广告主不能过分地干涉或者支配广告公司的正常作业，尤其是创意行为。

3. 人才的遴选与考察

人才是广告公司最关键的因素与最宝贵的财富。广告人才主要有两类：一类是经营者和管理者，另一类是广告创作人员。

广告公司的经营者应该具备非凡的洞察力、自信心，拥有个人魅力和丰富的人生经历，其主要职责在于创造出一种适合于广告创作人员发挥才能的气氛与工作环境，让其创意可以脱颖而出，灵感得以闪现。

此外，经营者还要有包容度，能够容忍创作人员的个性。而创作人员的关键素质是创意能力，创意人员不仅要能想出好的点子，而且必须能够归纳和整理点子并使之得到淋漓尽致的发挥，真正帮助客户解决问题。

考虑到广告公司经营者和广告创作人员的重要性，广告公司必须对这两类人才建立一些相关及完备的遴选与考察机制，并利用这些机制对广告人才进行发现、考核和奖励。

4. 人本原则的贯彻与执行

广告公司进行了人才的遴选与考察之后，对于所吸纳的人员必须做到“以人为本”，留住人才对于广告公司来说，其重要性毫不亚于选择人才。尊重人才，发挥人才的积极性，应着重给广告创作人员的创作“松绑”，彻底贯彻“人本原则”。宽松、灵活的环境对创意人员解除心理负担，形成创作灵感十分重要。

经营管理人员和创作人员一样，甚至更应该学习创造心理学。学习创造心理学，可以使经管人员明白广告创意者的心理状态和思维规律，从而对他们进行有效科学的管理。奥美强调“人本原则”的重要性，努力加强新人进入广告业的信心；对于正在努力工作的奥美人，则通过不断增加对其尊重程度，使之以昂扬姿态拥有现在，把握未来。

5. 注重4C营销观念的运用和与受众的沟通与互动

所谓优秀的广告创意，就是最能打动消费者的创意。广告是针对消费者的信息传播活动，其目的是使消费者对企业、产品或服务产生认知，改变消费者对企业、产品或服务的态度，促进消费者产生有利于企业的消费行为。

广告能否针对目标市场进行诉求，广告诉求的内容是否针对消费者的心理需求，决定着广告活动的成败。然而，当前真正从消费者心理需求出发的广告诉求颇为少见，即使表面上看来是想从消费者需求出发，但往往由于商业化气息过重，并不能真正打动消费者。

许多广告在创意表现上采用情感诉求的方式，希望能以此使消费者对品牌产生好感，却常常由于设置的广告情节脱离了现实生活而招致消费者的反感。著名的广告创意人克里奇·戴维斯（Craig·Davis）认为：“爱”与“沟通”就是创意，“爱”对于好创意的产生及知名品牌的塑造都是十分重要的。

随着现代化进程的加快，人们从内心深处渴望被爱、被尊重，渴望人与人之间的沟通，广告的任务就是与人沟通，吸引他们的注意，煽动他们的欲望，使他们在思想上靠近你的产品而远离你竞争者的产品。因此做广告创意时，要十分注意 AIDA 法则（Attention、Interest、Decision、Action）和 4C（Consumer、Cost、Convenience、Communication）整合营销传播观念的应用，否则你的产品根本无法起到与消费者沟通的作用，这正是许多广告创意不成功的原因之一。

创意应该越简单，越生活化越好，要完全无条件地满足消费者的正常心理需求和趋同受众的文化心理积淀。例如泰诺感冒药广告，通过一组生活镜头并伴以柔美的旋律，把卖点由理性上的快速消除感冒症状转向帮助人们恢复到正常的生活轨道，结果泰诺的销售增加了 100%。

6. 重视创意理论的研究

一切事物都有其内在的发展规律，当然创意也不例外，创意规律经过系统化的总结之后就形成了创意理论，相信大多数的广告人对詹姆斯·韦伯·扬的创意理论及规律都不会陌生。

在中国广告业二十几年的发展过程中，中国本土的广告人更多的是借鉴外国的创意理论，跟在像奥美等一类广告公司的后面跑，缺乏自己的创见。

中国的广告市场有其自身的特点，中国广告人在研究国外创意理论的同时，应该从研究中国受众出发，并结合我们本土广告人自己的一些想法及经验，去创造符合中国人思维方式的系统性的创意理论，并将之应用于实践，在实践中不断提高，使之能够在更高的层面上指导我们的创意。从某种意义上讲，理论更能使广告提升创意平台。

7. 建立现代创意模式的推介环节

所谓现代创意模式的推介环节，是指对于具有典型个性和带有类型性的杰出作品及其创意方式的推介中介。这种环节的重要性基于经验对于艺术创作的巨大作用。所谓“读书破万卷，下笔如有神”（杜甫），所谓“留心各样的事情，多看看，不看到一点就写”（鲁迅），都是在讲经验和生活对灵感和悟性的催化作用。

推介的目的在于“悟”。例如 DDB 为某品牌汽车所做的广告，大多数汽车广告均诉求宽敞豪华，而 DDB 的创意是“想想‘小’的好处”，此创意一出，让人觉得耳目一新。它告诉人们一种思维起始过程的避众原则，将使许多人悟出创意的“法门”。因此，对于简单模仿、改头换面甚至照搬照抄等等现象，我们必须加以杜绝。

【思考练习题】

1. 试论创意在现代广告中的美学意义。
2. 创意方法中的二原则是什么？五步骤又是什么？
3. 举例说明创意思维的五种基本方法。
4. 试分析当代广告创意的运作规则。
5. 如何构筑我国广告创意高平台？

第五章

现代广告的形式美法则

现代广告集科学与艺术于一身，具有实用和审美双重性。广告的本质是传达信息，传达信息是广告的基本功能，而且这种功能先于广告的审美功能。这就决定了广告作品的美不是为美而美，而是必须紧紧围绕广告的目标和内容来进行，要从属于企业的营销活动，这是现代广告的基本审美功能。

广告艺术创作的形式美除了具有实用功能之外，在现代文明社会里，还具有精神领域的美学价值，有丰富的审美内涵。广告传达信息的功能只有在充分揭示其美学价值时才能得以体现，它运用审美手段去表达广告主题，又通过审美去实现其传达信息的功能。在信息时代的背景下，广告作为反映流行趋势和时代潮流的一种介质，将对人们消费行为和观念的改变、学习对象和内容的选择、审美趣味和情操的陶冶起着越来越显著的影响作用。它依靠经过艺术处理的富有艺术感染力的广告形象，给人们以强烈的、鲜明的、耐人寻味的视听感受，激起人们对美的崇尚和爱慕，使人们对广告指称对象产生欲求与兴趣。

所以，我们说，广告具有实用与审美相统一的艺术个性，实用价值和审美价值的高度和谐统一是广告作品审美的基本尺度。法国广告收藏家布尔西科的话就充分印证了这一点："一支好广告是商业性和艺术性的和谐统一，广告应充分开发人类丰富的艺术宝库，并加以商业性的利用。”①

总之，现代广告是一种实用艺术形式，其艺术创作不仅要遵循市场和营销规则，还必须遵循形式美的美学法则。符合形式美美学法则的广告作品，不但会有强烈的美感效果，而且可以准确到位地表达广告主题和卖点，加强对受众的感染力。下面我们首先谈一下形式美的问题。

第一节　什么是形式美

一、形式美和形式美法则

（一）形式美

形式美是指生活、自然中各种形式因素（色彩、线条、形体、声音等）的有规律的组合。

形式美和事物的美的形式既有联系又有区别。

什么是美的形式？美的形式是美的内容显现为具体形象的内部结构和外部形态，也就是美的内容的存在方式。一般把它分为内形式和外形式两种，外形式即为艺术的形式美。事物的美的形式和美的内容有着直接的密切联系，在具体的美的事物中，内容和形式是统一的，美的形式不能脱离内容。

形式美是指美的形式的某些共同特征，形式美所体现的内容是朦胧的、间接的，即人们对美的感受都是间接由形式引起的，因为人们在长期的审美活动中反复地直接接触这些美的形式，从而使这些形式具有相对独立的审美意义，也就是说，人们接触这些形式便能引发美感，而不用考虑这些形式所表现的内容，仿佛美就在形式本身，而忘记了它的来源。

（二）形式美的法则

所谓形式美的法则不过是人们在审美活动中对大量的具有对称特征的事物的概括反映。例如恩格斯在分析数和形的概念的来源时曾经指出：“数和形的概念不是从其他任何地方，而是从现实世界中得来的。”② 他还指出人们在实践中具有“一种在考察对象时撇开它们的数以外的其他一切特性的能力，而这种能力是长期的以经验为依据的历史发展的结果。和数的概念一样，形的概念也完全是从外部世界得来的，而不是在头脑中由纯粹的思维产生出来的”③。这些论述虽然是指数学中的数和形的概念，但对于了解形式美法则的来源是有意义的。

---

① 邓家林：《广告美学》，45页，石家庄，河北人民出版社，1998。

②③ 《马克思恩格斯选集》，2版，第3卷，377页，北京，人民出版社，1995。

形式美法则不仅来源于客观事物，而且研究形式美法则是为了创造更美的事物，形式美法则体现了人类审美经验的历史发展。在人类创造美的长期活动中，逐渐发展了人对各种形式要素，例如对线条、色彩、形体、声音等的敏感，并逐渐掌握了这些形式因素各自的特点进而形成了形式美的法则。

（三）形式美因素的特性

形式因素的特点、意义并不是凝固不变的，它随着相关因素的条件变化而相应地发生变化。

例如色彩是形式美的重要因素，也是美感的最普及的形式。一般人认为红色是一种热烈的色彩；白色是一种纯洁的色彩；绿色是一种宁静的色彩……人们对不同色彩所产生的不同感受常常来自人们的日常生活经验。因为在生活中红色常使人联想到燃烧的火焰、节日的红旗；绿色常使人想到幽静深邃的森林、绿草如茵的公园；白色则使人想起朵朵的白云、洁白的棉花……

但是，这些特性在某些特殊的环境中会发生很大的变化。例如红色除了象征热情，还包含着危险、警告的含义；白色除了象征纯洁，还象征恐怖、凄凉，所以确定某种色彩的特性不能脱离一定的具体条件。

同样的道理也适用于形体。在线条方面，直线表现强劲刚直，曲线表现柔和优美，波状线表现轻快流畅，辐射线表现奔放，交错线表现激荡，平行线表现安稳等等。

对上面这些形式美因素的特性，一般人都能感受得到。尤其是艺术家对这些因素非常熟悉，他们常常把这些因素按照一定的美的法则组合在一起，为表现一定的内容服务。

二、形式美的内容要素

眼睛和耳朵是人的两种主要的审美感官，它们分别接受来自客观世界的光和声的物质刺激，并能感受到审美愉悦。眼睛感知光，使我们的视觉感受到不同的色彩和形状；耳朵接受的是声，它让我们聆听到来自自然界以及生活中的声响。所以，对于以眼睛和耳朵为主要审美感官的人来说，外部世界的三种自然属性——色彩、形体和声音，是具有审美意义的属性，即可传达和获得某种情感意味的属性，因而成为形式美的内容要素。

（一）色彩

1. 色的本质

色的物理本质是波长不同的光。1666 年，英国物理学家牛顿第一次利用三棱镜的折射，将太阳光析解为包括红、橙、黄、绿、青、蓝、紫的彩色光带，揭开了色彩的秘密：由于物体对色光具有吸收或反射的功能，所以才呈现出种种颜色。据研究，人的机体对无彩色和有彩色的辨别种类在 200 万种～800 万种之间。可见人对色的辨识是认识世界的重要条件。

2. 色彩的审美特性——表情性

色彩的审美特性是十分明显的，它具有表情性，能够向我们传达出一定的情感意味，传达出能够引发人的情感反应的信息。事物的形体，同样也可以传递物体情况和感情意味的信息。但比较起来，在向人提供物体情况的信息方面，形体比色彩更为有效；而在表情方面，形体则远远不及色彩强烈。阿恩海姆在《艺术与视知觉》一书中写道："说到表情作用，色彩却又胜过形状一筹，那落日的余晖以及地中海的碧蓝色彩所传达的表情，恐怕是任何确定的形状也望尘莫及的。"① 色彩的反射，像强光一样吸引着人们的视线，最容易打动人们的心灵。色彩的这种强烈的表情性能，是它的审美特征的本质所在。所以，马克思曾认为，色彩的感觉是一般美感中最大众化的形式。

色彩的表情性，包括色彩的兴奋与沉静、暖与冷、前进与后退、活泼与忧郁、华丽与朴素等意味，通常是同有关色彩的联想分不开的。不同的人面对一定的色彩，虽可能产生各有特点的联想，但却也会有着明显的共性。色的联想是在人的实践中累积而成的，由于世世代代的传统习惯，某种色与某种特定内容形成较为固定的联系，又可以使色彩获得一定的象征意义。例如黄色在古代中国被认为是帝王之色，象征权势和高贵，而在欧美却被认为是最下等的色；蓝色在西方是幸福色，也是忧郁的色彩，"蓝调音乐"就是忧伤的音乐。我国自古以来还有色彩象征方位一说，东蓝、南红、西白、北黑、中央黄，称为方位色。

（二）形状

任何事物都在一定的空间存在着，它们的外形都是可见的，甚至是可以触摸的。从事物形态角度来说，人类的劳动实践几乎都可以看做是造形活动，这类活动促进了人类对于形体及其规律的抽象认识的发展。所以在历史上，很早就产生了事物的抽象形式的表现方法，即点（图 5—1—1）、线（图 5—1—2）、面（图 5—1—3）、体（图 5—1—4）。

图 5—1—1　图 5—1—2　图 5—1—3　图 5—1—4

图 5—1

① ［美］鲁道夫·阿恩海姆：《艺术与视知觉》，455 页。

1. 线

线是点移动的轨迹。在现实生活中，物体的不同的面相交而形成线。人们从事物的轮廓、不同面的折角中抽象出线条来，成为形式美的重要因素。

线条可以分为直线、曲线和折线，它们的审美特性各不相同：直线表示力量、刚劲；曲线表示优美、柔和；折线表示转折、突然。朱光潜在《近代实验美学》中指出："建筑风格的变化就是以线为中心。希腊式建筑多用直线；罗马式建筑多用弧线；'哥特式'建筑多用相交成尖角的斜线。"①

各种线的有规律的组合，可以产生明显的情感意味。如垂直线给人以稳定感和均衡感，表示严肃、庄重；水平线表示安宁、肃静；斜线表示兴奋、不稳定、迅速，具有明显的方向感。

2. 面与体

点的扩大就成为面，线的宽度扩大也成为面。

明确的平面形，都有一般的审美特性：圆形柔和饱满，方形刚劲规则，金字塔形的三角形安定稳固，倒置的三角形则恰恰相反，高而窄的形体有险峻感，宽而平的形体有平稳感等。据实验美学创始人费希纳（Fechner）和格式塔心理学创始人韦特墨（M. Wertheimer）等人的实验表明，长与高之比为 34∶21 的长方形最受人们欢迎。

圆锥体、正方体、球体、长方体的审美属性也大体如平面图形。

（三）声音

1. 声音和音乐

声音同色彩一样，是物质的自然属性。现实世界中许多事物（包括有机体和无机体）都可发声，然后由耳朵这个听觉器官接受声音信息。我们可以凭借声音的不同，判别外物的性质、远近、方向等，嘈杂的噪音令人头昏，和谐的乐音则使人感到悦耳动听。如果对自然界的乐音和噪音加以挑选，并按照一定的逻辑（旋律、音调、节拍、速度等）进行组合就产生了优美动人的音乐。

2. 声音和音乐的审美特性——表情性

声音，具有一定的模拟功能、类比功能和象征功能，但是，最主要的还是它的表情功能。近代实验美学家应用各种仪器测验表明，声音的强弱大小及其在时间中的延续变化，和人的生理心理机制之间存在着一定的对应关系。自然之声本无哀乐，但人们常常借助它们来表达一定的情绪，久而久之，使得本无感情因素的外物的声音通过移情作用带上了感情意味。如风雨声往往使人感到

① 《朱光潜美学文集》，第 1 卷，297 页。

凄凉、伤感。

音乐的表情性就更加明显。《礼记·乐记》有云："乐者，音之所由生也；其本在人心之感于物也。是故其哀心感者，其声噍以杀；其乐心感者，其声啴以缓；其喜心感者，其声发以散；其怒心感者，其声粗以厉；其敬心感者，其声直以廉；其爱心感者，其声和以柔；六者非性也，感于物而后动。"音乐的表情性，恰恰应该在情感的对象化中找到解释。音乐的构成要素乐音，是一种形式的美，它以自由的形式呈现在我们直观的心灵面前，使我们感到美的愉悦。但要注意的是，它并不完全是形式美，它也需要依附于一定的内容，必然同作曲家的一定的社会思想情感相联系。

三、形式美的相对独立性

（一）内容和形式的关系

艺术作品要求丰富的内容与和谐的形式的完美统一。只有当形式因素和客观内容达到有机一致，作品才会具有审美价值。我们所感受到的任何对象的美，都是通过形式美呈现出来的。作品内容中蕴含的美质如果不见于形式美，则无法以具象的形态为人所感知。美的形式是为表现内容服务的。

在内容与形式这一对矛盾中，内容是主导决定性的因素，内容对形式起着制约作用，然而，形式并非是一种被动的消极因素，它对内容也有约束和促进的反作用。所以，我们不能低估形式美的地位和作用。

（二）艺术形式的相对独立性

艺术形式具有相对的独立性。人们在长期的社会实践与艺术实践过程中，积累了丰富的审美经验，其中包括对于形式规律的认识和运用。尽管由于内容不同的需要而经常使形式呈现出千变万化的形态，但其规律本身仍有很大的稳定性。

美学史上曾提出关于"美"的种种不同的见解：有的把美看成是一定数量关系构成的和谐；有的说美的主要形式是"秩序、匀称与明确"；有的认为美感是"完全建立在各部分之间神圣的比例关系上"；有的主张美的精华表现在"秀雅合适的动作"；有的提出自然景物美是"一种愉快的动人和外在的和谐，引人入胜"的结果等等。这些大都是从形式的角度总结出来的对美的理解，是从具体个性中抽象出来的带有共性和普遍意义的东西，是人类长期获得的关于形式美的认识积淀的结果。形式的这种相对独立的特性，使得形式美的一些法则，既可用来为这种内容服务，又可用来为另一种内容服务。

（三）形式美的相对独立性

1. 形式美有时胜于内容

形式美的相对独立性主要表现在，人们通常把形式美看成一种好像与内容无关的审美现象。有的审美对象的形式胜于内容，人们通常把这类美当做形式美来欣赏；有的作品侧重于形式，与内容联系不那么明显……这些作品的形式都可以成为给人们带来美好享受的独立的欣赏对象。例如以线条和色彩构成的富有装饰意味的装饰画与装饰图案，具备好像与内容无关的形式美，但却有着很强的感染力和很高的欣赏价值。

2. 形式美具有历史继承性和相对的独创性

一般说来，虽然内容决定形式，形式表现内容，但是，美的形式的演变和发展，又不完全由内容决定，它有自身的发展规律和相对的独立性。历史表明，出色的艺术家在艺术形式运用上独具匠心，各有各的特点和长处。这是艺术家苦心经营的结果，他们在吸取传统艺术形式的基础上，创造了表现一定历史生活的新形式。

形式的发展和演变是没有终极的。南齐谢赫提出了“画有六法”，在我国较早地全面系统地总结了中国画的形式在空间组合上所要遵循的一些基本规则；后来，历代著名画家都从不同角度创造性地掌握和运用这些形式美的规则，并丰富和发展了它们，创造出一些新的形式美规则。总的来说，形式美既有历史继承性，也有相对的独创性，而且独创性表现得更加明显和突出。

（四）纯形式并不存在

正是因为艺术形式和形式美具有相对的独立性，人们往往把形式美看成与内容无关，甚至盲目夸大形式的作用，追求所谓的“纯形式”。艺术形式必须具有内容，离开具体的内容，追求纯形式，无疑是取消了这些形式因素的价值。艺术家对形式规律的探索，是把社会生活或自然界现象转化为艺术形象，并分解为各个部分、各种特性，然后分门别类进行研究，其目的在于掌握艺术的规律，创造完美的艺术形象。但是，所创造出来的艺术形象能否强烈地震撼人心，还要取决于所反映对象的内在因素。一句话，纯形式是不存在的，我们追求形式美是为了最大限度地呈现内容的意蕴。

四、形式美在广告艺术表现中的重要作用

（一）广告作品中的形式美

1. 广告形式美的涵义

内容和形式永远是艺术作品不可或缺的两个有机组成部分。黑格尔在分析美的要素时指出，美的要素可以分为两种：一种是内在的，即内容；另一种是外在的，使内容借以体现出意蕴和特征的东西，即作品的形式。从哲学概念上说，形

式和内容的关系是相互依存的：没有内容，艺术作品便没有灵魂；没有形式，艺术作品也就失去了赖以生存的躯体。广告作品的产生同样是一个探索内容和寻求完美形式并举的过程。一件成功的广告设计作品除了要有明确的广告主题和卓越的广告创意外，还要依赖外界可感觉到的、一切表现形式方面构成的优势，如新颖巧妙的表现手法和具有感染力的形式美的画面。

形式美在广告中，是指构成广告作品的诸要素（形状、色彩、线条、语言、动作等）按一定的美学法则组合而体现出的审美特征，它是艺术物化的形式美。

2. 广告形式美的表现形式

广告设计中的形式美，从其艺术表现手法层面上看，主要有以下一些形式：比喻、象征、合理夸张、以小见大、联想、幽默、悬念、含蓄、谐趣、系列式等。

以获'96戛纳国际广告节平面广告金狮奖的作品——沃尔沃（VOLVO）“安全别针篇”（图4—3）为例来说明多种形式美艺术表现形式的综合运用。该广告在大面积留白的版面中，绘制出用安全别针曲成的汽车外形，标题是“你可信赖的汽车”。这幅广告画面极为简洁，综合运用了比喻、以小见大等多种形式，含蓄地告知与乘车人和驾车人生命攸关的安全理念。这一简洁的形象形成一种视觉张力，给人清新、明朗、信任之感，以一种超凡脱俗之态，从众多广告作品中脱颖而出。强烈的视觉冲击力和震撼力来自单纯、简洁、自然和直率的形式美风格，这就是VOLVO“安全别针”给我们的深刻启示。

（二）形式美在广告作品中的作用

1. 形式美有助于反映和表现广告主题

反映和表现广告主题是广告形式美的根本出发点。因为形式毕竟是为内容服务的，内容才是广告作品的灵魂。广告作品的形式美是一种依存的美，它一方面要遵循广告设计的美学规律，但更重要的是，它必须完美、充实、深刻、准确地传达广告信息和表现广告主题。广告的形式不能偏离广告的主题而存在，真正具有美感的广告作品应该是形式美和广告内容的有机统一。形式美把内容表现得越充分，广告作品的效用就越大。

现代广告十分重视形式美的运用。因为现代的消费者除了追求物质享受之外，更加重视自身精神需要的满足，再加上买方市场的形成，使得市场竞争日趋激烈，广告大战如火如荼。面对这种情况，形式美开始在广告作品设计中占据日益重要的位置，其目的在于更有效地传达广告信息，吸引消费者的注意，使消费者产生情感上的审美愉悦感，激发兴趣和欲望。

许多成功的广告作品，不仅具有卓越的广告创意，其广告构图的形式美也达到了令人叹为观止的程度，极富审美情趣和艺术魅力。

案例 5—1

丹麦嘉士伯啤酒系列招贴广告

这一系列广告包括20幅摄影招贴，均用“我们的啤酒”作为广告主题，以丹麦人独特的幽默感表达对嘉士伯啤酒的亲切感和信任感，表现手法十分丰富。

其中一幅让两头大象的长鼻子相对，当中夹着嘉士伯啤酒。象鼻象征“鲁尔号”——丹麦铜器时代的乐器，标志了嘉士伯啤酒的身份和它的年代久远。一幅是一只大猩猩搂着一只小猩猩坐在地上吃树根，广告语是：“我们的根”，同样寓意嘉士伯啤酒的悠久历史和在丹麦人心中的崇高位置。还有四幅招贴主要表现丹麦人对嘉士伯啤酒的钟爱之情：第一幅画面是一只小狗坐在一张小木床上张望，像在等候谁的样子，广告语是：“我们的好朋友溜出去弄咱们的啤酒去了”。第二幅画面是一个有人通话的电话机，广告语是：“喂，是‘家庭服务中心’吗？我们这里的啤酒脱销了！”第三幅是一只眼睛从钥匙孔往室内窥视，广告语是：“噫，他们坐在里头喝起咱们的啤酒来了！”最后一幅的表现手法也很独特，画面只有一个手印，广告语是：“咱们的身份！”

这个系列广告告诉我们，广告艺术表现的形式美，是在广告主题统帅下的广告作品的一个组成部分，形式美必须服从于广告的内容。当然另一方面，有了好的广告主题和内容，还必须借助于新颖巧妙的表现手法和富有感染力的画面，这就是广告设计中形式美的魅力。

2. 形式美有助于增强广告作品的美感

歌德认为，题材和表现它的方式还必须与明显的艺术规律有联系，那就是和谐、清晰、均匀、对比等等，这样，艺术品看上去就会变得美丽，或者，用通俗的话来说，就会给人以快感。他道出了艺术表现方式与艺术规律的关系，揭示了和谐、对比、匀称等形式美的法则在相互关联中给人以美感的真理。

人们对艺术品存在着形式美的审美要求和审美习惯。形式美符合人们的审美趣味和审美心理，即能创造美感。艺术作品的形式美既是为了适应受众的审美要求和审美习惯，也是人们审美趣味和审美心理的一种间接反映。也就是说，作为客观存在的形式美，是作为审美主体的人的审美趣味和审美经验的客观性在起作用的结果。

在对广告作品的感受和认知的过程中，形式美首先给人以印象，产生引人注目的先发作用。广告创作的形式美，以不同的艺术手段和表达方式来展示商品或服务等指称对象，无论是具象的直接可感的形式，还是抽象的演绎推理的方式，都可以给广告作品的内容赋彩增色。

节奏美是广告形式美的主要因素，也是增强广告艺术感染力的重要手段，它可以把作品的节奏转化成消费者的心理节奏，引起共鸣，产生美感；色彩、线条和形状等广告形式美的其他因素也能赋予作品美感，给消费者以美的享受，这已为许多具有形式美的优秀广告作品所充分证明。

案例 5—2

广西电视台“山·水·海篇”电视形象广告

这则广告曾在 2002 年获得第 31 届莫比广告节金奖，它将中国的传统哲学同电视传媒的形象很好地结合起来，从中国人自身的文化视角来描述中国人传统的人文生活状态。

画面拍摄得飘逸灵动：“北海银滩，晨曦初现，粼粼波光中，白莲般的京族少女衣裾飘飞。浪涛拍天，少女旋转着飞起，凌波奔向大海的远方。”（海篇）“氤氲的桂林山，汩汩的漓江水，满天的玫瑰花瓣徐徐飘落，待嫁的新娘忐忑不安地揉搓手中的红绢。”（水篇）“梯田碧水中倒映出雄鹰展翅，农家小孩仰望苍穹。”（山篇）

文案的撰写更是优美异常：“追潮见辽阔，逐浪识惊涛，观海知天下”；“天地无私，所以长久”；“情眷沃土，志存九天”。

整则广告中，玄妙的中国哲学底蕴和唯美至情的画面配合得天衣无缝，和谐的色彩和传统的人文生活联系得十分自然，系列感强，形式感强，让人深深沉醉其中，感受形式美带来的美感享受。

总而言之，现代广告的艺术创作应当讲求作品的形式美，即讲求表现特定广告主题与广告创意的画面视觉形态组合而呈现出的审美特征。否定了形式美，就是否定了广告设计中的审美特征，不讲求形式美，即使广告创意再好，也必然影响到广告主题和内容的表现，最终削弱广告的效果。只有按照形式美规律和广告主题创作出来的精致感人的形式美，才能充分发挥广告创意的感染力和说服力，才能令消费者产生好感，从而促成广告功利和审美双重功能的实现。

因此，我们应该充分深入地研究广告形式美的规律和法则，并把这些规律和法则应用于广告创作和设计中，以求得到更多优秀的广告作品。

第二节　广告的形式美法则

形式美法则，是形式构成和结合的特点与规律，是美在设计中的表现形态。广告形式美法则是广告艺术表现的方法和规律的总称，是优秀广告作品的一些共同法则。

广告设计中的美学法则建立在真善美的基础上。真是美的基础，指客观世界的规律性；真是广告审美功能的基本前提，要求关于产品和劳务的信息传递必须立足于真实。善是要表达产品的实用价值和有利于人们的功利价值，以满足人们正当的欲望、需要和利益；善是美的前提。美必须建立在真善的基础上，美要鼓励人们去热爱生活，追求生活的真谛。只有真善美三方面高度统一，广告的审美功能才能得以充分体现。

广告设计的多种形式美法则是人们在长期的审美和艺术创作的实践中总结出来的，它们之间既有区别又有联系，当然也不是固定不变的，而是伴随着社会经济的发展与科技的进步不断创新和向前发展的。

常见的广告形式美法则主要有：多样统一法则、主从法则、对比法则、同一法则、节韵法则、均衡法则、数比法则、空白与虚实法则、视觉传达法则等。下面我们就对上述法则一一分述。

一、多样统一法则

(一) 多样统一及其审美价值

1. 多样统一

多样统一是形式美的总法则。其他的形式美法则都要统一在这个总法则的下面，它是形式美法则的高级形式。

所谓"多样"，是整体中所包含的各个部分在形式上的区别与差异性。事物的多样性符合现实生活的矛盾构成状态，也与人们的心理机制相吻合。

所谓"统一"，是指各个部分在形式上的某些共同特征以及它们之间的某种关联、呼应、衬托的关系。

客观世界的众多事物，并不是彼此孤立的，而是相互联系和依赖的，它们都置身于特定的系统之中，寻求着某种和谐和平衡。统一才能和谐，和谐是多样统一的具体表现，也是形式美的最高要求。因此，多样统一就是寓多于一，多归于一，在丰富多彩的表现中保持着某种一致性。布鲁诺（Bruno）指出整个宇宙的美就在于它的多样统一，他认为物质世界如果是由完全相像的部分构成就不可能是美的了，因为美表现于各种不同部分的结合中，美就在于整体的多样性。

2. 多样统一的形式美法则

多样统一的形式美法则，是指形式组合的多个要素之间有一个共同的结构形式和节奏，使人感到整个艺术作品内部既有变化和差异，同时又是一个统一的整体；它也指多样的形式美法则在美的创造中综合统一的运用。

3. 多样统一的基本类型

多样统一包括两种基本的类型：一种是多种非对立因素互相联系的统一，形成不太显著的变化，称作调和；一种是各种对立因素之间的统一，称作对比。

（1）调和。以色彩而论，蓝与蓝绿、黄与黄橙、红与紫红都是具有同一色相的同类色，彼此之间可产生和谐的色彩；音乐中利用谐音原理使两个以上的音按照一定的规律同时发音，形成和声；古典式建筑装饰上古色古香的古董，形成建筑物内外格调的调和，这些均是调和所带来的形式美的体现。

（2）对比。互相对立、彼此排斥的因素结合在一起形成的和谐，往往比非对立因素形成的调和更具美的魅力。不同的形、色、声因素在质、量、空间、时间等方面都可以形成强烈的对比。

太极图中包含着明显的对立因素，却在形体方面形成了完美的平衡统一；“大漠孤烟直，长河落日圆”、“蝉噪林愈静，鸟鸣山更幽”都是把两个明显对立的因素（直与圆、噪与静、鸣与幽）放到一起，却收到相反相成的效果，使作者的意图表现得更形象、更到位、更具审美意义。

色彩学上的互补色也是这个道理。由于对立的互补色混合后产生白、灰、黑这样的无彩色，所以视网膜上的感色细胞要求平衡而产生后象，在颜色光源下，后象过渡为补色。补色是互相对立的，却又可形成对立的统一，阿恩海姆在《艺术与视知觉》一书中指出：“补色呈现出的圆满状态是两种对立的力量达到平衡之后所造成的那种圆满状态，它们能够在整体中具体而又鲜明地显示出种种特殊力量的作用过程，它们所呈现出的那种静止看上去无疑是各种对立的趋向的统一体。”[①] 我们常说的“红花还需绿叶衬”，讲的也是这个道理。

总之，在变化中求统一，在统一中有变化，看似无规矩而实则不离规矩，似随意挥毫而确有统一情志贯穿其中，这就是多样统一的美学辩证法，它体现了自然界对立统一的规律。作为艺术作品的一种，广告也是由多个既有区别又有联系的部分组成，因此，只有按照多样统一的形式美法则，把它们组合成既有变化又

---

① ［美］鲁道夫·阿恩海姆：《艺术与视知觉》，495 页。

有秩序的整体，才能具有生动的气韵、深远的意味，才能唤起人们的美感。

（二）多样统一形式美法则广告案例分析

作为形式美的基本法则，多样统一贯穿于其他派生的形式美诸法则中，它是一切优秀广告作品必须遵循的一个共同准则。

案例 5—3

Dominick's 精选食品公司平面广告

这则平面广告曾在 1998 年美国第 27 届莫比广告节中获奖（图 5—2，见彩插）。

三幅画面构图的共同点在于，把看似毫无关联的蔬菜、食物通过一定的艺术手段组合在一起，形成了一张张笑脸（有"家庭主妇"、"美食家"、"少女"），既形象又生动，在巧妙地传达广告主题的同时，给顾客以审美情趣，让顾客感受到一种和谐统一的美。

案例 5—4

Magnum 冰淇淋平面广告

该广告（图 5—3）的意图是：享受 Magnum 焦糖果仁冰淇淋，唤醒的不是男人中的女人而是女人中的男人；对于尽情大嚼冰淇淋的女人，必须为长出胡须的后果负责。这是一则诉求独特的广告，具有很强矛盾性的画面却将主题表达得淋漓尽致。画面上明显是一位女士，令人费解的是她的上唇长出了胡须，但是当与广告主题结合起来的时候，你会发现该广告独特的审美价值以及它内在的和谐统一美。

图 5—3　Magnum 冰淇淋平面广告

二、主从法则

（一）主从法则及其审美价值

任何艺术作品的创作都必须遵从多样统一的形式美法则，因为作品的美感是从多样统一整体的效果中感受到的，这早已是一条公认的艺术创作定理。为了加强艺术作品整体的完整统一性和审美价值，形式美的各组成要素，如色彩、声音、形体等，应该有主与从的区别、重点和一般的区分。一个完整状态的构成，必然在整体上表现为主导与从属，并由此派生出整体与局部的关系；对于任何一件艺术作品而言，构成其整体的多个局部之间必须有机地联系起来，互为补充，和谐统一。

1. 主从法则及其表现

主从法则是整体与局部之间的法则，它普遍存在于多种艺术形式中。戏曲与舞蹈中的主要角色和次要角色，电影和话剧中的主要人物和次要人物，画面的主体部分和非主体部分，色彩的主色调和非主色调，线条的实线和虚线都有这样的主从关系。

主从法则在广告艺术创作中主要表现为主题与副主题、主体形象与陪衬形象、主色调与陪衬色调、主题音乐与音响伴奏、重点与一般等。这些都应该按照一定的主从关系进行处理。如果各部分不分主次，同等对待，或盲目突出某一审美要素，都会破坏整体的和谐统一性，使作品流于松散、单调、杂乱、突兀。

2. 重点突出

广告作品的艺术设计，要想获得形式美，必须注意突出重点（主题或卖点等）。所谓重点，是指在设计中有意识地突出和强调整体构成要素中的某一个或几个，使其成为整体中最能产生吸引力的“视觉中心”，而其余部分则明显处于从属和陪衬地位，从而做到主从分明，重点突出。

在我们见到的许多广告设计作品中，最常见的通病是缺乏重点，设计上没有主从的观念，画面上没有中心，一些次要部分对于主体部分缺乏适当的从属关系，虽然画面安排得整齐，很有秩序性，却使人感到平淡无奇，缺乏有机的统一性。

（二）主从形式美法则广告案例

案例 5—5

可口可乐“清凉篇”户外广告

这一组广告画面（图 5—4，见彩插）涉及瀑布、冰河、海浪等，但都传达了一个视觉形象——可口可乐的瓶体，同时也传达出一个主题——清凉，画面的主体与陪衬完整统一——可口可乐的瓶子与自然景观融合得恰到好处，人们在欣赏画面所带来的美感和清凉感之余，将可口可乐的瓶体形象以及由其引发的品牌联想铭记于心。

案例 5—6

百事瘦身可乐平面广告

这是 BBDO 为 diet PEPSI（百事瘦身可乐）创作的平面广告（图 5—5，见彩插）。

画面上是一个被喝光了的百事可乐瓶，还有露在老鼠洞外的猫尾巴，喝了瘦身可乐的猫竟然可以突破老鼠的最后一道防线——鼠洞，瘦身可乐的功效不言而喻。整则广告画面十分简洁，不着一字，但却利用视觉导向规律（猫尾巴的指向）以及浅色调的陪衬，十分巧妙地突出了广告画面的主体——百事瘦身可乐，这幅作品堪称主从原则运用的经典之作。

三、对比法则

（一）对比法则及其审美价值

1. 对比

宇宙间的事物都存在着差异，有显著差异的事物互相结合，就形成了对比关系。对比是认识物与物相互区别的根据，没有比较就没有鉴别，差别比较大的事物配置在一起，彼此的特性就会通过对比而得到强调。大的与小的、强的与弱的等彼此相反的东西放在一起比较，所得的感受，要比它们单独放置更为明显：大的显得更大，小的显得更小；强的显得更强，弱的显得更弱。

因此，所谓对比，是由对立的两者或两者以上的互不相同的复数要素结合而成，也就是说，对比，是差异性的强调，是利用多种因素的互比互衬来达到量感、虚实感和方向感的凸显。对比涉及构成要素的差异和分离，是表达物象的基本手段，是一种自由的构成形式。为了突出表现事物的矛盾和特点，对比在造型艺术上运用得十分普遍。齐白石画中黄的葫芦与红的甲虫，较工整的知了与较写意的柳枝；马奈的《奥兰毕亚》中的黑仆人与白主人，都是运用对比的著名作品。

2. 对比的审美价值

对比的审美价值并不在于强化对某一对象的感受，而在于强化对两种事物所具有的对立关系的理解和感受，可构成鲜明而强烈的视觉美感。

在时间、空间中有意识地应用对比法则，可以求得更加强烈、富有动感的视觉效果。对比能使物象产生富有活力的生动效果，使人兴奋，提高视觉力度。如形的大小、方圆，线条的曲直、粗细、疏密，空间的大小，色彩的明暗、冷暖对比等，都能活跃画面，吸引视线。进一步，在各种各样的关系中，以大小调节它们的对比差，能够变化支配的东西和从属的东西，这样的效果，在时间和空间里带来了抑扬顿挫。

3. 对比法则

可以说，对比法则是形式美学法则中最为活跃的积极因素。所谓对比法则，是指强调表现各形式要素间彼此不同性质的对照，是表现形式间相异性的一种法则。其作用在于使造型产生生动的效果，使广告富于活力。这种表现法则对人们具有较大强度的感官刺激，容易使人产生感官兴奋（图 5—6、5—7、5—8、5—9）。

图 5—6

此图靠大面积的黑和小面积的白相对比，产生了生动的效果。

图 5—7

此图采用低明度与高明度的对比手法，产生了生动的效果。

图 5—8

此图以大量的竖向物体与斜向物体相对比，效果生动。

图 5—9

此图使用明度对比和大小对比的手法，产生了生动的效果。

(二) 对比形式的类型

对比的种类很多：

1. 按照物理属性来分

主要有形状的对比，如方圆、大小、高低、长短、宽窄、肥瘦等（图 5—10—1）；方向的对比，如上下、左右、前后、向背等（图 5—10—2）；色彩的对比，如深浅、冷暖、阴暗、动静等（图 5—10—3）；分量的对比，如多少、轻重等（图 5—10—4）；线条的对比，如粗细、曲直、刚柔、疏密等（图 5—10—5）；质量的对比，如软硬、光滑与粗糙等等。

图 5—10—1　图 5—10—2　图 5—10—3　图 5—10—4　图 5—10—5

图 5—10

2. 按照主客观指标来分

对比基本上可以归纳为形式的对比和感觉的对比两个方面。

（1）形式上的对比。以大小、明暗、曲直、粗细、强弱、多少等对照来加强视觉效果，对比的画面效果鲜明、刺激、响亮、力度感强。

（2）感觉上的对比。是指心理和生理上的感受，多从动静、软硬、轻重、刚柔、快慢等方面给人以各种质感和快感的深刻印象。（图 5—11、5—12）

图 5—11

图 5—12

3. 按照时空指标来分

对比可以分为持续对比和同时对比。

（1）持续对比。是由时间的持续性对视网膜的刺激对比，作为更强烈的印象被感觉到。例如，从明亮的室外进入昏暗的室内的瞬间，或是从辣到甜改换味道的刹那所得到的感受。

（2）同时对比。是在空间里进行横向对比，犹如身材高大的人和矮小的人，或是年轻的人和衰老的人在一起时的相互关系，能够使人产生较强烈的印象。（图 5—13）

图 5—13

4. 按照间隔的距离来分

对比的种类主要有：并置对比和间隔对比。

（1）并置对比。一般相对集中，占空间较少，对比度强烈、直观，易引起人的兴趣。并置对比常成为造型重点和趣味中心，要注意的是，这种对比不能太多，否则容易造成多中心和紊乱的后果。（图 5—14）

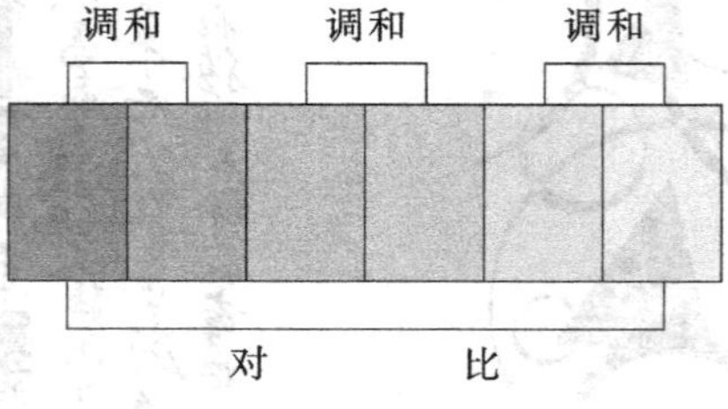

图 5—14

（2）间隔对比。也叫调和对比形式，顾名思义，是指在两种形式要素之间间隔开一定距离的对比，易于产生构图上的装饰和呼应效果。（图 5—15）

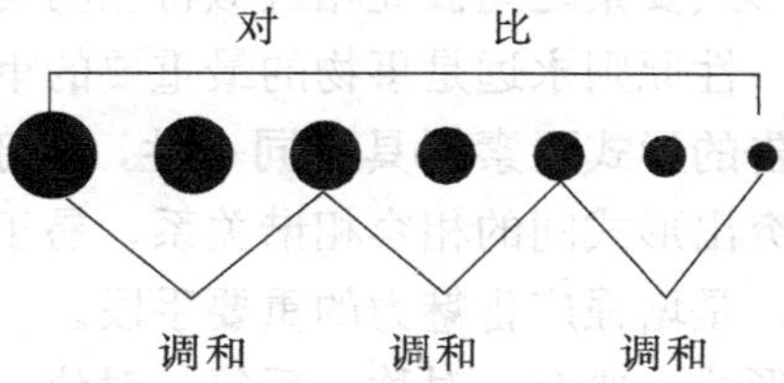

图 5—15

（三）对比形式美法则广告案例

案例 5—7

贝纳通色彩对比广告

1989 年，贝纳通推出了“Contrast of White and Black”（黑白对比）的广告运动，使其广告主题走上了将具有社会指代意义的黑白两色进行对比的道路，更加强烈地指向全球范围内存在的种族歧视和种族主义，呼唤着对各种族的尊重和宽容。例如两只黑白不同的手；一只黑色的狼和一只白色的羊羔。在一幅作品中，一位白人男子热情地亲吻着一位黑人女士，画面色彩对比十分强烈，没有文案，没有产品，只有品牌标志，但是却具有极强的视觉冲击力和感染力，这幅作品最后奇迹般地被全球受众所接受，也奠定了贝纳通所独有的广告风格——锋芒毕露。

1996 年，贝纳通继续这种色彩对比的广告风格，推出了“Hearts 篇”平面广告，广告画面极其简单，是三个颜色相同、形状相近的心脏，上面分别标着 Black、White、Yellow；还有“Tongues 篇”广告，画面是三个不同肤色的小女孩，伸出她们各自的舌头，而且舌头的颜色是一样的。这两幅广告同时传达出一个主题：皮肤的颜色只是外在的差异，内在的相同才是人类共同的本质。贝纳通广告的审美价值在于，通过强烈的色彩对比，把不可调和的矛盾转化为和谐统一，简单中孕育着深刻的哲理。

四、同一法则

同一是最简单的形式美，在单纯中见不到明显的差异和对立的因素。如色彩中的某一单色，蔚蓝的天空，碧绿的湖水，清澈的溪流等等。单纯能使人产生明净、纯洁的感受；同一在形式上呈现出一种整齐的美，给人以秩序美和节奏感。

同一法则是强调各形式要素之间彼此相近似特色的美学表现法则。无论古今中外，和谐、整一等同一性原则永远是事物的最重要的审美法则，尤其是具有优雅风格的审美对象。广告的形式要素间具有同一性，易于增强美感和塑造形象。广告的同一性法则重在突出形式间的相容相谐关系，易于表现生活中的温馨和柔情，给人以协调统一感，是增强广告魅力的重要手段。

同一性法则的常见形式主要有：对称、反复、对位、渐变。

（一）对称

1. 对称及其审美价值

（1）对称。所谓对称，是指一条中轴线两侧的形象相同或相近的形式方式。对称是构成形式美的基本法则之一，是艺术造型和图案设计中求得重心稳定的一种结构形式，也是一种古老而又普及的构图形式。

对称是生物体自身结构的一种合规律的存在形式，因此，对这一规律的认识和把握，即起源于人的身体结构以及其他动物的身体结构。古希腊美学家认为身体美在于各部分之间的比例对称。不少动物的正常生命状态也证实了此一观点。人类早期的石器造型表明，当时从实用的需要出发人类已经掌握了对称的形式。普列汉诺夫分析原始民族产生对称感的根源时，认为原始的狩猎民族，由于他们特殊的生活方式，形成从动物界汲取的题材在他们的装饰艺术中占着统治的地位，这使得原始艺术家从年纪很小的时候起，就开始注意对称的规律。这些足以说明，从原始社会起，对称就已经深深地植根于人们传统的审美意识之中，对称的形式美来源于实践并在实践中不断发展。

（2）对称的审美特性——意匠美。对称是古典主义艺术和传统美学的最基本的特征，是一种有节奏的美，包含人工后的意匠美。对称的规律性强，有统一、安静感，对称的形式可以在人们心里引起一种安定、庄重、大方、肃穆、完整、和谐的审美感受。对称的形式诚然是美的，但它容易使人感到缺少变化、过于保守，有拘谨、呆板的感觉，所以，现代艺术和现代美学对这种传统形式采取既继承又革新的态度。

2. 对称的形式

对称可分为完全对称、近似对称和反轴对称三种形式。

（1）完全对称。它是最单纯绝对的对称形式，给人一种井然有序的感觉。（图 5—16—1）

（2）近似对称。它是指宏观上的对称与微观上的变化相结合的对称形式，稳中求变，富有生气。（图 5—16—2）

（3）反轴对称。它是在非对称构图形式的诱导下产生的变形的对称形式，既

规则又不失变化。(图 5—16—3)

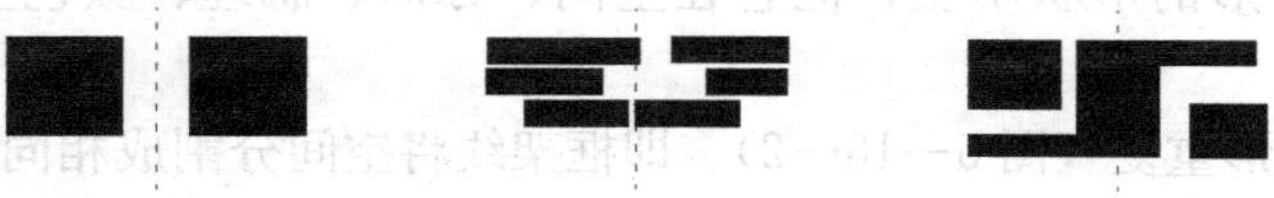

图 5—16—1
完全对称

图 5—16—2
近似对称

图 5—16—3
反轴对称

图 5—16

(二) 反复

1. 反复及其审美价值

所谓反复，是指相同或相近似的形式要素的重复出现而形成数量众多的一致统一，它是一种古典主义艺术常见的形式。反复具有严密的秩序性和规律性，可以在人们心理上引起和谐严整的节奏感和美感；反复容易被视觉识别，使人一目了然，具有较强的视觉冲击力，有助于加强人们的记忆。

2. 反复的形式

反复分为单纯反复(图 5—17—1)和变化反复(图 5—17—2)两种形式。

(1) 单纯反复。各种物质材料按相同的方式排列，就形成单纯的反复，产生整齐一律的美。整齐一律一般是外表的一致性，说得更明确一点，是同一形状的一致的重复，这种单纯反复是反复的最简单的形式，它具有一种强调作用和质朴的风格。

(2) 变化反复。各种形式要素在排列的空间内，按照一定的间隔产生的重复叫做变化反复。这种有规律的反复，具有明显的节奏感和简单的韵律美。现代实用艺术和广告艺术比较多地采用变化反复的形式。

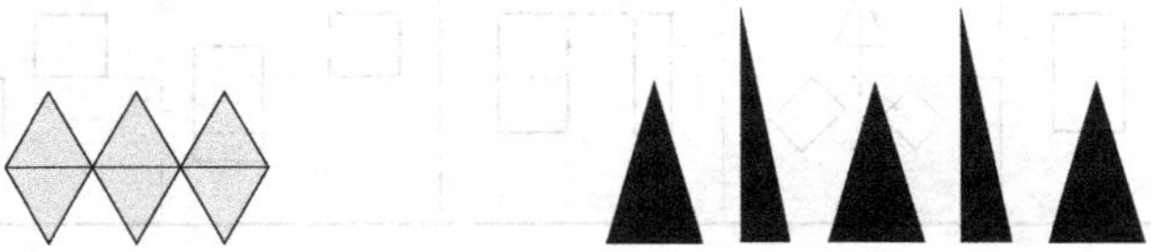

图 5—17—1
单纯反复

图 5—17—2
变化反复

图 5—17

3. 重复形式的类型

重复形式的类型共有两类：

（1）基本形重复（图 5—18—1）。即不断使用同一个形状的图形，在一般情况下，基本形的形状不变，但它在空间、方向、肌理、颜色上可能有所变动。

（2）框架形重复（图 5—18—2）。即框架线将空间分割成相同的单位，引导基本形的编排使之产生重复的规律。

图 5—18—1
基本形重复

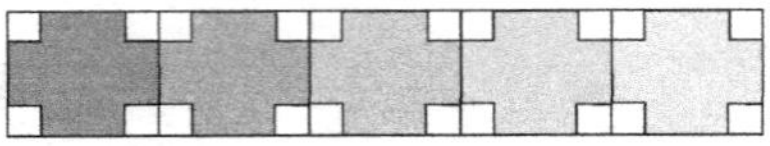

图 5—18—2
框架形重复

图 5—18

（三）对位

1. 对位及其审美价值

所谓对位，是指形式要素间在位置上的某种正对应关系。它是通过位置上的某种联系来寻求总体构图的统一，可以在人们心理上引起一种呼应、完整的审美感受，它所体现出来的是一种关系美。

2. 对位的形式

对位的形式可以分为两类：心线对位和边线对位。如图 5—19 所示，图中，心线对位中的虚线表示“心线”，边线对位中的虚线表示“边线”。

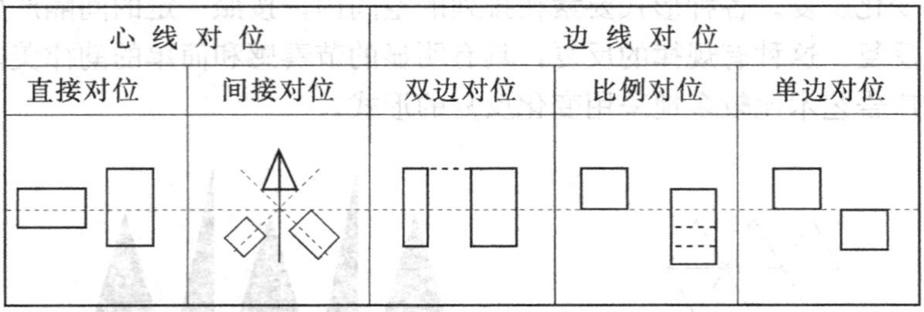

图 5—19

在对位规律中，对于一些不规则的自由形象，需要依靠观察者的个人感觉来确定形象的中心线或边线。在一般情况下，自由形象的边线并不在它的轮廓上，而是在某个感觉位置上，如图 5—20，主要是利用黑白线形宽度和曲率的渐变形式产生了统一效果，其对位线要凭人的感觉而定。

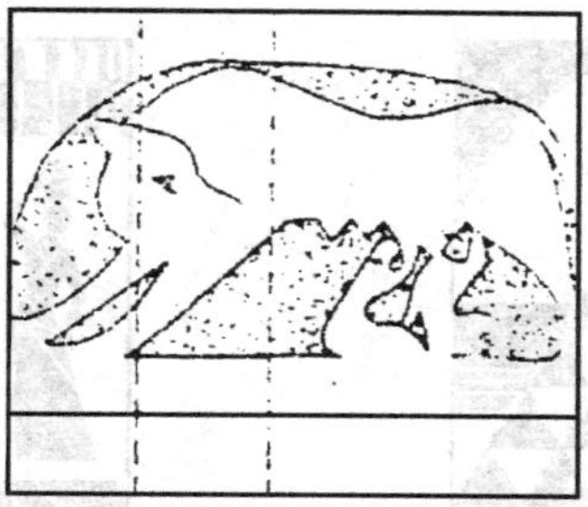

图 5—20

(四) 渐变

1. 渐变及其审美价值

所谓渐变，是指形式要素连续地、有规律地循序变动，即近似形象的有秩序的排列。它是一种通过类同要素的微差关系来求得形式统一的手段。可以说，无论怎样极化的对立要素，只要它们之间采用渐变的手段加以过渡，两极对立就会很容易地找到统一关系。如颜色的冷暖间、体积的大小间、形状的方圆间等。

渐变可使视觉产生柔和含蓄的感觉，具有抒情意味。它呈现出一种有秩序的、阶段性的协调美，给人富于节奏和韵律的自然性美感和审美韵味。形状大小和间隔疏密的渐变，可造成空间感和韵律感。

2. 渐变的形式

渐变的形式很多，主要有：形状渐变、大小渐变、方向渐变、空间渐变、虚实渐变等。

(1) 形状渐变。指通过渐变由一种形状或一种事物过渡到另外一种形状或事物，可以增加欣赏情趣。(图 5—21—1)

(2) 大小渐变。指事物的形体由小到大或由大到小的逐渐过渡变化，可增加空间移动的深远之感。(图 5—21—2)

(3) 方向渐变。即形式因素的方向逐渐向相反的方向转化，可产生空间感。(图 5—21—3)

(4) 空间渐变。指空间的相互转化，给人以旋转感，造成动势和韵律美感。(图 5—21—4)

(5) 虚实渐变。指虚逐渐转化成实，实逐渐转化成虚的渐变形式，具有很强的动感和韵律感。(图 5—21—5)

图 5—21—1　形状渐变

图 5—21—2　大小渐变

图 5—21—3　方向渐变

图 5—21—4　空间渐变

图 5—21—5　虚实渐变

图 5—21　渐变的形式

（五）同一形式美法则广告案例分析

案例 5—8

长城干红葡萄酒平面广告

在这则长城干红的平面广告中（图 5—22，见彩插），很多瓶干红排列成长城的形状，既有反复又有渐变，突出了产品的品牌名称，传达出长城干红葡萄酒高贵雅致的品位和非凡的品牌格调，具有韵律美和动感美。

案例 5—9

吉布森（Gibson）吉他平面广告

这则广告（图 5—23，见彩插）使用了变化重复的手法，倒转的吉他与原子弹爆炸后形成的蘑菇云形象颇有几分相似之处，传达了吉布森（Gibson）吉他可以演奏出火爆音乐的卖点。

案例 5—10

大众汽车户外广告

这则大众汽车的户外广告（图 5—24，见彩插）画面十分简洁，只有两组对应的逐渐变小的树，采用的是反复和大小渐变的形式美法则。整幅画面给人一种开阔的空间感，再加上户外媒体自身的优势，准确道出了大众汽车“宽广视野”的驾驶乐趣。

五、节韵法则

（一）节韵法则及其审美价值

节韵是节奏和韵律的合称。二者关系十分密切，故一起论述。

1. 节奏

所谓节奏，就是有规律的重复，以使各形式要素之间具有单纯而明确的联系。连续层次之间安排适当的停顿，则可使节奏更加分明。构成节奏有两个重要的关系：一是时间关系，指运动过程；一是力的关系，指强弱的变化。

在生活和自然中都存在着节奏。普列汉诺夫曾说：“对于一切原始民族，节奏具有真正巨大的意义。”[①] 郭沫若曾说：“宇宙间的事物没有一样是没有节奏的：譬如寒往则暑来，暑往则寒来，寒暑相推，四时代序，这便是时令上的节奏；又譬如高而为山陵，低而为溪谷，陵谷相间，岭脉蜿蜒，这便是地壳上的节奏。宇宙内的东西没有一样是死的，就因为都有一种节奏（可以说就是生命）在里面流贯着。”[②]亚里士多德认为，爱好节奏和谐之类的美的形式是人类

① 《普列汉诺夫哲学著作选集》，第 5 卷，338～339 页，北京，三联书店，1984。
② 郭沫若：《文艺论集》，229 页，上海，文化艺术出版社，1988。

生来就有的自然倾向。这些都说明节奏是事物正常发展规律的体现，也是符合人类生活的需要的。昼夜交替、春夏秋冬周而复始、人体的呼吸、脉搏的跳动、劳逸结合，都是生活中的节奏。

艺术中的节奏感更鲜明。如音乐节拍的强弱、快慢、长短的交替出现；舞蹈动作的刚柔结合；绘画中多种形式线条的整合统一；戏剧中高潮和低潮的交替安置等，都可以形成节奏。

节奏使形式具有一种机械性和强力性的美。不论在生活中或艺术创作中，如果打乱了节奏，就违反了事物的正常规律，因而也就失去了美。

2. 韵律

韵律是在节奏基础上的丰富和发展，它赋予节奏以有规律的变化起伏，使呆板的形式出现抑扬律动、强弱起伏的变化。因此，所谓韵律，就是指节奏有规律的抑扬变化，它是在节奏变化中产生的情调，使形式富于律动的变化美，具有音乐的美感。

构成要素作周期性变化就产生节奏，最单纯的节奏是反复，节奏带有机械的美。韵律则不是简单的重复，它是有一定变化的相互交替，是情调在节奏中的融合，是构成要素连续反复所造成的抑扬调子，能在整体中产生不寻常的美感，能给人情趣。可以说，韵律是节奏形式的深化或复杂化，节奏是韵律形式的单纯化；节奏富于理性和秩序感，而韵律则富于感性和抒情意味。

3. 节韵法则的审美价值

节韵法则的运用所产生的不同的形式美，与现代人类的意识非常相符。它可以增强设计作品的感情因素和感染力，给人以审美情趣和美感，满足人个性化的审美需求。节韵美直接而自然地产生于结构和功能的需要，具有一种超越人们主观意识的无可非议的吸引力，有十分明显的视觉导向和视觉诱导作用。

(二) 韵律的形式

1. 按结构来分

韵律的形式有：渐变的韵律、起伏的韵律、旋转的韵律、等差的韵律、等比的韵律、自由的韵律和连续的韵律。下面一一进行解释。

(1) 渐变的韵律。指经过有规律的渐变形成的韵律，它可用构成要素的大小、形状、方向、色彩、空间有规律地演变而得到。(图 5—25—1)

(2) 起伏的韵律。指渐变韵律依照一定的规律时而增加，时而减少，形成波浪式的起伏，具有生动活泼的运动感。(图 5—25—2)

(3) 旋转的韵律。指构成要素按照一定的轴心或轨迹做有秩序的渐变或渐变旋转变化，产生强劲的动态感和活泼的情趣。(图 5—25—3)

（4）等差的韵律。指构成要素的形状、面积、体积等按照一定的差额有规律地增加或减少，具有很强的空间感、均衡感和稳定感。（图 5—25—4）

（5）等比的韵律。指构成要素的形状、面积、体积等按照一定的比例成几何倍数地扩大或缩小，具有很强的数比感。（图 5—25—5）

（6）自由的韵律。指构成要素无规律的、松散的、自由式的构成，有很强的流动感和飘逸感，极富人情味和趣味性。（图 5—25—6）

（7）连续的韵律。指一种或几种构成要素连续、重复地排列而形成的韵律。其中多种要素经常以基本相同的间隔有规律地进行重复。（图 5—25—7）

图 5—25—1　渐变的韵律

图 5—25—2　起伏的韵律

图 5—25—3　旋转的韵律

图 5—25—4　等差的韵律

图 5—25—5　等比的韵律

图 5—25—6　自由的韵律

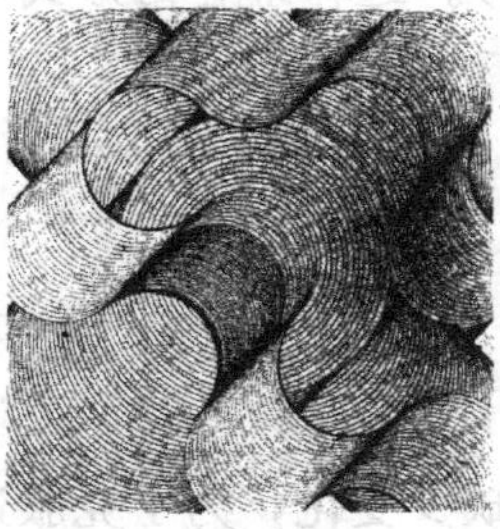
图 5—25—7　连续的韵律

图 5—25　韵律的形式

2. 按形态风格来分

韵律的形式有：静态的韵律、激动的韵律、微妙的韵律、雄壮的韵律、单纯的韵律、复杂的韵律等等。这些韵律在我们的日常生活中十分常见，此处就不一一详述了。

（三）节韵形式美法则广告案例

节韵美法则是一种具有明显现代感的艺术创作法则，对于具有现代审美意识和审美需求的消费者来说，在广告作品设计中运用节韵法则是很有必要的。

案例 5—11

可口可乐“足球篇”户外广告

这是FCB广告公司借’96欧洲国家杯足球锦标赛的东风，为可口可乐制作的5幅户外宣传广告（图5—26，见彩插）。

这5幅广告全部与足球有关，同时又全都以可口可乐瓶子的形状为主体形象进行宣传。其中一幅采用了自由、连续的韵律法则，数不清的瑞典国旗自由、松散、连续地排列在一起（图5—26—5，见彩插），形成了可口可乐的瓶子形状，具有很强的视觉冲击力和节奏韵律感，妙趣横生，让人过目不忘。

案例 5—12

麦当劳车体广告

这是DDB广告公司为台湾麦当劳餐厅股份有限公司创作的车体广告（图5—27，见彩插）。四辆车上分别喷绘着四个麦当劳的卡通人物，他们共同的特点是，车上都有一个显著的“M”标志。不同的是，第一辆车上的“M”呈现出一种渐变的韵律美，它与其余的三辆车上的文字串联到一起，就是：“M” Makes More Smile（麦当劳带来更多欢笑）。这种组合的形式具有极强的人情味和趣味性。

六、均衡法则

（一）均衡法则及其审美价值

1. 均衡

对称的形式固然是美的，但它容易使人感到乏味和缺少变化，为了克服这一不足，在对称中求变化，于是就产生了均衡这一形式要素构成的原则。如果事物在左右、上下、前后等两方面的布局上出现等量不等形的情况，即双方虽然外形大小不同，但分量却是对应的，这就是均衡。

因此，所谓均衡是指异形同量的组合，是依中轴线或中心点保持力量的平衡。生活中这种现象很多，人体的运动、鸟类的飞翔、走兽的奔跑以及行云流水等，都属于均衡的状态。

2. 均衡与对称的异同点

均衡与对称既有相同之处，又有区别。相同的是，二者都由以轴线为中线的两组事物组成；不同的是，对称指中轴线两侧形式要素的绝对平衡关系，而均衡只要求处于中轴线上下、左右、前后的事物大体相等。

均衡是一种具有较大变化的对称，这种变化的对称主要取决于形状、色彩、位置与面积的搭配，它利用虚实气势达到呼应和谐一致，给人一种视觉上起伏变化而心理上平衡和安定的美感。其结构特点是生动活泼，富于变化，有动的感觉。简言之，对称也是均衡，却是一种机械的均衡；均衡也是对称，却是有变化的对称，在静中倾向于动。

3. 均衡法则

均衡法则是指在特定的空间范围内，使形式诸要素间的视觉力感保持平衡的关系法则。这是因为在自然界，相对静止的物体都是遵循力学的原则以安定的状态存在着，这个事实在审美方面使人产生了视感平衡心理。

（二）均衡的形式

1. 按主体感受来分

均衡的形式有静态均衡（图5—28—1）和动态均衡（图5—28—2）两类。

（1）静态均衡。指两侧对照形态给人以较为安定的视觉心理的关系，它是相对静止条件下的平衡关系，是沿着中轴线左右构成对称的形态。

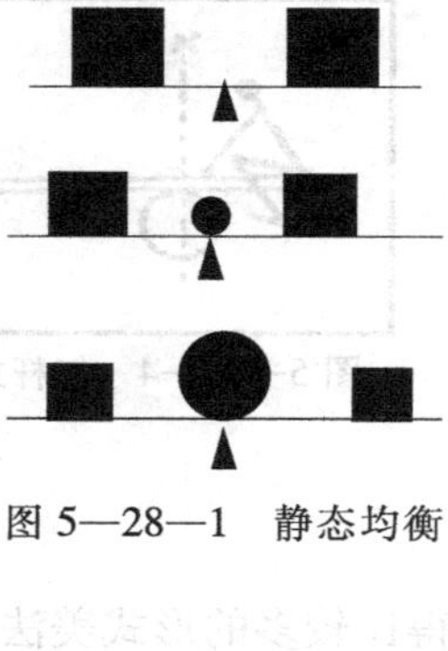

图5—28—1　静态均衡

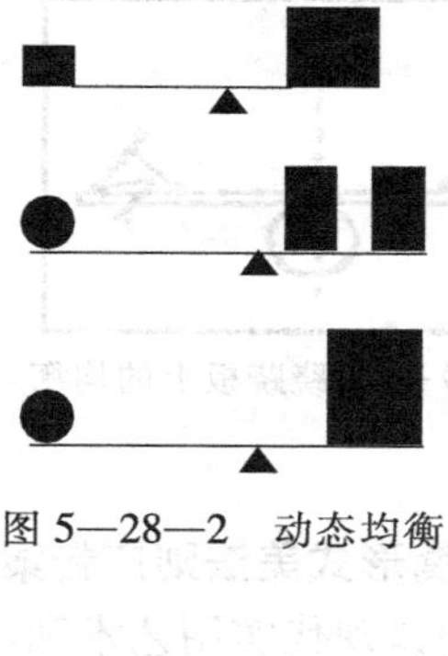

图5—28—2　动态均衡

图5—28

静态均衡在视觉心理上偏向于严谨和理性，具有庄重感和安全感。

（2）动态均衡。是指两侧对照形态给人以不安定的运动视觉心理的关系，它是以不同质和不等量的形态求得的非对称的平衡形式。

动态均衡在视觉心理上倾向于灵活和感性，具有轻快感和动势感。

2. 按形态变化幅度大小来分

均衡可分为激变均衡和微变均衡。

3. 按中轴线两侧对照形态的距离和重量来分

均衡可分为天平式均衡、杆秤式均衡、跷跷板上的均衡和杠杆式均衡等。下面一一说明。

（1）天平式均衡。指平衡点是固定的，两边平衡物体距离平衡点等远。（图5—29—1）

（2）杆秤式均衡。指平衡点是固定的，但两边平衡物体的距离随较小物体的移动而不同。（图5—29—2）

（3）跷跷板上的均衡。指两边均衡的物体重量相等，平衡点必须位于正中。（图5—29—3）

（4）杠杆式均衡。指两边物体的重量不同，平衡点必须距离较重的物体较近。（图5—29—4）

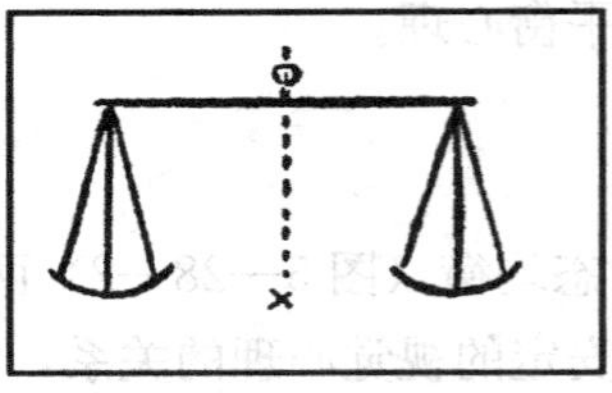

图5—29—1 天平式均衡

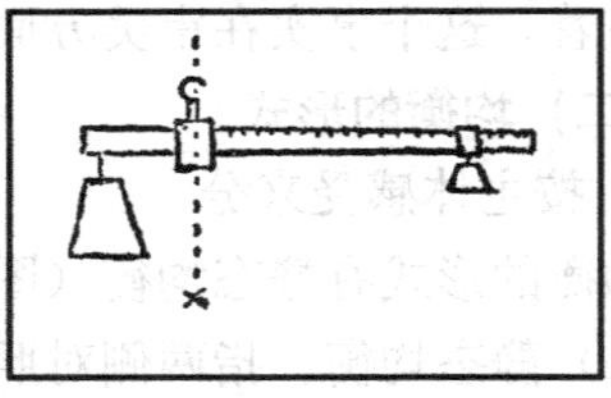

图5—29—2 杆秤式均衡

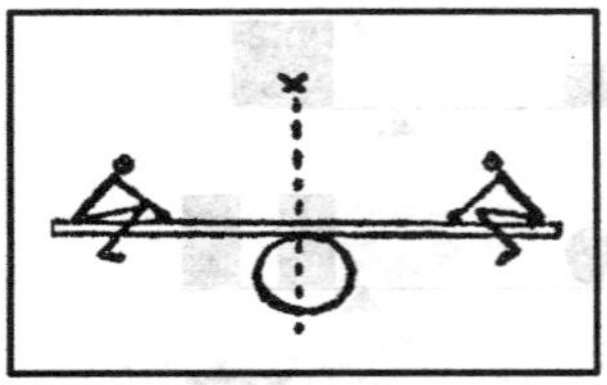

图5—29—3 跷跷板上的均衡

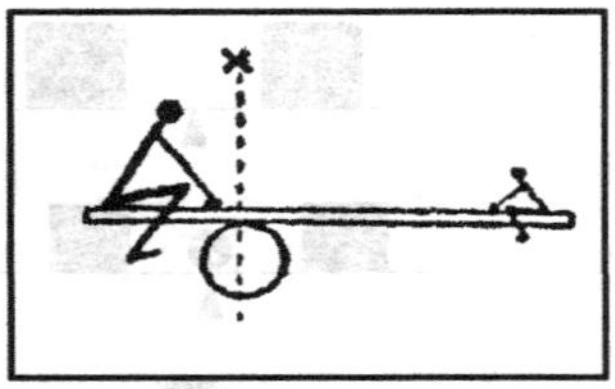

图5—29—4 杠杆式均衡

图5—29

（三）均衡形式美法则广告案例

均衡法则是现代实用艺术和广告艺术应用得比较多的形式美法则，因为它符合现代人简洁、明快、奔放、个性化的审美观念的需要。

将均衡法则应用于艺术设计，可以带来构成的无限变化，从而开拓了艺术表现的领域。因此，具有良好均衡性的广告设计作品，必须在均衡中心上予以某种强调，使人的视线在它上面停留下来，引起一种满足和安定的愉快情绪，产生明显的吸引作用。这一点已成为许多优秀广告设计作品取得成功的诀窍。

案例 5—13

飘柔洗发水“游泳池篇”平面广告

在这则平面广告（图 5—30）中，画面以一个椭圆环形的游泳池为背景，位于中间偏右的飘柔洗发水的瓶子与位于左上角的文案“泳池水不会让你头发飘柔”形成了视觉心理上的均衡，画面生动不呆板，富有动感，视觉冲击力也很强。

图 5—30　飘柔洗发水“游泳池篇”平面广告

案例 5—14

九华痔疮栓“屁股笑了篇”平面广告

在这则平面广告（图 5—31）中，画面白底上用水墨寥寥几笔勾出一张笑得弯弯的嘴，嘴又分作两半，让人觉得像个圆圆的屁股。简单、有趣的视觉要素遵循了均衡的构成原则，简单中不失生动，主题的传达淋漓尽致。

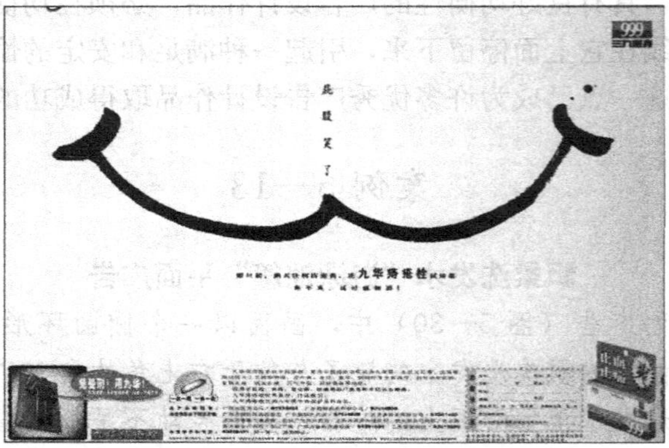

图 5—31　九华痔疮栓“屁股笑了篇”平面广告

案例 5—15

MANDARINA & DUCK 手提包平面广告

在这则平面广告（图 5—32，见彩插）中，整幅构图以拎着手提包的女士的头部为平衡点，位于画面左下方的女子的右手、左脚和位于画面右上方的左手、手提袋形成了巧妙的视感平衡，而位于画面左上角的黄色色块同位于画面右下角的标志也形成了均衡。整幅画面无论从色彩、位置等构成要素，还是从人物、指称对象等画面主体来看，都同时实现了视觉平衡，而且平衡中不失重点，十分有力地突出了手提包、品牌等广告主体信息。

七、数比法则

（一）数比及其审美价值

1. 数比

数比，也叫比例，是指单位事物整体与局部以及局部与局部之间的关系。古代宋玉所谓的“增之一分则太长，减之一分则太短”，指的就是数比关系。

事物形式要素间的比例关系，是人在实践活动中对自然事物进行总结抽象出来的。我国木工祖传的“周三径一，方五斜七”的口诀，就是制作圆形和方形物体的大致比例。数比关系在绘画等艺术造型的创作中，应用得十分广泛，例如荆浩在《画山水赋》一文中谈到“丈山尺树，寸马分人”，就是我国历代画家的经验之谈。文艺复兴时期的画家认为美感完全建立在各部分之间的神圣比例关系上。

因此，在艺术创作中，必须掌握正确的数比关系的运用，否则会产生形象的不真实。

2. 数比法则及其审美价值

数比法则作为形式美的一个重要法则，自古以来就受到人们的广泛重视。所谓数比法则，是指形式构成各要素间的逻辑关系和匀称关系，亦即比例关系或相互分割关系。

数比美早在公元前六世纪就被古希腊哲学家毕达哥拉斯发现，他认为美就是由一定数量关系构成的和谐，也就是说，和谐的比例可以引起人们的视觉美感，使总的组合有明显理想的艺术表现力，满足人们内在的感性和理性的审美要求。

3. 黄金分割律

美好的构成都有适度的比例与尺度，即构成的各部分之间、部分与整体之间的关系要符合一定的比例。那么，什么样的比例是最适合的比例？如何才能获得美的比例呢？万事万物的形式是丰富多样的，因而关于形体的比例也必然多种多样。目前，有几个理想的比例，如黄金律、德国标准比例、柏拉图矩形等，从古希腊一直到今天，许多人把它们作为设计的基本原理。

其中最受重视的是黄金律，亦称黄金分割律，它是由毕达哥拉斯学派提出来的。毕达哥拉斯曾试着把一条有限直线分为长、短两段，反复改变分割的长短比例，相互比较，最后得出很满意的分割比例：短线段与长线段的长度比，等于长线段与全部线段的长度比；而且长短线段相乘得出的面积也是同样的比例。古希腊哲学家柏拉图把这个比例称为“黄金分割律”。

古希腊人认为黄金分割律蕴含着创世的秘密，甚至把它奉为永恒的美的比例，还把它运用在巴特农神殿的造型和维纳斯的雕像上。后来，西方人普遍认为符合黄金律的比例是最美的比例，美学家认为它和谐，数学家认为它简洁，艺术批评家认为它妙不可言，似乎黄金律就是哲学领悟、数学技巧和艺术直觉的最惊人的结合，体现着人类所能感悟到的蕴藏在这个世界之后的神奇的结构，具有深奥理性的灿烂之美。

黄金律的分割方法是：正方形 ABCD，取 AB 的 1/2 为圆心 O，连接 OC，以 OC 为半径作弧交于 AB 的延长线，交点为 E，过 E 点作垂线交 DC 延长线于 F 点，则 AEFD 为黄金律形。AB∶AE＝1∶1.618，即为准确的黄金分割比例。如图 5—33 所示：

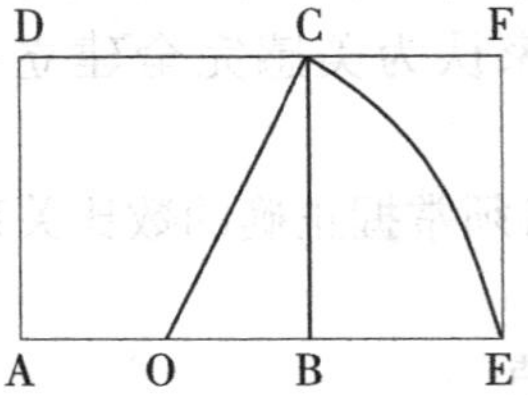

图 5—33

在实际运用上，最简单的方法是以数列 2、3、5、8、13、21……（即前两项相加等于第三项）得出的 2∶3、3∶5、5∶8、8∶13 等数比值为近似值。

黄金分割律是从数的度量中发现的，是数学所反映的客观规律，也是包含美的形式规律。由于黄金分割律自身的科学性和安定感，加之几千年来人们一致认为符合黄金分割的比例是最美的比例，所以在日常生活中，人们常以此来衡量事物或艺术造型。

符合黄金律的比例一般来说是美的，但不能因此而将其绝对化。实际上，人们在美的创造活动中都是按照事物的内在尺度来确定其比例关系。黄金分割律虽然包含了一定合理的因素，但是也不能把这一比例硬搬到一切事物的造型中去。例如人体的匀称在比例关系上并不是绝对不变的，尽管正常发育的人体各部分之间大体保持一定的比例关系，如身高与头部的比例大约为 7∶1；但随着人的体型姿态或年龄的变化，头部与身高的比例也在变化。

除了黄金分割律之外，人们常用的比例还有 1∶2，2∶3，3∶4 和 5∶9 等，作为数比美的表现，这些数比概念具有很好的表现力和明确的性格特征。

总之，美是相对于人生而言的一种价值，随着社会的发展，时代的前进，人们的审美观念和审美习惯也在改变，因此，永恒的比例美是不存在的。如果离开人的生活的多样需求，用某一比例来取代一切，那就必然会陷入形而上学，违背美的规律。

（二）数比形式美法则广告案例

在广告艺术创作中，数比法则主要体现为广告各审美因素之间的比重、主从关系和空白的设置与运用等方面。广告与其他艺术形式的根本区别在于它的实用功利性，因此，在进行构图设计时，必须有主体有陪衬，有重点有一般，关键是诉求对象一定要放在视觉中心的位置上，在满足人们的实际功利需要的同时，给他们带来美感。

案例 5—16

英特尔（Intel）奔腾Ⅲ处理器“蓝人篇”电视广告

这是DDB广告公司为英特尔（Intel）奔腾Ⅲ处理器创作的电视广告（图0—3，见彩插）。

这则广告情节设置独具匠心，细节处理细腻入微，带给受众全新的视觉与心灵的冲击（参见案例0—2）。墙上喷绘出的三条绿带所构成的巨大的奔腾Ⅲ处理器标志与站在下面的三个人在高度上形成了鲜明的数比关系，更加突出了奔腾Ⅲ处理器的强大动力，具有很强的震撼力、感染性和巨大的吸引力，无形中强化了受众对其品牌形象的认同。另外，该则广告中色彩元素的组合也体现了一定的数比美。广告画面以蓝色为主色调，但也充分运用了其他的色彩元素，如白色、绿色、黄色等，通过色彩组合的大胆创新，既突出了Intel的企业色——蓝色，又不显得单调，反而体现出一种和谐统一的美。

八、空白与虚实法则

（一）空白、虚实及其审美价值

1. 空白及其审美价值

空白的设置与运用，在设计画面的构成中有着不可忽略的重要作用，是进行艺术表现的重要手段。它能缓和画面的紧张及复杂性，加强对比以达到画面的均衡；它可以打破沉闷和闭塞，唤起联想，从而突出广告主题。有意处理的空白，留下了艺术想象的天地，增加了画面的灵性与气韵。

清初曾流行这样的绘画理论：“空本难图，实景清而空景现。神无可绘，真境逼而神境生。位置相戾，有画处多属赘疣。虚实相生，无画处皆成妙境。”[①] 说的就是空白的处理可以带来的“妙境”。

在广告设计中，要在需要强调突出的构成要素的周围留下空白，以利于视线流动，这样就可以扩大和提高视觉效果，破除沉闷感。

2. 虚实及其审美价值

“虚实相生”是我国传统美学思想的重要内容。所谓“虚”，是指物质对象的精神实质或思想感情；所谓“实”，是指主体内容。“虚实相生”就是要求艺术作品中的“实”要力求表现事物的主要特征，而作品中的“虚”要力求表达出言外

① 转引自宗白华：《中国艺术表现里的虚与实》，载《文艺报》，1961年第5期。

之意，弦外之音。“虚实相生”可以把观赏者的审美思维由具象的物质对象引向抽象的联想和想象，从而获得审美的愉悦感。

虚实法则是广告获得形式美所要遵从的一个重要法则。虚实在广告中的运用主要体现在以下两方面：一是体现在内容的安排上，内容上的虚实常表现为“化实为虚”，即把广告指称对象的个性、精神等抽象本质，以直接可观的审美意向——感性形象表现出来。二是体现在广告画面构图上，画面构图中的虚实常表现为广告主体与背景或陪衬的位置关系以及搭配关系的处理等。广告画面构图应该藏虚露实、虚宾实主、以虚衬实、疏密相间，以便使妙境在空灵和疏通中显现出来。

虚实作为广告形式美的一种表现形式，是为深化广告主题服务的，无论是广告的内容还是广告画面构成，都必须讲求有实有虚，虚实呼应。因此，在广告中要大胆地运用虚实对比，广告画面的主体形象、商品信息要“实”，陪体、背景和审美意向要“虚”，使画面实中有虚，虚中有实，造成新颖独特的构成效果，加强画面的感染力，突出广告所要传达的主题。

（二）空白与虚实形式美法则广告案例

案例 5—17

大众“新款甲壳虫”户外广告

这是DDB广告公司为德国大众汽车推出的“新款甲壳虫”创作的户外广告（图 5—34，见彩插）。该幅广告画面的外围是简单易玩的数字填图，构成了画面构图中的“虚”；画面中心是一辆甲壳虫汽车的外部轮廓，里面则是一幅精雕细琢的油画，成为画面的“实”，从而把简单的娱乐和富有创造性的技艺协调起来，突出了广告的主题：乐趣其外，精艺其中；驾乘简单，性能优良。

案例 5—18

伊利 PURE ACE 酸奶平面广告

该广告（图 5—35，见彩插）由三幅画面构成，中间的一幅大面积留白，而最左边和最右边的两幅画面中的两位美女均“不爱红妆爱酸奶”，将玉手伸向画面中间的酸奶，诙谐自然，活泼生动，引人注目。该广告无论对空白、虚实的处理还是对视觉引导规律的应用都十分到位，画面在优雅中不失生气。

VOLVO汽车的"安全别针篇"平面广告（图4—3）在空白的处理上达到了出神入化、鬼斧神工的境界，具体内容在前面已作分析，此处不再详述。

九、视觉传达法则

现代广告发展的一个主要趋势是：广告传播以视觉传达为主。这是因为，视觉具有其他感官无法比拟的优越性。视觉提供给大脑的信息不仅高度清晰，而且还具有无限丰富性；更重要的是，视觉还具有思维的功能。外界事物的90%以上的信息是由视觉提供的，广告也不例外，因此，研究视觉传达法则对广告形式美的实现具有重要的意义。

视觉传达的常见原则如下：简化原则、张力原则、冷热抽象原则。简化原则已多次介绍过，在这里我们重点论述张力原则和冷热抽象原则。

（一）张力原则及其审美价值

1. 张力

"张力"一词是从自然科学中借用来的。所谓张力，是指事物内部存在的力的运动造成的一种紧张状态，受到造型或结构的力的影响。艺术作品中的各种构成要素从表面上看是静止的，但其内部动力互相影响的作用依然存在，之所以被视为是静止的，是因为其间的能量达到了平衡。

格式塔心理学派的代表人物阿恩海姆借助视知觉的心理过程来探讨形的张力，对研究构图的视觉传达法则具有多方面的启发意义。阿恩海姆把张力称之为我们从中真正看到的仅仅是视觉形状向某些方向上的聚集或倾斜，即认为张力是知觉特定心理场存在的一种力，具体说，是生理力受到外在刺激式样的冲击而发生造型变化的动态过程在视觉经验中的对应物。这种现象我们在日常生活中也能感受到，即使在明亮中的一个小黑点，也具有从中心向外扩散和外推的张力，而其周围则具有相对应的向中心集中的张力。

2. 张力形成的原因

张力的形成主要有以下四方面原因：

（1）数比形成的张力。例如在长方形和椭圆形中，张力有朝向径度较长的那个方向运动的倾向；在梯形和三角形中，随着宽度的递增或递减，张力也会随着产生渐增或渐减的运动感。

（2）倾斜形成的张力。在绘画中常见的倾斜是对角线，所有的对角线都是对水平或垂直方向的一种偏离，它可产生另外一个空间，从而提供动力因素。因此，如要表现运动，做法之一就是赋予事物以适当的倾斜度。

（3）重复、重叠、渐变等产生的张力。相同或相似形象要素的重复、重叠、渐变，往往会使视觉产生连接的感受，把它们视为造型或位置的连续变化，从而产生形象在运动的感觉，这实际上是物象内在张力连贯性的结果。

（4）变形和扭曲产生的张力。变形和扭曲也能产生张力，如将正方形压扁成长方形，将椭圆形拉伸成圆形，都较之原来更有张力。

3. 张力的审美价值

图形或形象只有具备张力的特性，才能产生生命力并显示情感。也正因为绘画形象结构内部不同层次之间存在着差异或相对错位，或者同一层次内部各构成成分之间的相对偏离、变异，它们所造成的倾向性刺激，才能使欣赏者的审美心理处于一种能动的适度的紧张状态。这种常常被称为绘画或图形的张力。

由此可见，张力是审美主客体相互作用的结果，是绘画或图形充满生机和独特美感的动力。品牌标志、商标的运动感只有通过构图各要素的张力表现出来，广告才能给人以生命感和合乎逻辑的情感。

（二）冷热抽象原则

1. 冷抽象原则

冷抽象原则更多地应用于商标、品牌标志的设计。

冷抽象偏重于客观理性形象的创造，具有构成的、几何学的、建筑学的形态和特征，并具有理性、客观、冷静的特点。

从图像的直观形式来看，冷抽象的图形趋于简化和规律化，为了做到纯粹客观，在创作中常使用严整细致、符合视觉均衡规律的几何图形。

从画面构成来看，冷抽象的构成不仅具有规律性，而且具有简洁明快的理性美。这种抽象形式法则力求寻找纯粹客观的自律性秩序，以表达物质对象背后的“纯粹客观实在”。

根据冷抽象原则构成的表现性动感形象，由于强化和突出了指称对象的本质特征和内在品质而引起人们的品牌联想，并产生强烈的视觉冲击力。如麦当劳、IBM 的标志设计。

2. 热抽象原则

热抽象偏重于情感的表现，是直观的、感性的、抒情的、主观的。这种抽象方式与冷抽象恰恰相反，它从主观情感出发，以形、色、光影的构成表现事物的感性的本质特征，因而更偏重于感性和主观性，具有抒发情感、表达情趣的性质和娱乐性的特点。

与冷抽象的规则化和严整化相比，依照热抽象原则构成的图形偏于复杂、形象化，画面运动感强，富有生机和活力，情趣盎然。如娃哈哈和康师傅的标志设计。

（三）视觉传达形式美法则广告案例

案例 5—19

约翰·韦斯特（John West）吞拿鱼罐头平面广告

这则广告曾获第47届戛纳平面广告大奖（图5—36，见彩插）。

该广告画面十分简洁，只有一句广告文案“nothing but fish”（除了鱼什么都没有）和只露出一半的品牌名称以及罐头的顶部，符合视觉传达的简化原则。此外，画面中罐头的顶部特写，令整个画面给人一种向外扩张的视觉感受，巧妙的视觉布局将视觉传达的张力原则运用得淋漓尽致，并给人一种心理和生理上的诱惑。

在对以上的主要形式美法则进行了简要的分析后，需要说明的是，形式美的法则虽已形成一些规律性的审美特性，但却不是固定不变的，随着时代的发展，形式美的法则也会不断发展变化。我们必须结合广告主题及创意的要求加以运用，而不要因为这些法则约束了美的创造。研究形式美法则的重要意义在于把这些形式美法则灵活地运用到广告设计中去，使形式能更好地表达广告内容，取得美的形式与美的内容高度统一的效果。

当然，我们在坚持广告设计的形式美的法则的同时，还必须杜绝广告设计中的反美学倾向和误区，如媚俗、趋利、拜物主义、恐怖、丑恶等，尤其要杜绝虚假广告。这些倾向我们将在第八章展开讨论，此处不再赘述。

总之，广告创作者应不断完善自我品格，培养高尚的审美情趣，真正做到以“美的规律和法则”来指导自己的创作实践。

【思考练习题】

1. 什么是形式美？形式美的内容要素有哪些？
2. 形式美在广告作品中的作用是什么？
3. 广告形式美的主要法则有哪些？举例说明。
4. 运用对比法则和同一法则各创作一个广告。

第六章

现代广告的美学表现方法

现代广告的美学表现方法可分为两大类：一为显直类广告；二为内蕴类广告。

显直类广告是以商品形象为表现手段，让商品形象直接和广告受众见面，诉诸受众的直觉感官，一览无余，使其对宣传对象产生美感和购买动机。

内蕴类广告则是让商品形象间接和广告受众见面，强调运用高度的艺术表现手法，诉诸受众的心理情感，使其在潜移默化之中产生购买需求，内蕴的丰富性与形式的简单性相统一是它的高度审美价值之所在。

第一节　显直类广告的美学表现方法

显直类广告源远流长，是最古老和最广泛的一种商业广告。商品经济发展到今天，商业广告种类繁多，但无论是报刊、广播、电视广告，还是路牌、霓虹灯乃至高空的书云广告等，都以显直类为主。

显直类广告的特点是不曲、不隐、不深、文野皆宜，容易为广告受众接受，可迅速达到“广而告之”的目的。它更擅长发挥广告功能，因而经久不衰。

但是，显直类广告在今天面临着严重的挑战。我们知道，市场经济高度发达，商品为了在竞争中获胜，必须增强魅力，吸引顾客。这样会促使企业不得不运用各种艺术手段来推销商品。作为营销重要工具的商业广告，便必然艺术化了。内蕴类广告的大量出现，就是广告构思艺术化的一种重要表现。

在商品竞相争夺市场的形势下，昔日那种仅以传达商品信息，昭示顾客为全部功能的显直类广告显然已不适应对象的需要。顾客在激烈竞争的市场面前，有广泛的选择余地，他乐于接受的是那些既能传达商品信息，又具有强烈美感的广告。因而显直类广告需要解决一个“如何变化”的严峻课题。

如何变的关键在于下功夫提高其艺术魅力。提高显直类广告艺术魅力的侧重点不在主题的开掘，不在构思的奇妙，而在表现手段的拓展上。同样的一个客观事物展现在欣赏者面前，由于展现的方式方法、角度技巧等不同，便会给人不同的感受。所以我们说，对显直类广告表现手段进行广泛的开拓，才是显直类广告的根本出路。

显直类广告是指意义内涵的“显”与“直”，它给受众的是形象而不是抽象，因此，我们在寻找这类广告的开拓门径时，应把注意力集中在如何展现商品形象的表现手段上。我们对目前国内外一些优秀的显直类广告进行了较为广泛的研究，分析和归纳出十几种开拓性表现手段，现将其分述如下：

一、主体凸显

主体凸显不是指单纯地将商品形象再现于广告受众面前，而是指以艺术的表现手段将商品形象突出展现出来，使受众由视觉快感进入美感从而集中注意对商品进行认知。主要有衬托法和显细法。

(一) 衬托法

衬托法是以商品形象为点，外加陪衬和渲染，以更加突出点。这种方法，用得最多的是以虚衬实，以暗衬显。“红花虽好，还要绿叶扶持”，一朵单独的红花并不能引起人的强烈美感，只有在绿叶的陪衬之下，才显出它的艳丽和娇媚，增添无限的魅力。因为人们在认识客观世界的时候，对在对比中具有明显反差的对象的注意力和探究兴趣要比单独存在的对象强烈得多。而且，这类广告的衬景，一般都具有朦胧美和梦幻色彩，使人们在美感中集中注意力认知主体，效果甚佳。

例如一个首饰广告，画面是一女郎手扶眼镜，佩带项链的形象。在方法处理上用浓色调显示出商品造型，而人物影像却用了浅色调，似有似无，模糊不清。一虚一实，以虚衬实，将商品形象十分显著地表现出来，给人以深刻印象。

“以暗衬显”指用暗影衬托清晰的商品形象。例如有一个手表广告，画面是一个优美的少女抬腕看表的逆光黑色倩影，手表却运用高光点显像，十分醒目。

有一些商品要做显直类广告，突出主体，却不便于以虚衬实，以暗衬显。在这种情况下，可以考虑运用附件陪衬的方法。

有一个电器插头广告，将各种插头置于中心位置，利用所连带的各种彩色电线构成一个相互缠绕并疏密适当的图案作为陪衬，突出主要商品。不过利用附件陪衬方法，一定要注意艺术性，比如构成优美图案等，以克服附件的呆板性。

（二）显细法

显细法是显示商品细部或重要部位。世界上一切事物都具有象征该事物特色的着重点，人们观察事物总是把注意力集中在这些重点上，由点及面，或者以点带面。商品自然也是如此，不同商品尽管表现方式不同，但都有自己的重点。例如电视机的重点在正面，上衣的重点在领部等，人们认知观赏商品，这些部位总是主要目标。

因此，我们在制作显直类广告时，可以将商品的重点部位着重显示，既可跳出原来那种呆板显示商品全貌的旧框框，又能将商品特色充分展现出来，增强宣传效果。有一幅牛仔裤的平面广告，便运用这种方法，纤纤玉手将人的视线吸引到广告想要表现的重点部分，进行商品的局部特写，不但铭牌突出清晰，而且显示出面料的质地和做工的精湛及裤型的挺括。

二、视觉导向

视觉导向是指广告画面通过艺术手段引导受众的视力注意商品形象。这一方法的理论根据是心理学的注意原理。

心理学认为人的大脑皮层存在“光点”，而且它的形成是由外界刺激物决定的，可以对它进行人为的定向和定位，即让它按一定的方向（或路线）进行移动并相对停留在一个固定点上。要做到这一点，关键在于对刺激物进行科学设计，运用各种艺术手段进行视觉引导。

例如我们为了让“光点”上下移动，刺激物就可画成一条竖线；要让“光点”左右移动，刺激物可以画成一条横线；在直线一端画上一个圆点，“光点”就相对停留在这个固定点上。当然，作为刺激物的广告，如果单纯用直线导向，是十分单调呆板的。广告设计既要符合科学性，又必须体现艺术性，在引起人美感的同时加以导向。

（一）顺导向法和逆导向法

视觉导向的方法比较多，但基本方法有两种：一种是顺导向法；一种是逆导向法。

例如，这个收录机的广告就运用了典型的顺导向法（图 6—1），乍看画面中心是一位美丽的女郎，而商品却在画面的左下角不显著的位置。广告上色彩最鲜明的是女郎那一双光洁而修长的腿，先吸引人的视线。双腿并拢，好像一条直线使人视线移到腰部再折向头部，发现她在俯身聚精会神地注视和赞叹，沿着她的视线自然向前，便是要宣传的商品形象了。这时人的注意力，大脑皮层那个“光点”便停留在收录机这个固定点上。整个画面构图优美，目标明确，收到了很好的艺术效果。

逆导向法是刺激物阻止受众视线前行，将其压迫回来，使其注意所要宣传的商品形象的方法。例如，顽童牌斜纹裤广告（图 6—2）中，一个调皮的儿童将一个巨大的手提袋倒扣在脑袋上，直盖至大腿中部，好像将本来上行的视线一下子遮挡住，强迫我们不得不返回目光，集中到了孩子的裤子上，而这裤子，正是所要宣传的商品形象。

图 6—1　收录机广告

图 6—2　顽童牌斜纹裤广告

（二）实指引导方式和虚示引导方式

大多数视觉导向的广告尽管引导方式形形色色，但一般都是采用物体或人体的定向指示来表达，所以我们把它们叫做实指引导方式。与此相反，运用目光等非实物工具来引导，方向和目标要通过受众心理作用来得到的方式，我们叫它虚示引导方式。

用目光引导在视觉导向广告中不乏其例，但法国马丁尼酒平面广告（图 6—3，见彩插）却是用嗅觉的方向指引人，这就开拓了视觉导向表达的视野。画面表现的是一位裸体金发的女神正朝地球飞来，她闭目陶醉，面微偏右，好像在闻什么美味。顺着嗅觉方向我们发现在画面左下角的正是法国马丁尼酒。一个精致的盘子里盛着一瓶酒和一只酒杯，杯中尚存剩酒，原来是马丁尼酒的浓郁美味引诱了天外神女前来光顾。

尽管嗅觉方向不像其他方式那样有较强的直观性，很难被人察觉，但它的视觉导向力度却是细微而强烈的，因为那盘马丁尼酒虽然放置在一个角落，色彩和背景色相一致，很不起眼，但女神嗅觉的引导力使我们的目光必欲搜寻到目标而后快。

三、材料质感

材料质感是指运用商品的质材美和精加工诱发受众的审美情感，表现了现代人对商品审美的新观念。

新材料的不断开发和新工艺的不断提高，标志着人对自然关系中人的本质力量对象化的新高度。在新的对象化形象面前，人们形成了现代商品的审美趣味之一：对质材美的向往和对精加工的追求。例如家具，昔日家具重在外表的涂饰，多为调和色，图案繁复。而现代家具，多为木纹色和金属色，在把手等附件和关键部位体现极为精致的现代加工工艺，使整个家具显得质地纯正和精致明快。其他如家用电器、服装、小五金百货、灯具等商品，其表面装饰和加工工艺，无不着力体现这一特色。

这种显著的时代特色诉诸人的美感效应突出表现在质感上，人们对乔装打扮、华而不实的对象已不感兴趣，所渴求的是商品的纯正质地、精美加工。因此，显直类广告一个很重要的任务是突出表现现代商品的质感效果，来吸引受众的兴趣和注意力。

要比较完美地表现商品质感，最好是注重运用摄影的新技术。现在，很大一批广告运用现代摄影技术，获得了很理想的效果。例如，日本“浦和”餐馆广州分店的平面广告（图6—4，见彩插）就是通过展示商品的优良品质来表现餐馆的上乘品位。

画面里的四只猪头红活圆嫩、憨态可掬，让人感到选料精当，皮脆肉松，质量优良。强烈的视觉效果还通过通感联觉的心理作用，在人的感官中枢构成色、香、味综合美感效应，令人不禁垂涎欲滴。

运用摄影手段的一个关键问题是追求精益求精，一定要使效果逼真生动，具有打动人心的力量，千万不能有一丝一毫的迁就敷衍，否则，一旦失去强烈的质感诱发力，这种显直类广告便会一落千丈，成为最呆板最陈旧的广告垃圾。

追求精益求精的前提在于运用最先进的现代摄影手段，然后才是高超的摄影艺术技巧。如果前提条件不具备，宁可不制作，也不应凑合出一个次品广告来。

例如日本西洋瓷器的电视广告（图 6—5，见彩插）。瓷器本身就是精益求精的工艺品，因此要想展现商品的品质魅力必然要求摄影技法绝对一流。该广告将镜头的表现力发挥得淋漓尽致，恰到好处。如近景镜头将瓷器精美的造型展现得完美绝伦，特写镜头又将商品表面的细部表现得细致入微，给人“明如镜、声如磬”的感觉，让受众在有限的空间内对商品获得了深度了解，面对绚烂的色彩发微引慨。

四、以动传神

以动传神是追求商品形象的运动感，兴发商品形象的神采，使不动之物运动，求无情之形传神，增强对审美主体的感染力。

运动是宇宙的生命，因此运动的具有生命力的事物总会引起人们的美感。但是商品在待售阶段，一般是相对静止的，商品形象在广告画面上，也往往处于固定静止状态，尤其是显直类广告。

（一）“动感”与“神似”

以动传神是一种难度较大的美学方法，这一点我们应该从我国传统艺术中汲取营养。无论是哪种艺术，古人都十分强调“传神”、“韵致”，特别忌讳“刻板”、“形似”，此所谓“以形写神”者也。

李渔在《闲情偶记》中说：“‘机趣’二字，填词家必不可少。机者，传奇之精神；趣者，传奇之风致。少此二物，则如泥人，土马，有生形而无生气。”① 他的话说得十分透彻，把“机趣”看成了“形”之生命。但如何使“形”传神，关键是要加以人的主观因素。

人在观察客观之“形”时，加入自己的感情，使客观之“形”变为人脑海中的形象，这种形象便是有神之形，然后将这种意象形象化为对象，便是以形写神的艺术品。这恰似郑燮画竹，纸上之竹皆胸中之竹，并非园中之竹也。是故“有似乎士君子豪气凌云，不为俗屈”②。

当然，商品形象的动感有别于艺术作品的“神似”，不能照搬。“神”是灌注于心而显露于外的情态，是一种心和身的协调运动，因此，“神似”必动。但“神似”的动，心大于身，而“动感”的动则身大于心。在商品形象动感追求中不可过分强调“神似”的内在包容量，也要切忌只有形动（身动）而无神采的庸

---

① 转引自郭绍虞主编：《中国历代文论选》，第 3 册，268 页，上海，上海古籍出版社，1980。

② 转引自上书，425 页。

俗做法。

(二) 以动传神的一般方法

1. 用线条显示商品的运动方向和力度

如一个火柴广告（图 6—6），线条是喷焰，向上有力，推动火柴盒如同火箭飞向宇宙，说明商品引燃性很强。这个广告巧妙地运用线条使不动之物飞动起来，情理自然。这类方法运用于轮胎、滑轮、交通工具等类商品的广告中效果尤佳。

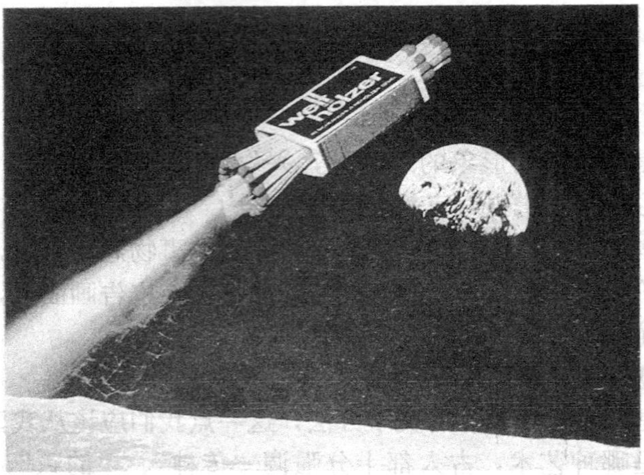

图 6—6　火柴广告

2. 改变观察视角，体现使用情景

例如一个旅游鞋广告，画面是一仰一俯的一双旅游鞋，这种不同角度，使我们一下子联想到有一个巨大的隐身人正在健步前行，万水千山如履泥丸，在强烈的动感中显示了鞋的坚固耐穿性能。

3. 改变商品置放形状，表现动感姿态

这种方法不借助线条或者联想，只是对形象主体进行正面反映。这种反映要表现出动感、神采，设计家没有高超的艺术素养是不行的。我们可以欣赏下面两个广告。

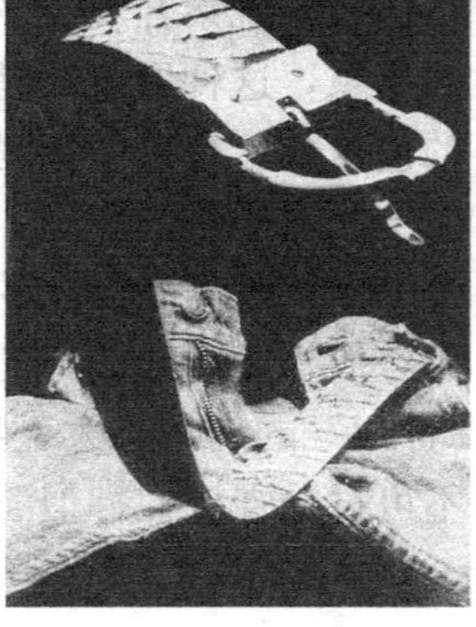

图 6—7　裤带广告

裤带的形象常常不是委地摊放，便是垂直挂起，一般都缺乏生气。然而这条裤带却翩翩起舞，跃跃欲试，引人注目（图 6—7）。至于机械零件，其特点是黑、笨、重、稳，更难表现动感。但这个滚刀形象却充分显示出刀的节奏和互相咬合的动感，神采飞扬（图 6—8）。

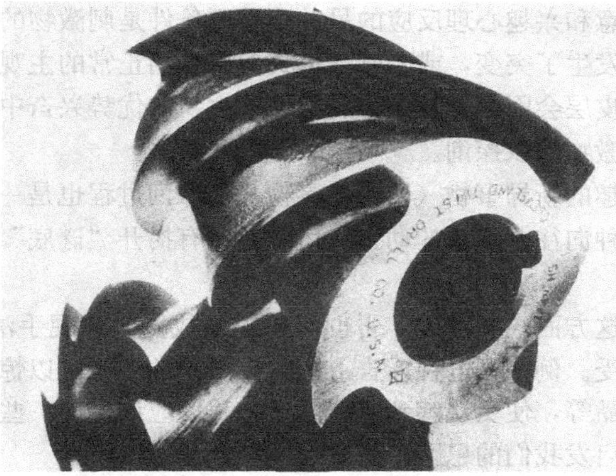

图 6—8 滚刀广告

将不动的商品构置成一个动感图案，例如辐射图案，也会引起受众的动感感受。某铅笔广告（图 6—9）是一把铅笔犹如光芒，从中心向外辐射，可谓“妙笔生花”，引起人的运动错觉。

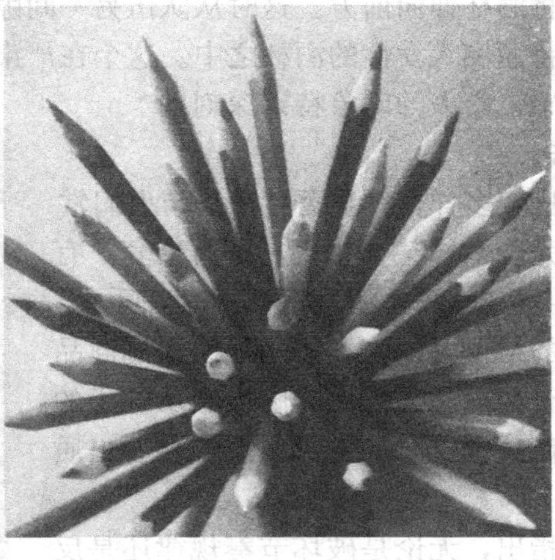

图 6—9 铅笔广告

五、意外推出

意外推出即利用异乎寻常的背景或方法推出商品，出乎意料的奇异刺激会吸引受众的注意力，使受众在艺术感染力作用下振奋情绪。

因为引起注意和兴趣心理反应的另一个重要条件是刺激物的异质性，即刺激物在持续刺激中发生了突变，或者刺激形式超出人们正常的主观意念。在这类状态下，人的大脑皮层会因为一种特异刺激而产生新的优势兴奋中心，表现为人以极大的兴趣对刺激物加以探询。

主体对感兴趣的新异事物（即未知事物）的探询过程也是一个不断产生美感的过程。既有一种向往、追求的动力和信心，又有揭开“谜底”实现理想的满足和喜悦。

在意外推出这方面，我国的广告创意还很不成熟，表现手法不是诱导受众，而是强迫受众接受。例如在电视广告上用急推急拉的镜头配以惊人音响，或者运用孙悟空推出商品等，使受众感到兴味索然。我们应该借鉴一些发达国家这类广告创意的经验，启发我们的思路。主要有两种方法：

（一）破坏节奏法

破坏节奏法是在广告画面上先引出一种严格的节奏秩序，然后突然破坏它，而破坏节奏的关键部位正是推出商品形象的地方。

有一则宣传美酒的平面广告（图 6—10，见彩插），画面是一排节奏感很强的庄严的合唱队列，突然从队伍间隙中伸出一个女性的手臂和下肢，手中执有酒杯，压低身体，悄悄将酒杯伸向前方。这时从队伍另一间隙中伸出了一只男性手臂，手执酒瓶，正好将酒倒入女性的酒杯之中。这个在严肃秩序的氛围中突然出现的闹剧打破了节奏感，给人的印象特别深刻。

（二）反常展示法

反常展示法形式比较多样，其显著特征是与人们常态观念上的展示方法完全不同甚至相反，不落俗套。有一则女丝袜广告（图 6—11），画面是将袜子套在手上，张开五指，这样展示的结果可以使人清楚地感知到商品柔韧轻薄的质地。这个构思和人们用腿脚来展示袜子的常态观念完全相反，而且也克服了腿脚展示不易看出质感的弊端。

这里有一点需要指出，无论是破坏节奏规律还是反常展示，都必须符合美学原则。否则，破坏节奏可能破坏美感，反常展示可能导致恶作剧。

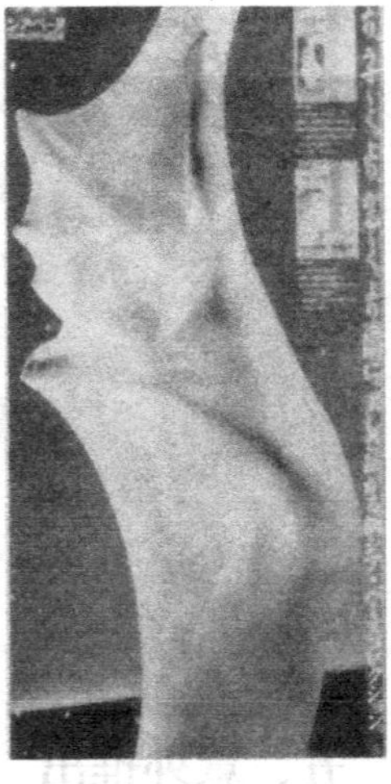

图 6—11　女丝袜广告

六、为物造境

为物造境是以商品形象作为表现对象，创造一个具有美学价值的艺术环境来说明它，表现它，以引起受众浓厚的兴趣，进而认知商品。

情境的设计是一种艰辛的创造，要求刻意求新，辟出新境来。我们可以欣赏下面的范例：一个是宣传洗衣机的平面广告（图6—12，见彩插），画面俨然是惊心动魄的大海滩。大船前部颠起，后身已沉入水面，海浪飞溅，物品飘浮，在这种生命攸关的时刻，女主人公手举洗衣机，脚踩海水，艰难地走向彼岸，可见洗衣机在她的心目中何等珍贵！这个境完全为说明商品而设，背景色调黯淡，而洗衣机色彩鲜红，格外夺目，给人印象深刻。

另一个是宣传照相机的平面广告（图6—13），画面上主要位置是一个带有闪光灯和远距变焦镜头的照相机，极富质感。周围和背景是远近大小不同的星球和无限的宇宙，这种用特技方法创造的天文环境，增强了广袤感和神秘感，说明这种照相机功能奇异，可以与天文相机媲美。

图6—13 佳能照相机平面广告

这里应该指出，显直类广告的环境创造和内蕴类广告的意境创造有着明显的不同特征。

内蕴类意境广告重点在意和商品的关系，主要在于表达一种主观情感和某种意欲、意向、意味，境是为意服务的。这种广告并不十分看重商品形象。例如闻名世界的那个“都市大瀑布”索尼音响特技摄影广告，它着力表现一种立体音响意境：大都市的喧闹和大瀑布的声响原本毫不相干，但人们却能从画面的新奇和谐上感受到立体音响激动人心的魅力。

显直类广告重在境与商品的关系，关键是突出商品的形象，环境是为说明体现商品形象的。如果说意境创造侧重于虚的话，环境创造则侧重于实。这一特征一定要在设计时把握好，否则可能导致本末倒置、不伦不类。

七、喜剧效果

指运用滑稽幽默的艺术手法表现商品形象，形成一种喜剧效果，引起受众的兴奋情绪，对商品形成一种亲和感。

人们对商品审美的喜剧效果的追求可以说是一种时代特征。喜剧效果在艺术作品中、在现实生活中表现由来已久，而且比较普遍。商业广告大量采用具有幽默滑稽感的喜剧性手法设计是从近现代开始的，特别是在一些商品经济发达的国家，这种商业广告极为普遍。美国、日本等国家的广告中，幽默滑稽感的几乎占到一半。

喜剧性广告在现代社会中为何如此普遍？在市场方面，主要由于工业革命以后生产力的大幅度提高，商品大量涌现，顾客成为“上帝”，工商企业必须吸引消费者特别青睐自己的产品，在广告宣传艺术中，他们发现，以“寓庄于谐”、“理性倒错”为内在机制的幽默滑稽手法可以收到显著效果；在消费者方面，人的精神需求动机日益提高，人们强烈追求一种心理的快乐和美感，而喜剧感受是人获得这种快乐和美感的理想形式。

显直类广告的喜剧表现手法和内蕴类广告的喜剧表现手法有着显著的不同。内蕴类广告重在意的内涵的挖掘，其外在形象不一定与商品形象直接相关，显直类广告则与此相反，它重在通过商品形象表现喜剧效果。

如有一则女丝袜广告（图 6—14，见彩插），一只男士的手来拉丝袜，会马上使人意识到这位男士行为轻佻，由于袜薄若无，才使他的行为出现这种效果。这种行为在东方可能会引起非议，但在西方，倒有一些幽默的色彩，令人不禁会心一笑，引起人们接受广告的兴致。

通过商品形象表现喜剧效果大多是一种外形的滑稽感，例如一个滑稽人物使用或手持商品等。但这已是一种老套的方式，只要跳出旧框框，就可以创造出新意。常用的手法是将商品拟人化等。

例如有一个番茄酱广告，画面是一个又红又大的番茄放置在番茄酱瓶的瓶嘴上，番茄活像一个大脑袋，正面戴上一副很气派的墨镜，红黑分明，引人注目。绿蒂把儿完整高翘，好似一顶与“大脸盘”不相符的小帽子。瓶嘴犹如一段脖子，整个造型俨然是一个人头。但“脸”无五官，“头”与“帽子”不成比例，十分滑稽可笑。标题写着：“如果你在阳光下呆上40天，您也会变得这么红润丰满的”，说明这种酱质量上乘，皆因原料上好，而原料品味又通过广告着重显示的商品形象表现了出来。

有的显直类广告也具有内在趣味的幽默感，但不像内蕴类广告那样浓厚充分，它往往和外在滑稽相结合而表现，而且着重体现商品形象。

例如有一个浓缩番茄汁广告，画面是一个大型的打开盖子的浓缩番茄汁罐头筒，里面番茄汁橙黄，汁面收缩。特别滑稽有趣的是，浓汁中间掉进一个人去，露出高举着的手臂和头，大声呼救，表现了他在强大浓缩力面前无法避免下沉的厄运，可见商品品质绝对上好。

这个广告通过滑稽手法引人注意，不只使我们看到商品形象，而且还使我们通过人物的表现悟出设计者对宣传浓缩力所付出的匠心。这一点，光外在滑稽感是不容易达到的，还需要内在的幽默感。

八、证用证言

证用证言是指征引使用效果或证明评价来验证商品功能的方法。其中“证用”是通过人使用商品过程中商品和人所表现出来的具体状况来表现，它通常是在显示商品完整的或主要形象的情况下完成的；“证言”则主要是采用专家、名人和使用过、享受过该商品或服务的人员的言论，来达到使消费者信服并购买的目的。这些方法往往能使受众对商品或服务产生信赖感。

机会心理学告诉我们，在形成甚至改变人们的态度方面，可信度是一个非常重要的因素。可信度包括两个主要特性：专业性和可靠性。

专业性又称为专家身份，是指信息传播者的身份具有使人信服的权威性。使劝导者具有权威性的因素很多，诸如劝导者所受的教育、专业训练、社会经验、年龄、职业、社会地位等。

可靠性是指使受众相信信息传播者的言论真假的程度。与传播者可靠性直接有关的因素，是传播者的人格特征、外表意态、讲话的信心、态度以及传播者与传播信息之间的关系等。

另一个影响可靠性的因素是传播者的隐匿动机，受众对信息传播动机的理解。如果受众知道传播者发出某种信息是出自某种高尚的目的，就会愈加信服；相反就会使可靠性大为降低。当传播者所提出的主张与其自身利益完全相反时，他的影响力才越大。

（一）证用

1. 正面征证

这是证用方法中最常见的一种，即展示人使用商品时的正面效果和体验，来说明商品的良好功能。

案例 6—1

法国超级三号强力胶电视广告

这则电视广告（图 6—15）一开始，在一个人两只鞋底上各点上几滴超级三号强力胶，将人倒粘在天花板上，其他人员离去，被粘者安然无恙，显示出强力胶令人吃惊的粘结力，集中表现了商品使用功能。特别有一句文案：“这一段影片没有经过剪辑”，说明是实地实拍，事实确凿无误，未做任何艺术处理。但这一句极平直普通的语言，力举千钧，大大加强了受众的信赖感和认同心理。

声音：请看！我们将为你展示令人难以相信的　　　　……超级三号强力胶的威力

配音：闹钟的滴答声　　　　声音：这一段影片没有经过剪辑

声音：请详见说明书，超级三号强力胶可用来粘橡胶……塑胶……瓷器……只要几秒钟。

图 6—15　法国超级三号强力胶电视广告

但是，正面征证往往流于一般化。为了另辟新径，有些设计家采用了另外两种方法：对比征证和破坏性征证。

2. 对比征证

即运用使用本商品和不用本商品或者用别的商品时所产生的不同功能结果的对比画面来说明本商品功能的优良。因为直观对比的对象物比单一的正面对象物给人的刺激强度要大得多，由此引起的认知印象也要清晰得多。

对比征证运用这种心理进行广告设计，效果要比正面征证显著得多。这类广告目前在中国比较常见，如宝洁公司的“海飞丝”洗发水广告，就是用使用前头屑多、烦恼多和使用后无头屑、一身轻松作对比，很有说服力。

3. 破坏性征证

即运用破坏商品和商品抗拒破坏的画面来说明商品功能是优良的。因为反面教训往往比正面教育更具说服力，使人印象更深刻。例如“美洲”牌旅行箱广告，画面上是一辆汽车不慎正从旅行箱上碾过，车上的主人探出头来看到这一情景痛心欲哭，然而车轮下的皮箱却丝毫没有变形，这不能不使人为旅行箱的坚固耐用而吃惊。消费者对旅行箱的根本要求就是坚固耐用，广告正是抓住了受众的这一心理进行破坏征证的。

（二）证言

证言表达可以根据传播者身份、职业、知名度的不同，分为社会名人证言、专家证言和普通大众证言。

1. 社会名人证言

千千万万普普通通的人对社会上的风云人物或多或少总抱有仰慕心理或好奇心，名人的好恶有时也被蒙上一层神圣的色彩。利用人们这种追求时尚、崇拜明星，愿意吸取别人经验，甚至仿效名流做派的心理，请人们熟悉的著名人物向观众介绍、推荐产品，谈论他们使用产品的感受，无疑将引起观众极大的注意。

通过名人之口说出的证言，实际上是名人以自己的名誉为产品的实效所作的承诺，为产品的品质所作的担保，这种承诺和担保具有一定的权威性和影响力，势必引领着一批名人的崇拜者和对名人证言深表信任的消费者走向柜台。

在屏幕上我们曾见过香港影星汪明荃向消费者竭诚推荐容声牌电冰箱、万家乐热水器；国内外各大影视明星向观众坦诚相告她所喜爱的护肤品等等。这些明星是引领时代新潮流的佼佼者，他们的证言自然会唤起千百万人的好奇心，他们的劝导会说服许许多多的消费者，竞相仿效验证。

2. 专家证言

专家是社会生活各个领域、学科、专业的专门行家，专家往往受到社会公众的尊敬和推崇，在普通人的心目中，专家的意见充满了严谨的科学性和毋庸置疑的权威性。他们对产品进行的评价，极少带有感情色彩和商业气息，显得十分理性、冷静、客观、公正。证词往往以科学道理为依托，讲得深入浅出、有凭有据，容易使消费者折服，赢得消费者信赖。

3. 普通消费者证言

来自一般市井小人物的证言也是一语重千金的。他们说出的肺腑之言字字句句拨动着消费者的心弦。荧屏中的受益者与电视机前的观众都是普通人，无须有疑心和戒心，无须有指责和防范，他们之间易于沟通和相互理解。由经验者直接与观众谈感受、展示产品，观众容易看得心悦诚服，并被唤起购买的欲望。

九、系列组合

系列组合是指具有同一内容联系，同一造型色彩和风格但又有不同变化的一组画面组合起来，形成一组完整广告系列的表现手法。

这种手法符合美学的多样统一性法则。每一个画面总是以商品形象为着重点，反复强调，增强视觉刺激和记忆效果。它是以差异和变化引导受众的兴趣和注意，真正给受众大脑留下明显痕迹的却是“同”，即商品形象。受众始终在浓厚兴趣中接受一种重复数次的刺激，必然会形成比较牢固的视觉形象。因此我们说，系列组合类广告对于企业树立商品形象、创名牌乃至树立企业形象作用甚大，我们应该充分重视这类广告的设计。

这种手法一般分为三种形式：

1. 以商品形象为主

每一个画面都将商品形象放在主体地位，加以突出，环境只是简单背景，没有复杂的人物、情节和客观场景。

案例 6—2

派克钢笔系列平面广告

在这则平面广告（图 6—16，见彩插）中，几个画面都突出了不同造型的派克笔的精致、华美和名贵，背景非常简单，有的是木板，有的是砂石，有的是焊接的金属板，这些背景上只刻出或焊上派克笔的商标图案。背景十分粗糙，这显然是要在简陋与精致、粗糙与华美的对比中突出商品形象。

2. 商品和环境相结合

各个画面往往有人物甚至有情节，人物在不同生活情节中使用商品，推出商品形象。

例如法国的拿破仑白兰地酒广告，每一个画面都是描写 19 世纪法国拿破仑时代贵族男女在饮白兰地名酒时的生活情景：或者对弈，或者打牌，或者赏装，或者作画，无不显示了豪华、高贵、典雅、温馨的格调和气氛。在这种氛围中，反复强调商品，提高了该酒的名贵度，扩大了该酒的影响力。

3. 商品与环境相分离

各个画面中不一定有人物，有情节，而主要是渲染一种环境，包括自然环境和“第二自然”环境，在渲染这种环境中反复强调商品形象。而环境和商品形象不一定有必然联系。

例如苏格兰威士忌酒广告，每个画面都是以落日余晖的橘红色为基调，撷取不同自然景色来表现的：有孤帆远影，有大桥屹立，有枫叶晚照等。每一个画面右下角都有商品形象。在极富诱人色彩的大自然中，我们反复看到了苏格兰威士忌酒，仿佛一股浓郁的酒香飘来，沁人心脾，受到极大感染。

十、品牌显示

品牌显示是指以艺术方式直接展示商品品牌形象引起受众注意的广告表达方法。在现代广告竞争中，展示品牌成为企业名牌战略的一个重要组成部分，品牌被看做是商品形象甚至企业形象的高度概括和标志，突出品牌就是更集中地突出商品形象和企业形象。

这种方法要克服呆板化、再现式，重在创意内涵和单一性。一般有三种方法：

1. 直接展示法

即将品牌形象正面呈现。

案例 6—3

百事可乐平面广告

这则平面广告（图 6—17，见彩插）的广告语为“没什么，只是百事”，而画面一如这句话一样，是一罐百事可乐浸在充满冰块的水中，大大的百事可乐品牌名称和品牌标志处于正中间的位置，非常醒目地映入受众眼帘。好像在告诉受众我们的广告没有别的意思，只是希望你看到百事，记住百事，选择百事而已。这种直接展示品牌的方法有助于扩大品牌的知名度，加深品牌的记忆度。

2. 艺术展示法

即采用一定艺术手法修饰、衬托品牌形象。

案例 6—4

百威啤酒系列平面广告

这是该啤酒系列平面广告中的三幅（图 6—18，见彩插），突出特点是打破时空界限，以表现商品品牌的气势和力度为基调，对衬托品牌的背景着力进行艺术渲染。为了突出品牌形象，画面摄影采用特技手法表现：或拦在峡谷，使急流形成巨大飞瀑；或抬头仰望，商品横架于两山之间；或从高空俯瞰，飞行于群山之巅的九架飞机喷出宽阔的带状白云上浮现出品牌形象。这个系列广告气势磅礴，雄伟壮观，扩大视觉容量，加深了品牌印象。

3. 内涵展示法

即展示体本身仍为品牌，但通过形象可以有更多的品牌内涵，例如功能效用等。

案例 6—5

李维牛仔裤平面广告

这则平面广告（图 6—19）的画面是一个站立的裸体背面形象，在右半臀部上清晰可见牛仔线缝制的口袋轮廓，加上边线旁常见的牛仔裤品牌标志布，很容易让人联想到牛仔服饰，而李维的品牌名称和标志就在画面的正下方，使受众立刻明白这是哪个品牌的广告。

这个广告的高明之处在于通过这样的画面形象来暗示人们李维的牛仔裤质地柔软舒适，富有弹性，就像肌肤一样自然贴近，尽显曲线魅力。

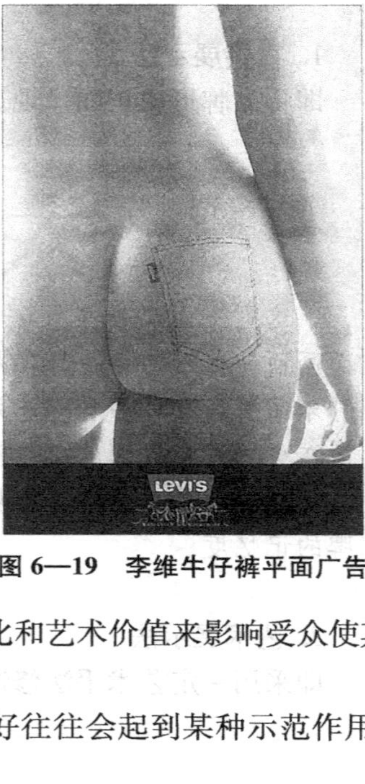

图 6—19　李维牛仔裤平面广告

十一、名美劝诱

名美劝诱是指借助名人或美人等公众人物的文化和艺术价值来影响受众使其对商品以积极的态度来认知的广告形式。

这是广告常见的表达方式之一，名美的个人偏好往往会起到某种示范作用。

名美在生活消费中的偏好所产生的社会影响，在消费心理学上称为消费偏好社会效应。当一个人在心理上崇拜、喜爱某一个人时会不自觉地在行为上去模仿他，希望自己无论从打扮、举止，还是生活习惯等方面都与他相似。

名美劝诱有两种方法：

1. 名美直接推出商品劝说人们

案例 6—6

美国前总统老布什做广告

1992 年美国总统布什（George. H. W. Bush）为了竞选连任，身体力行地挽救处于双峰衰退的美国经济，亲自为美国旅游协会充当广告模特儿。在这则广告中，布什身穿蓝色运动装，悠闲地漫步于南加利福尼亚的一个绿草如茵的高尔夫球场上，嘴里念念有词："美国是历史悠久的自由之邦，拥有友善好客的人民……在美国这块土地上你可以看到迥然不同的景色，交叠起伏的绿色田野，平坦的白色海滩和迪斯尼乐园狂热的爵士乐……"最后，他突然话题一转："美国总统向你们发出了邀请，你们还等什么呢？"

广告在英国播出后，效果非常之好，来美国观光游览的英国人在这则广告播出后的六周内增加了 22 万人次，美国设在伦敦的旅游办事处接待前来咨询的英国人比上一年增加了 72%。这则广告为美国旅游业增加了 4.8 亿美元的收入，并带来了近万个就业机会。

2. 名美以自己的体验和评价感染人

这类广告特别多，因为更具真实性，说服力较强。

例如大多数化妆品广告都是采用这种方法，还有饮料、日用品等商品也不例外。美国汤普森广告公司率先在力士香皂的平面广告中呈现影星照片，以后各种化妆、洗涤用品厂商纷纷仿效。在 1936 年的柏林奥运会上，美国黑人田径名将欧文斯脚穿德国阿迪达斯运动鞋连获四枚金牌，阿迪达斯鞋也因此名扬全球，畅销世界。

这里必须着重指出的是，名美劝诱一定要做得有的放矢，恰如其分。否则，便会流于不伦不类，庸俗不堪，甚至还会使受众的注意力离开商品，"舍本求末"。有些广告画面追求裸体、性感，只能迎合小市民的卑下心理，污染社会环境，应该加以制止。

名美劝诱需要注意以下几点：（1）一定要与商品有着很自然的密切的关

联，不可牵强附会；（2）要有创意，要使美人、名人推荐得有新意；（3）要有个性。

案例 6—7

香港阿兰·德隆太阳镜平面广告

这则平面广告（图 6—20）是成功运用名人的典范。这个广告从创意上看并没有什么独到之处，但是却引起受众的极大关注和兴趣，关键是名人选择到位。阿兰·德隆（香港译作亚伦狄龙）因主演影片《佐罗》而声名大振，尤其是在影片中他带黑眼罩的英俊形象深入人心，为人津津乐道。广告的指称对象是太阳镜，戴在英雄“佐罗”的眼上，同黑眼罩颇为神似，与充满粗犷、豪放、坚毅、阳刚之气的汉子的脸互相映衬，异常和谐，使得太阳镜也具备了一种真正男子汉的个性，对受众产生了较大的震撼。

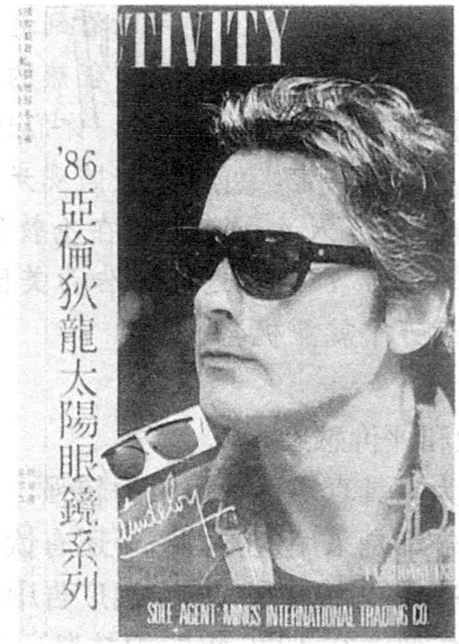

图 6—20　香港“阿兰·德隆”太阳镜平面广告

有的名人、美人广告过于做作，令人反感。如美的空调曾经请我国某国际影星拍过一个电视广告，就是让她对着镜头一笑，据说花掉了好几百万元。可是受众不仅不知所云，而且对广告中这位演员做作的表情颇有微词，结果损害了商品形象。

十二、附物以情

附物以情是指通过艺术手法给指称对象附加上人的感情色彩的方法。这种方法可使产品带上人情味，增强其对受众的感染力。

进入工业社会后，人们总是处在被冰冷的机器和大规模生产的产品所包围的环境中，忙碌的城市生活，高节奏的工作方式，都让人与人之间越来越缺少交流和沟通，人们的关系也变得冷漠起来。但人毕竟是感情的动物，渴望被关怀和得到温情，而且在这种强大的社会压力下，感情的需求更加强烈，所以将产品形象表现得富有人情味，很容易打动受众的心理，增强亲和力，为消费者接受和喜爱。

案例 6—8

大众汽车平面广告

广告的指称对象是汽车，表达方法上很容易落入俗套。这则平面广告（图 6—21）的标题为“个个一见钟情”，车身上布满了女子的唇膏印，显然是被许多人吻过。这一创意大大出乎人的意料，使汽车无情的车体一下子融入了人的深情厚谊，表达了大众汽车深受多数人钟爱的主题，并增强了广告的生命力和人情味。

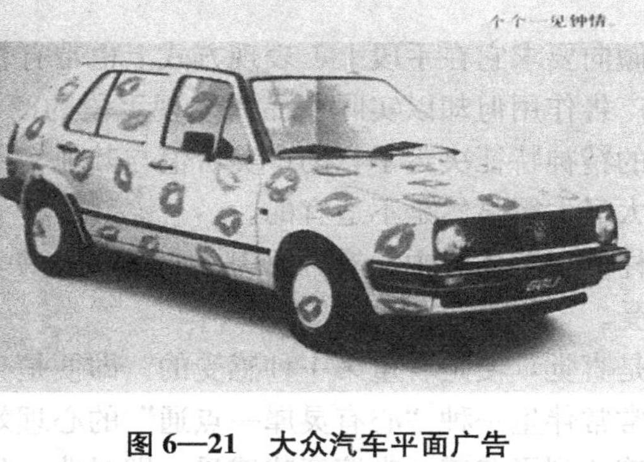

图 6—21　大众汽车平面广告

还有一个防水靴的平面广告（图 6—22，见彩插），一个人在大雨天穿上雨衣，穿上长靴，在两脚之间有一小鸭安然无恙，没有被雨水淋到一点一滴。摄影师只拍摄了两只穿着长靴的脚和两脚之间的小鸭，雨衣下摆雨水如注，反衬长靴彻底防水，使人想到防水靴对人的呵护备至，富有人文色彩。

第二节　内蕴类广告的美学表现方法

广告宜直还是宜曲，宜显还是宜隐？这是一个理论问题，也是直接关系到市场效应的实际问题，必须首先辨明。

人们普遍认为，广告宜显，太隐则无法使受众认同，故不应像文学艺术那样“语贵含蓄”。因为广告这种艺术和文学艺术有着显著区别。

人的本质力量对象化形式是构成人的审美对象的基本内容，属于艺术范畴。这种艺术从来分为两大类：一类是实用艺术，一类是纯粹艺术。实用艺术是附丽于具有实际使用价值之上的一种精神价值，使用价值是根，审美价值是华。

因此，这类艺术的主要功能不在于主题的深刻性和精神内蕴的丰富性，而在于一种装饰作用，在于与使用价值的一种恰到好处的完美的配合与和谐。从这种意义上说，实用艺术不宜太隐，还是显一些好。广告属于实用艺术，自然宜显不宜隐了。

但是，在实用艺术中，广告是一种具有特殊性质的艺术。它不同于商品的审美价值、建筑的审美价值那样，直接服务于主体对物质使用功能的感受，而是作为一个主体与客体间的“中介”，说服主体对客体认同，因此，它虽具有鲜明的直接功利目的和实用性，但诉诸的对象却是主体的意识，它要引起主体情感、心理、认知的变化。

这种目的精神倾向要求它在手段上、表现方式上也带有较强的精神色彩。这一点，使它与具有广告作用但却以实际商品为表现手段的商业橱窗也迥然不同。广告这种表现手段的精神特征决定了它的审美价值与其他实用艺术审美价值的区别，对于它，太直太显太露显然是不适宜的。

在人们丰富多样的审美体验中，有两种基本的感受：一种是直觉感官感受，一种是幽邃意味感受。

克罗齐认为美是直觉，便是看重第一种感受的。即便是直觉，也并非皆尽形象的官能快感，而常常伴生一种“心有灵犀一点通”的心理效应，并且往往由于这种效应，才使快感达到了美感。幽邃意味感受，即对曲、隐、含蓄等丰富艺术内蕴的感受。这种感受大量产生于文学艺术中，例如“寄直于曲”，“隐为文外重旨”以及“不着一字，尽得风流”等等。

这两种审美感受，恰如我们欣赏风景名胜。前者好似千里荷塘，美不胜收，固然值得喟叹，但无奈尽收眼底，深味不多。后者则如桂林岩洞，幽深莫测，使人欲罢不能，大有一步一回新之感。这种美感，意幽幽，味无穷。美感体味最深最多者，必为最佳探险者。

幽邃意味感受美学价值何以略高一筹？这是因为：

第一，人的本质力量展开程度不同，形成对对象的美感程度也不同，对象的内涵越丰富，而且与形式越统一，便越表明本质力量展开的程度越高，其美感程度越强烈。高尔基认为文学艺术应该是“用芳草掩盖的堡垒”，一要有美的形式，二要有充实的内涵，就是出于这一规律的思考。

第二，连续心理诱发效应在起作用。心理学认为，不断的信号刺激会诱发一种连续兴奋的心理和情感。曲、隐、含蓄等富有内蕴的审美对象不可能使主体“一目了然”，而要经过复杂而绵长的心理过程，意味就产生在这种过程中，美感也产生在这种过程中。

但是，广告艺术和文学艺术所具有的根本类属区别则要求广告构思要严格把握开掘内蕴特征的分寸。如果无视这种区别，一味追求广告的更深层次的曲、隐、含蓄特征，它将和广告受众之间形成一堵厚厚的心理障碍，因不被理解而使其失去“广而告之”的社会功能。

广告是实用艺术，需要的是直接功利，并要求这种功利定期实现，功利的周期不能遥遥无期地绵延。它为受众的理解过程留下的区间是封闭型的，并且是极其有限的，它要求受众在一定时间内理解、认同，并将意志变为行动。它不允许受众旷日持久地纠缠着一个广告而对购买犹豫不决。它不能“曲高和寡”，它必须面对社会大众，文化层次不要求高。

因此，广告构思的内蕴开掘深度一定要保持在普通大众能够理解的层面上，既要有悬念，引起兴趣；又要易理解，一猜即悟。只有这样，才能达到使受众在享受醇厚的内蕴美感中认同广告的目的。

内蕴是一个非常宽泛的概念，它是与显直相对而言的。它具有大走向的明确性与具体方法的模糊性。因此，它的范畴是比较复杂而丰富多彩的。

一般地说，只要不显不直不平不浅，便都属于具有内蕴特征范围。在广告构思实践中，内蕴特征主要表现为以下几种形式：

一、寓意

寓意或叫含蓄，指一个广告视觉形象并不直接与宣传内容相关，而是通过比喻、想象、谐音等手段以寄托某种含义。这类广告方法的审美诉求点是寓理于情，而情感充分表现于形象中。其美学价值在于人们在情的推动下运用联想领会其理，使情与理合而为一，从而达到一种探讨曲径通幽的深度美感。

寓意这种广告美学方法在现代广告中得到大量运用，主要是因为人们在知解其过程中感受到一种强烈的智慧参与感，感受到人的本质力量的高度展开和认可，从而获得一种自我尊重和自我实现的心理体验，精神上享受到满足的愉悦。人们通常对这类广告抱有好感，就是因为在获得自我肯定的同时对广告也产生了认同心理。

其表现形式一般分为三种：

（一）比喻拟人

就是将商品的特点与人们所熟悉的人或物进行比拟处理，以引起广告接触者的好奇、注意，达到耐人寻味、发人深思的效果，进而品出广告的最终涵义。我们生活中的许多事物，由于人的思想、情感、意念的外化，便产生了物象到心像的升华，从而具有了审美意义。

比喻拟人性形象是借眼前之物，寄深远之意，可以把某些难以表达的意念用形象衬托出来，引导受众去领悟广告作品中包含着形象的哲理或喻意，去思索提出来的富有本质意义的问题。这种手段虽然“婉转曲达”，却能极大地提升广告作品的表现深度与力度，给人留下深刻难忘的印象。

案例 6—9

苏格兰旅游广告

这则苏格兰的旅游广告（图 6—23）画面极其简单，通过门上的标志我

图 6—23　苏格兰旅游广告

们可以立刻意识到这是两扇厕所门，但令人奇怪的是标志都是女性图形，还以为出了错，可是牌上的单词又分明各写着“女士”和“男士”。看了广告语“选择苏格兰，一个与此处相似的地方”后才觉得茅塞顿开，恍然大悟。

这则广告正是为了表现苏格兰男子穿着民族传统服装——苏格兰裙子——这一特色，才选择以卫生间标志作为其喻体，巧妙地运用了两者之间的共性，让人联想到如果见到这种情况，那只可能是在苏格兰，充分展现了异域风光的迷人之处。

此广告通过这种比喻性语言的运用达到了高度言简意赅的地步，大有“此时无声胜有声”的视觉感受，明确表现出容易使人产生错觉的苏格兰民族风情。

还有一个杀虫剂的平面广告（图 6—24）则是采用了拟人的手法。两幅画面中，主要部分分别是蟑螂遗体的勾勒图和蟑螂形状的棺材，只是在右下角出现杀虫剂的商品形象。

图 6—24　杀虫剂平面广告

该广告将蟑螂拟人化，就好像是十恶不赦的罪犯，而杀虫剂俨然是正义的警察化身，不论“罪犯”在什么地方，“警察”都会将其绳之以法，一个也休想逃脱。该广告把产品功能与受益承诺巧妙结合，简单直接，表现力强。

（二）抽象含蓄

抽象是与“生动的直观”具象相对而言的概念，指在比较、分析的基础上，从事物的许多属性中，撇开非本质的属性，抽出本质的属性。

抽象性的广告形象不是对自然的模仿，而是通过形、色、线的选择，加以排列组合以表达设计者的纯粹精神与感情，这是一种纯灵性、纯精神的新的艺术形式语言。力图用视觉语言纯粹的点、线、面、色彩等造型要素构成“纯形式”。

这种抽象性形象不能简单地认为是内容与形式的分离，是纯形式的游戏。只不过是作品中再现性因素被淡化，被隐形，内容中的表现性因素消融于形式组合里，内容变得游离朦胧，难以捉摸，似有似无，这种形象便成为只可意会不可言传的、带有某种神秘性的“有意味”的设计作品。

案例 6—10

《设计展览》招贴

这是一则平面广告（图 6—25，见彩插）。现代设计由于渗透于人们物质与精神生活的方方面面，已使“设计”成为一个很大的概念，在视觉表达上很难用一个具体的具有代表性的图形语言加以准确地表达，只有选用一种特殊的形式语言从设计的宏观社会价值上予以概念性的表达，让人们从“有意味的形式”中去体验和领悟要表达的主题思想，这种语言只能是抽象的形式语言。

设计画面用表达设计运作轨迹的箭头为基本形式词汇，用各种不同方向和曲折度的箭头从整体概念上来表达设计的功能与价值。寓意设计是创造现代社会文明的创造性劳动这一基本意念，如：金黄给人的感情联想是收获与辉煌，在这里象征着设计的成果与灿烂前景。当然欣赏者必须有相当的文化素养，才能体会这种形式语言的奥妙。

案例 6—11

《环境保护》招贴

这是一则平面广告（图 6—26，见彩插）。凝重的黑色笼罩着广告画面，给人以窒息的恐怖的心理感受，好似卷入了无底的深渊，即将被死亡吞噬，黑色之中闪烁着八个白色的圆点，尚给人一点希望，几分慰藉，但其中一个圆点已变成红色，预示着危机还在不断向人类逼来，如果还不采取断然措施，人类世界将会遭到彻底的毁灭。

广告这种纯抽象形式语言的运用，虽然极其简洁地只用了一块黑底色和八个小圆点，却令人产生强烈的心理反应，关键在于沉重的黑色和飘逸的小圆点的色彩和图形，其象征性能令人产生明确的感情联想，虽然招贴画面没有对表达意念图解性的具体形象，但却把主题意念表达得十分清晰有力，这正是抽象语言不同于一般的魅力所在。

(三) 想象夸张

是指对客观事物的时空、形态进行不同程度的、有意无意的改变。对广告形象的品质或特征的某些方面进行相当明显的过分夸大，使之更加突出，以加深受众对这些特征的认识和把握。

想象夸张扩展了广告作品的思想内涵和艺术容量，使之内涵深化，外延扩大，为受众提供了更为广阔的想象天地，满足了他们求新求奇的审美追求。需要指出的是，夸张是在尊重事实的基础上进行的艺术夸张，它与虚假广告不同，夸张是采用艺术手法来表现事物的某些本质特征，使它更具典型性，而虚假广告表现的则是与事实根本不符或客观上根本不存在的东西。

案例 6—12

美国联合科技公司平面广告

这则广告（图 6—27）画面形象极为单纯突出，一个特写的眼部，一副瞠目结舌的表情，让你不得不注视他，为什么是这么一副吃惊万分好似见了鬼着了魔的神情。更让人不解的是那双目不转睛睁大了的眼睛，居然眼眶在用两根火柴支撑着，以保持眼睛不眨地盯着对方，是什么东西让他如此关注和兴奋？迷惑不解的悬念浮上心头。

广告的诉求重点就是通过运用夸张的形式语言，使其具有了非同一般的传播张力，让人们不得不注目玩味，以解心中的悬念，令人在这哭笑不得、

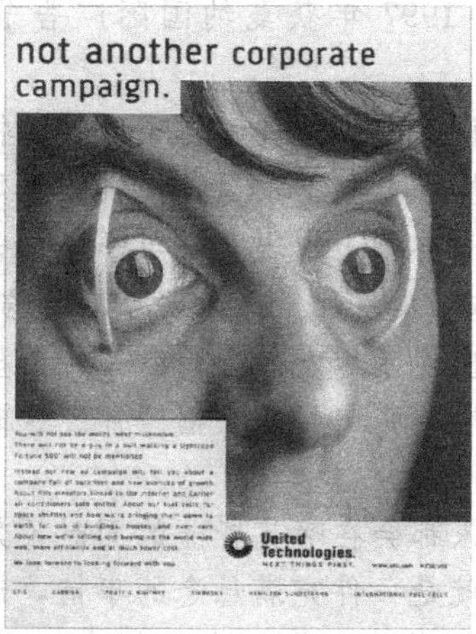

图 6—27　美国联合科技公司平面广告

颇有调侃意味的神情和动作的着意夸大处理中，明白了广告的诉求主题。那就是：美国联合科技公司的产品的优异品质，具有让你目瞪口呆的力量。

二、悬念

这种构思常常采用一种令人惊异不解的画面使人产生悬念，从而引起急切心情去探询究竟，最后使悬念落地。这类广告的审美诉求点在于领略探幽的心态。探寻和获得未知世界的信息永远对人类具有强烈魅力。该方法要追求一种“意料之外，情理之中”的效果。

采用悬念方法是当代世界性广告创意的趋势之一，甚为时兴，每次广告大赛都有不少此类广告作品获奖。这种手法旨在唤起受众的好奇心，使消费者对产品或广告凝聚起浓厚的兴趣，产生探明究竟、了解原委的强烈愿望。

悬念表达是否成功，很大程度上取决于广告开始是否有调动受众好奇心的巧思。有了巧思，便要想方设法维持悬疑的情绪，在维持过程中把产品特点表达清楚，“关子”则到最后挑明。

这种方法可分为两种形式：

（一）运用广告语言将谜底揭开

案例 6—13

因特网服务站电视广告

这则电视广告曾在 1997 年获戛纳国际广告节金奖（图 6—28，见彩插）。

女主角在电话里告诉女友，她和一男子通过因特网谈恋爱，今天晚上就有约会。她边打电话边操纵电脑下载男友提供的主页。但电脑运行太慢，女主角有些不耐烦……终于屏幕上出现了一男子俊美含情的双目，女主角顿时欣喜若狂，心满意足地赴约去了。她离开后，电脑才彻底完成了主页的下载。此时屏幕上清晰地出现了男友的全貌——一个坐在沙发里打饱嗝的肥胖男子。他身后的墙上挂着一张美男的巨幅照片。这时出现片尾语“选择更快的因特网”。

看过该广告的许多人都会在啼笑皆非的同时不禁拍案叫绝。去和从未谋面的网上男友见面本身就是一件充满悬念的事情，这样的约会不论是在现实中还是在电视屏幕上都能激起人们极大的好奇心，其中对方的相貌便是谜底，而当事人往往都会极力期盼见到美女或是俊男。

所以广告中下载男友的照片就成为悬念中的悬念，引起人们高度关注。我们的心仿佛也随着女主角的心一样忐忑不安和迫不及待，当我们看到出现的三分之一照片时，我们都为女主角感到高兴，可是在她兴高采烈地匆匆而去之后，我们被刚刚下载完的照片所震惊，原来那个男子竟然是……

不忍想象女主角与该男子见面后的失望、沮丧、尴尬甚至是恼羞成怒，残忍的答案让我们都不禁有些后怕，所以看到片尾语时，所有的人都会表示赞同而且马上采取行动，谁会希望这么可怕的事情出现在自己身上呢？产品的诉求点与悬念的效果结合得天衣无缝，具有很强的说服力。

案例 6—14

法国保险公司广告

1981 年 8 月，巴黎出现了一张海报，海报的背景是一泓碧蓝的海水，占据整个画面的是一位身材健美的妙龄女郎，她穿着比基尼泳装，双手叉腰，面露微笑，身边一行文字："在 9 月 2 日，我会脱掉上面的衣服。"这张广告招贴画引起巴黎人的兴趣，除了对它的承诺能否兑现表示怀疑之外，更使人产生兴趣的是，明明知道这是一张广告，但整个画面找不到为谁做广告的痕迹。人们都期待 9 月 2 日的来临。

9 月 2 日街头出现了第二张海报，画面与第一张类似，美丽的胴体果然不见了三点式泳装的上面两点，身旁的文字变成："在 9 月 4 日，我会脱掉下面的部分。"这张广告招贴的出现引起了轰动，整个巴黎的人们都在议论：她是否会真的那样做？

这两天的时间里，人们焦急地等待着，不仅是为了看看这广告是否敢于如此大胆，重要的是人们到此刻仍不知道这是什么广告？究竟为谁而做？女郎果真兑现了诺言，全身一丝不挂，但却是一个远远的背影，给人的是一个曲线优美的倩影，这时广告文字出现的是：××保险公司，说到做到。到了这时，人们一颗悬着的心才算放下，对整个广告活动才算全部了解，而这家保险公司一下子成为人们耳熟能详的机构。在该广告中，悬念吊足了受众的"胃口"，对谜底的关注大大增强了广告的宣传效果。

（二）不揭示答案

不揭示答案的悬念广告手法旨在引导人们将自己的智慧参与其中，寻找看似不相关的事物间的因果关系，从而获得一种领略探幽的美感，让人们的好奇心在自我释疑的过程中得到满足，加深对产品的印象。

案例 6—15

惠普打印机平面广告

在这则平面广告（图 6—29）中，画面是一只脚的五个脚趾头从乳白色的温水中露出来，大脚趾上还顶了一块白色的毛巾，右下角是小小的惠普打印机、复印机、传真机和扫描机的产品图形以及惠普的商标和广告语“我们的脚可以休息一下”。

从画面和广告语我们不难看出脚好像正在洗牛奶浴，感觉特别舒爽、惬意。而在人们的生活经验中，一般是在节假日，完全可以放松休息的时候，才多半会选择洗浴的方式。但是最劳累的脚何以如此轻松？而且同惠普打印机有什么关系呢？这种违反人们常规思维的图形和产品的关联性构成了悬念，迫使受众动脑筋去寻找答案。

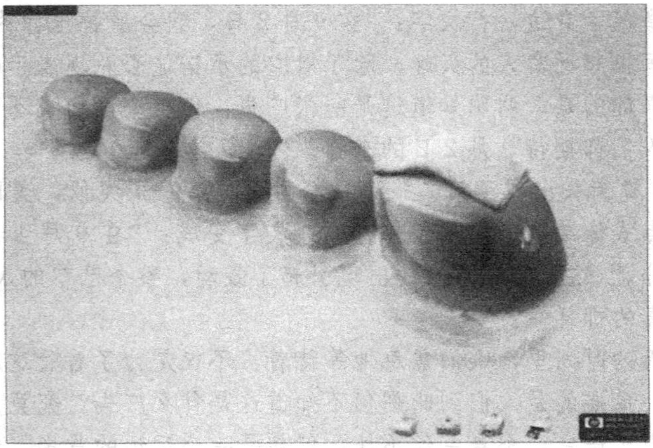

图 6—29　惠普打印机平面广告

其实我们通过下面的四个产品和广告语略微想想就能明白，原来惠普推出了一款集打印、复印、传真和扫描于一体的打印机，大大方便了在工作中经常忙得焦头烂额的人们，因为谁都有过在这四个机器之间来回奔波的经历，就算相距不远，但因频繁的使用总少不了废些“脚力”，长期如此，受害者当然属脚为首。所以新产品的诞生自然让脚得到了解放，也意味着大大减轻了人们的工作压力。

三、幽默

以一种理性倒错手法寓庄于谐，使人感到饶有风趣，甚至滑稽可笑。这类广告的审美特点在于谐趣之美。对于快节奏的现代人来说，这种广告可以缓解心理压力，增强亲切感。在现代广告中，这种手法运用得相当广泛。

必须指出，这种方法与显直类广告的“喜剧效果”之法似乎相似，但其根本区别在于突出的是商品形象还是广告寓意的喜剧效果。

幽默是智慧的结晶，是高品位的享受，与插科打诨截然不同。通过既富于诙谐、戏谑，又具有端庄、严肃的幽默所诱发出来的笑，客观事物真、善、美的本质就能得以强调与渲染，广告就会富有更浓烈的情趣和更高的艺术境界。

幽默独特的审美价值是在有趣与可笑之中引发意味深长的思索，是事物底蕴的深刻积淀。它通过对美的肯定和对丑的嘲弄两种不同质的情感的复合，达到一种充满情趣而又耐人寻味的境界，促使受众直觉地领悟到它所要表达的真实概念，从而产生一种会心一笑的特殊审美效果。

幽默的运用虽然由来已久，但从来没有像今天这样走红，受到人们的普遍喜爱与推崇，其新的价值在于它已成为赢得观众的最佳手段和最有效的“软销”策略。如果受众能对一个商品广告所表达的谐趣或幽默报以发自内心的一笑，有一种美的享受、满足和愉悦，那么，理解就可能从此开始，交流就从此开始，广告的效力从而得以发挥。

幽默的广告形象首先易于引起人们的注意，其生动的情趣，新奇的角度，独到的见解，完全突破了一般广告司空见惯、枯燥乏味的程序化表现，激发人们的关注和兴趣。幽默是一种力量，它能促使人们去深思、回味，从中受到启迪，会使受众产生一种超越感和自信，从而对广告作品持肯定态度。

这种手法大致可分为谐趣、会心幽默和黑色幽默三种形式。谐趣式表达往往使受众发出理解的微笑，从而产生对该商品的认同。消费者对谐趣式广告所表达的信息的接受是潜移默化的。而后两种幽默表达则往往使受众开怀畅笑，从而加深受众对该广告所表达信息的记忆，这种接受有时是强化式的。

（一）谐趣式

案例 6—16

地板平面广告

这则广告（图 6—30）的画面是一只大象穿着高跟鞋站在地板上。这是典型的谐趣式表达，有谁会想到大象穿上高跟鞋呢？运用“理性倒错”产生出有趣的广告形象，引起受众注意和青睐。而且，根据物理定律：受压面积越小，则压强越大。可是穿着高跟鞋的大象居然没有把地板踩出窟窿，不能不说这是个奇迹！受众会微笑地想：地板质量真不错啊！

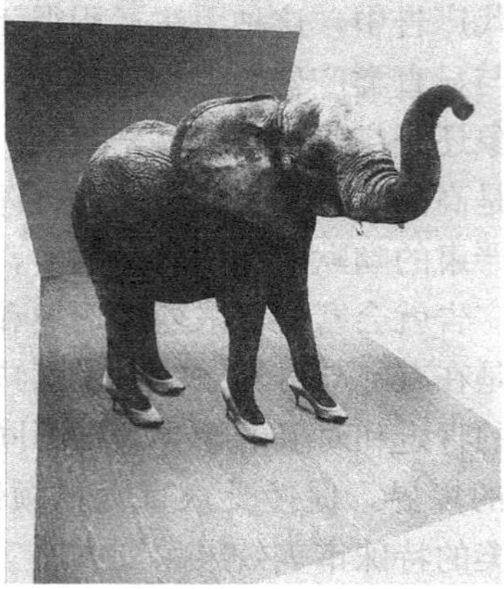

图 6—30　地板平面广告

（二）会心幽默式

案例 6—17

麦当劳“门牙篇”平面广告

这则平面广告（图 6—31）使人们在欢快的笑声中对麦当劳的经营理念心领神会。

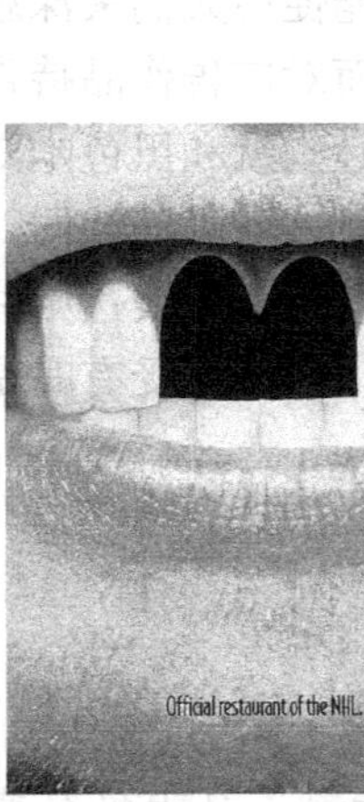

图 6—31　麦当劳“门牙篇”平面广告

麦当劳作为世界快餐业的巨无霸和超级名牌，无论它在任何地方以任何形式出现，M的形状都会让人们立刻联想起金色的拱形标志。这幅广告说的是冰球运动员在比赛的激烈碰撞中被撞落两颗门牙，空缺处正好变成麦当劳的标志形状，运动员不仅没有为撞掉门牙而烦恼，还满面笑容地庆幸能品尝美味可口的麦当劳快餐。这个广告把麦当劳快餐能带来快乐、健康、方便的经营理念传递给人们——哪怕人们有烦恼在身，也会因为有了麦当劳而笑口常开。

案例 6—18

Rolo 糖电视广告

这则电视广告（图 6—32，见彩插）曾在'96戛纳广告节上获奖。

调皮捣蛋的小孩用 Rolo 糖招来了一头可爱的小象，当小象费劲地伸长了鼻子，想接住 Rolo 糖时，小孩赖皮把糖扔进自己嘴里，还做了个鬼脸。若干年后，小孩长成青年了，在一次庆祝会上，当大象列队通过青年身边时，一只大象甩出鼻子，狠狠抽了青年一下，原来它就是当年被戏弄过的那只小象，真是“君子报仇，十年不晚”！受众在开怀大笑的同时也深深地感受到 Rolo 糖持久的魅力。

（三）黑色幽默式

黑色幽默广告常常采用自我解嘲的方式，让受众在笑过之后还引发一些深沉的思考，有助于突出产品的特点，增强印象。

案例 6—19

生发剂电视广告

这则电视广告（图 6—33，见彩插）曾在'97戛纳广告节上获奖。

在飞机上，秃头先生和一位头发稀少的男子并排而坐。少发男子看到邻座的头上一片光亮，心中颇感自豪。他骄傲地梳理了一下头上不多的发丝，令秃头男子心生自卑之情。稍许，少发者面露倦容，安然入睡了。秃头先生趁机把自己的头和少发男子的靠在一起，他轻轻抓起少发者的头发盖在自己的头上，拿出镜子一照，顿时惊喜万分，过了一把青丝瘾。

这个广告实在令人忍俊不禁，秃头先生的自我安慰方式让人觉得有趣好笑，同时，也引发了人们对他的同情之心。这种略带辛酸的笑反而更能促使人们为避免这种情况的发生而接受广告所宣传的产品。

运用幽默方法需要注意的是：首先，这类广告切忌离题，必须抓住广告严肃的主题和意向，保证诉求点准确、清晰、对消费者具有影响力。

其次，几乎所有幽默表达的广告，都有一个受众是否能够理解和趣味是否投合的问题。在这里，广告的文化背景十分重要，越是贴近特定文化生活的素材，越显得富有情趣，越易于表现出幽默的效果。所以此类广告一定要考虑到受众的文化背景。

最后，真正能够引发受众发自内心的幽默感的广告创意是很不容易的，它体现了广告创意人的高智慧和对生活细致入微的体验与强烈的热爱。所以幽默追求新奇但决不能媚俗，矫揉造作极易引起人们的反感。

四、意境

意境指广告形象呈现一种可以诱发情思的艺术境界或艺术品味。这种广告与显直类的为物造境，意味追求不同。后者重在显示商品客体本身，“境”和“意味”附丽于商品，前者重在表现人的情感，由意境移情到商品。

意境广告美学方法具有很强的审美价值，近于一种艺术品。对意境的追求源于人们对美的热爱，成功的广告都能恰到好处地诉诸人们的审美情趣，引发人的美感，并将这种不断追求美的情感转移到与意境紧密相连的商品上。

这类广告的诉求商品本身及品牌和商标在画面里似乎都不占有重要位置，它力图通过唯美的画面和迷人的意境去打动受众，去影响消费者的选择，以高品位的情调去引诱人们的追求。

广告的意境或情调式的表达，不一定永远与唯美联系在一起，而只是引导消费者去接近某种感觉，体验某种情绪，品味某种生活，给人们隽永的回味。

需要注意的是格调式的表现手法与意境或情调式的表达，既有联系又有区别。所谓联系，就是广告创意和设计者总是从美的角度出发，去表现商品的特性或周围环境和气氛的渲染；所谓区别，也就是广告人根据自己的文化艺术涵养、生活体验以及历史积淀去体现个人的风格，并以敏锐的触角去迎接新的潮流，将历史与现代、国内与国外很好地融合起来，在创作中去塑造恰当的格调形象。

意境方法一般分为三种类型：

（一）塑造艺术形象

以塑造艺术形象为主，通过形象表达所要传达出来的情感，并以这种情感来感染和影响受众。

案例 6—20

美国东方航空公司电视广告

这则电视广告用美国皮尤托·里肯家族中一位旅居大洋彼岸的女子的口吻叙述了她及其家族40年来与东方航空公司的缘分。正是这种缘分使她那对故乡魂牵梦绕的情思得以维系，因为那里有她童年时代的梦想、亲情和朦胧的初恋。远离家乡后，几十年岁月中无数抒发眷恋之情的书信由东方航空公司的飞机作为鸿雁频频代为传递。不远的将来，她要重返故园，还将有劳东航飞机远渡重洋，使她与阔别已久的亲人们团聚。

该广告整个电视画面充满了浓郁的家庭气息和大家族特有的高贵气质，配上真挚动人的歌曲与画外音，采用第一人称娓娓自述，沁人肺腑，感人至深。这种意境的营造为无法具象描绘的东方航空公司塑造了一个温情脉脉、富有爱心的艺术形象，让人感觉到它就像一个来自空中的“天使”，数十年如一日地把情和爱带给人间。由于情感抒发真实细腻，所以东方航空公司这一艺术形象极具感染力，甚至将女主角对它的感激之情也传递给了受众，从而使受众在情感和理智上都对其产生肯定和认同。

（二）运用文化格调

运用文化格调，引起受众的特定文化心理认同，获得一种强烈的审美感受，并将这种美感移情到广告所要宣传的对象上。

案例 6—21

海洋餐馆平面广告

在这则平面广告（图6—34，见彩插）中，画面中间是一个中式的餐盘，餐盘中间用毛笔写了一个大大的“鱼”字，而且这个字是典型的中国传统书法行书字体，在餐盘的周边则用同样的字体写满了一圈海鲜的名称。餐盘下一双筷子平平地横放着，筷子头搁在一条鱼形的小瓷器上，鱼头冲上，和筷子正好呈十字交叉状。整套餐具都是一种古朴、淡雅的色调，背景颜色为褐色，反衬图形鲜明醒目，同时整体感觉和谐统一，充满了古典韵味。

这则广告无论是餐具的摆放、字体的设计，还是色彩的选用都极力凸显中国文化的博大精深，很容易激发受众的历史积淀感和对高雅文化格调的追求。这种审美心理不但持久坚固，而且还具有很强的感染力，表现为受众会对该海鲜餐馆的档次与品位产生好感，甚至都能感受到在这里用餐不仅是欣赏美味，而且更是享受文化意境，从而身心都得到了最佳的满足。

（三）营造艺术氛围

通过营造艺术境界氛围，引导受众去体会某种感觉或情绪，使其在如诗如画的意境中细细回味，获得一种绵长幽深的愉悦感。商品处在这种环境当中，自然附着上人的感觉或情绪，其格调也由此而生。

案例 6—22

日本啤酒平面广告

这则平面广告（图 6—35，见彩插）曾获日本第 54 届电通广告奖。

在一个月色朦胧的夜晚，一杯斟满的啤酒静静地立在木纹的长桌上，旁边与它相伴的是该啤酒的易拉罐装。杯中的啤酒在月光的映照下显得格外透明温润，而小小萤火虫的光亮正好投射在啤酒的泡沫上，非常清晰地将雪白的颜色和细密光滑的肌理呈现出来，让人一眼就能感觉得到啤酒的纯正品质和绝妙的口感。

最高明的地方在于整个广告所营造的环境氛围极富美感，萤火虫表明这是一个夏天的月夜，啤酒通常也是在这个季节享用得多，但是宁静、雅致、幽远、自然的意境分明又让人感到此时的啤酒不只是一种饮品，它已经完全融入了环境当中，品尝它的过程正犹如欣赏美妙的夏夜，感受一份难得的清凉自在。那种惬意和陶醉也好像随着酒液流淌到全身，令人欲罢不能。

五、反成

在广告设计中运用一种反向思维来衬托人们普遍存在的正向心态，以增强广告创意的曲折，引起人们注意。因为在许多时候欲擒故纵、大智若愚等逆向逻辑存在于我们生活中，广告创意的反成方法利用这种逻辑收到欲贬实褒、以丑衬美的效果。

反成的思维和美学方法对现代广告创意十分重要，因为它能出人意料，引起受众高度注意，从而有利于记忆，使印象更加深刻。此外，反向思维会更加突出广告的诉求点，提高广告效果。其具体方法可分为三种：

（一）虚贬实褒

就是侧面甚至采用反面诉求，揭示商品的“缺点”或“不是”，巧妙而幽默地以这种“缺点”来证实商品和服务的优越。

案例 6—23

方便面电视广告

这则广告的广告语是“在大学生中不宜推销××方便面”。电视情节是一个大学生很晚才回到宿舍，整个楼都已经熄灯了。可是他腹中颇为饥饿，于是拿出一包方便面来泡。谁知道面的香味顿时弥漫于整个宿舍，引得同学纷纷起身，好像突然之间也感到饥肠辘辘，口水都禁不住要流下来。而香味还在四处扩散，从门缝和窗户飘到了隔壁的宿舍里，很快周围宿舍的人也都忍受不住诱惑而起床。最后整个楼全开了灯，大家已经无法安然入睡，“罪魁祸首”就是那包方便面。

广告语和故事表面上好像是在强调方便面给大学生宿舍管理带来麻烦，实际上却是突出了它美味诱人的特点，而且这种经历在大学生生活中的确很常见，虽然不至于如此夸张，但是用正面的方法来表现显然没有新意，倒不如欲贬实褒既有幽默感，又让人觉得真实亲切，印象深刻。

（二）有悖常理

即打破人们的惯性思维，以人们通常认为不美的或不适宜表现商品形象的因素来激发人们的注意和兴趣，诱导人们从新的角度来理解和接受商品的诉求点。

案例 6—24

雷诺汽车平面广告

这是一则平面广告（图 6—36，见彩插）。一幅是粘满泥土的车轮，不同的泥土都被标示出来，有“巴黎的砾石、纳米比亚的野兽粪便、育空高原的石英、中国黄河流域的变质岩、爱丁堡的泥浆、夏威夷的火山灰、死海地区的黏土、罗弗敦群岛的沙子”。

另外一幅是粘满各种昆虫的车灯镜，同样也标示出：“意大利伦巴第地区的库蚊、葡萄牙阿尔加维海岸的大菜粉蝶、罗马的盲蝽、法国卡玛格岛的马虱蝇、婆罗洲的蛛蜂、柏林的毛蠓、希腊的姬蜂、坎帕拉的刺蝇、德国的大胡蜂。”

按人们的常规思维，汽车广告多注重刻画车型的美观和内设的豪华，但是雷诺汽车的广告却不循此道，偏要用污渍斑斑的旧车形象来表现它虽跋山涉水，历经世界各地险恶环境，却毫发无伤的优良性能。并且广告语为“世界在它脚下”，受众自然会明白来自不同国家的每一颗沙砾和每一只小虫都是雷诺纵横天下的见证，不由更加欣赏雷诺汽车的卓越品质。

（三）逆向置换

是对人们熟知的事物状态进行反向改变，产生新的视觉冲击和情感震撼，使受众在探询改变原因的同时深刻理解广告的意图。

案例 6—25

《妇女》周刊平面广告

这则《妇女》周刊的平面广告（图 6—37，见彩插）将世界名画《草地上的午餐》（法国画家爱德华·马奈作于 1863 年）中的人物性别置换，十分出人意料。人们早已习惯了这幅名画中的裸女形象，现在换成了裸男，其实就是想表现《妇女》周刊对妇女权益的观点，对名画的大胆修改也反映了其女权主张。

这种逆向置换的手法非常准确地表达了该杂志的目标群体和定位，普遍引发女性读者的兴趣和好评，激起她们的情感共鸣，从而对杂志加以肯定。

六、导象

在内蕴类广告中，许多创意运用导象方法。导象是以简单的类似形符的广告形象导引出受众丰富完整的心像的手法。这是一种适应现代符号美学和控制论的发展而出现的表现方法，它的审美诉求点集中在构思的丰富内涵上。

现代社会处于后工业时代，人们由于不堪忍受工作和生活中的种种压力而表现出强烈的回归心理，即崇尚简约质朴和原始自然。这种心理影响到许多方面，有一个突出的反映就是人们越来越反感复杂晦涩的文字和图形，而对简洁明快特别青睐。

导象方法正是顺应了这一心理趋势，同时充分利用人类的联想和想象，在头脑中进行丰富和完形，使人既感到视觉的愉悦，又得到意念的满足，并对广告所要传达的内涵有比较深刻的领悟。

导象的具体方法可分为三种：

（一）形符导象

即由类似形式符号的视觉对象导引出心像。

案例 6—26

本田汽车平面广告

在这则平面广告（图 6—38）中，画面上看不到任何汽车的身影，只见公路上由车道线和路面形成的一个大写的“H”，而“H”正好为本田车的标志，且作为一种符号已为人们所熟知。所以，受众由视觉图形很容易联想到本田汽车，再加上又是在公路上，人们不禁还会想象这条路上跑动的都是本田车。真可谓“不着一字，尽显风流”!

图 6—38　本田汽车平面广告

（二）完形补足导象

即利用残缺不全的广告艺术形象，根据完形心理学的原理，引发受众进行一种潜意识的补足完整。

案例 6—27

化妆品平面广告

在这则平面广告（图 6—39，见彩插）中，画面上只有一顶女士的帽子，三根手指扶在帽子的前端，下面是一张微启的红唇和一点风情万种的美人痣。虽然我们不能见到这位女子的面容，但是这些图形因素完全可以让我们展开联想，根据暗含的信息在脑海中立刻就能勾勒出她俏丽的容貌和迷人的神态，比真实的美人照更让人心驰神往，而且丝毫不会引起受众对该化妆品的怀疑，相反却会因好奇心和好感的驱使而跃跃欲试。

（三）以点导全

通过撷取整体事物的一鳞半爪，在受众心目中引起对全部事物形象的联想。

案例 6—28

英国独立肉店联合会平面广告

在这则平面广告（图 6—40，见彩插）中，整幅画面只有一小块漂亮的羊排，其形状恰似耐克著名的“一勾”标志。这幅广告是为了驱散疯牛病留下的阴影，鼓励人们大胆选择肉食而制作的。

这一点形象同耐克标志结合起来，将耐克标志所蕴涵的体育精髓尽数吸纳，不禁使受众联想到耐克的广告语“Just do it”（只管去做），进而想到该广告的宣传意图“Just eat it”（只管去吃），并且由这小小的一块羊排可以想象得到英国独立肉店联合会卖的所有肉食都是如此新鲜漂亮，完全可以放心大胆地去选择和购买。

七、通感

通感广告表达是受众将广告形象的视觉刺激通过心理联觉作用转换为对商品的其他感官感受。这种方法在现代广告中很受重视，其原因是现代消费者都很注重自我价值，对自身感觉十分在意，广告采取这种表达方式，与受众的这种心理很合拍，因此，这种方式很快发展起来，形式多样，色彩纷呈。

案例 6—29

单身汉牌香烟平面广告

这则平面广告（图 6—41）的创意并没有突出的内涵方面的特色，只是展示了男士抽烟时的情态。但只要仔细观察，就会发现广告在着力营造一种极为良好的心境体验。

一位男士（也可能是单身男子）或是在紧张工作颇感疲惫的时候，或是在遇到挫折感到烦恼的时候，或是一个人愁闷孤独忧伤的时候，坐下来抽一支香烟，松弛一下情绪，调节一下心理，实在是一种生理和心理的平衡和满足。正如广告中的男士安详自得、无思无虑、品味人生的样子，多么令人神往！

图 6—41 单身汉牌香烟平面广告

广告给我们提供的是人物的味觉刺激，而我们得到的却是全身心的惬意和满足，在这里，通感联觉作用是显而易见的。

案例 6—30

伊芙香水平面广告

这则香水广告（图 6—42，见彩插）的创意与其他香水广告截然不同，其他香水广告尽管千姿百态，但大都用美女的雪肤香肌及温情娇媚的暖色调来衬托产品，造成通感效果。本广告色彩处理却几乎全是无彩色系和较单一的冷色调，有着强烈的明暗对比。

一位身着黑色长裙的时髦女士，双手高高扶在两页黑色屏板上，好像正在推开两扇漆黑的大门，明亮的光线从身后射入，一下子使人产生香味扑鼻的感受。

这个创意的特色在于形动实静的效果。女士双手置于屏板道具之上，造成一种推门错觉，尤其是逆光的运用，在投影的方向感引导下，将女士从外而入的动感效果充分表现出来。

这对于受众将视觉刺激转化为对香味的嗅觉感受至关重要。而且只有动感效果出来，才能使香味这种气体刺激物形成一定的冲击力。

案例 6—31

NM 商店平面广告

这则平面广告（图 6—43，见彩插）的画面是一双鲜艳夺目、新颖别致的鞋，穿在女士脚上，时髦之极！不用说，女士全身装扮乃至气质风度我们似乎已经看到了，得到了所谓“窥斑见豹”、“一叶知秋”的效果。

广告正上方写着“NM”的醒目字样，“NM”是美国著名的“Neiman-Marcus”商店的缩写，这样，我们一下明白了，视觉形象传达给我们的意向不是鞋的信息，而是商店的经营理念——以新为特征，即在本店可以买到最新的商品，也体现了商店的企业形象。

人们看到画面，经过通感心理作用，由眼前视觉形象转化为对商店经营的所有商品的感受，似乎看到，NM 商店里商品琳琅满目，色彩纷呈，集中了各种商品的最新款式和最时髦的风格，是一切消费“追新族”的理想去处。致力经营新产品这一 NM 的经营思想便牢固地在受众心目中形成了。

要注意的是任何通感都是广告作品客体与人这个感受主体的结合。由于广告有着自己的目标性，所以主客体的结合就不能是宽泛的模糊的，必须要有一个准确的结合点，即主体对客体的哪种具体性特征进行感受。

这里要特别注意的，一是客体提供了什么，二是主体的需求和实际感受到了什么，三是二者是否准确对位。这是进行通感表达广告创作最为重要的问题，也是关系到广告诉求点是否明确，广告目标能否达到的根本问题。由于通感属于人的心理因素，有着较强的模糊性和不确定性，因此，结合点问题的把握尤为重要。

八、双关

双关是利用同音或同义的关系，使一句话的相同词具有表里两重涵义。表面义为其次，寓意义为其主，具有一箭双雕的广告效果。

双关的审美价值在于体现了广告形象，或用语将品牌符号与诉求效果巧妙地连带在一起，具有一语双关之妙。由于这种表达具有曲折性、品牌性、简洁性和效能性，可以使广告词更幽默、含蓄、诙谐、委婉，在现代广告方法中应用得比较多。

主要表现为：一是品牌形象与名称的双关性。如前几年大家比较熟悉的奥妮“百年润发”护发素的电视广告，因为广告片中男主角由香港著名演员周润发来扮演，周润发的名字可谓家喻户晓，所以奥妮巧妙地借用了名人的名字“润发”二字，正好这两个字的字面涵义与护发素的功能有异曲同工之妙，给人们留下了深刻的印象。

二是妙用谐音。如“默默无蚊（闻）的奉献”（电子灭蚊器广告）、“A Happy New Ear”（“新耳朵快乐”，SONY耳机广告广告词，英语中“YEAR”与“EAR”谐音）、“用您的联想掌握一切”（联想掌上电脑广告）等等。

但是运用双关方法要注意恰当得体，不可做作和晦涩，否则适得其反。

九、情节

运用故事情节来表达广告诉求目标的方法。其美学价值在于故事情节的艺术感染力以及表达广告诉求点的巧妙性上。因为故事往往给人以生动逼真、绘声绘色、摇曳多姿的感觉，可引起人的心灵动摇和感染，对认同广告诉求作用极大。

这类广告方法比较复杂，采用极为广泛。一般分为三种类型：

（一）多数情节追求产品功能

案例6—32

南方125摩托车电视广告

在这则电视广告（图6—44）中，两位纵马飞驰的牧民急促地敲着医生住室的玻璃窗，医生背上药箱，跨上南方125摩托车，飞速而去，把骏马远远地丢在后面。125摩托车跨越河流、飞越壕沟，轻而易举；而落后的骏马临障往往逡巡而驻足。不一会儿，一辆鲜红色的125摩托车停在蒙古包的外面。蒙古包内传出婴儿落地的哭声，牧民露出惬意的笑脸，余晖映衬着南方125摩托车的雄姿。

临产接生刻不容缓，由于关系到母子的生命安全，故事情节达向了高潮。而矛盾的及时解决，全依赖于南方125摩托车的威力。该广告充分表现出了该车高速、优质、安全的性能，尤其是跨河飞沟的敏捷动作，给人留下了深刻的印象，这无疑在说明南方125摩托车是一种擅长快速越野、适于城乡中青年使用的产品。

图 6—44　南方 125 摩托车电视广告

（二）有些情节联系产品很巧妙，而且给人以感染力

案例 6—33

郎酒电视广告

故事情节是这样的：小两口在酒桌前发生了口角，一气之下女主人端起酒杯朝男主人泼去，男的正欲发作，无意中却碰到了唇边的酒滴，舔舔后感觉甚好，不禁怒气全无，笑逐颜开。而女主人看到此情此景，也不由笑了起来，两人马上和好如初。郎酒电视广告的情节利用了故事中的偶然机会，但又让人觉得真实可信，而且故事本身也具有很强的生活气息，容易打动受众。

（三）有些情节追求大场景、大刺激、大投入

案例 6—34

耐克运动鞋电视广告

这则电视广告（图 6—45，见彩插）曾在'96 戛纳国际广告节获奖。

一开始，我们就感觉回到古罗马的大竞技场。这里燃起熊熊火焰，想与

人类决一雌雄的外星邪恶势力与正义的现代人类球星将作一番足球决战。尽管外星人来势汹汹，钢骨铁牙，并使用武力将球星打倒在地，然而穿着耐克运动鞋的球星们脚下有着无穷力量，带球如风，最后只见足球在脚下稍作停顿，然后奋力一击，足球如一团烈火，攻破了外星人张开双翼挡住的球门，外星人被击溃了。

整部广告作品气势磅礴，犹如一部小型的科幻电影，在短短的数十秒内带给受众强烈的视觉冲击力，感官刺激加上扣人心弦的故事情节，想叫人记不住都很难！

情节表达广告需要注意的是：

首先，要在形象性的基础上突出情节，要有丰富的想象力。情节要引人入胜，具有趣味性，才能引起受众的兴趣。

其次，情节必须与商品紧密相关，贴近主题，而且情节要尽量单一。创意决不能为了故事情节而偏离主题，应与商品特征联系自然，切入点要准确，最大限度地提高情节的有效率。

最后，情节表现力求生活化。从现代世界优秀广告趋势来看，情节形象越来越生活化。要选取人类最熟知的生活形象来创意情节，和受众保持着自然的心理沟通。

十、文化

突出民族文化风格和气质从而诱发受众文化认同心理的广告美学方法。该方法现在运用也很多，尤其是广告走向高层精神需求化和广告世界化的情况下，文化诉求广告进一步增多。其美学价值在于深层审美文化心理沟通。对相同文化可产生文化认同心理，对相异文化则表现为文化好奇心理，两者都是对文化审美的新执著。

我们对东西方文化进行分类说明。

案例 6—35

太太口服液电视广告

在这则电视广告（图 6—46，见彩插）的开头，饱经沧桑的丈夫手抚妻子年轻时的照片，回想着当年快乐、幸福的美好时光。这种幸福生活被后来的兵荒马乱所打断，丈夫被迫别离妻子，踏上前途未卜的旅程。多年之后，当丈夫重又回来时，发现妻子依旧等待着他。片尾语出现“挚情长真，永系我心”，表现出太太口服液一如既往的真情。

这个广告充满了浓郁的中国传统文化色彩，此情不渝、相濡以沫是含蓄的东方人历代所推崇的爱情信念，对同一文化背景下的人们具有很强的感染力。尤其广告的画面也极具东方古典神韵，易于进行审美文化的心理沟通。

案例 6—36

日本环保平面广告

这则平面广告（图 6—47，见彩插）曾获日本第 54 届电通广告奖。

画面上是一个长长的屏风，由六个部分组成。其中从右到左的五个部分都是历代日本人民观赏樱花的情景，下面分别注明是 1601 年、1701 年、1801 年、1901 年、2001 年，而最后的那一部分却什么都没有，原来下面写着 2101 年。寓意如果不进行环保，未来的日本人将无法再欣赏美丽的樱花了。

这个广告具有典型的日本文化色彩，首先屏风这一物件就是东方文化的象征，尤其以现在的日本更为多见。更重要的文化特色是日本人长期以来观赏樱花的传统风俗，谁都知道樱花是日本的国花，深受日本人民喜爱。选择这样的文化素材来刺激他们的环保意识显然具有很强的震撼力。

西方文化在广告中的表现也极具特色。

案例 6—37

维尔京航空公司电视广告

这则电视广告（图 6—48，见彩插）曾获'97 戛纳广告节金奖。它利用西方基督教文化开拓了航空旅游类广告的新思路。

小伙子悠闲地坐在长椅上休息，突然身边出现了个模样可怕的家伙，他正抬眼向上看，小伙子随其目光向上望去，只见一尊石质天使雕像正对着他的头顶砸下。这下什么都明白了，他身边的这位就是死神。小伙子顿时惊恐万状，脑海里禁不住回想起自己从小到大周游世界的情景。死神倒也通情达理，由着他在临死前胡思乱想，甚至跟着他的思想一起游历。死神跟着小伙子一起坐在飞机上吃比萨饼、看小说，舒舒服服地进入梦乡。死神一睡着，天使雕像就停在半空不动了，小伙子趁机蹑手蹑脚地从死神身边溜走。

这个广告没有在温柔乡似的机舱内拍摄，也没有面带微笑的漂亮空姐，但是因为掌握了西方人对死神的普遍恐惧心理，反而表现出该航空公司的不凡之处：优质服务连死神都向往，安全可靠的飞行令死神都止步。

案例 6—38

吉纳·佩特森比萨饼系列平面广告

在这则平面广告（图 6—49，见彩插）中，两幅画面都是血红的底色、墨迹斑斑的黑体文字，只不过一幅是广告语下面插上了一把尖刀，而另一幅好像是一只作案用的手套。广告语分别为“吉纳·佩特森，被残酷无情地切成了四等块”和“吉纳·佩特森失踪了，而凶手没有留下任何指纹”。

这个广告把比萨饼的品牌名称与“受害者”的名字合二为一，使其被巧妙地卷入了“凶杀案”。广告好像充满了血淋淋的暴力色彩，在东方是很难让人想象和接受的，尤其是用在食品广告上。但是，在西方文化中暴力却是一个十分重要的文化因素，西方人对此并不像东方人那样反感，反而还会从中领悟到一些黑色幽默，加深品牌印象。

文化诉求广告一定要注重对不同文化内涵的挖掘。文化是一种具有长期历史积淀和相当稳固的模式，它不只表现在作为文化载体的若干文物事件上，更重要的是渗透在文化成员的心理上，体现为独特的心理模式，包括思维模式、行为模式和情感模式等。

这些模式并不模糊、含混，而是非常准确和敏感。广告表达受容量的很大限制，因此要力求少而精，载体选择要具有丰富深厚的内涵，而且，在表现中还要注意充分发挥和挖掘这种内涵，使其表达准确到位，只有这样，才能使广告具有较强的心理震撼性。

【思考练习题】

1. 显直类广告的特点是什么？提高其艺术能力的侧重点是什么？
2. 举例说明任意 6 种显直类广告表现手段。
3. 运用视觉导向和喜剧效果表现手段分别创作一个显直类广告。
4. 内蕴类广告兴起的原因是什么？其注意要点是什么？
5. 运用寓意、悬念、意境和文化表现手段分别创作一个内蕴类广告。

第七章

广告受众审美心理分析

现代营销尤其是4C营销观念时期，人们将目光集中于商品消费者的需求上，因此现代消费心理研究被重视起来。广告的美学规律研究，除了从现实广告本身研究分析之外，也应十分重视对广告受众的审美心理进行分析和把握，这样有助于同广告受众进行深层心理沟通，进而加速其采取消费行为，取得更好的广告效果。

第一节　广告受众审美心理的差异与沟通

一、受众审美心理差异性现象

人的审美心理具有很大的差异性。人的审美心理的形成与人的社会实践的范围、条件有关，与人生存的社会环境以及个人的教养、素质等等有关，这样形成了人们形形色色的审美心理倾向和审美心理能力，对同一审美对象，是美是丑，是善是恶，是高是低，是亲是疏，便产生了各自不同的感受。

这种现象，不只表现在纯粹艺术上，对于实用审美对象的刺激也是如此。如现代服装流派可分为庄重型、浪漫型、潇洒型、传统型等等，各自有不同心理。

又如不同时代有不同的审美观念，而审美观念实际是不同时代带有共同性的审美心理。同一时代审美心理也会因年龄而异，因社会经济、文化地位而异，因民族宗教而异，因地域环境而异等等。这种审美心理差异同样表现在对广告的审美上。

（一）日常广告审美中存在着不同审美主体的审美心理

1. 从表现形式和风格来看，不同受众对广告的形式和风格有着不同要求

广告的形式主要有画面图像（包括商标、标志）、广告语言、音乐和音响，这些形式因素的和谐统一构成广告的形式。

画面图像是最主要的形式因素，它是由线条、色彩、影调等造型语言构成的。线条、色彩、影调等形式因素普遍存在于自然界和人们的生活中，由于世世代代实践经验和心理反应，这些本无感情的形式因素带上了丰富的感情意味。

如以男性为受众的广告中通常大量使用直线条或冷色调，表现出刚硬强劲、理智冷静的形象特征，很容易得到男性的心理认同。相反，女性往往更偏爱曲线和暖色调，这与她们温柔母性的内在心理是分不开的。

广告语言、音乐和音响也很重要，对人们心灵具有很强的冲击力。如“壮骨关节丸”的广告，因为面向国内受众，又是中国传统的中药制品，为了引起受众的心理共鸣，广告采用了二胡演奏的“龙的传人”的悲壮旋律来表现，深深地触动了受众的民族情结和历史积淀感，唤起了他们强烈的民族文化认同心理，所以广告的效果很好。

广告形式还包括不同的广告形象类型，如知识传达型、生活趣味型、艺术表现型等，通常知识分子比较喜欢知识传达型，平民百姓多关注生活趣味型，而年轻人可能更偏爱艺术表现型。

不过这三种类型还可以细分为若干具体类型，如知识传达型中可分信息型、品牌型、效果型等；生活趣味型中又可分为品味型、幽默型等，艺术表现型可分为情节型、审美型、刺激型等。之所以能细分这么多的类型，也是因为大的群体中因为种种因素还存在广告审美心理差异，所以说形式的多样化与审美心理的复杂性之间有着密不可分的关系。

广告的风格十分丰富，主要有浪漫风格、庄重风格、喜剧风格、质朴风格、秾丽风格、后现代风格等，不同的风格同样对应了不同的广告审美心理。如恋爱中的男女自然对浪漫风格比较感兴趣，工人或农民则喜欢质朴风格的广告，从事艺术创作的人们或爱标新立异的新新人类当然很有可能更加欣赏后现代风格等等。

2. 从表现手段来看，不同受众倾向于不同的广告表现方法和媒介载体

如图像表现手段的广告在普通大众中极受欢迎，光幻律动表现手段的广告年

轻人喜欢较多，而语言艺术表现手段的广告却容易受文化层次较高的阶层的青睐。另外，老年人爱听广播广告，小孩子喜欢看电视广告，白领常买中高档杂志和报纸，因而对上面的广告关注更多，还有喜欢上网的人们通常也经受不住网络广告的诱惑等等。

3. 不同受众的审美心理不同，即使是同一受众，其审美心理也会随着诸多因素的变化而变化

前者很明显地表现在东西方人的广告审美心理差异上，如东方的广告常常很强调神秘、含蓄、典雅、人情味和浓重的家庭观念，而西方的广告往往更多偏向于幽默、荒诞、刺激和性感。

当然，同是东方文化或西方文化，也因不同的国度和地区表现出相异的广告审美心理。如荷花深受中国人民喜爱，是纯洁的象征，经常被用作广告的形式因素，但是，在一衣带水的日本却为人们所厌恶，在广告中是不会出现它的踪迹的。

后者也很容易理解。如年轻时和年老时喜欢的广告类型差别就很大，年轻时可能更喜欢快节奏的，而年老时则偏爱慢节奏的。同一个人在不同环境下的审美心理也有变化，如在热带和寒带对暖色和冷色的心理感受就有不同。

值得强调的是，当今时代流行趋势的变换越来越快，这对于那些爱追赶时尚的人们来说，无疑大大增加了审美心理变化的影响因素，从服装和化妆品千变万化、推陈出新的大量广告中就可窥见一斑。

（二）新的审美心理差异为广告准确把握受众心理提出了新的难题

首先，现代市场营销强调市场细分化，而且细分化的程度越来越高，这就意味着不同细分市场的受众已经无法接受一般性的广告审美心理，他们需要的是对他们这一细分群体具有很强针对性的广告，能完全同其他细分群体相区别的广告。因此广告一定要有特色，要能打动目标对象的特定的广告审美心理。

其次，现代人的个性化心理需求越来越强烈，不愿追随大众潮流，热衷于表现自我，彰显个性。这是随着社会文明程度的提高，人们自我意识逐渐恢复的一种表现。在营销领域已经出现的新趋势之一就是大规模定制个性化产品，如汽车、房屋、电脑等等。

所以为这些产品作广告比为细分化的市场群体作广告显得更为困难，因为在这里需要把握形成审美心理差别的细微性特征，因人而异的特点的确很难在广告中准确表现出来。

再次，随着物质生活水平的提高，人们的精神化心理需求日趋明显。很多时候，人们已经不再满足商品提供给他们的使用价值，而是希望在获得实用功效的

同时，还能得到一种精神上的享受或情感上的愉悦。

其实这种心理早已被高度关注，许多品牌不遗余力地宣传它们的个性和带给受众的心理体验，就是想通过增加商品的附加价值来满足消费者的精神需求。

不过，这当然给广告进行受众的审美心理沟通造成了不小的困难，也是内蕴类广告表达方法现在被广泛采用的重要原因。

最后，日益受人瞩目的逆反心理需要特别注意。营销要面向未来，自然不能忽视正在成长的年轻一代和少儿群体，把握他们的审美心理对现在还是将来的营销工作都有十分重要的意义。

但是，我们也发现所谓的“X一代”、“Y一代”、“Z一代”等年龄差距多不超过五岁，意味着青年族群中的心理分化层次增多，表现为无论是哪一代都有强烈的反传统的逆反心理，而且是一代比一代更加叛逆。

这对习惯了在广告中运用传统审美心理因素的创作者来说，无疑是一个巨大的挑战。如何研究他们的逆反心理，在广告中如何表现得恰如其分而不至于引起社会的反感，是需要解决的一系列难题。

总之，对广告的审美心理存在差异是非常正常的现象。在许多情况下，似乎有大致相同的同一性，其实，在相同的前提下也会有许多细微的差异性。差异性是绝对的，相同性是相对的。明乎此，我们就能够正确对待这种复杂的审美心理现象，寻找规律，采取对策，收到最佳效果。

二、受众审美心理差异性的形成因素

审美心理形成的根本原因是人生存和实践的环境和条件。由于生存环境条件不同，便形成同一环境条件下大致相同的审美偏好和趣味。

正因为如此，18 世纪英国艺术理论家、美学家越诺尔兹（J. Reynolds）说：“由于习俗，我们才偏爱欧洲人的肤色而不爱非洲人的肤色，同理，非洲人也偏爱他们自己的肤色。我想没有人会怀疑，如果非洲画家画美女神，他一定把她画成黑颜色、厚嘴唇、平滑的鼻子、羊毛似的头发……我们根据什么说他的观念不恰当呢？我们固然常说欧洲人的模样和肤色胜过非洲人的，但是除掉看惯了之外，我们找不出任何理由。”[①]

同一民族，所处的地理环境、生活习惯、宗教信仰的社会条件基本相同，因而具有大致相同的审美共性心理。同一年龄阶段的人也基本如此，因为他在不同年龄段的社会实践环境中经历着不同年龄的社会实践内容。男女性别更是如此，

① 转引自北京大学哲学系美学教研室编：《西方美学家论美和美感》，115 页。

在长期社会历史中形成了男女有别的社会心理和审美心理。

影响广告审美共性心理的社会条件总的说来，可以分为四个方面：环境条件、习俗条件、生态条件、阶层条件。这四方面条件中，又各包含一些具体不同的条件。

（一）环境条件

环境条件主要是指人生产生活实践的一切客观环境，其中包括时代、国度、地域、城乡等。环境条件形成的根本原因是物质生产。时代的发展、社会的进步，总是离不开社会物质生产水平的提高。

社会物质生产状况决定了政治制度、意识形态的不同，形成了不同的时代特征。

国度是一个复杂的综合体，其中民族习俗条件也很重要，但现代国与国之间的差别根本还是经济制度、生产方式以及由此决定的上层建筑。

地域因素中主要是自然地理条件之别，但自然地理条件直接影响到物质生产。城乡差异、集体（这里主要指工作单位等）差异，主要还是反映了物质生产状况的区别。

所以，要研究形成广告审美共性心理的环境条件，必须认真考察物质生产和社会实践状况。

1. 时代

时代是一个纵向的历史范畴。我们之所以把时代归于环境条件，是因为广告审美的时代特征总是以“横断面”环境形式出现的。不同时代，存在不同的广告审美共性心理。每一个时代的审美趣味，总是出现在该时代的特定环境中。即使在同一时代内，也会因社会政治经济等原因而发生变化。我们要掌握各个时代实用艺术的风格特点和审美心理，就要从经济基础、政治制度和实用艺术的历史资料入手，认真研究，发现其共同性和差异性。

研究时代因素的主要目的还是为了现代。从对过去时代的规律性因素的研究和比较中，我们还发现现代实用艺术发展的时代特征，从研究现代经济、政治和艺术中也会发现和预测广告审美心理的时代性要求，以作为指导广告创作和营销的一项重要美学依据。

现代人对广告审美的时代感要求特别强烈，这种心理普遍存在于各种类型的消费者身上，尤其是青年消费者。因此，我们要着重对广告审美心理的时代性特征进行研究。

2. 国度

国度是一个综合性因素，其中包括物质生产的水平和方式、政治、地域、宗教习俗、自然条件等一系列内容。这里我们主要指物质生产的水平、方式和社会政治条件以及生活观念。

世界上不同国家消费者的消费方式和消费心理的差别主要取决于该国的科学技术发展、物质生产状况和生活水平。大体上说，当代世界上的国家可以分为三类：

一是科学技术发达，经济力量雄厚，生活水准高的国家，例如美国、欧盟、日本以及中东一些石油输出国。这类国家的消费者对广告审美的要求是，广告中的商品造型外观优美、精巧、奇特。他们在追求现代化和科学化的同时，也流露出对文明古国传统艺术的浓厚兴趣。

二是科学技术正在起步、经济力量正在发展的国家，例如中国、印度、巴西等亚洲、拉丁美洲大多数国家，大洋洲以及欧洲一些国家虽然较为发达，但从总体看也应属于这一类。在这些国家里，消费者对广告形象方面体现现代化科技水平的情感因素要求特别强烈，例如商品的质材美、简洁、明快的风格和抽象图案等。因为在最新现代科技特征上寄托着人们的需求和理想。

三是科学技术比较落后、发展速度较慢、经济力量比较薄弱的国家，例如非洲大多数国家、拉丁美洲一些国家和长期进行战争的国家如柬埔寨、阿富汗以及中东一些国家。这些国家的消费者对广告审美的需求较为淡漠，重点在对广告诉求的商品功能上，对广告中商品造型的装饰一般重在民族特色。

国度因素决定的共性心理还常常表现在长期形成的某种生活观念和传统成见上。这些观念和成见产生了不同国家的许多广告审美的禁忌。

例如泰国重佛，忌用佛像装饰商品和广告，索尼公司在泰国投放的一则广告中采用了佛的形象，遭到泰国人民的反感和抗议，结果最后不得不撤掉该广告。在我国，人们认为“九”比较吉利，常将其应用到广告中，而在日本，“九”则被看做不吉利的数字加以避讳。这些不同国度的喜好和禁忌直接影响到消费者的广告审美习惯和心理。

3. 地域

地域因素主要指国内地区与地区之间（大到北方和南方，小到一个省的不同地区），国际上的洲际间（如非洲地区、欧洲地区）和地区之间（如东南亚地区、北欧地区）的差异，还指地理位置的差异，如寒带地区与热带地区。地域差别往往与自然资源、地理位置和地形物产的条件有关，而这些条件又直接影响着社会经济的发展。

地域因素对审美共性心理的影响也是很大的。例如上海和西安同是大城市，但消费者因地域差别而引起的审美共性心理就各不相同。以服装而论，上海地处沿海，受外来影响大，轻工业非常发达，上海人很重时尚性。西安则地处西北，较为闭塞，土厚民淳，加之为我国历史古都，表现在人们的审美心理和行为上就是重传统性。

以色彩的审美而论，有的色彩学家认为色彩的审美心理与地区有关。例如南半球居民对自然变化反应明显，喜欢强烈的鲜明色。而北半球居民则对自然变化反应慢，喜欢暗淡柔和的色彩。意大利人喜欢黄、红等暖色调，北欧人喜欢青、绿等冷色调。

研究地域因素十分重要。在现代营销竞争中，不但要调查研究不同国家的广告审美共性心理特征，还要调查研究不同地区的审美共性心理特征。

4. 城乡

严格说来，城乡差别也属于地域因素，因为我国城乡差别对广告审美心理影响特别大，故特为表出。

我国城市和乡村的差别是十分显著的。这是我国社会经济、文化长期发展变化的结果。城乡这种社会状况的差别影响着人们的审美心理，尤其是广告的审美心理。

在农村，就色彩而言，人们喜欢对比鲜明的颜色，所以农村的广告画面一般单色居多，形成较强对比。在城市，人们多喜高雅、素淡，喜不同色彩间的协调和谐，所以广告多表现为调和色。

就广告商品形象而论，总的来说，农村喜体现传统特征的形式，如圆、方、对称、厚重等传统形式的造型，城市则偏重于体现现代特征的形式，如喜欢表现现代科学技术情感的抽象几何图案，多样变化和构成主义形式的造型等。

必须指出，我国农村的面貌在改革开放后发生了显著变化，农村人民的审美趣味也在迅速地改变。在许多地区的农村，农民的收入和商品购买力有了较大幅度的增加。这种状况使农民的消费观念发生了很大变化，对商品和广告的审美趣味开始向城市靠拢，尤其是农村中青年，他们不满足于以往的审美要求，打破了保守和传统的藩篱，努力学习城市人的生活方式，对具有现代化情感的商品和广告需求越来越迫切。

这种在农村迅速发展起来的审美心理趋势，应当予以充分重视。但是，农村趋向于城市，却并不完全等同于城市，广告设计者和营销人员应及时了解和满足他们新的商品和广告审美需求，赢得这一重要市场。

（二）习俗条件

习俗条件主要指人们在社会生活中长期形成的风俗习惯和宗教信仰等。能够体现习俗条件的社会因素主要是民族。因为不同民族最明显的特征在于风俗习惯和宗教信仰。

当然民族的形成及民族特征的形成也与地域、经济状况有关，但在这里，我们主要探讨长期形成的民族习惯和意识观念对广告审美心理的影响。

民族是一种社会现象，不同民族的生产生活（尤其是生活）方式、性格、行为等有很大的不同。在长期的历史发展中，由于客观自然条件、生产方式和历史文化传统以及宗教信仰等各种因素，形成了本民族的风俗习惯及特定的美学观念和审美趣味，也形成了广告审美的民族共性心理。

例如，黄色在中国古代汉族统治者那里被认为是尊贵祥瑞之色而专为帝王使用，所以在中国一些表现汉民族特色的广告中经常见到。而基督教徒则认为黄色是卑劣可耻的象征，因传说出卖耶稣的叛徒犹大即身着黄色，因而在广告中使用得很小心。

民族习俗条件给消费者审美趣味带来的影响也是不断变化的。这种变化的原因是多方面的，有社会政治的原因，如古代汉民族统治中国时期，服饰风格大致相同，但元、清两朝，服饰变化甚大，直到今天清朝的旗袍、对襟褂衫仍在许多汉族地区流行。

也有生产力发展、社会文明进步的原因，如云南傣族近代创作的宗教民间组画，其中神、佛是现代人打扮，在神、佛存在的宗教世界中，竟绘有电灯、火车、飞机等现代物品。

因此，我们研究民族习俗对广告审美心理的影响，不仅要看到其静的一面，更应把握其动的一面，看到其发展变化。

（三）生态条件

生态条件一般是指人的生理因素，例如年龄、性别、肤色（指人种的肤色差异，而非同一人种中各人肤色的差异）等。

但这里有必要指出，我们所说的生态条件不是指年龄、性别、肤色等生理因素本身，而是指社会性在生理因素上的体现。例如青年和老年年龄不同，他们各自有不同的广告审美心理，这种心理是在长期社会实践中形成的，所以我们所说的生态条件主要是指其生态的社会性。

按照上述标准，我们把人的生态条件分为年龄周期和性别差异，至于人种肤色差别问题，由于多表现在民族、地域和国别等差异上，故在此不再论述。

1. 年龄周期

可以分为少儿期、青年期、壮年中年期、老年期等。

（1）少儿期。儿童和少年主要指学龄前儿童和初中阶段以前的学生，他们正处于人生年龄周期的初级阶段，大脑机能正在发育，因此，他们与成人相比有着很大的生理和心理差异。

少儿的认识活动，基本形式是直觉，表现为对客观事物的感性认知和模仿。认识世界缺乏深度，认识人，只注重自然性，缺乏社会性。他们甚至常常把人和动物以及外界其他事物放在一个平面上看，这就是他们看重动物，对动物感兴趣的基本原因。他们的这种感性直觉性还表现在看事物突出局部性，缺乏整体性。因此，他们特别喜欢用品造型和广告形象上有局部的夸张。此外，这种感性直觉性还表现为很强的可塑性。他们好动，注意力极易转移；他们还好幻想，喜欢提出各种新奇的问题，对神话尤其感兴趣，这也是由于缺少实践经验和理性所造成的。

少儿身上表现出的这些心理特点，要求我们对他们的商品和广告设计应注意以下审美特征：注重模仿造型，尤其是对动物的模仿，也应有对成人用品的模仿；在造型和图案上应多用幻想，多用夸张手法，并力求体现出具有喜剧幽默的风格；另外还要形式多样，丰富多彩，切忌广告形式的单一化。

必须指出，少儿后期，即初中阶段的学生，随着知识的增加和生理的发育，他们的心理特征与少儿前中期有明显的差异，例如他们对模仿的兴趣已开始下降，而幻想兴趣尤增，由对神话的幻想转为对科学的幻想。他们对儿童时期的那种幼稚的纯形式的夸张和幽默已不感兴趣，而要求在夸张和幽默中增加一定社会内容，并开始重视商品的实用性等等。这种变化，也应在广告中体现出来。

(2) 青年期。青年正处于人生生命周期精力最旺盛的阶段，已不像少儿期那样幼稚，其脑机能已经成熟，具有一定程度的科学文化知识和社会生活经验，有的已从事一定范围的社会实践活动，成为创造世界的生力军。其心理特征表现为活泼奔放，情感丰富，感觉敏锐，善于创新，富有理想等。

因此，青年对广告审美的最主要的心理特征是追求时代感和崇尚时尚性。在现代，这种时代感和时尚性主要表现在：a. 反映时代潮流、风格和情感；b. 体现现代科学技术发展的水平；c. 表现社会上当前最流行的某种风尚、时髦和特色。这几点都表现在广告的新、奇、美的特征上。

(3) 壮年中年期。壮年中年期是人生生命周期中相对稳定的阶段，也是人生理和心理完全成熟的阶段。壮年、中年人大都以重要角色参加社会实践，获得了比较丰富的社会经验。他们有较强的事业心，又有成就事业的途径和方法，这使得他们的思想由青少年时期的幻想型转入现实型，思维较深刻且具有理性。他们不仅承担着各种社会责任，也是家庭的主要负责者。随着年龄和经验的增长，他们的性格也由活泼变得持重起来。另外，由于他们在社会中负有较重的责任，经济状况开始优越起来，这又使他们变得比较自信，因而常常要显示出他们工作和生活的能力和活力。

壮年、中年人这种心理状况决定了他们对广告审美的心理特征。他们首先关心的是办事效率，这反映在对广告的要求上是要讲求实际可靠。

一般而言，壮年、中年人对名牌比较向往，但是他们与青年年龄周期相毗邻，昨天的消费趣味还深深留在脑海里，尤其是壮年人，他们不愿让青春年华轻易逝去，他们仍然对商品和广告的时尚性有着很大的兴趣，只不过奢望不如青年人那样太强烈。对太“时髦”、太“出格”的商品和广告他们兴趣并不大，他们最喜欢稍带一点传统风格的商品广告。

至于中年人，则更持重一些，他们感到时髦已经不适合自己了，但是必须指出，随着我国经济的振兴，中年人的审美要求也空前强烈起来，他们要求在自己生活中体现现代科学技术的魅力和自我尊重的动机。

对家用电器、家具灯具和交通工具等所谓“硬性商品”，他们要求在广告中看到最新产品和名牌产品，而化妆品、装饰品、衣料时装等所谓“软性商品”，他们则希望广告能多表现质量，体现一些传统性，但也要有一定的时尚性。

中年人这种两重性广告审美心理是比较复杂而微妙的，很值得认真研究，在广告创作中决不可采取简单态度去对待这一部分消费者。因为，他们的审美心理是复杂的，而他们的购买力是强大的。

（4）老年期。老年是人生生命周期的垂暮阶段，这一时期人的生理发生很大变化，机能衰退，对外部环境和生活条件的适应性越来越差。因为记忆力衰退，加上长期生活习惯的影响，老年人头脑中很少建立并保存当前各种事物的暂时神经联系，而大量保存着的是对过去的牢固记忆。

老年时期的这种生理和心理特征的变化，形成了区别于中青年的广告审美共性心理：

a. 希望广告重在说明商品使用起来能有利于特有的生理机能，不要求为了美化而在广告中影响这种机能的诉求，美化装饰是为了服从这些功能。

b. 在广告商品形象的美化方面重传统性，尤其表现在对传统名牌产品的老形象、老商标的执著。对他们用的“软性商品”，不要在广告中轻易搞过分的时髦设计。

c. 当然也有的老年人不甘衰退而讲时尚。例如20世纪80年代中期日本出现的一些高龄老人特别喜欢“花哨”的社会现象，广告中他们穿着色彩浓艳、质地优良的服装，向社会表示他们“没有衰老”、“老当益壮”，从而获得一种精神上的满足。

2. 性别差异

性别差异也是形成不同广告审美共性心理中的一个重要因素。性别差异有男性与女性之别。男性广告审美心理与女性有很大差别。这种差别的原因表面看来是由于性别造成的，实际上却是长期社会实践形成的社会性在男女不同性别上的表现。

男女生理上的差异，在社会分工中起着不同的作用，在家庭中也有不同的作用，加上几千年来传统观念的影响以及现代家庭和伦理观念的变化，男女双方都有着差别明显的社会性。例如，在现阶段，男性多承担社会重任，在社会生活的重要领域，与男子相比，女子处于相对次要地位。但是对于一个家庭而言，女性的地位都非常重要，她是联结丈夫、孩子和老人的纽带，是家庭事务的组织者和主要管理者。

男女在社会生产生活实践中的地位和作用的不同，形成了他们不同的观念和素质，这些观念和素质表现在家庭内部，男子本能地认为自己应当保证家庭物质基础稳固，使家庭这架机器正常运转。因此，在广告内容方面，他关心最基本的生活用品，例如交通工具以及大件家具、家用电器等不易损耗的所谓“硬性商品”。女子则本能地认为自己是家庭主妇，应该使家庭生活舒适、幸福、美满，特别关心家庭的美化。在广告内容方面，其关心最多的是“软性商品”，服装首饰、化妆品、小百货、时髦家具、小型家用电器以及其他装饰品等。

应该指出，男子关心购买的广告商品一般是“永久性”的，并不需要频繁地去旧购新。女子关心购买的广告商品一般是易耗商品，需要更新换代和重复购买（这就决定了这类商品广告的无限广阔性），因而女子成了这类商品广告最主要的诉求对象。这是我们研究性别因素的一个重点。

据统计，家庭消费品购买决策者以女性居多，因此，我们必须十分重视对女性广告审美共性心理的研究。

女性有着与男性明显不同的广告审美心理。一般而言，男子注重广告中商品的功能，女子注重广告中商品的审美。

男子虽也有审美要求，但没有女性要求强烈、仔细。男子要求审美价值偏重于粗犷、刚直、庄重、大方、古朴、高雅等美学风格，喜欢冷色系的各种色相。女子则要求审美价值偏重于活泼、文静、清新、精巧、秀美、妩媚、婉曲等美学风格，喜欢暖色系的各种色相，对于冷色系中的绿、青等色也颇有兴趣。

例如对于服装广告，男子体征伟直，客观上和心理上要求广告表现服装笔挺、端庄；女子体征柔曲，则要求广告表现服装窈窕、秀婉。

在形成购买意志过程中，男子一般多受理性支配，考虑广告中商品的物理、化学性能与社会环境协调一致等因素多。女子一般多受情感支配，考虑广告中商品外观造型美化和体现情感特征的因素多。

男女对广告审美的这些不同心理特征表明，广告设计和营销要深入调查研究，“硬性商品”的广告形象要重男性的审美要求，与此同时，要充分重视女性的审美趣味，有的放矢地研究“软性商品”的造型、装饰，以满足广大女性消费决策者的审美要求。

（四）阶层条件

阶层条件主要是指人的经济状况、职业状况、文化教养以及由此而决定的人的生活方式等。对这些形成不同阶层条件的重要因素，应予以认真研究。

1. 经济状况

经济状况是广告审美要求变为现实的根本条件。人的审美需求属于高层次的心理动机，它是建立在基本物质条件满足了生理动机需求的基础之上的，一定的经济条件才会使这种动机得以实现。尤其对于广告美，由于它是依附于实用价值之上的，因此，经济状况的优劣与广告审美需求心理动机的实现程度关系更为密切。

这里我们所说的经济状况，主要指消费者的经济收入。从整个城乡居民消费结构状况来看，过去“生存型”的消费模式正开始向“舒适型”转化。与此同时，新的商品和广告审美观念也迅速形成了。

现在，城乡出现新的市场情况是复杂的。就农村而言，消费者致富的途径各不相同。就是一个地区，致富的程度、比例也各不相同。在城市，有些企业经济效益好，有些企业连年亏损，甚至基本工资也无法保证。在一个单位内，因工作任务完成情况、科研情况、社会服务情况不同，也会获得不同的奖金、酬金、稿费等等。

从宏观来讲，经济收入的差异也是很明显的，例如青海的工资要比上海高得多，但消费条件却低得多，存款量很大。所有这些都会直接影响到消费者的消费能力和商品广告审美心理。

必须指出，经济收入是一回事，人们对经济收入的支配方式是另一回事。后者也与商品广告审美心理密切相关。

例如一个城市青年职工有 5 000 元存款，一个农村的青年农民也有 5 000 元存款。青年职工面对商品涨价的现实，认为货币可能不断贬值，因此决定用这笔资金购置摩托车、电冰箱等现代化商品，改善自己的生活条件，提高生活水平。所以他自然会更加关注这些商品的广告。而青年农民最关心的却是购置木料、砖瓦来修建新房，至于日用商品，则认为应一切从俭。这种由消费者对资金支配方式的复杂性所决定的不同的广告审美心理，也是营销工作中必须加以重视的。

2. 职业状况

职业状况对广告的审美心理影响很大。这是因为：美的客观社会性产生于社会生产生活实践中，而职业是社会实践的一种形式。不同职业标志着这种社会实践的内容和范围的不同。同一职业的人们从事着相同的社会实践和审美活动，必然受一定职业环境审美观念的影响，具有相应的广告审美共性心理。

受职业因素影响的广告审美共性心理也较复杂。农民、工人、干部、知识分子、商人、军人、文艺工作者等等，审美心理和审美趣味有较大差异。一般而言，农民喜欢朴实，工人喜欢新颖，干部喜欢庄重，知识分子喜欢典雅，商人追求时尚，军人喜欢清新，文艺工作者喜欢奇特。以色彩而论，工人、农民喜欢鲜明色，知识分子、干部喜欢稳定色，军人喜欢单纯色，文艺工作者喜欢调和色。

即使同一职业内部，也会因为细分不同种类而具有不同的审美心理。例如建筑、石油工人和仪表、纺纱工人各自的审美心理和趣味就不相同。前者一般尚豪放、粗犷，后者一般尚婉约、精巧。

3. 文化教养

文化教养包括以正规教育、自学、环境熏陶等方式达到的文化水准和文化素养等。文化教养之所以对审美心理具有重要作用，是因为文化是人类社会实践的精神形式，人们的审美理想及其所创造的审美价值，集中地凝聚在文化形式里。

文化水平的高低，标志着审美理想的高低和对美的理解能力的程度。在现实生活中，凡是文化水准和文化修养较高的人，审美能力、艺术欣赏水平就比一般人要高些。一般说来，文化教养与审美的广度和深度密切相关。文化教养越高，审美活动就越广阔，越深刻。广告审美也是如此。

例如曾流行的宇宙色，对于它的美感和理解，不同文化素养的人感受是不同的。文化教养较差的人认为它不过是一种新奇的“时髦”而已，而文化教养高的人则认为这种新的美的形式是人类征服宇宙新纪元开始之后兴起的，它的美寄托着人们对未来科学和文明的向往。可以说，任何一种审美对象，不同文化教养的人都会有不同的心理体验。

不同文化教养的人有不同的广告审美心理，当然也就有不同的审美要求。文化教养越高，对广告审美价值追求越精神化、抽象化，他们追求广告美不仅仅在形式上，更在其中的韵味、精神蕴涵上。文化教养较低的人所追求的多在广告的形式上，要求形式多变新奇，而且具体；要求色彩的对比效果等等。所以，广告设计和营销要因不同文化修养的消费者不同的审美趣味而异。

三、受众审美接受心理的特征

(一) 探究

案例 7—1

台湾新型洗发药水电视广告

这是台湾的一则推销新型洗发药水的电视广告——

(主持者手里拿着这种洗发药水)

问:"这是什么?"(出现高级香皂图像)

主持者:"No! 这不是香皂。"

(高级香皂图像消失。换以著名药膏图像)

主持者:"No! 这不是药膏。"

(著名药膏图像消失。换以时髦洗澡剂图像)

主持者:"No! 这不是洗澡剂。"

(时髦洗澡剂图像隐去。推销的新型洗发药水由远而近的大特写图像)

主持者:"它就是高级洗发药水。"

这是瞄准了消费者的探究心理来制作的广告。寻奇觅异是人的一种天性,人与生俱来的一种探究心理,是需要和求知欲所驱使的。

洗发药水是什么?这是主持人的发问,其实也是广告受众自己向自己的发问。新信息的刺激由发问导入,无疑是激发起求知欲,但结论是平白迅速交待还是制造悬念?这就并非只考验受众的耐性,而恰恰是实现探究的心理效应了。接下来的一次又一次对试探的否定,正是刺激的强化。

于是广告受众便从"奇—疑—知—信"的心理情绪转换中最后完成对"高级洗发药水"的认知,对商品新颖之处——集"香皂"、"药膏"、"洗澡剂"的"个性",陡增兴趣,购买行为的意向会更坚定。

探究是一种带有强烈的情绪色彩的意向活动,它以认识兴趣为其动机的最现实、最活跃因素,这样就要求广告作品能产生新异刺激以引起暂时兴趣,从而使广告受众在探究心理支配下让接受行为变得更积极主动。

(二) 觉差

"麦斯威尔咖啡"有一个电视广告片,对煮"麦斯威尔"牌咖啡时那种特殊的音响效果进行了夸张表现。整部广告片特色在于以这种煮咖啡声象征着"麦斯威尔"的商品个性超人一等。结果反响相当好,此片一用 5 年。

所以有人甚至认为，好听顺口的广告歌虽然有效果，但在某些广告片中，反而比不上做广告的香肠在煎锅上吱吱作响的特殊音效。为什么？这就是消费者的广告接受心理信息选择的“觉差”。

“觉差”即感觉差异。现在的人们每天被动地让广告包围着，无数的广告确实使消费者烦不胜烦，而在消费者对广告排斥与企图由广告受益的心理矛盾中，最优选择的落点应在强化刺激上。要强化刺激就必须和其他同类刺激或熟悉的刺激拉开差距，显出不同。

心理学指出：同类刺激物之间的差别量必须达到一定的限度，才可以使人觉察出来。这个限度，即同类刺激物之间刚好能引起差别感觉的最小差别量，就叫做“差别感觉阈限”或称为“最小觉差”。

广告受众都在面对的广告信息群中选择最能触发自己注意的信息。对特别强烈、特别刺激、特别陌生而有意思的信息，挑选得特别严格和敏感，而且往往接受下来并不易忘记，好感也常常由此而生。

一个广告的推出，必须在众多同类者中寻找到这种“觉差”并加以适度夸张，才能让消费者青睐，让他们特别觉察并产生兴趣。幽默风趣、顺口押韵的广告词听多了，那种只有在厨房中才能听到的“煮咖啡声”便异军突起；悦耳流畅、声情并茂的广告歌听多了，那种只有亲试烹饪才体验到的“香肠煎炒声”便能投受众所好。这便是“觉差”对熟视无睹的消费者带来的广告接受效应。

（三）忘情

在某旅游广告中，你看到画面中被命名为阿诗玛的石柱时，起初你以一种“现实”的态度去注释，它不过是钟乳石的石柱而已，可是当你想起美丽的阿诗玛的传说时，你的心境倏然间改变了，眼前的石柱随之变了，那坚硬的石块变得柔和了，那转折生硬的轮廓变得流畅了，那坚硬的石质变得丰腴了，于是一个神态活泼、楚楚动人的“阿诗玛”站在我们面前。这就是广告审美接受心理的一个非常重要的特征——忘情，即潜意识地进入想象和钟情的心理过程。

上面所说的最后那个阿诗玛形象，已经不是石柱的形象，而是我们的想象和情感赋予它的形象。究其过程来说，可以说是特定的环境和特定的自然形象为我们营建了一个特定的心境。特定的心境又激发了我们一种特定的情感，特定的情感又呼唤出了与之相吻合的我们头脑中的一种形象。

当我们头脑中的“阿诗玛”形象与石柱交融在一体时，原本的石柱便隐退了，幻化出一个颦笑动人、婀娜多姿的阿诗玛。她发乎自然而又不同于自然，外部自然只是一种死的物质，而想象和情感却赋予她以生命。自然好比未经冶炼的矿石，而心灵则是一座熔炉。受众在忘情的过程中获得了强烈的广告审美感受，对广告的接受和记忆程度大大提高。

现代广告的审美趋势之一是力求简洁，但又不失内蕴的丰富性。大量的广告借助联想、想象和情感互通，让受众在脑海中对形象进行完整和补充，利用受众记忆深处的形象和情感因素使其对广告形象也产生好感，在不知不觉中达成心理认同。

（四）抗遗

美国曾经有一个叫做“蕾格丝”的女性裤袜电视广告，其品牌名称在该广告中反复出现了12次。这明显地运用了加深“记忆痕迹”的心理规律，也可称为“抗遗”，即抗拒遗忘。

人的记忆，是人大脑对过去经历过的事物的反映，记忆其实是对遗忘的抵制，消费者对广告信息的接受，没有记忆，便失去了消费行动中对该商品的再认，也就是丧失了购买原发欲求。“识记—保持—再认—再现”是记忆的基本过程。其全部生理机制可以揭示为暂时神经联系的形成、巩固和恢复的过程。即一定的神经冲动，通过一定的通道进入大脑，在大脑的有关神经元之间由于反复作用形成暂时联系，再由于巩固作用，在大脑皮质上留下痕迹。

广告受众的记忆，就在于这“痕迹”的不断加深和巩固。如上面所说的那个广告，在很短的时间内，受众对“蕾格丝”这品牌，已连续完成了与感知密切联系的“瞬时记忆”和被特别加以注意的“短时记忆”，以及通过有意的重复的“长时记忆”这“初级—次生—高级”的记忆三阶段。

所以广告制作者应保证记忆的各个环节能发生相应连贯机制，注意受众“记忆痕迹”的心理效应，下面四种增强广告信息记忆效果的方法是常用的。

(1) 利用多次重复，强固“记忆痕迹”。一般像“蕾格丝”电视广告这样重复12次的品牌是较罕见的，但以像天心制药厂的“天心天心，制药精心”，美的牌风扇的“美的风扇，美的享受，要买风扇，请认明‘美的’牌风扇”这样的重复来强固消费者的记忆是常见的。

(2) 利用直观的、形象的信息，甚至有时使用新奇形象的信息传递，增强消费者对事物的整体印象，形成一种清晰透彻的“记忆痕迹”。例如实物的展示，使用操作的出现等。

(3) 利用通俗易懂，简短精练，幽默风趣的语言突出商品关键性信息，其实是留下特殊的“记忆痕迹”印记。

(4) 利用强迫记忆。这是运用长时间的视听觉重复产生的效果，是通过反复强迫形成把信息输入受众的记忆。例如几十年来，“555”牌香烟形成的金黄色的底、墨黑色的字的模式，差不多成了“555”的标志。强烈的视觉冲击力给受众大脑带来的简直是一种“冲击性痕迹”。

四、打开沟通之门

沟通，是和消费者心灵的交流，但若把消费者的心灵想象成来者不拒的信息接收站便大错特错了。沟通是一种艺术，与消费者沟通不可避免地会遇上三道心理之门。只有正确找到打开这三道防线大门的钥匙，才能使沟通渠道畅通无阻，最终到达消费者心灵深处，与他们进行最直接、最有效的对话。

这三道心理之门即沟通的三个层次，分别为沟通的需求层（即消费者产品的利益关注点）、接受层（即消费者对信息接受的文化符码水准）、兴趣层（即消费者对广告创意与表现的趣味点）。只有在这三个层次上获得消费者的认可，才能顺利通过心理之门，完成沟通使命。

（一）沟通的第一道心理之门——需求层

需求层是消费者通过使用产品希望满足的需要和欲求。广告与消费者沟通在需求层上打开心理之门的钥匙是利益点。

利益点是能满足某种需要的利益承诺。只有广告诉求的利益点和消费者关注的利益点吻合，才能在需求层上引起消费者共鸣。所以，广告诉求利益点的选择必须无条件服从消费者需求的关注点，这一点在沟通过程中至关重要。

不同的消费者有不同的利益关注点，而且每个消费者的利益关注点也呈现出多样性和有序性。如某消费者购买某产品时利益关注点可能有功能、外观、品牌等。但这三个利益关注点不是平分秋色，而是有一定主次顺序的。这将依消费者的消费观念和个性特征而定。

随着经济的发展，人们在解决基本需要之后，对自尊和自我实现的需要日益增强。人们在消费商品的时候越来越明显地受内省式自我评价和外显式社会评价的支配。

自我评价是消费者在消费行为过程中期望得到一种良好的自我体验的认定。社会评价是消费者在消费行为过程中期望得到的社会的认定和赞誉。自我评价和社会评价决定了消费者利益关注点的选择及排序。

1. 自我评价

自我评价因人而异，不同个性、素质、价值观、生活观的自我评价者，其有意识选择的利益关注点不同。如某消费者在选择洗衣粉时自我评价和利益关注点是：

自我评价	利益关注点
“我是一个爱干净的人”	去污力强
“我是一个关注自己形象的人”	对皮肤伤害小
“我是一个节省的人”	用量少
“我是一个有环保意识的人”	无磷（环保）

不同的自我评价影响了不同的利益关注点，同样不同的利益关注点也体现了不同的自我评价。自我评价受时间、空间的影响而发展变化。如随着这个消费者社会责任感的增强，他会逐渐把自我评价定位于“我是一个有环保意识的人”，从而把无磷作为选择洗衣粉时的主要利益关注点。

广告与消费者沟通是要通过调查分析目标消费者的自我评价，找准主要利益关注点，并对其集中诉求。

自我评价是一种内省式心理体验，和社会评价相比，通常更在意自己的感受。而社会评价是一种外显式心理体验，往往需要通过他人的认可来达到内心的满足。

2. 社会评价

社会评价是在生存和文化环境影响下产生的一种心理需要。在马斯洛需要层次理论中属于较高层次的需要，具有典型的社会性。如某消费者在选择服装时可能考虑的社会评价和利益关注点是：

社会评价	利益关注点
“他是一个细心和讲究的人”	质地、做工
“他是一个会打扮，懂得美的人”	式样美观
“他是一个有突出性格的人”	款式有个性
“他是一个有能力享用名牌的人”	品牌

从社会评价到利益关注点是消费者为满足这种心理需求来指导自己的消费行为。

与消费者沟通就是要从各类特定目标消费者渴望得到的社会评价出发，在广告中着重诉求能满足这种心理需求的利益点，引起消费者的共鸣。社会评价也是随时间、空间的变化而发展变化的。

3. 自我评价和社会评价的关系

自我评价和社会评价是对立统一的关系。自我评价受社会环境影响，期望的社会评价又受消费者个性特征的制约。二者不可割裂开来。

自我评价和社会评价是统一的。如消费者购买服装时注重品牌，他的自我评价是“我是一个有社会地位的人”，同时他希望得到同样的社会评价。自我评价和社会评价的统一，强化了共同的利益关注点，在沟通时就要以这个利益点为诉求的重中之重。

自我评价和社会评价又是对立的。如就消费者在选购洗衣粉时自我评价“我是一个节省的人”来说，他会关注洗衣粉的用量和价格。但若周围的人都使用价格较高的环保型洗衣粉，迫于社会舆论压力，他会希望得到的社会评价是“他是一个注意环保的人”。自我评价和社会评价的矛盾使消费者将二者结合起来，在利益关注点上形成需求组合，即既环保又经济。广告在与消费者沟通时要兼顾这两种需要，以需求组合作为主要利益诉求。

当购买者和使用者是不同消费者时，利益关注点的选择更趋复杂化，如母亲给孩子购买儿童食品，母亲关注的利益点往往是营养和健康，而孩子却关注食品的口味、包装趣味性甚至附赠的小玩具。

广告在此时面对两个沟通对象，在需求层上应兼顾二者利益，不可偏废。若忽视购买者的利益关注点，则购买行为可能不会发生，若忽视使用者的利益关注点，则消费行为可能会因使用者的拒绝而不会长久。广告要抓住二者利益结合点进行诉求，才能使消费行为持续下去。

（二）沟通的第二道心理之门——接受层

沟通的双向性特点决定其关键在于消费者的接受。接受最基本的条件是信息载体——文化符码的同一。

人类的信息特性由来已久，现代信息社会不过是将载体扩大到电子领域而已。文化符码过去是，现在是，今后将永远是信息传播最基本的手段。所以，广告沟通必须十分重视文化符码的可接受性。

从符号学的角度来看，人类是创造符号和进行符号活动的动物。在符号创造与活动中存在两种形式：表现符号和推论符号。表现符号如绘画，推论符号如语言文字。在长期的交际实践中，人类建成了这两种符号体系，各司情感沟通和思想沟通，共同完成着信息传播和交流。

商业广告是人类在商品交换中创造的一种重要的符号形式。这种符号，有着最明显的信息传播功能，而且同时兼有表现和推论两种符号形式。广告是一种典型的综合性的文化符号体系，研究广告的文化符码的同一性、接受性至关重要。

广告文化符码具体表现为广告的文案和图像。广告与消费者的成功沟通建立在消费者对广告文化符码的客观识别基础上。

1. 文案

即广告中的语言文字部分。对文案的识别由浅入深，从一般到特殊可分为两个层次：

其一，对字形的识别和对字词基本含义的认知。消费者对字形有一定的认知范围。文案中所使用的文字若超出这个范围，就会超出消费者的文化领域而造成一定障碍。随着对外交流的深入和发展，在中国的广告中越来越多地出现了外文，尽管其对于丰富文案内容，活跃文案风格起到一定作用，但也要考虑到消费者对外文的认知程度。

其二，对特殊语言组织方式的认知，主要是修辞方法、方言、俗语的认知。修辞方法的使用要注意其可理解性。只有被消费者认同和理解，修辞方法才能发挥其更贴切地表达语义的作用。否则，运用不当的修辞只会阻碍与消费者的沟通。

方言和俗语受时间性、地域性制约。在文案中运用方言或俗语要考虑到消费者的经验领域，如南方方言在北方可能让人费解，北方俗语在南方可能不被人知道，这样就发生沟通困难。蓝天六必治牙膏广告好在创意生活化上，但其文案中的方言很让受众费解。“吃嘛嘛香”一句不要说外地人，就是京津一带的年轻人也难明白，只有那些谙熟本地方言的人才知道“吃什么什么香”的原意。

2. 图像

图像视觉冲击力强，并对准确传递广告信息起着重要作用。图像需具有可解读性，才能更好地和文案配合，完成沟通的使命。

图像的可解读性体现在它和消费者生活经验的结合。生活经验不仅包括消费者对图像本身的识别，还包括对图像特定含义的知解。如用文房四宝的图像来烘托浓郁的文化氛围，消费者不仅要认识这是文房四宝，还要对文房四宝所蕴含的文化气息有所了解，这样才能准确理解广告图像意图。

广告在运用图像的时候要注意消费者的生活经验，要考虑图像及其含义是否在其生活经验范围之内。台湾安迅资讯公司的企业形象广告采用大型玉印和“信而有徵”的广告，高古典雅，对于高文化受众来说，符码的可接受性还是比较强的。但如果将受众面扩而大之，接受率可能急剧下降。

文案和图像在消费者的经验领域内具有可解读性，这是广告与消费者沟通的前提条件，也是顺利通过沟通第二道门的先决因素。

（三）沟通的第三道心理之门——兴趣层

消费者关注广告的利益诉求点，同时也能理解和接受广告的文化符码，那么，是否对广告的诉求方式和创意感兴趣，便形成了广告与消费者沟通的第三道心理屏障。

广告的总体风格影响了消费者对广告的第一印象。创意在营造总体风格的时候要考虑到消费者在何种风格下产生何种情绪，在何种情绪中最容易接受产品。选择恰当的风格是诉求方式或创意的氛围和特定产品在特定消费者主观感受上的对位。

诉求方式和创意本身都体现一种风格，或严肃、或诙谐、或刺激、或优美。特定消费者对特定产品总是乐于以某种风格接受。如儿童对玩具乐于以活泼、趣味性的风格接受；女性对首饰乐于以温馨浪漫的风格接受，男性对科技产品乐于以严谨、现代感的风格接受。风格是一个广告的感情基调，在合适的基调下传递广告信息，有助于消费者更好地接受产品。

有了恰当的风格作衬托，创意实质上考虑的是用消费者能够理解的文化符码，从何种角度，以何种方式切入利益关注点。如图 7—1 所示：

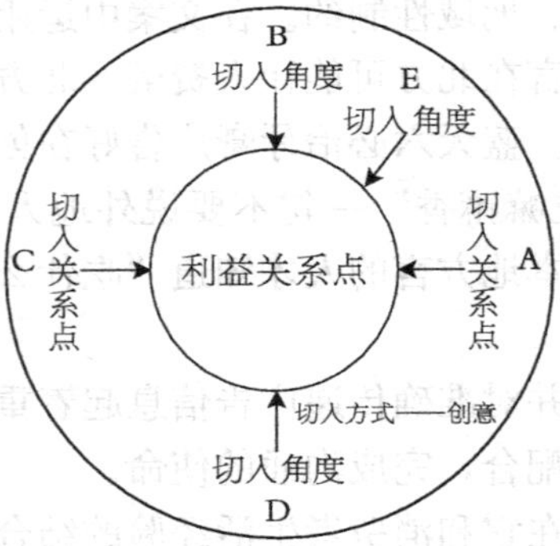

图 7—1

大圆内部是消费者可接受的文化符码范围，创意要在此范围内产生。处于中心位置的是消费者的利益关注点。各箭头表示创意在诉求利益关注点时的切入角度。箭尾上分布的点表示在这个切入角度下的各种切入方式，最终形成一个个创意。

案例 7—2

沃尔沃汽车电视广告

美术课上，一位老师欣慰地看着孩子们画着他们眼中的世界。突然，她看见一个学生画中的人物都拖着彗星式的长尾巴，而且每张都如此。下课后，她发现这个学生坐着沃尔沃（VOLVO）汽车回家才明白过来，原来在VOLVO汽车里看到的窗外景物都拖着长尾巴，可见速度有多快。

这则广告的创意用图7—1解释为：广告的文化符码都是很容易被受众接受的，如教室、老师、学生、儿童画等；利益关注点是汽车的高速；广告选择的切入角度为窗外景物；在这个角度下，用儿童画这个切入方式来表现，十分准确、有趣。

广告创意水平的高低直接影响着沟通的效果。消费者希望看到构思新颖、创意独特的广告，以获得心理愉悦。创意要创新，来自两个方面：一是新的切入角度。图7—1中，A、B、C、D是传统的切入角度，已被人熟悉。高速的汽车身影、汽车过后景象、窗外景物等都是传统的切入角度。如果从新的角度E切入利益关注点，另辟蹊径，就会给人耳目一新的感觉，产生新的创意。二是新的切入方式。本案例中切入角度是窗外景物，切入方式是用儿童画直观表现。若同样在窗外景物这个角度下，改变切入方式，如用高速快门照相机仍不能照出清晰的窗外景物影像来体现汽车高速，也是可行的。

由此可见，在传统的切入角度下改变切入方式，也可以产生新颖的创意。新的切入角度和切入方式均体现了创意的偶得性原则。创意的创新也要具有时代感，符合现代审美趋势。

不管采用何种角度、何种方式，切入利益关注点时一定要直接、快捷、准确。现代快速的生活节奏和资讯爆炸的市场，使消费者在购买产品时采用"浅尝资讯式购买决策"，这就要求广告与受众的沟通必须清晰，易于理解。寓意复杂、晦涩的创意很可能首先被受众拒之门外，沟通更无从谈起。即使受众努力去理解这类创意，也会由于理解过程中的挫折感而使沟通效果大打折扣。

打开第三道门，与消费者的沟通才真正实现。

沟通的道路是曲折的，面临三关的考验，广告与消费者的成功沟通关键在于找到打开这三道心理之门的钥匙——在沟通的需求层上找准消费者的利益关注点，接受层上考虑消费者的文化符码水平，兴趣层上研究特定消费者对特定产品乐于以何种方式接受。只有在沟通的需求层、接受层和兴趣层上对受众的广告审美心理准确把握，才能顺利到达消费者心灵深处，最有效地传达广告信息。

第二节　广告受众审美心理类型

根据对目前广告作品中的大量现实现象的分析，受众审美心理的类型大体有以下 12 种。

一、重温情心理

随着现代生活水平的提高，人们的需求动机精神化、情感化，在购物中表现为需要对商品、对品牌进行情感认同。针对受众重温情心理创作的广告富有人情味，能够运用诉诸人情感的创意打动人心。它作用于人情、人性，是一种重要的心理抚慰和满足状态，具有深沉美感。它主要是通过各种艺术手段对受众进行感情诱发，使受众与广告产生情感共鸣。运用比较多的是日常生活用品，尤其是软性商品如服装、面料和女性用品等。

（一）重温情心理的成因

广告由最早的标志型（幌子）到后来的重理型（道理说服）以及到现代的重情型有一个发展过程。重情型兴盛发展于近代尤其是现代社会，重情型广告的发展趋势体现了广告本身的发展趋于成熟化，因为人们越来越明白动之以情比晓之以理对受众的诱导力大得多，深沉得多。但主要还在于人们审美观念随着现代社会生产生活方式的变化而发生的变化。

首先，现代社会工业生产取代繁雕缛饰、富于艺术个性的手工业生产，而出现了大量的标准化、雷同化的现代工业产品。尽管这种产品随着现代产品形态学的发展而在一定程度上克服了工业初期的苍白面貌、呆板神态，但出现的以简洁明快为特征的工业产品却失去了昔日手工产品千姿百态、面孔各异的个性。

标准化、模式化的工业品、建筑物、教科书、符号信息等随着机器生产的高速度大量体现在外形面前，拦住我们的视野，成为我们主要的视觉对象和感受对象。

这些没有个性、失去情感的审美对象虽然培养了我们工业时代的新的审美趣味和能力，例如形式美、抽象美和系列美等美感，但却同时使人们产生了对多样美、具象美、自然美、个性美等美感的失落感，形成了审美心理失衡，于是人们迫切需要召回自然，召回个性，召回人情味和丰富多彩的情感世界，便特别产生了对大自然的美和深情厚谊的人情味的渴望。

其次，现代市场经济人与人的利益关系，社会组织中的契约关系使得社会世态淡化情感而重视制度和理念，这种情况反而激发了人们的情感回复的本能。这些都被现在纯粹艺术注意到了，被许多实用艺术注意到了，被广告注意到了，许多广告正是突出情感，以情打动人心，取得诱导成功的。

最后，人们接受一个事物，即包括从认知、认同到商品购买意志的形成，感情感染往往要比理性说服效果更好。

如金融类的产品向来都是在广告中不厌其烦地将利益点一一摆出，俨然一位理性十足的理财专家。而台湾某银行曾经专门针对女性推出了一款“玫瑰卡”，广告宣传却大反其道，广告语“认真的女人最美丽”一出即刻轰动宝岛，引起千千万万女性受众强烈的情感共鸣，不仅成为当年台湾最受欢迎的广告金句，而且创造了“玫瑰卡”的销售奇迹。

（二）针对受众重温情心理创作的广告

表现形式有 4 种：

1. 要求温馨意境

即通过刻画使用商品而带来的美好感受和意境来感染受众。例如，鸿运电风扇的广告语“柔柔的风，甜甜的梦”很自然地将受众带入到一个优雅舒适的睡眠环境中，身心愉悦的状态不禁让人心驰神往。

2. 要求情感本能

即富有人情味，如体现亲情、友情等人类基本情感，多为具体细节表现。如绪论中提到的美国凯兹牌童鞋广告（图 0—8），一双红活圆实的小脚掬放在年轻母亲的手中，共同构成了一幅美丽的图画。

“像母亲的手一样柔软舒适的儿童鞋”不但表现出母亲的爱心，尤其表现了一种无与伦比的柔软和舒适感，而这种感觉对年轻母亲具有极大的感染力和诱惑力。这则广告人情味表达自然、感人、影响深远，对受众产生了极大的心灵震撼。

3. 要求人文关怀

从社会大环境来说，为了顺应人们情感回归的本能，成功的企业总是把人文关怀、情感关爱作为制定营销战略的基础。

案例 7—3

福特公司平面形象广告

1997 年末，福特公司在《解放日报》上刊登出新一轮的系列广告，给人耳目一新之感：它们把耳朵、眼睛、大脑、心等图案分别“镶”于城市、郊外、崇山峻岭和沙漠等环境中，变成中国土地上一条条迂回曲折的道路。

福特公司的企业理念跃然眼前：“听取您的意见是我们生产每一部福特汽车的必经之路”、“看重当地的实际情况是我们生产每一部福特汽车的重要途径”、“想象总是不断地激励着我们对现有汽车科技实现突破”、“关心备至是遍及全国各地的福特维修中心带给您的承诺”……从这些企业形象广告中我们感受到了福特公司丰富多彩甚至感人肺腑的人文关怀。

4. 爱情永恒

爱情是人们历来歌颂的对象，美好的爱情总是具有震撼人心的力量。

案例 7—4

爱立信手机电视广告

香港曾经有一则爱立信手机广告，故事情节是一对恋人无奈分开，女主角即将同另一名男子结婚。在举办婚礼的教堂外，昔日恋人及时赶到，拨通了对方的手机，一番真情告白，女主角从教堂里飞奔出来，与挚爱男友紧紧相拥，永不分离。

该广告播出后反响极大，大牌明星张曼玉和王敏德将广告中浪漫动人的爱情故事演绎得丝丝入扣，令人唏嘘不已。对真爱的执著追求打动了无数年轻男女的心，爱立信手机也因而充满了人性魅力，销量迅速增长。

（三）广告创作要点

重温情是一种审美价值很高的现代广告诉求目标，温情就是一种感情境界的审美，就是一种美感享受过程。需要注意的创作要点是：

（1）情感诉求必须把握对位原则。在现实生活中，情感需求是具体的，非笼统的，不同消费者具有不同的性格、气质、爱好和情感心理。而广告总是以特定的目标消费者为对象的，所以准确把握特定消费者的情感心理十分重要。

（2）温情表现要力求细腻化、真实化，具有较强的感染力。要善于发现和挖掘日常生活中可以引起人们情感趣味的素材和细节，并以此为基础构思创意，选择恰当的表达方式。只有人情味鲜活生动，贴近生活，才能吸引受众进入角色。但切忌画蛇添足。

（3）重温情要特别关注现代人的情感方式和价值观，如对上网的迷恋和对高科技的钟爱等，以便更有效地指导广告的创作。

二、寻刺激心理

寻刺激心理指受众对广告艺术审美的一种激起情绪亢奋的心理需求。如一个奇异的构想，一个反常的画面，一种令人惊异的动作、声音乃至色彩等等。出其不意，突兀出现，引起人的注意，诱发人的激情，产生强烈的心理震撼，从而获得奇谲美、变异美、对比美。

追求刺激是现代一部分广告受众一种重要的心理状态，尤其是中青年消费者，以男性居多。这种心理的美学价值在于激发一种积极的心理状态，获得经受恐怖艰险的痛快淋漓的满足心态。

（一）寻刺激心理的成因

寻刺激心理的形成原因较复杂。首先，现代激烈的竞争环境，尤其是市场竞争与广告竞争，已使人们的接受心理钝化，必须要有强刺激才能令其产生格外的注意与兴趣。所以广告追求刺激成为竞争的主要手段之一。

其次，现代工业产品的标准化，信息的符号化，使得人们生存环境中刺激物过于雷同，基本相似的物质对象和信息对象形成了刺激的单一性，需要用奇异刺激打破这种沉闷重负心态，获得情感平衡。而且越来越富裕的物质生活使人们要求得到充分的精神享受，于是产生了精神需求的异质刺激性要求。

（二）针对受众寻刺激心理创作的广告

表现形式有 3 种：

1. 大场面刺激

案例 7—5

美国某汽车电视广告

在纽约最繁华的街道上，一群庞然大物几乎挤占了所有的空间，而且还在漫不经心地踱步前进。看看这些家伙就会令你瞠目结舌，触目惊心。大象、犀牛、独角兽、非洲狮甚至还有史前各种怪异的恐龙等等全都不约而同地汇聚一堂，让人不禁立刻联想到是不是回到了电影《勇敢者的游戏》的情节中去了。

如此的大场面向来只有在大片中才能看见，广告出现这种刺激镜头，给人以强烈的视觉冲击，引起人们的高度注意，并在对这些猛兽的关注中发现了穿梭其中、游刃有余的××牌汽车，用大场面和小汽车作对比，更加突出了该汽车轻巧灵活的特点。而且似乎也暗示汽车的主人就像一名真正的勇敢者，面对凶险的环境毫不胆怯，从容不迫，最终化险为夷。所以该广告一方面满足了人们寻求视觉刺激的心理需要，同时也赋予了产品刺激性的特征，暗指受众一旦使用该产品就能获得一种刺激满足的心态。

2. 危险危难刺激

案例 7—6

美能达照相机电视广告

在这则电视广告（图 7—2，见彩插）中，一位男子携带一架美能达相机走在飞架万丈深涧的桥梁上，突然他纵身跳了下去，使人万分惊骇！然而他并未粉身碎骨，而是在下落半空被一条系在背上的细绳拉住。原来他趁身体下落的一刹那追寻拍摄一只飞旋于山间的苍鹰，这一出人意料的惊险镜头，惊心动魄，极富刺激性，给人以极深刻的印象，非常有效地引起受众对广告的注意和兴趣。

危险危难的事物总是能给人以强刺激，该广告使用险中见奇的创意手法，满足了现代消费者的审美需求，使受众反而获得了一种由奇崛到平静的美好心态。

3. 荒诞刺激

案例 7—7

索尼娱乐站电子游戏电视广告

这则电视广告曾获 1998 年戛纳广告节金狮奖。

情节是一位厨师偷偷地抠出鼻屎放进即将上桌的菜里，然后又拿起一块生肉来到洗手间，把肉伸进了洁具里……画面因为荒诞之极，所以让人大感刺激。看到如此令人作呕的不道德行径，谁还有欲望去餐馆进餐呢?! 其实广告主的意图正是如此：与其去餐馆遭受虐待，不如在家里安心玩游戏。这则广告由于“大倒胃口”的荒诞镜头带给受众强烈的视觉和心理冲击，令受众印象极其深刻。

（三）广告创作要点

（1）要注意视觉形象与广告主题和广告目标的一致性，切忌牵强附会，为了刺激而刺激。

（2）要结合受众的民族文化背景进行创作。一般来说，西方人更偏爱于刺激类的广告表现手法，而东方人只有部分人对此感兴趣。所以在学习西方的优秀广告作品时，切忌生吞活剥，全盘西化，而是要考虑受众的文化心理和接受心理进行再创造。

（3）要考虑到媒体的表现力，选择合适的媒体或者根据媒体选择合适的广告刺激创意。

（4）要讲求美感。其实刺激手法也是一种特殊的美学方法，之所以具有审美价值是因为往往采用悬念方式来表现，开始似乎很刺激，令人吃惊不小，然而后来却是另有防备、化险为夷。但刺激型广告要讲究节奏起伏，不可连续高强刺激，那样容易形成疲劳，影响效果甚至引起受众心理反感。

三、反传统心理

反传统心理又称尚悖论心理，是一种反向思维的结果。

本来客观事物的发展逻辑或关系逻辑按照常态有一定的秩序，在一般情况下，人们的思维逻辑也是按照正常秩序进行的。而广告受众的反传统心理是在一部分广告受众（主要是城市中青年）中滋长的与传统常态情理审美心理相悖的广告审美心态。

反传统心理就是想让人们在相互抗衡的矛盾状态中，看到事物不合理中的“合理”内核，从而更深刻地表达事物的本质特征。

（一）反传统心理的成因

第一，反传统心理在很大程度上受后现代主义思潮的影响。后现代作为 20 世纪 60 年代以来的一个“阶段标签”，是相对于现代主义而提出的一种泛社会学描述性词汇，表述了社会的时代性变化。它是现代主义的延伸，也是对现代主义的反驳、批判，对于传统文化而言，它既是终结，又是开端。

后现代主义呈现一种多元状态，主张价值观念多样化，主张表现形式多样化，表现出一种消解传统、离析规范的特征。它最突出的特点是它那没有旧的规范约束的开放性结构，它对所有约定俗成的概念提出了大胆的质疑。后现代主义思潮的兴起在人们心理上的投射通常表现为反传统或尚悖论，即逆向思维的多重性。

第二，反传统心理的形成原因还与寻刺激心理有相似之处，因为反常心理就是对面前审美对象的一种刺激性需求。

第三，现代青年在社会生活的加速度形式变革中形成了改变现状的要求，创新欲望强烈。所以反传统心理在构思巧妙又具可理解性的广告面前得到满足后，获得的美感也是十分强烈的，而且印象也十分深刻。

第四，还有一个比较重要的原因就是在激烈的广告竞争中形成的求异需求，而“异”的最直接的方式就是反传统或悖论。

(二) 针对受众反传统心理创作的广告

表现形式有 3 种：

1. 艺术形象表现的反向思维

案例 7—8

丹波牌长袜平面广告

一般女长袜广告都是女郎穿前开衩长裙，抬腿、露袜，展示商品，这种方法已经司空见惯了。这幅广告（图 7—3，见彩插）一反常态：一位穿绿色连衣长裙的女郎，手执雨伞，遇到迎面大风，便转身向前倒行。结果，伞被大风往外吹得张起，就像要被刮走似的。女郎双手紧拉，长裙亦被风吹起，露出纤纤玉腿和长袜，造型美丽，构思新颖。

类似女长袜这种商品的广告在女性商品广告中比较常见，要脱颖而出，就必须在艺术形象的表现方法上下功夫，而通常采用反向思维能取得不俗的效果。好比该广告除了形象造型独特外，其色彩的选用也是反传统的。它不像许多广告那样鲜艳夺目，而是让穿着水鸭绿衣裙的模特在都市灰黑色背景衬托下，显得冷艳、洒脱、动人，透出一股湛深、典雅的迷人气质。

2. 另类表现

打破传统广告主流创意规则，广告创意也就打开了缺口，并展现出令人鼓舞的新局面。

案例 7—9

斯米尔诺夫伏特加酒系列广告

罗威国际广告公司创作的“斯米尔诺夫伏特加酒”系列广告，完全背离了传统酒类广告在社交场合中享受饮品的创意模式，而是以“透过酒瓶”为创意生发点，表达伏特加酒制造幻象的特性，是一种无色的、能引起迷幻作用的纯饮品。无论平面广告还是影视广告，透过品牌酒瓶展示出极有情趣和出人预料之外的影像：羊群中一只羊变成狼；国际象棋中对阵的王子王妃变成佳侣；石雕能张口吞下鸽子等，把观众引入一个奇幻的场景之中，使人感到在有斯米尔诺夫伏特加酒的地方一切都变得鲜活、浪漫、充满情趣。

案例 7—10

哈根达斯冰淇淋平面广告

传统广告中的图文应该是相互配合，互为呼应的，这已是一个公认的创作法则。但英国哈根达斯冰淇淋的广告却有意违反这个法则（图 7—4，见彩插），广告画面中展现了床单下一对男女相拥，引人想入非非，风格十分性感。英语标题“Melt Together（融为一体）”本身并没有什么含义，也没有给什么暗示，但等你读完广告语“本公司的冰淇淋具有速溶性，这是不含添加剂的表现，用最纯的材料制作而成，为你提供无与伦比的味觉享受”之后，不禁会哑然失笑——原来是自己在胡思乱想。

3. 荒诞表现

荒诞是完全与人们常见的事物形象相违背的一种怪诞状态，这种状态会使人吃惊、诧异和激动，从而集中注意和认知广告。

案例 7—11

思薇尔（SWEAR）运动鞋平面广告

这则平面广告（图 7—5）的画面是酷似蜈蚣的怪物，但面向受众的头分明是一个年轻男子的面孔，而且更让人惊讶的是“蜈蚣”所有的足全是一条条男人腿，乍一看还以为是某科幻片中的异形人！

广告出现如此荒诞怪异的视觉形象，能够引发受众极大的心理震撼和好奇心，在关注了广告中的产品图案和广告语之后，明白原来该广告是想告诉受众穿上思薇尔（SWEAR）牌运动鞋犹如长出了多双强劲的双腿，自然会快跑如风。诉求点通过这种反常思维创意表达得十分准确到位。

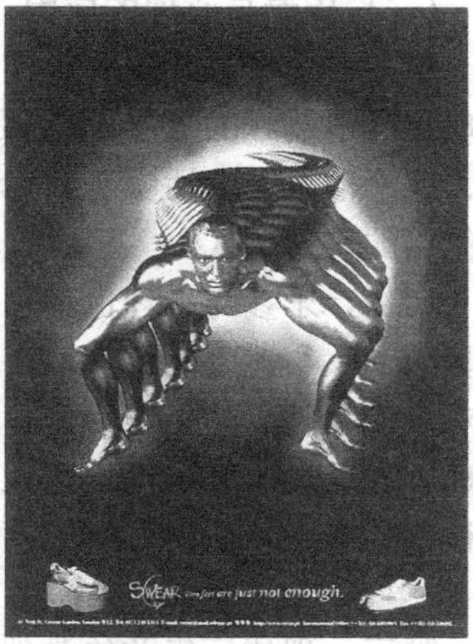

图 7—5　思薇尔（SWEAR）运动鞋平面广告

（三）广告创作要点

（1）利用受众的反传统心理进行广告创作一定要追求美学价值，尤其是荒诞表现手法中更要清晰界定美丑的标准。因为荒诞广告总是力图看似荒谬不类，所以很容易流于恶俗，出现一些极端恐怖和丑恶之作，污染人的视线，引起人的反感，这是应该加以制止的。

（2）要注意结合受众的文化背景，尤其是正在成长的年轻一代，因为他们常常是反传统的先锋，带有更多后现代主义的痕迹。在同一文化环境下还要仔细研究特殊受众的接受心理，即使同为反传统，心理上也还存在着千差万别，所以准确把握知解力很重要，要避免引起歧义。

（3）如果能与幽默结合运用则效果会更佳。

四、乐参与心理

乐参与心理是指受众在广告审美中欲求进入广告创意角色，从而获得身临其境、亲切体验的美感心理。这种审美要求是时代审美理想之一，标志着人类自我意识的增强。

例如有一个灭蚊剂广告，洁白的画面上只有一句话："请您找找看，哪里有一点蚊蝇的痕迹？"画面右下角是一瓶灭蚊剂。这个广告就是着意要将受众带入广告意图中，从而增强体验和感受。

（一）乐参与心理的成因

第一，乐参与心理同现代人普遍增长起来的自我实现意识是分不开的，并随着现代科学技术的进步而发展。例如现代媒体中的各种互动娱乐节目：现身说法、评论他人、电话参与、幸运观众评选等等都是人类自我意识增强和乐参与心理作用的表现形式。

第二，乐参与心理也和现代人都市生活方式有关，钢筋水泥的写字楼和单元房阻隔了人与人之间的交流，影视剧进入家庭后，很多人越来越习惯被动接受这种对生活和外界的无能为力，从而形成了都市心态——孤独与冷漠。可是强大的心理压力反过来又迫使现代人产生极力寻求参与的逆反心理，人们希望通过参与这种方式来重新获得群体的归属感和社会的认同感，以减轻内心的孤独、寂寞和不安。

第三，现代广告竞争激烈，其核心就是要争取受众，而广告满足受众的乐参与心理是个很好的方法。参与到广告活动过程中来，受众自然会产生对品牌的亲和感，从而易于对商品进行认知、认同和购买。受众对广告的主动性考察和体验过程也正好满足了他们的欲望表现心理，使他们在获得强烈美感享受后的精神愉悦中潜移默化地接受了广告的诉求。

(二)针对受众乐参与心理创作的广告

表现形式有3种:

1. 观念性参与

即利用广告文案或图案与受众进行一种认识理念的沟通，广告多采用同受众对话的口气。

案例7—12

英国吉尼斯啤酒平面广告

这则平面广告(图7—6)的画面俨然是一幅迷宫图，目的地是一杯吉尼斯啤酒。通常人们遇到这种迷宫游戏，总免不了激起试一试的参与心理，如果能找到那条通往目标的道路，则会感到有种胜利的喜悦，获得很强的满足感。但是要从入口到达中心极为不易，要绞尽脑汁，煞费苦心。等到进入中心，自然已经心神疲惫。所以目的地有一句广告语提示受众:“当你疲劳时，喝杯吉尼斯”。提示出现得及时恰当，犹如雪中送炭，使受众比较容易接受广告的主张。

图7—6 英国吉尼斯啤酒平面广告

2. 动作性参与

即诱导受众按照广告的建议亲自动手尝试或全身心投入到某项大型的广告活动中来，通过亲身体验或验证而获得更深刻的感受和认识。

案例 7—13

洗发水平面广告

该广告创意十分独特，整个画面都是一片黑纸，在右下角有一行白色小字："挠挠你的头发，看看你的头皮屑有多少?"就这么简单的一句话却能诱发受众情不自禁地开始用手挠起头发来，头皮屑落在了这幅广告上，因为全黑的背景，所以头屑是多是少立刻见分晓。

也许平日里无法遇到这样一个现成而又简单易行的测试方法，所以一旦发现，人们的参与热情是很高的。最重要的是，参与的结果更容易使人接受为减少头皮屑而选用某某洗发水的广告诉求。

3. 实物性参与

即让受众身临其境，充分感受产品或服务的好处。

案例 7—14

新加坡酒铺广告

新加坡曾有一个酒铺给自己做了一个小广告，在门口的酒桶上写着："不许向桶内观看"。而这句话其实正是要激起人们的好奇心，从而引发人们都走到酒桶边往里看一看，原来桶的另一端通向酒铺，展示在眼前的是琳琅满目、各式各样的美酒，并且还伴有醉人的酒香，令所有观看的人都赞叹不已，神魂颠倒，酒铺因此吸引了无数的顾客。

(三) 广告创作要点

(1) 广告创作要在尽可能的情况下设法打开受众与广告之间的界限，使受众参与其中。但分寸掌握要恰当得体，反之，会使人感到勉强造作，破坏了美感。

(2) 受众参与的时候要直接进入主题，引导他们认同诉求点，而不是绕圈子。对需要选择受众的广告而言，一般选择那些参与意识高、积极热情的中青年群体比较合适。

(3) 广告中的参与观念或动作不能太过复杂，应该尽量简单、易行。

五、爱幽默心理

爱幽默心理指受众对广告喜剧谐趣效果的追求。爱幽默心理已经成为广告中的一种普遍的审美心理，许多广告大师本身就是幽默艺术家，许多电视广告的主角也多由喜剧演员来担任。他们设计和表现出的广告作品或使人感到意味盎然而会心微笑，或使人忍俊不禁而仰笑开怀，总是给人留下极其深刻的印象。

现代广告的幽默感是一种高品位的审美感受。它一方面使人们感受到人类创造幽默感的聪明和智慧，因为幽默体现着一种以轻松的智慧驾驭生活的能力，是人的非凡创造和本质力量的外显。

另一方面，幽默给人带来心灵的震撼，使人心荡神摇，心领神会，获得一种轻松和快慰，它是一种品位很高的美感。它进入生活，使人类生活不止满足于物质的胜利，而是进入更高的艺术境界和文明境界，进入一个童话般令人心旷神怡的世界。

人类在幽默诙趣中将反面情感如哭泣、生气、责难等，通过理性倒错或逻辑反常等手法变为正面情感如嘲笑、会心的微笑等，使人们在正面情感中获得了生物本能的正面积极效应，避免了反面消极效应，从而心情愉快，获得美感感受，有利于对广告的认知和理解。

（一）爱幽默心理的成因

第一，在工业社会，感受对象的单一化、模式化、标准化产品的堆积，符号化形象的充斥使人产生单调沉闷的生活心态，人们需要调节，变呆板为生动、活泼、有生气，幽默滑稽总是最好的调节方法之一。

第二，现代紧张快节奏的生活给人们带来了强大的心理压力，幽默是人们寻求心理轻松和平衡的精神追求。

第三，由于卖方市场向买方市场转移，消费者的选择更加多元化，因而对商品及其广告的要求也越来越高，人们喜欢在轻松情绪中接受广告和购物。

第四，广告竞争加剧，为了争取消费者，开拓市场，用幽默手法赢得受众的注意和接受成为必然。

西方民族粗犷、率直和热爱幽默的性格作为一种民族文化由来已久。我国改革开放后，受国外广告影响，幽默诙趣类广告也大量出现。但由于民族文化心理重庄重、重秩序、重理性的特征，我国在广告幽默创意方面显得不够，而且还有明显模仿的痕迹。在这方面，我国广告界还要下很大功夫，开拓创新，力争创造出一些具有独创性的影响较大的幽默广告来。

（二）针对受众爱幽默心理创作的广告

表现形式主要有四种：

1. 产品主体幽默

即用滑稽有趣的广告画面或文案来突出产品本身。

案例 7—15

美国男士长裤平面广告

本来世界上最严肃的莫过于法律，法庭是最庄严的场所。然而这则广告（图 7—7）的创意者却将法庭场景信手拈来，运用理性倒错的喜剧表现手法，使严肃的法官、律师以及证人和听众个个变得忍俊不禁，哄堂大笑。引起发笑的原因是被告者穿着一条十分漂亮的西式长裤，让在场人赞不绝口，欣喜若狂。

这个和人们惯常生活逻辑反向思维的创意，设置了一个十分有趣的喜剧氛围，形成了强烈的喜剧效果，从而引起受众的关注。

图 7—7　美国男士长裤平面广告

2. 情节幽默

即追求可笑情节，引发受众关注广告和产品。

案例 7—16

DIESEL 香水平面广告

这则平面广告曾获’96 戛纳广告节优秀作品金狮奖（图 7—8）。

两个彪形大汉，正在互相以对方为敌，进行激烈的摔跤争斗，突然一个紧紧搂抱对方，闭着双眼，噘起嘴唇，使劲地闻着对方脸颊，完全陶醉在一种奇香异味之中。对手被这突如其来的举动搞得不知所措，他力图推开，使劲挣脱，但无济于事。他不知这是怎么回事，目光充满疑惑。后面的裁判员也为这种场面惊诧，以为这位运动员犯规而发出警告。当人们用目光搜寻缘由时，发现了 DIESEL 牌香水品牌和产品形象，不禁恍然大悟：由于对方使用了香水，浓郁的气味使这位运动员深受感染，忘乎所以。夸张的情节幽默令人耳目一新，哑然失笑。

图 7—8 DIESEL 香水平面广告

3. 寓意幽默

即运用比拟、象征、寓意等手段表达幽默。

案例 7—17

LOGITECH 公司鼠标人平面广告

在这则平面广告（图 7—9，见彩插）中，两个赤条条天真无邪的婴儿正在认真地感受着自己的状态：一个感觉良好，因为他用了“尿不湿”，所以安然自得，若无其事，依然注意他目前所关注的事；另一个就更潇洒，感觉更好了。此君索性彻底解除束缚，仰面朝天，顺其自然，感受着“温泉”的快活，欣赏着自己的“杰作”，这种心理状态，与前一种相比，简直到了自由王国：随心所欲，无所阻拦，得心应手——这正是广告的指称对象鼠标人使用时给人的感觉。

虽然鼠标人的使用和孩子的行为相去甚远，但心理感觉却一脉相通。这里寓意幽默运用得十分准确，孩子的天真可爱、憨态可掬在受众心中引起了较大的震撼，以致受众在认知广告的全过程都兴味不减，受到这种积极心态的影响和推动。

4. 会心幽默

这是一种较为含蓄的幽默方法，人们在“会心的微笑”中获得意味隽永的美感享受。

案例 7—18

DANNON 冰淇淋平面广告

在这则平面广告（图 7—10）中，一个胖得衣服都要绷破的超级大胖子，端坐在沙发上，左手拿着一筒冰淇淋，右手拿着小匙，盯住冰淇淋满面愁容，矛盾万分，犹豫不决，禁不住冰淇淋的诱惑，十分想吃，但理智上又知道不能再吃，如果忍不住吃这高糖高蛋白的甜食，过重的体重还会再增加，到时可怎么办？这份痛苦的表情，令受众很快就能意会到他在进行复杂激烈的思想斗争，感到又同情又好笑。同时也领悟到 DANNON 牌冰淇淋甜美可口、营养滋补的优异品质。

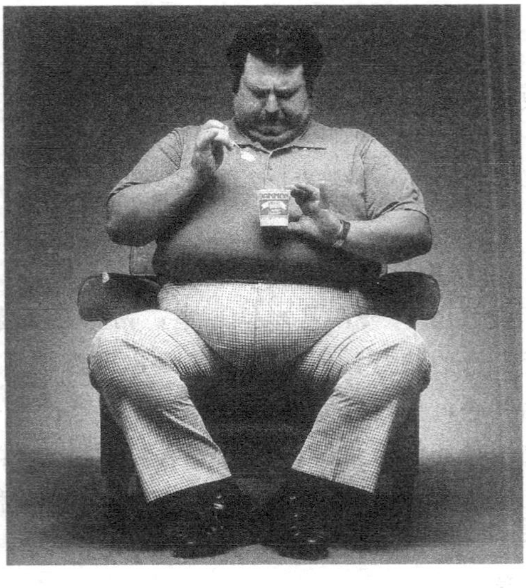

图 7—10　DANNON 冰淇淋平面广告

（三）广告创作要点

（1）进行幽默广告创意一定要紧紧抓住广告的主题和意向，寓庄于谐，保证广告诉求点准确、清晰、对消费者具有影响力，决不能沉湎于幽默而离题。

（2）幽默具有很高的美学价值，所以既要有味有趣，又要高雅健康。要克服趣味不浓、过于平淡的倾向，也要杜绝庸俗低级情调，使形象充满美感内涵。

（3）由于民族、地区的文化心理差异比较大，所以幽默创作一定要与受众的文化生活背景相贴近，才能表现得恰如其分，适宜得体。

六、求简约心理

求简约心理是一种以形符涵盖和控制丰富广告信息内涵的心理诉求，即对广告创意崇尚形象简单、意蕴深沉的审美心理。简单化是一种美学追求和美学境界，表现了现代人的审美理想，具有一种统摄复杂内涵的智慧审美效果，在众多无效竞争的现代广告中易于被认知。

简约性的美学价值还在于体现了人对客观世界把握的巧妙性、科学性，体现了人的本质力量展开的非凡魔力。

（一）求简约心理的成因

第一，求简约心理是一种社会审美心理的时代要求。人类创造能力的空前提高，使得现代工业产品品种复杂而繁多，尤其是现代信息社会更是以惊人的速度制造了大量的信息和概念，这些都对人类形成巨大压力，人们迫切需要将这些令人晕头转向的感受对象删繁就简，举要钩玄，使内部世界和外部世界建立新平衡。

第二，求简约心理还来自于现代艺术乃至科学的简单性原则。简单不是一般的简化，而是超越了复杂，融化了复杂的简单。简单性使一切深奥理性变得和谐完美，使一切艺术变得深沉合理，成为人类把握和创造世界的总体性原则之一。

第三，求简约心理还与当今信息时代的符号化特征相合拍。简单的符号是一种特殊的刺激，能够激活人们的经验积淀的心理机制，产生丰富得多的心理体验和情感。所以现代广告中也多用一些妙在其中的形象性符号，明确集中，唤起受众深厚而强烈的感受，通过理解和通感等心理作用转换为现实价值。

（二）针对受众求简约心理创作的广告

表现形式有 4 种：

1. 品牌表达

这是运用求简约心理进行形符化创作的最常见和最重要的形式之一。

如著名的麦当劳“婴儿篇”电视广告（图 0—7，见彩插），小宝宝荡在摇篮里一会儿哭一会儿笑，反复几次，全是因为外面麦当劳标牌的缘故。这则广告没有情节，而是运用生活中最司空见惯的现象——婴儿对事物的表情来营造悬念，从婴儿的表情变化上，人们读懂了“M”符号对于他来说是多么重要，商品品质自在不言之中。

2. 寓意性形符化

日本沃尔沃汽车“安全别针篇”平面广告（图4—3）就是一个最好的例子。该广告用一种日常生活中的小物品作为比喻符码，引起受众自然联想，诉求点十分准确、到位。

3. 形缺性形符化

是指广告中的事物形象不完整，需要借助受众的完形心理和想象来丰富广告内涵，意会广告信息。

案例7—19

资生堂香水平面广告

这则平面广告（图7—11，见彩插）的整个画面仅只是一小部分脸，还被扇子遮挡着，充分显露的只是一只眼睛妩媚的眼神，极富挑逗性地斜视着，含尽万种风情。

这里虽然没有任何产品的形象，但是却可以通过眼神这种信息符号式的刺激来表达，受众对本广告的理解主要就是通过想象心理联想到资生堂香水使用后所产生的特殊效果——增强女性的妩媚、性感和诱惑力，以博得异性的钟情。而这种效果正是某些女子所期望的，诉求点集中明确，广告目标得到了充分的实现。

4. 运用短句

主要通过文案中凝练简洁的句子来引起注意，打动人心。如雀巢咖啡的“味道好极了”，人头马酒的“人头马一开，好事自然来”，爱立信手机的“一切尽在掌握”等等都给人留下深刻印象，成为经典名句。

（三）广告创作要点

（1）广告创作关键在于使形符形象的选择要对所体现的意义内涵具有制约性、统摄性，即符号和广告所要传达的信息之间对位要准确，避免出现联想误差或歧义。

（2）形符的选择和设计一定要具有强烈的美感效果和艺术气质，这样才能吸引受众的注意力，满足他们的审美心理需求。

(3) 创作这类广告不能忽视受众的知解力，要与受众的特点结合起来，以取得更好的广告效果。

七、味哲理心理

味哲理心理即通过感知广告形象探究和体味出一种比平常生活深刻得多的哲学意味的心理要求。哲理是人生理性思辨和创造的深度表现，凝聚着更丰富的人生经验和智慧，闪烁着光彩的理性美、智慧美、逻辑美，标志着人的心智达到了一种高境界，其美感是深邃的。

(一) 味哲理心理的成因

现代人追求自我实现，对哲理的探询和思考是人的本质力量实现的过程，能满足人们高层次的心理需求。同时，每次的征服伴生而来的总是一种愉悦和美感，这也是一种人类积极心理情绪，高度凝练的哲理闪烁哲理性光辉，其深沉美感对受众具有诱惑力和特定的吸引力。所以，将其大量应用于广告中，利用这种积极心理情绪来认知商品，也会收到很好的效果。尤其是现代消费者都非常注重追求内涵丰富的理性深度，有时即使在鉴赏感性艺术，但也非常关注通过感性传达给人们的深层哲理，这便使现代广告更多地带上崇尚哲理的色彩。

(二) 针对受众味哲理心理创作的广告

表现形式主要有四种：

1. 形象比喻型

特点是以艺术形象说明一种哲理。

案例 7—20

德艾克塞·伯翰姆公司平面形象广告

这是一则企业形象广告（图 7—12）。

画面展现给受众的是具有很强视觉冲击力的人物形象：身材高大魁梧，被全美誉为“出色的家伙”的足球名将——匹兹堡钢铁巨人队的防御前锋乔·格林正在注视着受众。尽管他面带笑容，但由于身材巨大，雄壮有力，独占整个画面，给受众一种顶天立地的逼迫感，引起人们的注目和惊异，不觉赞叹：他太巨大了。但广告文案的标题却以乔·格林的口吻说：“我觉得与德艾克塞·伯翰姆相比，我太渺小了。”

很显然，这里运用反衬方法，说明如此世界罕见的巨人与拥有强大实力

图 7—12　德艾克塞·伯翰姆公司平面形象广告

和雄厚资金的德艾克塞·伯翰姆投资公司比较起来，仍然显得渺小。尤其是正文指出，投资界不在于你有多强大，而在于你想有多强大，把人的能动性放在改造世界的第一位。这一哲理观念就把德艾克塞·伯翰姆投资公司的形象一下子树立起来。

2. 直接哲理表达型

多借助文案来说明。

案例 7—21

御苁蓉补肾口服液平面广告

“回避只会滋长问题”，“看不到不等于问题不存在”是御苁蓉补肾口服液平面广告两帧图（图 7—13，见彩插）的标题，前者画面是一位男子背过脸去的后脑勺，后者是一位女子闭目不看的神态，都在回避矛盾。而回避矛盾违反唯物辩证法，必然招致矛盾激化，产生严重后果。这里用哲学理念来惊示人们，对受众产生了很强的说服力。

3. 生活逻辑表达型

即通过实际的生活过程说明一种哲理。

案例 7—22

吉·瓦尔特·汤姆森公司平面形象广告

这是一则企业形象广告（图 7—14）。广告在醒目位置有一个标题："一个建议的消亡"，下面一幅漫画，一个老板模样的人两眼圆睁，提起双拳，正在准备向躺在地上的人出击。地上那位一边招架，一边说："噢，这建议就这么点了。"他显然是向老板提建议的员工，面对这种"待遇"，他很无奈，对自己的建议不敢再张扬，几乎要将建议化小，甚至要收回了。

图 7—14　吉·瓦尔特·汤姆森公司平面形象广告

文案是："对它说'不'是很容易的。要把它整理一下，使它更平凡更熟悉，是很可以理解的。把使人担心的部分拿出来，并且把粗糙的棱角磨平，那就保险了。用砂纸擦它，到擦完为止。奥斯卡·王尔德这样说过：'没有风险的建议，根本不值得叫做建议。'正是让人震惊的部分，让人恐惧的部分和未知因素才能使一个建议首先成为建议。如果你从一开始就对它感觉很舒服，再仔细看一看，它可能不是一个建议。"文案集中论述了一个真正的建议由于它的反常规特征往往被扼杀的命运。

该广告从反向思维出发，以建议者及其建议的遭遇反衬出汤姆森公司对待建议完全不同的态度。企业对待员工建议的观点代表着企业的理念，这对企业的发展、形象和前景至关重要。人们知道，一个企业发展最重要的因素是人才，而人才的价值是人的智慧，建议常常是人才智慧的体现，也是企业兴旺发达的重要因素。汤姆森公司与那种无视建议、扼杀建议者相反，支持建议，鼓励人才提出建议，它的强大和光辉前景是可想而知的。

广告通过生活中的实际问题反映出的哲理集中表现了汤姆森公司的企业理念和精神，有力塑造了企业形象。

4. 理性逻辑表达型

即通过道理推理说明一种哲理。

案例 7—23

美国凯迪拉克摩托车公司广告

1915年问世的这篇广告是一篇典型的说理性广告，左上角仅用素描形式表现了一把火炬，象征寓意，其余全是文字，视觉形象似乎没有震撼力量。但只要人们阅读一下它，正如火炬所示一样，闪烁的光芒便使你心底敞亮。

它通过说理向人们说明：一个杰出者和“得了第一”的人在受到社会公认和获得酬劳的同时，也会遭到妒忌者的攻击和诋毁。但是受到这些人攻击和诋毁丝毫不说明杰出者的渺小，恰恰说明他们的出色和优秀。“该存在的总是存在的”这一观点，使无数杰出者在遭到贬损、忍受痛苦和苦闷时豁然走出思维误区，到了“柳暗花明又一村”的境界，抖擞精神，为人类做出贡献。

该广告中没有介绍产品和公司特征，却在与人类事业上的杰出者探讨一个认识观念上的道理，似乎在同情理解杰出者，实际上是在说明自己可与杰出者相媲美。

凯迪拉克摩托车公司广告所表达的观点体现了为人类做出贡献的优秀者的思想品质，很富辩证思维，不只是善和智慧的象征，而且表现出一种理性美，具有相当高度的美学价值，它丝毫不逊色于感性形象美，甚至比之更富内涵。这使公司的形象在受众心目中大放异彩。

（三）广告创作要点

（1）作为广告形象所表达的哲理内涵应和指称对象有一定的内在联系，以便受众在更深刻的理性层面认知和理解指称对象。否则，由于哲理表达的理性深化，很容易使指称对象游离于广告之外，影响广告效果。

（2）哲理应与生活保持适度距离并有相应的知解性，太近则会使人一目了然，失去哲理的探询性和深沉意味；但又不能太抽象化，使人们难以理解，影响对商品或服务的认知或感受。知解性还要符合目标受众的民族文化趣味和水准。

（3）哲理要有意味，并可用形象描写，尽量给人以形象感，以引起受众的注意和兴趣。当然画面要简洁单纯，防止复杂化、信息泛化，避免造成不必要的歧义。

（4）要选择有一定的知解性的广告媒体，最好是那些具有保留性的媒体，例如报纸、杂志等，因为这些媒体广告有条件给受众以反馈、深思、咀嚼的机会。

八、趋科技心理

趋科技心理是时代感较强的广告审美心态之一，即受众对广告表现技术、设计思想的科技密集特征的向往。现代科学进步飞快，科技带来了思维方式和生活方式的巨大变化，也影响人们形成了趋同高科技方法和观念的审美心理。高科技的审美价值在于时代感、时尚性和高效能的美感效果。

大量高科技广告的问世，培养了人们日益增强的羡慕高科技的广告审美心理，特别在文化层次较高的消费者和年轻受众中，这种心态甚为强烈。

高科技广告具有强烈的美感，这首先在于最新科学技术体现了人类认识世界和改造世界的新成果，是人类本质力量对象化的最高价值的审美对象。其次来自于一种神秘感和探究心理，这些都使人们感到文明、进步的优越及由这种优越带来的心理愉悦。这种美感的探究性，往往成为人类审美历史的先导，具有很重要的意义。

现代科学技术的发展和进步有力地推动了生活消费的科技化，大量的高科技产品和科技含量高的服务已经深入到人们生活的方方面面，人们需要对它们进行消费就必须更新自己的科学观念，对新的技术和手段产生浓厚的兴趣和喜爱。所以为了消除科技密集型产品与消费者之间的隔阂，广告就应该顺应受众的趋科技心理，通过形象生动的画面和深入浅出的文案来指导消费者，进行有效沟通。

此外，现代科技新成果已被大量运用于广告制作中，极为有力地更新了传统广告的物质形态，广告艺术从传递方式到表现手段都有了彻底改观。广告的高科技化给人以强烈的视听震撼，从而也带动了趋科技的心理需求。同时，信息时代媒体手段的日益丰富及网络化的加剧都促进了科技消费心理的进程和可能。

针对受众趋科技心理创作的广告一般可分为三种形式：

1. 重媒体科技化审美心理

尤其是电子媒体和电子手段进入其他媒体表现中后，这种广告有着很强的视听美感享受。

戛纳国际广告节上许多获奖的电视广告作品均属此列，如耐克运动鞋的系列广告，一些汽车广告等都借助了电视媒体综合表现力的大大加强，给受众超越时空般的心理体验。

2. 对产品尤其是科技密集型产品的介绍和表现进入其内在科学结构层面

例如日产牌 FF 最新型汽车上市的广告（图 7—15，见彩插），运用了局部透视的手法，表现出新汽车的结构特点，精巧的零件显示出该汽车一流的科技制造水平和卓越超群的风格，充分满足了人们对高科技的崇敬和向往的心理需求。

3. 网络广告

网络广告是随着网络媒体的兴起而发展起来的，由于网络强调互动性，所以网络广告也带有这样的色彩，对科技手段运用的要求也相应更高，其本身甚至都可以说是一件高科技产品，对那些爱好科技的人们来说无疑具有很强的吸引力。

由于趋科技心理多为知识界和青年们所具有，所以这类广告设计应准确定位，同受众的知解力相结合，同商品和企业的特征相一致。当然趋科技心理也有一个随着时间推移而扩大受众面的问题，广大消费者在这种广告影响下会迅速产生和增长这种趋科技心理。所以当以广大消费者为对象时，这类广告创作更要考虑其可理解性和可接受性。

九、崇内涵心理

崇内涵心理是指受众对具有曲折含蓄内涵广告的崇尚心理。内涵表达主要指含蓄、悬念、双关等方法表现，受众通过想象、联想、顿悟等心理作用来感知广告。其美学价值在于受众得到一种曲径通幽和探索发现的美感。

崇内涵与求简约是现代人审美心理的两个相对的侧面。一方面，人们追求形式的简洁单一，另一方面却又要求内容的丰富和曲折，这恰恰表现了现代人的思维特征：形式对内涵的巨大统摄力。

崇内涵心理还体现出现代人高度重视自我实现——智慧和创造的心理需求特点，因为人们认知有内涵的广告需要智慧和想象来发现美感，必然产生浪漫和自由的情绪，使人类主体的企望找到了归宿，似隐似现，使人一览一回新，形成一种连续心理诱发效应。这些都是人们自我实现所必需的。

此外，加强形象的寓意和丰富广告作品的意蕴，可以避免广告平直浅露的表述和说教，获得“婉转曲达”的艺术效果。与其他广告表现手法相比，内涵性的手法相对显得含蓄隐伏，有时难以使观众马上理解广告的表现意图，可一旦领会其意，却能给人以意味无穷的感受。受众对经过曲折后获得的认知印象深刻，有利于提高广告的效果和竞争力。

针对受众崇内涵心理创作的广告主要表现为三种形式：

1. 含蓄比喻型

案例 7—24

新加坡航空公司平面广告

这则平面广告（图 7—16，见彩插）的画面与众不同，除了一个“新航”标志外，没有直接出现飞机的形象，而是抓住了飞机与蝴蝶都善飞行这一共同点，创造了一个美丽的新加坡姑娘在嫣红的霞光中追逐蝴蝶的艺术形象，深化了意境。整个画面轻柔的飘动感，隐喻“新航”的班机旅行轻松愉快、舒适宜人。鲜明的节奏和优美的韵律，使人感到美的力量，启迪人们去想象和回味。

2. 想象型

案例 7—25

吐拔（TUBORG）啤酒平面广告

这则平面广告（图 7—17，见彩插）以极为超凡的想象力构建了一幅令人心驰神往的画面，展现了“地球不大，任我神游”的景象。缩小了的地球，放大了的快艇，这种比例的倒置，给人一种梦境般的视觉感受，一种心理上释放一切重负的畅快感，多么痛快，多么来劲！

通过人们的想象和联想，这种感受像极畅饮了吐拔（TUBORG）啤酒后似醉非醉心中敞亮的感觉，这两种感受的巧妙契合，无疑增强了广告的诉求力度，从心理深处打动了目标消费者。

3. 悬念型

案例 7—26

日本万胜电脑软盘平面广告

这则平面广告（图 7—18，见彩插）的画面好似现代科幻电影中的一个情节场面，充满了一种诡谲的神秘感，给人们造成很大的悬念。在一个格调古朴的书房内，形态古怪的机器人正在就餐，一个机器人侍者正为两位机器人端上菜肴，这正是悬念中的悬念，引起受众高度关注。侍者揭开盘盖后不见菜肴，却是一张万胜软盘。

这种预料之外却又在情理之中的转换处理，不仅巧妙地寓意现代人的生活就像离不开食品一样离不开电脑软件，同时在一种神奇悬疑的场景中展现了商品形象，使受众对商品品牌形象留下深刻的印象。

崇内涵广告中的含蓄比喻一定要追求巧妙构思和非凡创意，但是也要注意不能偏离主题，或者形象体对于诉求点的切入不够准确，因为这种状况貌似有较强的感染力，实则影响受众对广告的认知和理解。而运用想象则必须控制意念，集中于卖点，不可背离广告目标。至于悬念的设置则要出乎意料又在情理之中，避免牵强。

十、钟性感心理

钟性感心理指以人类自然形象和性的心理传递为媒介引起受众审美愉悦的广告需求。人体与性感往往是联系在一起的，但并非所有人体形象都要给人以性感，性感广告也包括性心理传递，并不都表现于人体。

人体的美是客观存在，黑格尔认为裸体是最美的审美对象，不少艺术家也认为裸体是一种艺术，是对生命奇迹的赞颂，是对人生价值的肯定，是对真、善、美的追求，也是对异性情与爱的升华。

这种属性和功效被大量采用到广告中，成为性感表达，并由此注入含蓄曲折手法，着重表现性意识、性心理，从而形成性感表达的另一类即性心理传递的表现形式。

性感是人类最基本最强烈的情感之一，运用它可以形成人的心理积极情绪而有利于认知广告，这就是性感表达广告的美学价值所在。

（一）钟性感心理的成因

第一，现代社会，特别是后现代主义时代，人类的自我意识大大增强，人本观念逐渐兴起，人类开始转而关注自身，欣赏自身。这种变化主要体现在人体艺术的形成和发展，以及后来被广泛接受和喜爱的程度上。对人体和情爱的审美需求已经变得极其普遍，并为社会伦理所认可。

第二，性解放意识无论是在西方还是在东方都给人们带来了巨大的思想和心理冲击，许多年轻人打破传统道德的禁锢，大胆追求和表达性爱，并将其视为人性的复苏。这些社会和时代因素投射到广告中自然就表现为钟性感的广告心理和表达方式。

第三，由于受到商业利益的驱动，尤其是某些生活用品的消费本身就与人体和性相关，所以在这些商品的广告中很多时候都运用了性感表达，获得较好的广告效果。

但是，性的问题向来是人类伦理道德的敏感区，广告中的性感表达因此而波折迭出，由于人类性观念逐渐变化带来的宽容和广告人性感表达越来越谨慎，越来越体现出社会责任心，二者磨合的结果使性感广告呈现“细水长流”的态势。

我国原来对此类广告讳莫如深，改革开放后有一段时间又很盛行，有少数作品公然猖獗，即便是西方人士也为之齿冷。广告法实施后情况有了一定程度的好转，好的作品虽然颇为稀少，但可以预言，符合中国国情的优秀性感广告必然相继问世。好的作品不仅可以促进销售，还可以给受众带来美感。

（二）针对受众钟性感心理创作的广告

表现形式主要有三种：

1. 裸体表现

案例 7—27

牛奶平面广告

国外的这则广告（图 7—19）利用牛奶的洁白、滑爽、如同流脂的质地引起联想，象征女性的肌肤。又将女性肌肤与性信息联系起来。牛奶从裸女的肩部倒下流经脊背直到臀部，像在美丽的裸体上飘落着一条洁白如雪的“缎带”。

画面上两种物体相互辉映，人体衬托着牛奶的鲜亮和莹洁，牛奶又映衬出人体的曲线和性感，从而唤起了受众的视觉快感和心理激动，不但很容易形成明晰印象，而且产生了对品质如此上乘的鲜奶的拥有欲望。

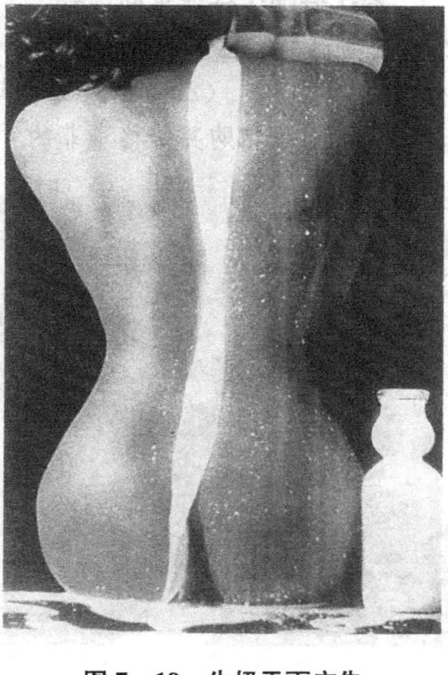

图 7—19　牛奶平面广告

2. 性心理传递表现

即性暗示或性诱惑表现。

案例 7—28

香水电视广告

在一蓝色游泳池边，一位女郎脱掉长袍坐了下来，当她躺下时，一位神秘的男人突然从幻境中显身，女郎迎向该男子。与此同时，我们听到女郎在说："我是由蓝天和金色阳光融合而成，我将永远拥有这份感觉。"

这种幻觉和女郎的形体动作以及她的话语很容易诱发人们产生性心理联想，并从性暗示中感受到一个新奇玄妙的世界正在等待着她。也似乎在告诉人们，用了这种香水就会产生性愉悦般的美感享受，具有很强的诱惑力。

3. 外在直接的性表现

案例 7—29

乔达奇牌牛仔裤平面广告

该广告（图 7—20）的画面是一位未着上衣的年轻女孩斜跨于同样着装的男孩背上，风格十分性感，在当时（20 世纪 80 年代）可算是大胆之作。尽管引起非议，但是却引得人们争相购买价格不菲的乔达奇牌牛仔裤。

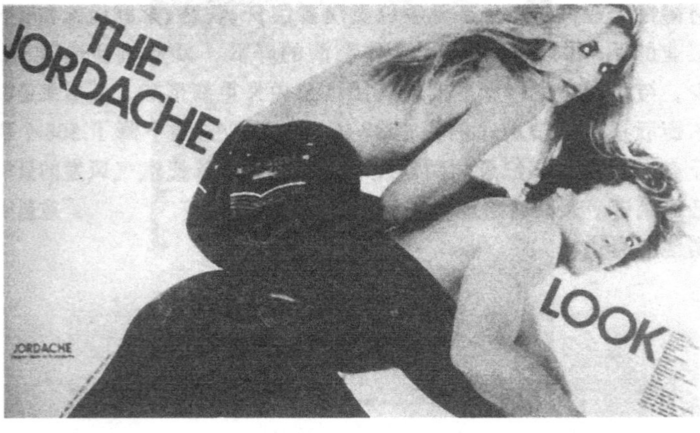

图 7—20　乔达奇牌牛仔裤平面广告

案例 7—30

苗条牌内衣平面广告

这则广告（图 7—21）展现的是一位脖子以下只穿一件内衣的苗条女郎的身体。广告词是："你不必为男人而穿，它不会对你造成伤害，只是有时你穿着它会看到对你馋涎欲滴的男人。"该广告虽然性感外露，但是却大胆地挑战了传统观念，表现了新时代女性地位提高、独立意识增强的文化潮流，很有煽动性。

图 7—21　苗条牌内衣平面广告

（三）广告创作要点

（1）性感表达广告要以维护社会道德为前提，必须掌握一定的表现程度和方式。把握好这一点，可以使受众得到健康的陶冶和欣赏，即使是较多的"露"，或是性心理传递，也会是健康的、圣洁的。否则，过了"度"，方式不当，极易陷入低级庸俗。

（2）性感表达还必须符合国情人情，因为人类的道德观在很大程度上是以国家、文化心理而异的。即使我国改革开放后形成了文化交流的强劲趋势，但历史形成的文化心理积淀是很难逾越的。国情是一个很大的范畴，其中不同人群有各自的"人情"，而广告的目标市场又是以人群而异的，性感表达也应注意不同目标市场消费者的心理和观念。

（3）性感表达由于很容易引起受众对形象的关注，从而可能忽视诉求点，因此必须紧紧抓住指称对象的功能效用不放。

（4）许多性感表达诉诸感情深处的潜意识中，具有较强的朦胧性和表达上的难度，从国外一些较成功的作品来看，采用象征性和想象性手法是很好的，既避免了过分的性暴露，又使广告显得富有内涵。

十一、尚回归心理

尚回归心理是指受众对广告表现有一种现代人的强烈的返朴归真审美心理崇尚。其美学价值为对质朴美、自然美、真实美的美感感受。

（一）尚回归心理的成因

经过工业革命后几百年的发展，我们今天已进入信息时代，人类创造的“第二自然”已无限膨胀起来，并不断地蚕食着本来属于我们的第一自然（自然界）。大量的知识加工和符号化生产使人们远离了自然界，环境保护、绿色运动在今天这个地球上成为人类面对未来的强烈呼唤，返朴归真、重返大自然已成为当今世界范围内尤其是发达国家人们的审美情感和需求心理的新主题。在广告作品中回归表达正反映了这种敏感的世纪之音。现代广告中这种表达正呈上升趋势，优秀作品不少。

（二）针对受众尚回归心理创作的广告

表现形式一般有三种：

1. 人文意境回归

即回归原始，回归历史，逼近自然。

案例 7—31

日清食品（杯面）“原始人篇”电视广告

这则广告（图 4—10，见彩插）给人很强的新奇感。原始人笨拙的、原始的形象和行为，距离今天生活太远了，他们彻底地与现代科学、节奏、需求、场景无缘，现代广告极少采用原始人来表达。特别是被野兽追赶与“Hungry?”（饿了吗?）这个人类最初级的需求动机有关，这种需求和满足，这种氛围和行为，与高度发达的现代文明反差实在太大了，在今天的人们看来似乎很滑稽，既新奇又好笑，因此给受众留下极为深刻的印象。

其实该广告正是通过表达现代人对回归自然的渴求来对受众施以震撼力。现代广告的超前消费诱导和超负荷刺激已使人们感到厌烦，本广告回到原始、回到蛮荒、回到本能，似乎使人们摒弃喧嚣，心灵宁静，得到一种会心而难忘的休息。这是它提供给受众的一份特殊的审美价值。

2. 自然意境回归

主要借助自然山水意境来表现。

案例 7—32

日本三得利酒路牌广告

这则路牌广告（图 7—22，见彩插）乍一看只是一幅巨型桂林山水照片。从画面和产品的关系来看，我们很难看出这则广告给受众以什么样的承诺。因此，我们只能从受众的实际感受上来探讨。

在人流如潮，车水马龙，熙攘喧闹，高楼林立，广告障目的现代都市中，人们在一种快节奏和强大的心理压力下奔波着。突然出现在人们眼前的是一幅视野广阔的桂林山水，这种纯属自然界神工鬼斧造就的“世外仙境”，宁静清新，使人心旷神怡，内心的局促和压力一下子得到了释放，获得一种暂时的平衡，享受到返朴归真的审美情趣。

可以说，与其说它是一则商业广告，毋宁说它是一则公益广告。它带给人们的情感波澜和审美收获是十分巨大的，受众在得到精神享受的同时也感到了三得利企业的爱心。

3. 绿色环保意识回归

案例 7—33

美国埃克桑公司新型汽油电视广告

美国埃克桑公司因为 1989 年的油库溢油事件，引起环境污染和社会、政府的尖锐指责，公司形象受到极大破坏。为了重塑企业形象。该公司配制了一种污染小、能使空气净化清洁的新型汽油“Phase IV”，广告主题非常简单，就是提倡绿色环保意识，将这种汽油的污染小作为诉求目标。

画面完全避开了并无美感的汽油形象。尽管它是一种新型汽油，是一项新的科研成果，但画面只有一个镜头出现科学家研究的特写。广告将镜头大量集中在美丽清新的大自然风景上：在植被葱茏、山花烂漫的峡谷里，一条蜿蜒美丽的小路通过，令人有一种一尘不染的感觉，有的风景从汽车玻璃映出，显得格外广远和清净。这种绿色环保意识回归表达对于树立企业形象和产品形象作用极大。

（三）广告创作要点

（1）要在回归表达中体现人类初期的审美情趣和文化特征，就要地道而逼真地再现它们，给人以真实的如临其境的感觉。如果再现的景物表现得不到位，使人有“加工物”的感觉，反而会引起受众的反感。

（2）回归表达还要注意表现人的情感追求，达到情境合一。在回归表达中要体现出人的追求的深层哲学意味，这样才能反映出人的情感企盼的真正内涵，使人的心理得到一种慰藉。

（3）回归表达是为了追求现代人的一种心理平衡，具有较大的模糊性。因此，许多广告的创意和产品之间关系并不直接，但是，也不能完全脱离。必须使创意与产品建立一种沟通，从而给回归表达提供一个表达的基础，便于受众理解和认知。

十二、耽宠物心理

耽宠物心理是指广告受众对宠物类艺术表现广告的迷恋和热爱。其审美价值在于宠物的憨态美、天真美和对它们把玩的乐趣。

（一）耽宠物心理的成因

身处大都市的现代人们，强大的心理压力和快节奏的生活使他们需要寻找轻松和宣泄，耽宠物心理是一种比较好的释放心理负担的形式。人际间越来越复杂的关系也使得人们向往返朴归真，去追求宠物生命的单纯和可爱，在和宠物玩乐的过程中获得心灵的宁静和纯净。

耽宠物心理还是很重要的儿童购物心理需求，在儿童类产品广告中运用得十分多，大有越来越发展的势头。

（二）针对受众耽宠物心理创作的广告

主要有两种表达形式：

1. 商品代言“人”

即以宠物作为商品标志。如中国著名的大白兔奶糖的标志就是一只可爱的大白兔，该形象深入人心，成为家喻户晓的宠物明星。

2. 宠物情节型表达

这种广告多具幽默感。

案例 7—34

日本横滨轮胎电视广告

在这则电视广告（图 7—23，见彩插）中，四只小老鼠正在偷吃奶酪，被猫发现后匆忙驾车逃走，猫紧追其后。一会儿加速，一会儿急转弯，一会儿急刹车，弄得穷追不舍的猫儿狼狈不堪。追赶中，车子不小心把地板上的牛奶撞洒了，车轮滚过奶液时，毫不打滑，显出轮胎的超级防滑性能。最后，小汽车停在老鼠洞口，四只小白鼠平安到家。猫儿却因为脚底打滑没站稳而扑了个空。

这俨然是一个“猫和老鼠”的广告版，惊心动魄的动作场面生动地展现了商品的特点，让人觉得妙趣横生，从而印象深刻。

（三）广告创作要点

宠物表达广告中，动物的选择一定要与商品和受众的特性结合起来，才能更好表现广告的诉求点。宠物表达还要有个性，有趣味，有美感，尽量使受众在新奇和轻松幽默的积极情绪中加深对广告的认知。

【思考练习题】

1. 广告受众审美心理的差异性主要表现在哪些方面？
2. 试分析广告受众审美接受心理的特征。
3. 针对受众重温情心理和味哲理心理的广告，其表现形式有哪些？创作要点是什么？
4. 针对受众反传统和求简约的广告审美心理分别创作一个广告。

第八章

广告的当代美学趋势和误区

国际化、全球化是未来世界的主旋律。中国广告业无法逃避和国际广告“与狼共舞”的现实，与世界接轨刻不容缓。但是我国稚嫩的广告业与发达国家成熟的广告业相比，无论是在经济实力、现代科学技术的运用、经营经验的持有还是在创意水平方面，都存在着巨大的差距。因此，我国广告业要赶上国际先进水平，顺利实现与国际接轨，除了“硬件”方面的构筑之外，“软件”方面也亟待提高。

在这一前提下，研究现代广告的美学趋势和误区就变得十分必要，它是在当代广告创作的实践基础上，在借鉴世界潮流发展趋向的前提下，去把握现代广告的美学新动向、新特征、新规律以及广告艺术创作中存在的最常见的错误。这些观点和理论代表着世界广告最前沿的和未来的发展脉络，对我国广告业的发展具有很高的参考价值，有助于我们把握世界广告的潮流，并及时做出调整和采取应对措施。

第一节　广告的当代美学趋势

任何一个时代的意识形态（如道德观念、审美心理、艺术情操、价值观等）

或者说是精神上层建筑都要受制于这个时代的物质基础（如生产力、生产方式、科学技术等）。陶之于原始社会（稚拙之美），铜之于奴隶社会（狞厉之美），铁、瓷之于封建社会（理韵之美），机器之于资本主义社会（智慧之美），都表现了每一个特定时代的物质生产水平和与之相适应的社会政治形态、文化观念、审美意识的同步和统一。这说明，审美意识、审美理想、审美趣味这些审美观念上的追求，总是与社会的物质生产水平紧密关联着的。

那么，当代社会的物质基础究竟发生了什么变化呢？

首先，21 世纪是知识经济的时代。不知不觉之中，人类已经进入了 21 世纪。当我们从更高的世界观出发，甚至从一种宇宙观的角度去回望人类几千年的历史时，我们看到的是什么呢？总的来说，人类文明史可划分为三个阶段：农业社会阶段、工业社会阶段以及知识经济时代。在过去的 50 年里，伴随着信息技术、国际互联网和经济全球化的发展，世界经济从几乎纯粹是基于生产的价值系统转化到基于知识和技能的价值系统，人类进入了一个崭新的时代，即知识经济时代。在这一时代，以知识、技术为基础的产业必将获得迅速、持续的发展，并最终改变国民经济中工业、农业和知识产业所占的比重，经济的信息化、知识化以及知识管理将成为知识经济时代的基本趋势。在这种经济背景下，社会的物质文明已经达到了相当完善的境界，社会产品极大地丰富而且日趋同质化，此时人们不再局限于对产品耐用、便宜等物理用途的关注，而是更多地聚焦于环保、个性化、时尚化等精神方面的享受。与此同时，社会大众也从过去审美活动的被动地位解放出来，成为审美活动的主体，拥有更大的自主选择的空间。相应地，人们的审美观念也发生了变化，更趋于个性化、多元化、互动化、形象化、符号化等。

其次，世界经济趋于全球化和一体化。伴随着信息时代和国际化大分工的到来，各国的经济发展逐渐超出了国界，世界市场出现了互动和国际间合作的新局面，贸易壁垒的消除和跨国公司的出现，使世界经济正在趋于多元一体化。

现代世界中发生的这些变化影响着全球的国家和地区，尤其敏感地影响着正在实行改革开放的发展中国家，使这些国家以极快的速度改变着自己的现状，以适应世界经济发展的潮流并迎接来自其他国家地区的挑战。

广告作为反映这些变化的意识形态之一，其审美观念、创意思维模式、艺术表现形式也自然而然地会发生一些潜移默化的改变。具体到我国广告业，我国广告创意设计中的艺术审美观念和经验也在跟随着世界广告前进的脚步发生着同步的变化，出现了下述几种美学趋势。

一、多元化美学趋势

多元化美学趋势是指广告美学风格和艺术特征的多样化。例如现代广告的多风格：民族传统风格、时代感风格、简约风格、精致风格、抽象风格、质朴恬淡风格、高科技风格等等。多元化既体现在同一时期、同一媒体上的各种各样的广告表现风格上，又表现在同一广告中多种艺术表现风格的融合上。多元化的美学趋势具有以下三个突出的特点：

(一) 不同审美文化的融合

1. 世界文化融合局面的出现

21世纪是一个新的时代，一个急剧变化的时代，是可以用各种说法——后工业社会、跨国资本主义社会、消费社会、信息社会——来概括的一个新的时代。在这个时代中，文化一体化、文化大交流成为社会发展的大趋势。

世界文化的并存和融合局面的出现，有其必然性，当然更有其必要性。知识信息时代的到来，加速了全球经济一体化的步伐，世界各国的市场开放程度与日俱增，贸易区隔与关税壁垒逐渐消失，各国之间存在着千丝万缕的联系，可谓是“你中有我，我中有你”。随着我国改革开放进程的加快和我国加入WTO，中国市场也成了世界市场的一部分，也上演着激烈的国际竞争。

经济的交往必然要带来文化的交流，这是一条亘古不变的规律。当然，文化上的沟通与融合反过来又可以进一步促进经济上的合作，加速世界经济一体化格局的形成。因此，伴随着全球经济一体化的到来，国际间文化的交流和融合是必要也是必然的。这种融合既表现为地区间文化的融合，如中国和日本；也表现为不同宗教间的文化融合；更主要的是表现为东西方文化间的融合和渗透。

经济需求的增长有着明显的文化导向，文化正以其诱人的魅力影响着社会生活的方方面面。广告作为一种社会现象，自然也会受到文化的影响和制约，也会具备一定的文化内涵和艺术内涵。

2. 中国广告审美文化与世界的融合

中国加入WTO之后，中国广告业面临着与世界广告业接轨这一迫切的现实。随着中国广告市场的逐步开放，越来越多的跨国广告公司将会进入中国，与此同时中国的广告公司也要走向国际。国际国内交往进一步扩大和深入所带来的结果之一就是国际间广告审美文化的交流和融合，其中最为典型的就是东西方广告审美文化的并存和相互渗透。具体到我国广告审美文化与西方的融合，主要体现在两个方面：外来广告的本土化操作和中国广告的国际化制作。

(1) 外来广告公司的中国本土化操作。在一大批国际顶尖的广告公司落户中国的几年中，跨国广告与本土广告公司之间的竞争与合作、交流与撞击、认同与异议从来没有停止过。跨国广告公司有的是专业化、规范化、成熟性、高技术，但缺乏的是对中国深厚的文化底蕴、中国消费者的消费心理与习惯以及具有特殊性的中国市场的了解，这成为它们本土化操作的“瓶颈”。

然而，经过一段时间的摸索，许多跨国广告公司成功地实现了本土化的操作，主要体现在以下方面：培养和选拔本土人才、致力本土市场开发、挖掘本土语言的创造力、创造中国名牌。跨国广告公司借助招聘中国广告精英以及深入调查中国消费者的情况，建立起了关于本地消费者的消费习惯、消费观念、审美心理等一系列资料的数据库，从而创作了许多优秀的本土化广告作品。

麦肯光明广告公司为可口可乐制作的“泥娃娃阿福贺新年”广告片是洋品牌做足中国文化的圭臬之作，可谓“中国味儿”十足。这则广告发布于 2001 年春节期间：一个富有中国特色的北方小村庄覆盖着正月的冬雪，一对可爱的小兄妹正在贴对联，可是门太高了，他们使足了劲却还是够不到，爸妈走出屋外鼓励小兄妹加油，美味怡神的可口可乐令小兄妹终于想出了办法，最后全家在新年的鞭炮声中欢庆新年。此外，可口可乐公司还推出十二生肖包装，这一运用中国传统文化设计包装的举措颇对国人胃口，因而也成为本土化操作的典范。另外，伊莱克斯冰箱的亲情化策略，润妍洗发水的传统文化策略，都是“本土化创意，国际化制作”的经典案例。

（2）中国广告的国际化制作。近年来，国内广告公司虽然也做出了一些国内公认的有创意的广告作品，但真正够国际创意水平的却十分罕见，戛纳广告节的几次空手而归就说明了这一点。

如为国人津津乐道的南方黑芝麻糊“小巷篇”广告，尽管其创意中包含了中国的市井文化与风土人情，也具备本土化的特色，但是其使用的语言符号在国际上并不具备公认性与普遍性，在国人看来，“小孩儿舔碗”的确有几分童真与可爱，但是在外国人看来，这一举动却是不卫生的表现。大多数的中国广告人认为这是外国广告人对中国文化的不理解，即所谓的“文化隔阂”。

其实，“文化隔阂”只是国人自我解脱的说辞，真正的原因在于中国的广告审美文化缺乏国际化的视野。真正的国际化审美观念应该是简洁化、符号化、主体化、新奇化的。中国广告应该吸收西方的一些审美观念，结合中国自身的文化优势，制作出既有国际共性又有民族个性的优秀广告作品，如获得莫比广告金奖的广东移动“牵手篇”、“天涯若比邻篇”和广西电视台的“山、水、海”篇。另外还可以借鉴国外的做法，适当放松对比较广告、性感广告等的限制，因为这些也是当代广告的美学趋势之一。

（二）多种表现方法的融合

1. 再现型和表现型表现方法的融合

在广告创意的设计中，有各种各样的表现方法，归纳起来，不外有再现型和表现型两大类。

再现型广告表现方法以具象写实为特征，表现了一种视觉形象美；表现型广告表现方法则以抽象写意为特征，表现了一种视觉意向美。视觉意向美中又有纯粹抽象型、具象夸张复形型、具象意象型、平面构成型、立体结构型等类型；视觉形象美中又有自然写实型、神态形象型、细部显示型、群体反射型等类型。

现代广告设计，固然有单一的表现方法，如抽象型、具象型，而且各种细分类型又各有单一造型，但是在多数情况下，广告设计往往表现为多种类型的综合造型，经常的状况是以一种表现方法为主，其他为辅，共同表现广告指称对象和广告主题。

2. 广告表现手段的多样化

广告表现方法的融合还表现在广告总体表现方法的多样化并存的格局上。由于现代人思维方式的开拓，各种艺术门类和手段的不断涌现，媒介种类的不断丰富，同一媒体的广告、同一地区的广告、同一类别商品的广告呈现出丰富多彩、百花齐放的表现方法，共同营造了一个美轮美奂、五彩缤纷的广告世界。

（三）各种不同媒体的融合

1. 广告制作技术的丰富与提高

现代科技的发展，计算机的应用，新材料的发明，为艺术表现开辟了广阔的天地。例如电子计算机的发明，使得广告专业人士开始将电脑制作、电脑绘图、电脑排版等方法应用于广告创作之中。现在，世界上充满了许多像三维动画那样强调技术效果的广告，当然还有网络广告。一些广告人相信，他们能通过将艺术与科学有机结合的方法来改进广告。再比如空中广告、书云广告、视幻技术、光导纤维、三维技术等，这些都极大地丰富了广告的艺术表现载体、手段和方法。

2. 广告媒介的开拓与扩充

在广告制作技术丰富与提高的同时，作为广告发布载体的媒介也得到了广泛的开拓，如网络广告的出现及兴起、电子商务方式的采用、DM（Direct Mail 直投邮件）的完善与扩充等。各种媒介有属于其自身的独特的艺术表现力和传播优势。例如传统的广告四大媒体——电视、广播、报纸、杂志就各有特色：报纸广告更长于语言艺术的应用；杂志广告则以精美的画面和印刷技术的进步占据着无可替代的广告载体的位置；广播广告的优势在于语言音响艺术的逼真感和诱惑力；电视广告集色、声、光、画于一体，是一门综合的艺术。新型媒体——网络广告更是集众家之所长，再加上一个无可比拟的互动优势，成为广告媒体中一支异军突起的力量。

3. 媒介的整合传播

随着广告市场的日趋成熟，广告竞争也随之达到白热化的程度。如何在不计其数的同类竞争品的广告中突出自己，如何提高广告传播的效率，成了亟待解决的问题。方法之一就是促进不同媒体的组合，实现优势互补，主要表现为：大众媒体的重组、集团化经营、电子媒体与印刷媒体的兼容、媒体的整合传播等。知识经济的发展正在打破传统的分工，以传播手段为标志的传媒分工已经被打破，加入 WTO 以后，这种相互兼容的步伐将进一步加快。电子媒体可以同时经营印刷媒体，印刷媒体也可以经营电子媒体。这种新的形式已经初露端倪。

在当今信息社会里，消费者获得信息的渠道越来越多，传统的四大媒体仅仅是其获得信息的一小部分渠道而已。面对信息的过度传播，消费者只能凭主观感觉非常迅速、肤浅地进行接收和处理。在这种情况下，广告主力图通过广告传达的信息很容易被消费者误解或忽略，沟通也就无从谈起，因此，广告的无效率现象十分严重。

针对这种情况，广告主只有根据目标受众的实际需要和需求特点，采取全方位的信息沟通方式，整合一切可能利用的信息传播渠道资源，尽可能地把同一信息传达给消费者，做到“一个声音”说话，这就是整合营销传播，即综合、协调地使用各种形式的传播方式，传递本质上一致的信息，以达到宣传商品、企业形象或品牌形象的目的。若应用到媒介资源上，就是在财力可能的情况下，整合现有的一切媒介手段，如报纸、电视、杂志、广播、户外、POP、网络等，全方位、立体化地同时向目标受众传达同一信息，这样广告的效率就会大大提高，还可以避免资源浪费，收到事半功倍的效果。在这方面做得比较成功的有科龙集团、海天味业等。

二、互动性美学趋势

（一）互动性美学趋势出现的原因

互动性美学趋势将成为未来广告审美的主流趋势之一，原因在于两方面：一是 4C 营销观念的影响和整合营销时代的到来；二是网络广告的出现和兴起。

1. 4C 营销观念的影响和整合营销时代的到来

广告是针对消费者的信息传播活动，其目的是使消费者对企业、产品或服务产生认知，改变消费者对企业、产品或服务的态度，促进消费者产生有利于企业的消费行为。广告能否针对目标市场进行诉求，广告诉求的内容是否针对消费者的心理需求，决定着广告活动的成败。著名的广告创意人克里奇（Craig. Davis）认为："爱"与"沟通"就是创意，"爱"对于好广告作品的产生及知名品牌的塑造都是十分重要的。

随着现代化进程的加快，产品日趋同质化，相反地，消费者的需求却越来越趋于异质化。4C和整合营销传播（IMC）观念的推广，从真正意义上确立了消费者在营销活动中的核心地位，同时也带来了广告理念上的一次革命，即广告是针对消费者的信息传播活动，应该一切从消费者的利益出发，一切从消费者的切实需要出发，一切从消费者的价值取向出发。在知识经济时代，人们从内心深处渴望被爱、被尊重，渴望人与人之间的沟通，广告的任务就是与人沟通，吸引他们的注意，煽动他们的欲望，使他们在思想上靠近你的产品而远离你竞争对手的产品。所以，广告应该越简单，越生活化越好，要完全无条件地满足消费者的正常心理需求和趋同受众的文化心理积淀，要真正注重与消费者的沟通和互动，只有这样，才能在众多同类广告中脱颖而出。所以，互动性美学趋势是未来广告审美的主流趋势。

2. 网络广告的出现和兴起

网络改变了世界，带来了一场新的技术革命。网络广告作为一种新媒体，其形式与内容发生了很大的变化，即时互动性和主动性是网络媒体的两大特征。网络广告又可以称为互动广告，是指广告的内容和形式可因消费者的要求不同而发生改变，消费者有权对广告信息做出选择。这种互动广告不但顺应了整合营销传播的要求，而且代表了未来广告的发展趋势，所以，网络广告的出现标志着人类传播史上第五次传播革命的到来，即互动传播，当然也预示着互动性将成为广告审美的新趋势。

网络广告的历史极短，1994年末世界上才出现第一则旗帜广告，它刊登在当时美国的网络杂志《热线》（HOTWIRED）上。从那时起，网络广告的发展规模和进步速度超出了每个人的想象，它的制作变得越来越容易，交互功能越来越精确，被动的传统媒体与它的差距越来越大，无论是广告主还是广告公司都面临着彻底改变营销与传播方法的压力。网络广告科技含量很高，无论是可测量性和智能性，还是互动性和即时反馈性，都显示出特有的优势。

（1）互动广告使得消费者能够即时与广告进行深入的双向的交流，使其与品牌的对话随心所欲。具体表现在：一方面，消费者可以免受无用广告的骚扰，而只与他感兴趣的内容深入接触；另一方面，广告主也可以通过互动广告收集对其产品进行深入了解的消费者的情况，以便与这些有购买意向的消费者培养一种更亲密的关系，这样企业的营销投入才会更具实效。

（2）互动传播的出现，使得传统的广告传播规则发生了根本性的变化。在传播方式方面，互动广告改变了传统广告传播中信息发送和反馈单向流通、相互隔离、有时滞的缺点，实现了即时的双向沟通，更好地满足目标受众的需求。此外，它还改变了传统广告传播中“推”的方式，即信息交流中不管受众是否需要的单向灌输的方式，而使受众主动寻找自己需要的信息，沟通的效率因此提高。

（3）虽然网络广告现在还不能彻底取代其他传统的传播方式，但是它具有传统媒体所不具备的优点，如双向沟通、个性化、受众参与、主动选择等。它还具有文字、图片、声音、色彩、动画、电影、三维空间、虚拟现实等所有广告媒体的功能。因此，它能提供给消费者生动活泼、具有震撼力的多媒体资讯，维系消费者对互动广告的好奇心和注意力，加强传播促销效果。而且，它使广告摆脱了费用、传播速度、传播量等多方面的束缚，给予创意更加自由广阔的空间，进而使得广告的艺术表现形式更加丰富，更趋于个性化，“广告不留痕迹”，更加适应消费者的审美观念、审美心理、审美趣味，使消费者的个人价值得到增长。

（二）互动性美学趋势对广告创作的要求

那么，在这种互动性的美学趋势下，广告应该怎样改变，才能使传播成为一个真正实际有效的竞争优势呢？

1. 简洁性

知识经济时代，信息爆炸的程度令人瞠目结舌，每日出现的信息之多，让人无从下手。在这种情形下，广告无论是内容还是形式都必须比现在更趋于简化和符号化，否则它只能成为浩淼的广告信息海洋中一滴不起眼的水滴，摆脱不了被淹没的命运。

2. 互动性

从市场营销的角度看，互联网是一种抗拒“推”的传播方式的“拉力”，强调信息主体双方的互动性，而不是像传统广告那样强迫受众接受广告信息。现在的受众更愿意把自己放在主动选择的位置上，更强调自我尊重和自我实现，所以互动广告将越来越容易被消费者所接受。

3. 多向性

传统广告表现方式的劝说意图太过明显，使消费者在接触广告时会有预先抵触的态度，从而在一定程度上抵消了广告的劝服效果。为了达到预期的效果，广告的内容不应该只有主体信息，还应该适当加入一些社会形态、文化意识形态等方面的信息，以和受众在其他意识流中先达成心理默契，接下来再进行主体信息的沟通，这样消费者就会放下心理防线，在潜移默化中接受劝说。

4. 整合性

网络的发展，导致传播工具的多样化，造成印象难以统一；信息纷纭杂乱，致使广告效果难以累积，企业、品牌形象的提升更是难于上青天。因此，广告信息的传达必须高度统一，在对消费者、消费市场、产品、媒体进行深入了解的基础上，制定一套高瞻远瞩的信息传播计划，建构完整的整合传播战略，以使品牌、企业形象得到提升。

5. 审美性

从对广告的认知来说，广告的过程也是对艺术的一种感受、认知和理解的过程。广告是美的创造性的反映形态，所以，广告的目的不仅仅是推销商品，同时也传递着某些艺术价值，承担着一定的社会责任，使人们在对广告的认知中得到美的熏陶，提升自身的审美意识和对艺术的妙悟能力。尤其是在知识经济时代，人们十分注重在有限的时间内，从接触的信息中获得尽可能多的东西，尽量去陶冶自己的情操，提高自身的修养，除了商品信息外，更希望获得社会信息、文化信息、美学信息等。所以在制作广告时，应该十分注重美学因素的添加，只有这样才能做到功不唐捐。

三、效绩化美学趋势

(一) 广告的效绩化

效绩化是针对广告无效率太多的弊端而出现的一种当代美学趋势。所谓效绩化，主要是指广告对受众的诉求命中率有较大的提高。

有人说，我们是生活在由空气、水和广告组成的世界中。仔细想想，这种说法并不过分。知识信息时代的到来，使得世界上每天充斥着不计其数的信息，广告作为有偿信息的一种，其数量自然多如牛毛。再加上社会物质的极大丰富，同类产品的数量越来越多，相应地，作为促销中介的广告自然也是与日俱增。但是，面对形形色色、难以数计的广告，我们每天、每周乃至每月能记住几条呢？在记住的这几条中，又有哪几条真正发挥了作用呢？

据专家统计，电视台每天播出的广告中，一般居民每人最多只收看 3%的广告，看后能留下印象的只有 1%，能在 24 小时内被记住的仅占 0.05%。这种情况足以说明广告的无效率之高。广告大师奥格威认为，要吸引消费者的注意，同时让他们来购买你的产品，非要有好的点子不可，除非你的广告有很好的点子，不然它就会成为被黑夜吞噬的船只。种种数据和说法表明，广告的无效率是一个由来已久的问题。全世界的广告人都在研究广告的效率和效果，竭力想提高广告的到达率和有效率。

（二）效绩化美学趋势产生的原因

促使效绩化最终上升为广告审美的主流趋势的原因如下：

1. 新营销理论的影响和促进

（1）定位理论。20世纪70年代初，艾·里斯（AL. Rise）和杰克·特劳特（Jack. Trout）在《广告时代》上发表了一篇关于定位时代的文章，揭开了定位时代和细分市场的序幕。定位就是为产品在消费者心目中找到并确定一个位置。在产品有了明确的定位以后，就要对其目标消费者进行详细的分析，根据目标受众的差异性和共同点，将他们细分成不同的市场，并针对每个细分市场采取不同的产品策略、广告战略、沟通策略，这样广告的效率就会有所提高。

（2）整合营销传播理论。从20世纪90年代以来，由美国西北大学教授舒尔茨（Don E. Schultz）提出的整合营销传播理论，日益成为具有极大影响力的营销理论。该理论大胆否定了传统的“以产品为导向”的4P理论，主张“以消费者需求为中心”的4C理论，即要研究消费者的需求；要了解消费者为满足自身需求愿意付出的成本；要为消费者的购买便利考虑；要注重与消费者的互动和“一对一的沟通”。这一营销理论的诞生，对广告的实践提出了新的要求：现代广告的创作和发布应以消费者资料库为基础，以消费者有关商品的心理图式和偏好为依据，整合协调地使用各种传播方式，针对确切的目标消费群体，传递本质上一致的信息，强调广告诉求的“到位”，即真正符合消费者的物质需求、个性化需求、审美需求以及其他方面的需求。

2. 广告产业经营的整合和分化

（1）集团化。适应现代市场环境、消费者需求和广告主要求的变化，广告公司已经不再局限于原来的四大媒体加户外广告的经营范围，而是呈现出两极分化的业务运作模式。大广告公司的业务范围不断扩展。原因在于，适应全球化的发展趋势，广告代理商必须向跨国公司客户提供更具全球影响力的广告服务，这加快了当前世界广告业集中发展的趋势，全球广告业掀起兼并、收购与联合热潮，造就了许多大型的广告集团。这些大的广告集团整合资源优势开展广告运动，可以有效地避免资源的浪费和重复建设，广告的效率自然得到提高。

（2）专业化。与集团化趋势相反的是，“小公司越来越小”。在大广告公司不断整合，组建大型广告集团的同时，广告业内的分工也越来越精细，从而出现了许多专业化的小型广告公司。这类广告公司可以适应小广告客户的需求，为他们提供某一方面十分专业化且物美价廉的服务，从而使广告的有效性得到提高。

3. 新技术的采用使媒介发布质量大大提高

近几年来，随着媒介的多元化、整合化、集团化以及立体化全方位的传播，广告的发布和监测质量得到很大的提高，有效地提高了广告的传播率、到达率和覆盖率。

另外，新材料和高科技手段的应用，使得媒介更富表现力。先进的桌面系统和印刷设备的使用，使报纸、杂志、海报、招贴及其他印刷品广告更加精美；一流的设备和技术应用于影视广告前后期制作，大大改变了影视广告的面貌；电子喷绘、喷笔、静电仿真技术使户外广告变得更精美，善诠涵义，巧传真实。

（三）中国广告效绩化的措施

面对世界广告效绩化的美学趋势，我们应该采取什么措施去提高中国广告的有效性呢？

1. 健康有效机制的建立

要促进我国的广告行业走上现代化的发展道路，关键在于以推行广告代理制为契机，加快广告经营体制改革，进行广告行业内资源的科学合理配置，形成与世界广告机制同步的基本机制。实行广告代理制有利于实现广告市场运行的科学化、效率化与现代化，有利于提高广告业的全面服务水平和广告效果，进而提高我国广告行业在国际广告市场的竞争能力。广告代理制还有助于促进广告行业内分工明确，形成一种以广告公司为主导，广告公司、广告客户与媒介之间相互协作、各司其职、互有裨益的广告经营关系。所有这些，都将为广告人的艺术创作提供一个最合理的机制保证。

2. 专业化进程的加快

从我国目前广告公司的现状来看，小而全、大而全的公司占了绝大多数，这种现状如果不改变，就很难适应加入WTO的新形势和顺应效绩化的新潮流。我国现在有广告公司64 000多家，而经济大国美国的广告公司仅有2 000多家，悬殊的数量对比说明我国的广告行业资源亟待整合和重新建设。而且现有的广告公司中，有一大批是媒介和权力部门办的，还有一些是三五人的小公司，这些公司在市场竞争中扰乱市场秩序，干扰公平竞争的原则。

面对这种市场环境，我国的广告行业必须按照国际化的惯例和专业化的要求，把广告公司的数量降下来，把广告公司的素质提上去，建立一批专业化的广告公司和专业化的媒介公司，如调研公司、设计制作公司、媒介信息研究公司、媒介购买公司、媒介企划与实施公司、广告效果监测公司等。做到“术业有专攻”，促进我国广告行业的可持续发展。

3. 广告主角色的端正

由于我国广告业发展的不成熟和广告代理制的不完善，广告市场缺乏规范性，企业的行为也不规范，金钱拜物观念无形中使客户在广告经营中成为“宗主”，他们在与广告公司的合作关系中，常常过多地挤占了主导位置，妄加干涉广告公司的正常作业。

因此，端正客户在广告经营中的角色，对广告主进行广告行业知识教育是十分必要的。当广告主进入广告市场的运作过程中，就已经成为广告经营中的一个角色，必须按照行业规范及机制的要求规范自己的行为。广告主与广告公司之间应该是一种平等的、合作式的伙伴关系，而不是一种雇佣与被雇佣的关系，广告主可以就一些实质性问题与广告公司进行平等的协商及讨论，但不能过分地干涉或者支配广告公司的正常作业。

4. 广告公司素质的提高

广告行业是一个服务性行业，服务性行业最重要的经营资本就是自身的服务水平和良好的信用机制，二者是相辅相成的。

我国广告业发展的特殊市场背景造成了本土广告企业多、小、散的局面，广告业内人才流动过大，广告经营运作服务水平很低，不正当竞争过度，自杀性压价、吃回扣以及非专业水准的广告作业等现象，严重伤害了广告业的发展，也损坏了广告业和广告人的形象，一时间，广告与欺诈画上了等号。再加上广告专业人才的缺乏，使得公司作品水准不高，广告客户怨声载道，广告行业的信用大打折扣，如此恶性循环，行业形象可想而知。

所以，广告公司必须进行深层转型，真正按照广告代理机制行事，以培育高素质的广告人才为核心，努力构建公司自身的核心竞争力，从而提升广告行业整体形象，树立行业信用机制。以上措施的采取，可以在很大程度上改变我国广告业的现状，使之顺利与国际惯例接轨，从而真正提高广告的效绩。

四、人文化美学趋势

(一) 人文化美学趋势产生的原因

所谓人文化美学趋势，是指广告的艺术表现由以物质功利诉求为主提升为以人本原则和精神诉求为主的美学趋势。那么这种美学趋势是如何形成的呢?

1.“以人为本”管理思想的全面建立

以人为本和人文主义是近代产业革命以后形成的文化思想潮流，是一种精神上的追求，这种追求一直为人们所向往。产业革命的巨大成功证实了人的创造力的发挥是社会进步的根本动力。

进入 20 世纪后半叶以后，人的创造性更是发挥得淋漓尽致，人类征服自然、征服宇宙、征服自我，人的能力得到了空前的重视，人文精神更为人们所向往。

在 21 世纪知识经济时代的背景下，人力资本更是超过工业和农业时代的物质资本和自然资本，成为最主要的生产要素和社会财富。人作为知识的源泉，具有灵魂力、意识力、情感力、推动力、创造力，它可以支配、利用其他资源，是惟一可以连续投资、重复开发利用的关键性资源。

因此，在知识经济条件下，伴随着以知识、技术为基础的产业的发展，人力资源作为第一资源的地位也日益凸显出来。除此以外，人才还是一种价值含量极高的无形资产，是惟一可以反复开发并能转化为物质产品与精神产品的资本。于是，“以人为本”的现代人力资源管理观念全面树立起来。

2. 4C 和整合营销传播观念的引入

随着科技的进步、经济的发展和知识信息时代的到来，产品产量大幅度增长，更新换代的速度加快，同类产品不断涌现，不同类产品的差异越来越小，产品日趋同质化。与之相对应的是，人们的需求开始由表层化走向深层化，从物质主导走向精神追求，现代消费市场由均质化向异质化发展，买方市场逐渐形成。

在这种时代背景下，4C 和整合营销传播观念应运而生。营销新观念的提出，从真正意义上确立了消费者在营销活动中的核心地位，同时也带来了广告理念上的一次革命，即广告是针对消费者的信息传播活动，应该一切从消费者的利益出发，一切从消费者的切实需要出发，一切从消费者的价值取向出发。消费者是广告服务的起点和目标，以消费者需求为导向表明人的需求得到了空前的重视。

3. 生态的人文关怀被提上了议事日程

所谓人文关怀，从哲学的角度来说，是指对他人生存状态的关注，对他人权利的尊重，同时注重人的命运与价值对人生意义的思考。

现代人类物质文明的高度发展带来的弊端之一，就是生态环境的恶化和人文环境的污染。资源的无节制开发，稀缺资源的利用过度，垃圾的堆积，水和空气资源的污染，病态的享乐主义等严重威胁到人的生存环境和社会环境，人文危机正在加剧，保护环境、绿色消费、精神文明建设的呼声日益高涨。对于广告来说，广告垃圾、虚假广告、色情广告等也在威胁人们的身心健康。

以上几种因素的共同作用，使得人文关怀成为未来社会的主题之一。广告作为社会时尚潮流的一种反映形式，也自然而然地把人文化作为广告审美的主导趋势之一。

（二）中国广告人文化的措施

面对人文化的趋势，广告应该做出哪些调整呢？

1. 广告应注重人文关怀

广告的人文关怀是指社会群体对广告和广告主体生存状态的关注、对广告人的尊重、对符合人性的生活条件的肯定以及广告主体价值在社会中的体现。广告既是商业行为又是艺术创造，在体验消费、体验社会、关怀社会、为社会创造物质精神财富的同时，广告也理应受到社会的人文关怀。

当然，反过来，广告还必须注重对人类整个生存环境和空间、对人类物质和精神状态的关怀，担负一定的社会责任。广告的艺术表现应以人文精神诉求为主，例如倡导环保观念、绿色消费观念，宣传希望工程和助残工程，提倡义务献血、关心他人，传播健康的道德观、价值观、审美观，为企业树立以人为本的企业形象。

2. 广告公司应有过硬的自律意识和精品意识

广告市场秩序、规则的建立和维护需要广告人有良好的社会责任感和道德操守。自律的基本原则是：广告应该合法、得体、诚实、值得信赖，应该对社会和消费者负责，遵守公平竞争的各项规则。

建立和完善自律机制，有利于优化广告业生态环境，有利于提升广告行业的整体形象，有利于提高人们对广告和信息交流的信任度，更好地发挥广告在市场经济中的作用。除此以外，广告作品是衡量广告人社会价值的尺度之一，是广告人向社会公众展现自我形象的窗口，广告人要有精品意识，排斥俗媚平庸之作。

3. 广告公司应有过硬的人本经营理念和学习型组织

所谓人本管理，是指人在管理活动中占主导地位，管理活动围绕调动人的积极性与创造力展开，管理的构成要素——主客体、内外环境和价值取向都以人的全面发展为准则。广告公司的人本管理要特别强化在具有人格尊重下的创作，使创作者意识到人格独立，意识到其劳动和创造的高尚，体现自我价值。

所谓学习型组织，是指大家通过不断共同学习突破自己的能力上限，创造真心向往的结果，培养全新、前瞻性的开阔的思考方式，全面实现共同抱负。广告业是集知识、信息、技术为一体，各门学科交叉的一个行业，是一个对创新能力要求较高的行业，是一个需要不断更新知识的行业，因此急切需要建立具有共同远景的学习型组织，为员工提供一个“创造学习的概念，扩展自我创造能力”的场所。学习型组织有意识地进行立体思维、发散性思维和逆向思维的训练，可以充分挖掘广告人的创新能力和敏锐的洞察力。没有丰富的知识，没有广告创作的知识背景，没有一定的艺术底蕴，就不会有耳目一新的构思、振聋发聩的创意和真心实意的人文关怀。

第二节　我国广告的美学误区

康德曾说过，要评判美，就要有一个有修养的心灵。所谓“有修养的心灵”

是指具有高度的文化修养和审美修养。广告作品作为审美对象的一种，本身渗透了创作人自身的情感和对美丑评断的标准。倘若广告创作人员在创作广告时，一味注重广告的经济效益而忽视其社会效应、美感效应等，就很容易使广告走入误区。当今广告作品中就存在着诸多与美学标准相悖的美学误区。

一、画龙无睛

（一）画龙无睛的涵义

所谓画龙无睛，主要是指广告创意、设计尽管具有艺术性，感官感觉良好，但却缺乏对广告诉求对象和目标的准确表达。广告是一种实用艺术，功利性是其本质属性，艺术性对广告来说虽然也很重要，但终究是第二性的，必须依附于广告的功利性，紧密配合广告策略。如果广告人离开广告的功利性，纯粹追求“纯艺术”和“个人风格”的凸显，那么创作出来的广告一般只会流于形式，只能成为一具无心之躯、一条无睛之龙。画龙无睛是广告艺术创作的大忌，必须引起广告公司和创意设计人员的充分注意。

目前这类广告在我国还是比较多的。许多广告公司力求纠正改革开放初期那种不讲艺术、不求审美的苍白呆板的“八股式”广告，逐渐开始重视审美因素和艺术表现方法在广告创作设计中的应用。结果，做出来的广告虽然在艺术性上十分讲究，但又失之于不懂美学规律应该如何应用于广告的创作和设计，出现了一味求美的唯美主义倾向，使广告的外在形式与内在主题相脱离，致使广告主虽进行了大量的投资，但却收效甚微。在我国广告业经济实力并不雄厚的今天，这种现象必须克服。

（二）画龙无睛的表现

画龙无睛的美学误区主要表现在：

1. 广告主题模糊

视觉图像画面完整优美，但广告主题与目标不明确或模糊，品牌与指称对象特点不突出，对广告受众没有导向意义，如在绪论中提到的新天葡萄酒广告。

2. 视觉形象与广告主题不相契合

广告虽有目标，但与视觉形象所表现的意向不一致或偏差较大，出现逻辑错位。

（三）对策

这类问题的克服需要在广告策划和创意的环节中加以注意和解决。尤其要重视市场调查的开展和实施，详细了解目标受众对产品的物质需求、精神需求、审美需求，然后进行准确的市场定位和市场细分，根据定位和细分市场的消费者的特点进行广告的策划和创作，语言文字的表达和视觉艺术形象必须准确到位，又不失美感。

二、以丑为美

（一）以丑为美的涵义

所谓以丑为美，主要是指那些过分追求奇异、荒诞、丑恶、性感等表现方式，以迎合小市民低级趣味为目的的广告形式。

美与丑从来都是一个矛盾体的两个对立面，总是相依相伴而生。在某些情况下，美丑之差近乎毫厘。列宁说过，真理有时向前迈一小步就变成了谬误。有时候，追求美过了分，就会变成丑。广告作为一种社会意识形态的表现形式，不可避免地会掺杂进丑恶的东西，譬如腐朽没落的事物、社会道德的沦丧、脱离生活常规的种种病态的生活态度等，这些现象在广告的审美活动中引起的不是肯定性情感反应，而是否定性情感反应，是审美意识中的反价值。

（二）以丑为美的广告种类

以丑为美的广告主要有以下几种：

1. 脱离广告主题与目标的美人广告

这种广告给人的视觉感受的确很好，但它离开了广告的意图和产品本身的风格特点，使得广告的功利目的搁浅，这对广告来说就是丑。

2. 出了格的性感广告

性感广告在一些发达国家也是个敏感问题，性暴露、性诱惑过分的广告常常引起法律纠纷。这类广告在我国也时有出现，应该认真对待和解决。克劳尔斯百科全书写道："庸俗艺术是一种虚假的艺术创作，它通过内容上的（性爱的、政治的、宗教的和感伤的）幻想刺激弥补形式力量的匮乏。"[①] 例如某沐浴露广告，让一只猫偷窥美女洗浴，并津津乐道："不是猫儿馋，确是花儿香"，言语之外的隐意公众早已心知肚明，表现出了猥琐狎邪的低级品味。

3. 荒诞的视觉形象广告

例如英特尔的一则广告"看车篇"：一位顾客想要看一下专卖店中的汽车，在推销商首肯后，一辆巨大的叉车轰鸣着进入专卖店，最后一辆崭新的汽车瞬间成了废铁。这则广告虽然具有较强的视觉冲击力，但由于夸张过度，而且创意的表现形式与中国受众的审美心理存在较大的差距，从而很难让中国的消费者接受。

---

① 转引自程宇宁编著：《广告文案创意》，251 页，长沙，中南工业大学出版社，1998。

（三）对策

美与丑分寸的把握是一门艺术，丑是一种客观存在的自然属性，它不因人在艺术活动中形成的审美关系而改变丑的本质，制作者必须通过对现实丑恶事物和现象的审美评价，间接反映自己对美的肯定和追求，并在艺术活动中培养正确鉴别和反映现实美丑的能力。

在广告设计中切忌闭门造车、以丑为美。广告设计创作定稿后，最好先在目标受众中进行实验性的发布、监测和评估或者进行一下市场调查，试探一下消费者对广告的初期反应。这种做法不仅可以纠正广告创意设计中的偏颇，也可以听取受众的真实意见，并以此作为重新创作的依据或作为成功的经验进行累积。

三、华而不实

（一）华而不实的涵义

所谓华而不实，主要是指那种徒有其表，矫揉造作，却忽视实际效果的广告表现形式。广告是一种物质功利和审美价值二者兼有的实用艺术，而且以功利目标为根本，广告的直接目的是劝说消费者采取购买行为甚至进行重复购买。

在知识经济时代，随着技术变革和科学的进步，消费者将拥有更多的信息，更趋于理性，这使得消费者成为市场中举足轻重的力量。人们对关系自身切实利益的事物总是采取非常实际和理性的思想行为，那些节外生枝、画蛇添足一类的装饰最终会被排除掉。所以，广告的形象再诱人，再华丽，都必须实实在在地做出对受众的承诺，承诺还必须是朴实的、诚实可信的，这样才能够通过消费者接受广告的最后关隘，达到“善诠涵义，巧传真实”的境界。

（二）华而不实广告的表现

现在，我们有些广告并不做出承诺，或者胡乱承诺，又或者承诺的语言风格浮躁华丽、太过艺术化、缺乏实在性和真实感，这是必须加以克服的。

例如当市场上刚开始推出 DVD 的时候，DVD 的广告可谓铺天盖地，“苹果熟了，熟了，熟了，你要好好珍惜”，不知何时起，这首“苹果熟了”的歌曲开始在电视媒体上出现，三个青春靓丽的少女始终围绕着“苹果熟了”的概念载歌载舞，这就是金正 DVD 的电视广告。广告的形式过于花哨，实在的内容又很缺乏，利益承诺也不明确，广告显得牵强、生硬，给人一种华而不实的感觉。

（三）对策

关于什么是好广告，广告界有三种不同的观点：一是客户认可的就是好的；

二是不仅能使受众接受推销，而且被公认为是可钦可佩的杰作；三是没引起公众注意就把商品推销出去的广告作品。

美国广告大师大卫·奥格威最赞成第三种广告，因为这种广告将受众引向产品，公众并不说："多妙的广告啊！"而是说："我从未听说过这种产品，我一定要买它来试试。"大卫·奥格威意在告诫人们千万不要忘记广告说服消费者接受和购买商品的实用功能，其他一切艺术手段的运用都是为了衬托和渲染功利功能，在广告具备了这一本质功能之后，其他的艺术手段功能可以精简到最少程度。

四、改头换面

（一）改头换面的涵义

当一个电视或平面广告打破常规的创意出现时，很快你会见到类似的东西被"大规模定制"出来，可谓是同出一辙。例如，有一段时间语带双关的广告标题令人眼前一亮，于是东施效颦的作品便鱼贯而出；又曾几何时怀旧式手法的广告作品颇受青睐，接下来就有大量类似的作品被炮制出来。种种类似的现象，我们称之为改头换面。

所谓改头换面，也可称做东施效颦、创意克隆等，主要是指那些没有独创性的广告，虽然视觉形象优美，但其实在很大程度上或者基本上是模仿、克隆其他广告作品的创意而来。

（二）改头换面广告的表现

凯兹（KEDS）童鞋的广告相信大家已经是耳熟能详了，柔美的母亲的双手托着一双稚嫩的婴儿小脚的画面和那句经典的广告语"像母亲的手一样温暖舒适的儿童鞋"已深深烙印在我们的脑海中，这是一则极其动人心弦的广告，人人竞相传诵。但是，有一些其他儿童用品的广告，也效仿了这个创意，在一番换汤不换药之后，公之于世。由于先入为主的心理规律，人们早已认定这种广告风格和审美趣味是属于凯兹童鞋的，所以对于其他模仿性的广告就产生了一种心理抵触，即使后来的广告构图比原来的优美，人们也会觉得它毫无美感可言，只不过是"一只学舌的鹦鹉"。因为"第一个发现的是天才，第二个发现的是人才，第三个就变成蠢材或庸才了"。

依葫芦画瓢之所以非美而丑，主要在于它不是创造，不是人的本质力量的积极发挥，而是人的惰性的体现和创造性的萎缩，这种思维方式与时代进步的方向是背道而驰的。改头换面用在广告创作和设计中，会使受众产生藐视和排斥的心理，甚至会招致侵犯知识产权的官司，必须在实际操作中加以杜绝。

五、文化错位

（一）文化错位的涵义

所谓文化错位，主要是指广告的审美风格、特征和诉求方向与目标受众接受此广告时的审美文化心理不一致，甚至发生文化心理移位。这种审美诉求，很可能使广告文不对题，失去与目标受众的心理撞击。

例如一位对文房四宝十分感兴趣的大学文史教授，他对钢笔的要求是什么？如果广告一味地向他说明钢笔如何便宜，或钢笔人见人爱，结果会使广告指称对象与消费者之间在文化层次和品味上失去交集，因为教授要求的不是大众喜爱的普通型或是经济型的钢笔，而是典雅型和高档型。如果观照对象的卖点与目标受众的心理需求一致，那么广告的审美价值和功利价值便会大大增加。

（二）文化错位广告的表现

文化错位主要表现在以下方面：

1. 广告诉求对象和目标受众需求不对位

对于广大受众来说，那些过分诉求高档、豪华的产品广告，很可能是阳春白雪，曲高和寡。

2. 广告诉求与受众的审美文化心理相背离

即广告诉求与受众的审美文化心理不但不对位，甚至方向完全相反，如创意脱离生活。

例如 CCTV—1 长期播放的那则华龙面广告，就是广告心理与消费心理错位的典型案例。该广告让两位明星叫喊“华龙面，煮着吃，新时尚”，希望借此突出其品牌个性，收到有别于同类产品的广告效果。这样的诉求虽然有特色，但却将产品与消费者利益联系的最大特色——“方便”二字抹掉了，如果没了方便，那还叫什么方便面；而且明星作方便面广告未免太过牵强，产品与明星的相关性很小，目标消费者很难接受，甚至会对该广告产生厌恶感。

（三）对策

审美文化的对位来自于精确周密的市场调查，特别是对细分市场目标群体消费习惯、消费心理的调查和了解，然后在市场调查的基础上进行广告的策划、创意和设计。这是一项十分细致的工作，必须认真对待，来不得半点马虎。广告必须符合特定消费群体的兴趣和利益，要把握消费者的物质和审美需求并因势利导，注重与消费者的沟通，设身处地的广告作品才能产生实效。

六、创意平庸

（一）创意平庸的涵义

所谓创意平庸，主要是指广告缺乏创意，流于一般的告知式，或者创意缺乏原创性和感染力。

例如，2000年的中国电视媒体上演了铺天盖地的药品广告，几乎每则广告都以每天数十次的数量轰炸着消费者的视觉，广告代言人声嘶力竭地叫卖着“补铁”、“补钙”、“补血”，达到了让消费者“看之色变，闻之换台”的地步。

（二）对策

广告是人的本质力量的一种对象化的形式，而现代广告是人的本质力量的一种新的对象化的形式，因而它也像其他产品一样，必须满足人的不断变化的需求与动机。根据马斯洛需求层次理论，人的需求主要包括五个层次：生理需要、安全需要、爱的需要、自尊需要及自我实现的需要。现阶段，我国消费者的需求已由以前的物质层面发展到精神层面，叫卖式、推销式等一般性的广告已不能满足受众目前的心理需要，受众需要有创意的广告。创意是一种具有智慧美的美学价值，是现代受众对广告的一种有时代特征的审美需求，只有有创意的广告才能满足受众的心理及精神层面的需要。广告是针对消费者的信息传播活动，其目的是使消费者对企业、产品或服务产生认知，改变消费者对企业、产品或服务的态度，促进消费者产生有利于企业的消费行为。广告能否针对目标市场进行诉求，广告诉求的内容是否针对消费者的心理需求，决定着广告活动的成败。

总之，缺乏创意的告知式广告，即便是对视觉效果修饰得很完善，总体美学价值也是不高的，市场竞争力也比较低。这种状况在我国广告中存在较普遍，应该引起广告人的关注。创意应该越简单，越生活化越好，要完全无条件地满足消费者的正常心理需求和趋同受众的文化心理积淀。

七、切入泛化

（一）切入泛化的涵义和表现

所谓切入泛化，主要是指广告切入点不够准确，易于发生歧义的现象。它主要表现为以下两个方面：

1. 重点不突出

广告对各构成要素均匀用墨，力求多而全，结果导致重点不突出。

2. 似是而非

广告做得似是而非，表面上看来是在做一种产品的广告，但实际上是在做另一种产品的广告，容易让人产生误会。

例如巨能钙的一则电视广告：绚丽的画面背景前，打出一系列数据：8位博士、48位科学家、100项科学实践、10年呕心沥血，最终研究出一种产品，那就是巨能钙。刻意宣传如此庞大的科研队伍和如此长久的时间，但却没有说明产品的功效承诺，实在让人有“做秀”的感觉。

再比如2002年春节期间疯狂播放的脑白金电视广告，一味诉求“送礼要送脑白金”，但却没有说明脑白金的作用，让人看了有点“丈二和尚摸不着头脑”，难道一种对人身体有益的补品非要借助“送礼”这一拜物主义的观念进行诉求吗？

（二）原因和对策

切入泛化的主要原因仍旧在于指称对象的功能诉求与消费者的需求相脱节，或者说，广告创作者、广告主根本不知道消费者到底需要些什么。广告主不管有多强的实力，广告创作人员不管有多高明的本领，也不可能凭空揣摩出消费者的真实意愿，如果一味地自作聪明、自以为是、夸夸其谈，那么广告的结果必定是“成也萧和，败也萧和”。

只有踏踏实实地做好市场调查，真实地了解消费者的意愿，然后照准产品的卖点进行整合传播，广告才会取得好的效果。

八、大而不当

（一）大而不当的涵义和表现

所谓大而不当，主要是指广告一味追求大场面、大刺激和离奇情节，但视觉形象与广告本体的关系并不直接，很难让人认知。

中国广告人在认识到中国创意水平过低的现实后，开始着力改进、提高中国的创意水平，力求达到国际水准。但是，在改进的过程中，他们盲目崇外，认为只要是国外的就是好的，一味追求大场面、大制作的广告表现形式，认为只有这样才是国际的。殊不知，一方面，中国广告业的经济实力与国外广告业比较起来，简直是判若云泥，根本无法负担这种昂贵的广告支出，同时也给广告主带来很大的经济负担和风险，甚至因此而一蹶不振，如秦池、爱多的标王之举。另一方面，创意的高水平和高审美价值，并不是与大场面、离奇刺激的广告情节画等号的，所谓优秀的广告创意，就是最能打动消费者的创意。

当前真正从消费者心理需求出发的广告诉求颇为少见，即使表面上看来是想从消费者需求出发，但往往由于商业化气息过重，过分追求视觉冲击的效果，并不能真正打动消费者。许多广告在创意表现上采用大制作、过分刺激的方式，希望能以此引起消费者的注意，试图在消费者心目中留下深刻的印象，使消费者对品牌产生好感。但是这种广告过分追求表现，反而会让受众产生疏远感，甚至会由于设置的广告情节脱离了现实生活而招致消费者的反感。

比如说波导手机的“战斗机篇”广告，画面上一架速度极快的战斗机飞过，广告语“手机中的战斗机”随之而来，整则广告诉求的是手机传送信息效果好、信号强。其出发点是好的，诉求的功能也十分吸引人，但由于过分追求大场面而使指称对象与视觉本体的关系变得十分牵强，有点大材小用的感觉。

（二）对策

中国的广告公司和广告创作人员应该从我国实际情况出发，在纠偏的同时脚踏实地地去提高中国的创意水平，切忌盲目追求表面化的和形式化的东西。DDB广告公司认为，一个“美”的创意必须符合三条原则：相关性（Relevance）、原创性（Originality）、冲击性（Impact）。这看似简单，真正做到却十分艰难，借用一句广告金句来说，就是“通往成功的道路总是在施工中”。

【思考练习题】

1. 当代广告美学趋势有哪几种？举例说明。
2. 多元化美学趋势的突出特点是什么？
3. 互动性美学趋势对广告创作的要求是什么？
4. 中国广告效绩化的措施有哪些？
5. 中国广告人文化的措施有哪些？
6. 我国广告的美学误区有哪几类？举例说明。

图片来源

一、图书

祁聿民，许之敏. 世界著名广告作品分析. 北京：经济科学出版社，1998

0—7　0—8　0—12　4—1　4—2　4—3　4—4　4—5　4—6　4—7　4—8　6—3　6—4　6—5　6—15　6—18　6—20　6—21　6—41　6—42　6—43　6—44　7—2　7—3　7—6　7—7　7—8　7—9　7—11　7—12　7—13　7—14　7—19　7—22

平面构成：浙江美术学院工艺系学生习作选. 杭州：浙江人民美术出版社，1986

3—20　3—21　3—22　3—23　5—11　5—12　5—13　5—21　5—25—7

刘立宾. 摄影广告的艺术构思与表现. 沈阳：辽宁美术出版社，1986

6—1　6—2　6—6　6—7　6—8　6—9　6—10　6—11　6—14

科艺技术美学研究所. 国外当代优秀广告画设计图片集

4—9　6—12　6—13　6—22　6—34　6—39

张雪. 有意味的形式——广告表现的形式语言. 重庆：重庆大学出版社，2002

6—25　6—26　6—27　6—31

李巍．平面广告新思维．重庆：重庆出版社，2001

7—10　7—16　7—17　7—18

李巍，张雪．唾弃游戏规则——非主流创意的终极挑战．重庆：重庆大学出版社，2002

7—4　7—5

日本第54届电通广告作品选

6—35　6—47

[美] 朱丽安·西沃卡．肥皂剧、性和香烟——美国广告200年经典范例．北京：光明日报出版社，1999

7—20　7—21

卢泰宏，何佳讯．蔚蓝智慧：读解十大跨国广告公司．广州：羊城晚报出版社，2000

0—1　0—2

高中羽编著．视觉表现28谈．哈尔滨：黑龙江美术出版社，1991

3—12　3—13

刘叔成，夏之放，楼昔勇等．美学基本原理．修订本，上海：上海人民出版社，1987

5—29

尚恒德编著．海外广告作品赏析．香港：香港人民美术出版社，1994

7—15

[美] 威尔斯等．广告学原理和实务．昆明：云南大学出版社，2001

3—3

中国广告协会编．迈向新世纪的中国广告业：'99全国广告学术研讨会论文集萃．北京：工商出版社，2000

7—1

实用美术．14，上海：上海人民美术出版社，1983

6—16

二、杂志

现代广告，2001（4）（11）赠刊

0—4　0—5　0—6　0—10　0—11　3—2　3—7　3—10　3—14　5—22

现代广告，1996（5）

4—10　6—32　6—45　6—46

国际广告，2001（12）（11）（10）（5）（4）（3）

0—3　0—9　0—13　2—3　2—4　2—5　2—6　2—7　2—9　2—10　2—12　2—13　3—4　3—5　3—6　3—16　3—17　3—24　3—25　3—26　5—3　5—5　5—23　5—24　5—27　5—30　5—31　5—32　5—34　5—35

国际广告，2000（11）（9）（4）

2—2　2—8　2—11　3—1　3—8　3—9　5—36

国际广告，1999（9）（6）（2）

6—19　6—23　6—24　6—29　6—36　6—37

国际广告，1998（11）（10）

3—15　5—2　6—17　6—38　6—40　7—23

国际广告，1997（11）（6）

3—11　5—4　5—26　6—28　6—30　6—33　6—48　6—49

图书在版编目（CIP）数据

广告美学：原理与案例/祁聿民等著.
北京：中国人民大学出版社，2003
（21世纪新闻传播学系列教材）
ISBN 978-7-300-05068-3

Ⅰ.广…
Ⅱ.祁…
Ⅲ.广告学：美学一高等学校一教材
Ⅳ.F713.80

中国版本图书馆CIP数据核字（2003）第092019号

21世纪新闻传播学系列教材
广告美学：原理与案例
祁聿民　苏扬　李青　著

出版发行	中国人民大学出版社		
社　　址	北京中关村大街31号	**邮政编码**	100080
电　　话	010－62511242（总编室）		010－62511770（质管部）
	010－82501766（邮购部）		010－62514148（门市部）
	010－62515195（发行公司）		010－62515275（盗版举报）
网　　址	http://www.crup.com.cn		
经　　销	新华书店		
印　　刷	北京捷迅佳彩印刷有限公司		
开　　本	720 mm×1000 mm　1/16	**版　　次**	2003年12月第1版
印　　张	22.75 插页24	**印　　次**	2024年2月第17次印刷
字　　数	416 000	**定　　价**	49.80元